Paul Collier

Aufstieg der Abgehängten

Paul Collier

Aufstieg der Abgehängten

Wie vernachlässigte Regionen
wieder erfolgreich werden können

Aus dem Englischen von Thorsten Schmidt

Siedler

Die Originalausgabe erschien 2024
unter dem Titel *Left Behind*
bei Allen Lane, einem Imprint von Penguin Random House UK.

Penguin Random House Verlagsgruppe FSC® N001967

1. Auflage
Copyright © 2024, Paul Collier
All rights reserved
Copyright © der deutschsprachigen Ausgabe 2024
Siedler Verlag, München,
in der Penguin Random House Verlagsgruppe GmbH,
Neumarkter Straße 28, 81673 München

Redaktion: Fabian Bergmann
Umschlaggestaltung: Büro Jorge Schmidt, München
Umschlagmotiv: © Shutterstock/airdone und infinetsoft
Satz: Buch-Werkstatt GmbH, Bad Aibling
Druck und Bindung: Friedrich Pustet GmbH & Co. KG, Regensburg
Printed in Germany
ISBN 978-3-8275-0101-1

Inhalt

1.

Am Wendepunkt

In diesem Buch geht es um Gebiete, die einst wohlhabend waren, aber mittlerweile abgehängt sind. Sie finden sich überall auf der Welt, als verarmte Landstriche selbst in reichen Ländern. So brach die Stahlindustrie, die in South Yorkshire – dem nordenglischen Metropolitanbezirk, in dem meine Heimatstadt Sheffield liegt – jahrhundertelang das Rückgrat der örtlichen Wirtschaft gebildet hatte, in den 1980er-Jahren zusammen. Heute ist die Region die ärmste in ganz England. Auch in Ländern mit mittlerem Einkommen ist das Phänomen weit verbreitet: Die ehemals prosperierende karibische Küstenregion Kolumbiens ist heute viel ärmer als die Boomregion um die Hauptstadt Bogotá. Manchmal sind auch ganze Länder wirtschaftlich abgestiegen. Sambia im südlichen Afrika war einst reicher als Chile, beides bedeutende, miteinander konkurrierende Kupferexporteure; heute beträgt das mittlere Einkommen der Sambier weniger als ein Zehntel desjenigen der Chilenen. Doch nicht nur Sambia insgesamt ist zu einem abgehängten Land geworden, vielmehr gibt es innerhalb seiner Grenzen Regionen wie etwa den Copperbelt, das einst größte Kupferabbaugebiet des Kontinents, die ihrerseits stärker von dem Abwärtstrend erfasst wurden und heute weit hinter der wohlhabenderen Hauptstadt Lusaka hinterherhinken. Als abgehängte Region in einem abgehängten Land ist der Copperbelt doppelt benachteiligt. Ich arbeite in all diesen Gebieten und höre dort immer wieder zwei brennende Fragen: Warum sind wir zurückgefallen? Was können wir tun, um wieder Anschluss zu finden?

Als Ökonom, der eine gründliche Ausbildung in der vorherrschenden angloamerikanischen Denkschule der Wirtschaftswissenschaften erhalten hat, weiß ich, dass es – nach herrschender Lehre – zwei Antworten auf Fragen nach den geeigneten wirtschaftspolitischen Rezepten für Gebiete gibt, die von einem Schock getroffen wurden. Der intellektuelle Ursprung dieser beiden Antworten findet sich in der Chicagoer Schule; einer ihrer bekanntesten Vertreter, Nobelpreisträger Milton Friedman, veranschaulichte eine komplexe Theorie darüber, warum man den Marktkräften vertrauen kann, die Dinge wieder ins Lot zu bringen, durch die Metapher einer Harfe mit gespannten Saiten: Negative Schocks wie etwa der Zusammenbruch einer Bergbauindustrie entsprechen demnach dem Zupfen der Harfensaiten – auch wenn sie eine Zeit lang schwingen, werden sie bald wieder in ihren Anfangszustand zurückkehren. Der Schock wird zu sinkenden Löhnen und Immobilienpreisen führen, dies wird neue Gelegenheiten für gute Geschäfte schaffen, und weil der Markt gierig nach solchen Chancen ist, strömen Gelder herein, was Löhne und Preise wieder nach oben treibt.

Diese Idee war allerdings eine »vorschnelle Gewissheit«, die sich als falsch erwies. Trotzdem wurde sie rasch zur vorherrschenden Lehrmeinung, ich selbst habe diese Theorien am Fachbereich Wirtschaftswissenschaften der Universität Oxford gelehrt. In den 1980er-Jahren gehörten sie zu den anerkannten Axiomen der dominierenden wirtschaftswissenschaftlichen Lehre, strikt daran festzuhalten galt als Ausweis rationalen Denkens.

Das britische Treasury (Schatzamt) hat diese Lehre allerdings viel dogmatischer umgesetzt als seine Pendants in allen weiteren großen Volkswirtschaften. Die Finanz- und Wirtschaftsministerien in Kontinentaleuropa oder den USA wurden entweder von anderen Denkschulen beeinflusst oder handelten weniger doktrinär, pragmatischer. (Obgleich Friedman und die Chicagoer Schule während der Präsidentschaft von Ronald Reagan die Wirtschaftspolitik prägten, war der Monetarismus in den USA nie unangefochten.) Zudem verfügt das Treasury über eine außerordentliche Machtfülle, während die abgehängten Regionen Großbritanniens kaum noch eigene Machtbefugnisse besitzen. Ihre Geschichte steht beispielhaft für das, was geschieht, wenn eine bestimmte ökonomische Doktrin im Rahmen höchst ungleicher politischer Machtverhältnisse mit unerbittlicher Konsequenz verfolgt wird: Und genau das verleiht dieser Geschichte globale Relevanz. Sie verdeutlicht, was in vielen anderen hochzentralisierten, aber ärmeren Ländern wie Sambia und Kolumbien, in denen ebenfalls einige Regionen weit zurückgefallen sind, geschah bzw. noch immer geschieht.

Gewissheit ist immer gefährlich – sie führte auch zum Desaster der Vereinigten Staaten im Vietnamkrieg: Das Buch *Die Torheit der Regierenden* der amerikanischen Historikerin Barbara Tuchman, unter anderem eine scharfe Abrechnung mit dem von 1961 bis 1968 amtierenden US-Verteidigungsminister Robert McNamara, gipfelt in der vernichtenden Bemerkung, er habe »die Gabe der unerschütterlichen Überzeugung« besessen. Seine grenzenlose Selbstüberschätzung basierte auf dem unbedingten Glauben an die Macht der Quantifizierung. McNamara war überzeugt davon, dass die USA den Krieg in Vietnam gewinnen würden, und setzte mehrere Präsidenten so massiv unter Druck, bis sie ihm glaubten.* Auch das britische Schatzamt besitzt die Gabe der Gewissheit. Unabhängig davon, was mit einer Region geschah, die von einem Schock getroffen wurde, stellte es seine Ideen nie infrage.

Als Teenager las ich Voltaires satirischen Klassiker *Candide*, in dem die Witzfigur Dr. Pangloss vorkommt, der glaubt, dass

---

* Zu einem späteren Zeitpunkt seines Lebens lernte ich McNamara, der nach seiner Zeit als Verteidigungsminister von 1968 bis 1981 Präsident der Weltbank war, persönlich kennen: Er bereute seine Fehler zutiefst und engagierte sich leidenschaftlich, um abgehängten Regionen, insbesondere in Afrika, zu helfen. Aber in gewisser Hinsicht bleibt sein früheres hohes Selbstvertrauen in Anbetracht seiner Erfolgsbilanz erstaunlich. Vor seinem Einstieg in die Politik war er Präsident des Autobauers Ford, wo seine allzu selbstsicheren Vorhersagen von Verbraucherpräferenzen zu dem Marketingdesaster der Marke Edsel führten. Danach nahm er seinen Hut, um Verteidigungsminister zu werden.

alles, was geschieht, immer zum Besten sei und wir in der besten aller möglichen Welten leben. Voltaire nahm die prärevolutionäre katholische Kirche Frankreichs und ihre Gewissheit von der Güte Gottes aufs Korn. Dadurch, dass Dr. Pangloss in Situationen, in denen sein Eingreifen entscheidend hätte sein können, passiv bleibt, ist er wiederholt für Katastrophen verantwortlich, verspürt aber nie den geringsten Zweifel, dass er sich richtig verhalten hat.

Die Überzeugungen Friedmans und des britischen Finanz- und Wirtschaftsministeriums wären einer Voltaire'schen Satire würdig: Ihre Rezepte sind nichts anderes als »Wirtschaftspolitik à la Pangloss«, streng nach dem Motto: Wir sind die Treuhänder des Geldes der Steuerzahler. Es ist unsere Pflicht, jedem spitzfindigen Argumentieren in eigener Sache und jedem Versuch, Marktkräften Fesseln anzulegen, entgegenzutreten. Als Experten wissen wir es besser, und daher ist es unsere Pflicht, unsere Autorität walten zu lassen: Kein Ort verdient irgendeine Sonderbehandlung. Der Markt hat recht. Öffentliche Gelder sollen »ortsblind« sein. Der Markt weiß es am besten, also werden öffentliche Mittel immer dorthin fließen, wo bereits private Investitionen getätigt wurden.

Diese Art von Logik erzeugte eine mustergültige Katastrophe.

Die einzigen Hocheinkommensländer der Welt, in denen dieser gefährliche Unsinn mit geradezu religiösem Eifer umgesetzt wurde, waren England und Wales, die beiden südlicheren der vier Landesteile Großbritanniens.* Ab der Mitte der 1970er-Jahre straffte das Treasury seine Kontrolle über Gebietskörperschaften, was die absehbare Folge hatte, dass alle englischen

---

* Schottland entzog sich der Kontrolle des Treasury, sobald die schottischen Nationalisten das wirtschaftliche Potenzial erkannten, das sich durch die Entdeckung von Ölvorkommen in der Nordsee auftat, und mit dem ebenso simplen wie bestechenden Slogan »Es ist Schottlands Öl« daherkamen. Auch Nordirland entschlüpfte dem Griff des Schatzamts, allerdings aus dem ganz anderen Grund, dass die Beendigung der terroristischen Gewalt der Irisch-Republikanischen Armee (IRA) von der Übertragung von Befugnissen auf eine gemeinsame protestantisch-katholische Verwaltungskörperschaft abhing. Beide Länder hatten bald ihre eigenen Parlamente.

und walisischen Regionen hinter London und dessen Umland zurückfielen, als öffentliche Gelder privaten Investitionen nach Südostengland hinterherjagten. Die Gebiete, die sich unter der immer weiter verschärfenden Kontrolle des Schatzamtes befanden, wurden schon bald zu denen mit der größten Ungleichheit in der gesamten westlichen Welt, während das Ministerium Machtbefugnisse erhielt, die eine beispiellose Zentralisierung der Regierungsgewalt ermöglichten.

Diese Divergenz aller anderen Gebiete Südostenglands führte zu wachsenden politischen Spannungen. Im Jahr 2022 erreichte der politische Druck aus den Regionen einen Höhepunkt. Eine an sich marktgläubige konservative britische Regierung räumte offen ein, dass der Markt nicht allerorten gleich segensreich gewirkt habe, und richtete daher öffentlichkeitswirksam ein neues Ministerium für die Angleichung der Lebensverhältnisse *(Levelling Up)* ein. Wenn der Markt funktioniert hätte, dann gäbe es keine Notwendigkeit, irgendetwas anzugleichen. Der Minister an der Spitze der neuen Institution kündigte ein detailliertes Dreijahresprogramm an, in dessen Rahmen er neue regionale Ausgaben anderer Ministerien koordinieren wollte. Der Minister war ein intelligenter und fähiger Mann, und sein Programm war eindrucksvoll. Durch seine Medienauftritte gelang es ihm, in der breiten Bevölkerung ein Bewusstsein für die brutalen Folgen der früheren Politik des Schatzamtes zu schaffen. Aber als Strategie, um einen Einstellungswandel in Whitehall herbeizuführen, dem Zentrum des Londoner Regierungsbetriebs, war die neue Initiative ein Fehlschlag. Das Treasury sah in dem neuen Ministerium einen weiteren Fall von lokaler und regionaler Einmischung (in seine Angelegenheiten).

Der ultimative Trumpf des Schatzamtes war die Tatsache, dass es das Budget des neuen Ministeriums kontrollierte. Obwohl dieses gegenüber der Bevölkerung als das Flaggschiff-Programm der Regierung angekündigt worden war, belief sich das Budget, welches das Treasury ihm gewährte, erstaunlicherweise auf null. Seine einzige Finanzierungsquelle waren Gelder, die innerhalb jenes Budgets umgeschichtet wurden, welches das Treasury bereits dem Innenministerium zugebilligt hatte und in dem die Mittel für das *Levelling Up* nur einen kleinen Teil ausmachten. Aber selbst dieses Geld erzürnte das Treasury, sodass es seine Kontrolle verstärkte, indem es jeden Penny, der den lokalen Gebietskörperschaften zugewiesen wurde, genau unter die Lupe nahm. Dieses Gebaren verhinderte Ausgaben auf so erfolgreiche Weise, dass am Ende des ersten Jahres nur 5 Prozent des wie gesagt ohnehin sehr bescheidenen *Levelling-Up*-Budgets verausgabt worden waren: Das Flaggschiff konnte aufgrund fehlenden Treibstoffs nicht auslaufen.

Aber das Mantra der »Ortsblindheit«, mit dem diese Politik gegenüber abgehängten Regionen gerechtfertigt wurde, galt nicht für Entscheidungen, die sich auf London bezogen, wo das Treasury seinen Sitz hat. So wurden etwa, während für das neue Ministerium kein Geld aufzutreiben war, Mehrkosten für den Bau einer Ost-West-Verbindung für den Zugnahverkehr – die 2022 fertiggestellte, glamourös das Londoner Stadtzentrum durchquerende Elizabeth Line – sang- und klanglos abgesegnet. Der entsprechende Betrag in Höhe von 5 Milliarden Pfund übertraf allein schon deutlich die nicht verausgabten *Levelling-Up*-Gelder. In der Organisationskultur des Treasury spiegelte sich schlimmstenfalls eine Doppelmoral wider: auf Maßlosigkeit hinauslaufende Selbstüberschätzung im Umgang mit der erfolgreichen Zentralregion Großbritanniens und arrogante Gleichgültigkeit gegenüber den vernachlässigten, abgehängten Gebieten.

Das Dogma von den regionalen wirtschaftlichen Selbstheilungskräften ist falsch. Es hatte tragische Folgen für Millionen von Menschen, und selbst an ökonomischen Standardkriterien gemessen ist es ein schlechtes Modell, das in systematischer Weise zu Fehlprognosen führt. Bevor ich begann, an diesem Buch zu arbeiten, hatte ich einzelne Aspekte davon infrage gestellt, aber im Zuge des Schreibens ging mir plötzlich auf, wie falsch es ist. Statt der gleichen Vorgehensweise überall brauchen wir Maßnahmen, die auf den lokalen Kontext zugeschnitten sind. Anders als es die Neunmalgescheiten an der Universität Chicago oder im Londoner Schatzamt glauben – dass flächendeckend der gleiche Kurs zu fahren sei –, sollten die Menschen vor Ort entscheiden, denn sie können viel besser beurteilen, was in ihrem Kontext Erfolg verspricht. Oft kann niemand wissen, was am besten funktioniert, bis sich aus diesen lokalen Variationen Muster herausschälen. Statt eines dirigistischen Führungsstils brauchen wir bescheidene Führungspersönlichkeiten, die dadurch Vertrauen gewinnen, dass sie ihre persönlichen Interessen opfern.

Einige Jahre lang habe ich mich in bahnbrechende Forschungsgebiete jenseits der Wirtschaftswissenschaften vertieft. Ohne diese geistige Horizonterweiterung hätte ich den beschriebenen beglückenden Geistesblitz nie gehabt – die Belohnung, die die akademische Forschung antreibt. Ich empfand ein Gefühl von Freiheit und freudiger Erregung, als ich endlich die Fesseln der Dogmen abgestreift hatte, die leidvolle, ja grausame Folgen hatten. Auch die Wirtschaftswissenschaften selbst sind nicht stehen geblieben; bahnbrechende Forschungsergebnisse auf dem Gebiet der Regionalökonomik können heute erklären, warum die von Friedman als positiv dargestellten Marktkräfte in Wirklichkeit schädlich sind und wirtschaftliche Abwärtsdynamiken noch verschärfen. Aber die wirklich bedeutenden Fortschritte im Verständnis menschlichen Verhaltens fanden in anderen Disziplinen statt.

Die bemerkenswerten jüngsten Fortschritte auf dem Gebiet der evolutionären Sozialpsychologie bestätigen, dass wir Menschen außergewöhnlich prosoziale Säugetiere sind. Die Evolution hat uns zu Lebewesen gemacht, die voneinander lernen und mit der Zeit eine gemeinschaftsbasierte kollektive Intelligenz herausgebildet haben, die unser Handeln leitet. Wir leben in »ortsbezogenen Gemeinschaften«, deren kollektive Intelligenz unsere Kinder anleitet, und wir verbringen den größten Teil des Tages in »arbeits(platz)bezogenen Gemeinschaften«, deren kollektive Intelligenz neu eingestellte Mitarbeiter anleitet. In jeder dieser Gemeinschaften kommen wir mit anderen Menschen zusammen, um gemeinsam Ziele zu verfolgen, die für den Einzelnen unerreichbar wären. Aber diese Gemeinschaften können sich auf ihren Wegen in die Zukunft auseinanderentwickeln. Einige Regionen und Organisationen können zu Gefangenen von irreführenden Ideen werden, durch die sie den Anschluss verlieren, während andere zufällig auf Ideen stoßen, die dem Wohlstand förderlich sind. Grundsätzlich vermögen abgehängte Gemeinschaften von erfolgreicheren zu lernen, aber der Austausch von Ideen zwischen ihnen funktioniert nicht unbedingt mühelos. Die Tatsache, dass Gemeinschaften aufgrund ihrer »ideellen« Unterschiede möglicherweise divergieren, bestätigt den Kernpunkt der neuen Erkenntnisse auf dem Gebiet der Regionalökonomik: Abgehängte Regionen können aufgrund der negativen Auswirkungen von Marktkräften und deren Fehlinterpretationen durch die jeweilige Gemeinschaft auf einen Pfad geraten, auf dem das Wachstum dauerhaft niedriger ist als in erfolgreichen Gebieten.

Die Sozialpsychologie gibt uns auch Aufschlüsse darüber, wie eine abgehängte Gemeinschaft durch das Formulieren neuer gemeinsamer Ziele ihren Rückstand wieder aufholen kann. Ihre hoffnungsvolle Botschaft wird durch eine brillante und disruptive Erkenntnis erhärtet, die der bisherigen biologischen Lehrmeinung zuwiderläuft. Menschen verhalten sich genauso wie Bäume in einem Wald, die sich durch verteilte Intelligenz miteinander vernetzen, um gemeinsame Ziele wie die Abwehr eines Parasiten zu erreichen: In vielen unserer Handlungen realisieren wir mithilfe des Autopiloten unserer verteilten Intelligenz gemeinsame Ziele. Die Fortschritte auf dem Gebiet der Sozialpsychologie und der Biologie zeigen, wie stark unsere Handlungen von unserer jeweiligen Gemeinschaft beeinflusst werden.

Dies steht in deutlichem Gegensatz zu der noch immer weitverbreiteten wirtschaftswissenschaftlichen Annahme, wonach unsere Handlungen das Ergebnis rationaler Kalküle egoistischer

Individuen seien. Obgleich diese Ideen noch immer in regionalökonomische Modelle eingebettet sind, basieren sie auf einer allzu simplen Theorie der Evolution aus den 1950er-Jahren, wonach nur die egoistischen Individuen überleben. Mit einiger Verspätung lassen manche Wirtschaftsmodelle diese unhaltbare Annahme hinter sich und stützen sich auf eine andere, aber weiterhin individualistische psychologische Theorie, die sogenannte Entscheidungstheorie, die unsere Fähigkeit zur Entscheidungsfindung geringschätzt: Sie stellt unser Gehirn so dar, als wäre es ein unzuverlässig arbeitender, dysfunktionaler Computer, der anfällig für Verzerrungen ist, die von denen, die es besser wissen, korrigiert werden müssen. Aber nur wenige Ökonomen sind bereits mit der – von sozialpsychologischer Seite vorgebrachten – jüngsten Kritik an dieser Theorie der Entscheidungsfindung vertraut. Denn die angeblichen Schwächen des individuellen Gehirns verblassen angesichts der bemerkenswerten kognitiven Leistungen von Menschen in einer vernetzten Gemeinschaft: Aus gutem Grund verlassen wir uns auf unsere kollektive Intelligenz.

Dies führt uns vor Augen, wie wichtig Beziehungen innerhalb von Gemeinschaften sind. Neue moralphilosophische Ideen haben die sozialpsychologischen Erkenntnisse ergänzt und die 40-jährige »Eiszeit« des Utilitarismus beendet, in der herzliche Beziehungen und Vertrauen innerhalb von Gemeinschaften als moralisch irrelevant angesehen wurden.[1]

Die Politikwissenschaft kann die unverzichtbare Rolle des Staates heute viel besser erklären: jene Funktionen, die nicht nur nützlich, sondern konstitutiv sind – die »*tragenden Säulen*« des Staates bilden. Gesellschaften besitzen sie nicht von Anfang an, vielmehr müssen sie aufgebaut werden. Einige Gesellschaften, wie etwa die haitianische, waren nicht in der Lage, diese Stützkonstruktion zu errichten, und bewegen sich daher am Rand der Anarchie. Andere, wie etwa Russland, sind zwar mächtig, aber wegen ihrer unkontrollierten Machtballung repressiv. Die Politikwissenschaft hat begonnen, diese Unterschiede zu erklä-

ren und sie mit der Moralphilosophie guter Führung zu ver-
knüpfen.

Schließlich hat jenes neue Fachgebiet, das komplexe Entscheidungsfindung im Kontext radikaler Ungewissheit erforscht,
überzeugende Belege dafür geliefert, dass es wichtig ist, zügig
aus Experimenten zu lernen. Es erklärt die außergewöhnliche
Fähigkeit mancher Führungspersönlichkeiten, Unsicherheiten
zu überwinden und ihre Gesellschaft auf ein neues gemeinsames Ziel einzuschwören. Diese Fähigkeit kann zum Guten eingesetzt werden, wie es bei dem ukrainischen Staatspräsiden-
ten Selenskyj der Fall ist, aber auch zum Schlechten, wie beim
nordkoreanischen Despoten Kim Jong-un. In beiden Fällen stehen diese Fortschritte in direktem Zusammenhang mit anderen Disziplinen, denen wir neue Erkenntnisse über gute Führung verdanken.

Neue Forschungsprojekte beruhen auf Entdeckungen aus der
Vergangenheit. Die Kritik an fest verwurzelten ökonomischen
Dogmen – die Politik solle »ortsblind« sein, der Markt richte es
am besten, und das Wirtschafts- und Finanzministerium wisse
es am allerbesten – setzt grundlegende ökonomische Gesetzmä-
ßigkeiten für abgehängte Regionen nicht einfach außer Kraft.
Diese können den Rückstand nicht dadurch aufholen, dass sie
sich in Nostalgie und Provinzialismus flüchten. Vielmehr wird
ihre zukünftige Wirtschaftsstruktur im Rahmen eines schrittweisen Entdeckungsprozesses aufgebaut, aus dem sich erweist,
wie ihre Arbeitskräfte produktiver werden können.

Die Humanwissenschaften sind im Zuge ihrer Fortschritte
komplexer geworden: Sie zeigen, dass viele Effekte, die früher
die ausschließliche Domäne einzelner Fachgebiete waren, auf
Wechselwirkungen zurückzuführen sind, die fachübergreifend
betrachtet werden müssen. Damit eröffnet sich die ferne Möglichkeit einer integrierten Humanwissenschaft, die in der Lage
sein wird, die prädiktive und normative Kraft besserer Modelle
zur Lösung einer Vielzahl verzwickter menschlicher Probleme
zu nutzen. Einige davon wurden erst in jüngster Zeit entdeckt,

nachdem bis dato vernachlässigte Muster näher unter die Lupe
genommen wurden.

Bis sich besagte Möglichkeit ergeben wird, benötigen wir
etwas Bescheideneres: vorläufige Antworten, die sich bemühen,
die neuen Erkenntnisse einzubeziehen, sich aber auf viel enger
gefasste Fragestellungen von praktischer Dringlichkeit konzentrieren. Statt fachspezifischer Modelle, die präzise, aber völlig
falsche Antworten geben, brauchen wir integrierte Modelle,
die offen zugeben, dass sie nicht präzise, aber doch annähernd
richtig sind. Die beiden Fragen, die wir beantworten müssen,
sind diejenigen, die von den Abgehängten aufgeworfen werden:
Warum haben wir den Anschluss verloren? Wie können wir den
Rückstand wieder aufholen? Abgehängte Regionen benötigen
etwas, das es ihnen ermöglicht, die ökonomischen Dogmen,
denen sie hörig waren, hinter sich zu lassen.

Eine neue Idee auf dem Prüfstand

Weil mich das Thema seit Langem interessierte, erklärte ich
mich bereit, auf einer Tagung über Konfliktforschung am
Department of War Studies des Londoner King's College die
Grundsatzrede zu halten.* Zwei Wochen vor meiner Keynote
befahl Wladimir Putin den Angriff auf die Ukraine. Dies wurde
nun zwangsläufig zu meinem Thema, und so sah ich mir die
Prognosen an, die Konfliktmodellierer erstellt hatten: Mit einer
an Gewissheit grenzenden Selbstsicherheit sagten sie einhellig voraus, die russischen Invasoren würden die Ukraine sehr
schnell niederwerfen. Ich hatte mich bereits hinreichend mit
den weiter oben erwähnten bahnbrechenden neuen Erkenntnissen in den Humanwissenschaften vertraut gemacht, um zu
erkennen, dass diese Vorhersagen falsch waren: Zwar waren sie

---

* Mein Buch *Wars, Guns and Votes* (2009) resümiert einen Teil meiner diesbezügli-
chen Arbeiten.

präzise, aber von schlechten Modellen abgeleitet. Und so lehnte ich mich weit aus dem Fenster und verkündete einem überraschten Publikum, dass Putin keinen Erfolg haben werde.

Und ich wagte nicht nur die Vorhersage, dass Putin nicht den von ihm erwarteten raschen Sieg davontragen werde, vielmehr bestand auch Grund zu der Annahme, dass der ukrainische Präsident Selenskyj mehr erreichen könnte, als nur zu überleben – sein Land könnte diesen Krieg sogar gewinnen. Er ist ein glänzender Redner und hat mehrere geniale taktische Schachzüge vollbracht, angefangen mit seiner heldenhaften Zusicherung, in Kiew zu bleiben, was ihm moralische Autorität verlieh. Seine nächste Meisterleistung war eine nüchterne Einschätzung dessen, was er erreichen konnte und was nicht: Ihm gelang, was in der Sozialpsychologie eine »realistische Metakognition« genannt wird. Er wusste, dass er westliche Regierungen durch moralische Appelle dazu bringen konnte, ihm Waffen zu liefern. Er wusste, dass er sich die moralische Autorität erworben hatte, um Männer im wehrfähigen Alter dazu aufzurufen, ihren lokalen Milizen beizutreten. Er wusste, dass er als russischsprachiger Ostukrainer ein ukrainisches Volk, durch das tiefe sprachliche und politische Gräben verliefen, zusammenbringen konnte. Er wusste, dass allabendliche Fernsehansprachen die Moral der ukrainischen Bevölkerung stärken würden. Aber er kannte auch seine Grenzen: Er verfügte nicht über das militärische Wissen, um vom Zentrum des Landes aus den Widerstand zu planen, und übertrug diese Aufgabe daher den lokalen Milizen.

Sein dritter genialer Schachzug bestand darin, Befürchtungen, die Ermächtigung der Milizen zu eigenverantwortlichem Handeln könnte als eine möglicherweise von den Russen ausgenutzte Schwäche angesehen werden, dadurch entgegenzutreten, dass er die drei entscheidenden Vorteile hervorhob, die mit dieser Delegation verbunden waren. Die Milizen kannten die örtlichen Geländeverhältnisse viel besser als die russischen Soldaten, was sie im Gefecht begünstigte. Da jede Miliz eigenverantwortlich verschiedene Taktiken erproben konnte, würden die Ukrainer rasch lernen, was in konkreten Situationen am besten funktionierte. Selenskyjs Gegner ist ein eitler Mann, der seine militärische Sachkompetenz weit überschätzte und von Speichelleckern umgeben war, die so große Angst vor ihm hatten, dass sie ihn nicht offen und ehrlich über Rückschläge informierten. Sein stümperhafter, übertrieben detailorientierter und von Kontrollzwängen geprägter Führungsstil demoralisierte die russischen Truppen. Dagegen fanden die ukrainischen Milizen durch praktisches Ausprobieren heraus, welche Taktiken sich bewährten, und ihre lokalen Erfolge wurden stolz hervorgekehrt und öffentlich gelobt. Dies sorgte dafür, dass im Lauf der Zeit die Moral der beiden Streitkräfte immer weiter auseinanderklaffte.

Präsident Selenskyj und ich hatten die gleichen objektiven Daten gesehen, die auch in die herkömmlichen Modelle eingespeist wurden. Aber wir hatten diese Daten zu einem realistischen Gesamtbild zusammengefügt, das den Modellierern entgangen war. Gefangen in einem präzisen, aber falschen Modell, hatten sie selbstbewusst die klaren Vorteile aufseiten der Ukraine fälschlicherweise als erdrückende Nachteile angesehen. Präsident Selenskyj ist einerseits hinreichend selbstbewusst, um auf seine anfängliche Intuition zu hören, andererseits hinreichend demütig, um zu erkennen, dass er zügig lernen musste. In ihrem Zusammenspiel bildeten seine Ideen die Grundlage für eine wohlkoordinierte Folge von Handlungen, die sich mit den Stufen einer Wendeltreppe vergleichen lassen. Aufgrund seines hohen persönlichen Einsatzes und seines Muts genießt er bei seinen ukrainischen Mitbürgern so großes Vertrauen, dass er sie dazu überreden konnte, mit ihm die Treppe hinaufzugehen. Beim Aufstieg brachte sie nicht nur jede Stufe ihrem Ziel näher, den Eindringling erfolgreich abzuwehren, sondern sie nahmen die bekannte Szenerie unter sich mit einem Mal auch aus einer völlig neuen Perspektive wahr. Sie sahen ihnen seit Langem vertraute Merkmale ihrer Wohnorte, ihrer Nation und deren Geschichte mit neuen Augen. Eigentümlichkeiten, die sie früher als Nachteile angesehen hatten, erschienen ihnen jetzt als Stärken, die Russland fehlten. Die Bewohner einiger Gemeinden erkannten, dass ihre örtlichen Fabriken von zentraler Bedeutung für die europäische Autoindustrie waren. Und landesweit wurde den Menschen erstmals richtig bewusst, dass die Ukraine zu einer Kornkammer der Welt geworden war. Doch die neu gewonnene Perspektive mochte auch dem Gegner gelten und enthüllen, warum die Ukrainer Putin keinen Deut trauen sollten: Schließlich ist in seinem Russland der sowjetische Diktator Stalin wieder gesellschaftsfähig geworden – jener Mann, der durch Geheimdienstterror und eine bewusst herbeigeführte Hungersnot für Millionen Tote in der Ukraine verantwortlich war.

Ich erkannte, dass viele der Stufen von Selenskyjs Wendeltreppe – selbstaufopfernde Führung, Delegieren von Machtbefugnissen und Kommunizieren einer hoffnungsvollen, aber auch glaubhaften Strategie – weitgehend auch bei anderen großen Herausforderungen geeignet sind. Die Umdeutung charakteristischer Merkmale der Ukraine in Vorteile führte zu Verhaltensänderungen, die sich ebenso leicht für eine ökonomische wie für eine militärische Agenda einsetzen lassen. Sie können die wirtschaftlichen Aussichten abgehängter Regionen als vermeintlich hoffnungslose Fälle genauso entscheidend verändern wie die vermeintlich hoffnungslosen militärischen Aussichten der Ukraine.

Die Wendeltreppe ist ein rudimentäres Modell, das mit den bemerkenswerten jüngsten Fortschritten in den Humanwissenschaften, die sich auf abgehängte Regionen anwenden lassen, vereinbar ist. Ich werde diese im nächsten Kapitel darlegen: Das neue kombinierte Modell liefert im Unterschied zu einem präzisen, aber falschen ökonomischen Modell annähernd richtige Vorhersagen. Das Adverb »annähernd« soll daran gemahnen, dass dieses Buch ein Leitfaden, kein Lehrbuch ist.

Wie für ein schlechtes Konfliktmodell gilt auch für ein schlechtes Wirtschaftsmodell: Unangebrachtes Vertrauen in seine Richtigkeit kann davon abhalten, in den Daten nach Mustern zu suchen, die nicht mit dem Modell vereinbar sind. Ich werde die Belege präsentieren, die übersehen wurden, obwohl sie klar und deutlich sichtbar waren. Sie zeigen, welche schrecklichen Folgen die falschen ökonomischen Dogmen haben. Darüber hinausgehend werde ich zeigen, dass viele Regionen weltweit, die einen Zusammenbruch erlebten, sich deshalb wieder vollständig davon erholten, weil sie Strategien anwandten, die das Bild der Wendeltreppe symbolisch einfängt. Ihre Strategien waren erfolgreich, obwohl sie nicht mit der herrschenden marktwirtschaftlichen Doktrin vereinbar sind. Gegenwärtig befinden sich einige der abgehängten Regionen, die seit Jahrzehnten von der allgemeinen weltwirtschaftlichen Entwicklung abgekoppelt sind, im frühen Stadium einer ähnlichen wirtschaftlichen Erholung. Die Welle globaler Krisen hat sie destabilisiert. Diejenigen von uns, die in wirtschaftlich erfolgreichen Gebieten leben, haben eine bescheidene Rolle als Unterstützer, die wir bislang jedoch noch nicht erfüllen, weil unsere vermeintlichen Gewissheiten uns verblendet haben.

Dieses Buch würdigt den Einfallsreichtum und den Mut, mit denen arme Regionen weltweit ihr Geschick wenden. Es legt die Grundzüge einer neuen Ökonomik regionaler Transformation dar – die Prinzipien und praktischen Maßnahmen, mit denen diese Erfolge erreicht wurden. In den folgenden Kapiteln werden Sie nicht nur in die Realitäten jener um den wirtschaftlichen Anschluss kämpfender Regionen eintauchen, die ich zu Beginn dieses Kapitels erwähnte – die karibische Küstenregion Kolumbiens, den Copperbelt Sambias und South Yorkshire in Nordengland –, sondern auch in die Transformationen, die dort bereits in vollem Gange sind. Das einst bettelarme Bangladesch hat sich zu einem wachstumsstarken Schwellenland gemausert; das ehedem separatistische Baskenland, das von Terroranschlägen und erbitterten politischen Streitigkeiten erschüttert wurde, ist zu einer spanischen Vorzeigeregion geworden; und im bislang lediglich von Taiwan als unabhängiger Staat anerkannten Somaliland am Horn von Afrika, einer vernachlässigten autonomen Region in einer konfliktreichen Weltgegend, ist in aller

Stille eine friedliche Gesellschaft mit starkem innerem Zusammenhalt entstanden.

Obgleich jede dieser Gesellschaften einzigartig ist, gibt es doch zwei Merkmale, die ihnen gemeinsam sind: *zielorientiertes gemeinschaftliches Handeln* und *schnelles Lernen*. Zielorientiertes gemeinschaftliches Handeln – das Erfolgsgeheimnis von Somaliland – meint die Gesamtheit der klugen Maßnahmen, mit denen Menschen ihren sozialen Zusammenhalt stärken, indem sie ein gemeinsames Ziel verfolgen. Schnelles Lernen, das China unter Deng Xiaoping in den 1980ern und 1990ern beispielhaft vor Augen führte, meint pragmatisches Experimentieren und die Bereitschaft, von anderen (Ländern) zu lernen.

Diese unerhörte Erfolgsgeschichte wird in Teil II erzählt, der das Herzstück dieses Buches bildet. In Teil I hingegen ist der Ton ein ganz anderer: Hier beschreibe ich, wie schädliche Ideologien und eine »Politik der Gier« diese Erfolge behinderten. Dadurch haben sie – vermeidbarerweise – Millionen von Menschen ihrer Entwicklungschancen beraubt.

Im nächsten Kapitel vollziehen wir nach, wie diese Ideologien entstanden sind und wie sie heute durch Revolutionen, die von neuen wissenschaftlichen Forschungsergebnissen angestoßen wurden, zerstört werden. In den beiden darauffolgenden Kapiteln präsentiere ich Ihnen überraschende neue Erkenntnisse über zwei weltweit bedeutsame Prozesse, von denen bislang kaum Notiz genommen wurde: »Versteckte Verzweiflung« (Kapitel 3) befasst sich mit dem globalen Armutsproblem, das sich für die 2030er-Jahre abzeichnet; »Versteckte Privilegien« (Kapitel 4) widmet sich dessen Gegenstück, der Herausbildung einer neuen gesellschaftlichen Klasse in den Wohlstandsländern, die gegenüber dem Rest der Bevölkerung derart begünstigt ist, dass sie eine regelrechte neue Aristokratie bildet.

Schmerz vor Freude, Wut vor Jubel.

TEIL I

Abwärtsspirale

2.
Neue Revolutionen, zerfallende Gewissheiten

Vor Selbstbewusstsein strotzend, hat in Großbritannien das mächtige Zentrum London den abgehängten Regionen des Landes eine einheitliche Politik auferlegt. Diese Haltung und Vorgehensweise sind intellektuell nicht länger haltbar, wie wegweisende neuere Forschungsergebnisse in sämtlichen Humanwissenschaften nachgewiesen haben. Ein guter Ausgangspunkt ist die Entdeckung des Syndroms der Fragilität.

Wider den naiven Optimismus: das Syndrom der Fragilität

Wir wissen, dass eine Region, sobald sie erst einmal ihre Kernindustrien verloren hat, sich keineswegs aus eigener Kraft wieder erholt, sondern vielmehr in der Regel in einen sich selbst aufrechterhaltenden Prozess des Niedergangs eintritt. Um zu verstehen, warum dies so ist, wollen wir uns zwei Jollen vorstellen, die an einem windigen Tag auf dem Meer segeln. Die eine hält Kurs, während die andere von einer heftigen Windbö getroffen wird und kentert: Ihre Crew weiß nicht, was sie tun muss, um das Boot wieder aufzurichten. Wenn der Wind abflaut, sind die Segel beider Jollen vertikal ausgerichtet: Das eine zeigt zum Himmel, das andere zum Meeresboden. Wissenschaftlich gesprochen befinden sie sich in *lokal stabilen Gleichgewichten*. Wenn der Wind wieder auffrischt, steuert die Mannschaft der aufrecht gebliebenen Jolle weiter ihr Ziel an. Die Crew der umgeschlagenen Jolle dagegen kann nichts anderes tun, als sich an das Boot zu klammern, das ziellos mit der Strömung dahintreibt. Das anfängliche Missgeschick des Kenterns hat Folgewirkungen, die es verstärken und verschlimmern: Dies ist das Wesen eines *Syndroms*.

Die Abwanderung von Arbeitskräften und die Veränderung von Investitionsstandorten innerhalb eines Landes entsprechen dem, was mit diesen Jollen geschieht. Wenn eine Stadt ihre Kernindustrien verliert, »kentert« sie; Städte, die mehr Glück haben, »segeln weiter«. Investoren, die das Geschehen vom Strand aus mitverfolgen, schätzen ein, welche Stadt die besseren Ziel-, sprich Entwicklungschancen hat. Sie investieren quasi in die Jolle, die nicht gekentert ist, und das verstärkt die Divergenz. Die Mitglieder der Mannschaft der umgekippten Jolle beginnen, sich gegenseitig die Schuld am Kentern zu geben, und aufgrund ihres Streits können sie sich nicht auf eine Methode verständigen, um das Boot wieder gemeinsam aufzurichten. Während sie ihre Zeit, im Wasser treibend, sinnlos vergeuden, vergrößert sich die Divergenz weiter. Die stärksten Schwimmer der Crew geben das Boot auf, retten sich an Land, und einige versuchen später vielleicht, sich der Mannschaft der nicht umgeschlagenen Jolle anzuschließen.

Menschen, die in Wohlstandsregionen ein erfolgreiches Leben führen, verstehen oft nicht die wahren Gründe für den Niedergang weniger wohlhabender Gebiete. Sie nehmen an, dass entweder mit den Regionen selbst oder aber ihren Bewohnern etwas nicht stimme. Wenn es an den Regionen liege, dann müssten die Menschen diese eben verlassen. Und wenn die Menschen etwas falsch machten, müssten sie sich ändern. Die politische Rechte tendiert dazu, die Schuld für das Scheitern beim Einzelnen zu suchen; die politische Linke dagegen neigt dazu, ganze Gesellschaften durch Umerziehung zu verändern.

Die herrschende wirtschaftswissenschaftliche Lehre teilt diese Fehleinschätzungen, geht aber noch einen Schritt weiter, indem sie Abhilfe von Marktkräften erwartet; sie beharrt darauf, dass es etwas Gutes sei, wenn Investitionen von der »gekenterten« Stadt zu der abwanderten, die sich über Wasser gehalten habe. Darin müsse sich eine effizientere Kapitalallokation widerspiegeln. In gleicher Weise gelte: Wenn Arbeitskräfte als Reaktion auf wachsende Lohnunterschiede zwischen Städten umzögen, würden sie produktiver werden. Die Traditionalisten beginnen sich nur dann Sorgen zu machen, wenn Arbeitskräfte *nicht* abwandern: Vielleicht hängt dies ja damit zusammen, dass der Anreiz aufgrund des Lohngefälles durch übermäßig großzügige öffentliche Sozialleistungen gedämpft wird.

Aber Marktkräfte heilen das Syndrom keineswegs, vielmehr verschlimmern sie es. Bei bescheidenen Zielen, wie etwa der passgenauen Koordinierung zwischen Produzenten und Konsumenten, können sie recht erfolgreich wirken, aber mit der unvergleichlich komplexeren Aufgabe, die beste zukünftige Verteilung florierender Städte in einem Land festzulegen, sind sie überfordert. Ob eine Stadt prosperiert, hängt von Erwartungen in Bezug auf ein breites Spektrum zukünftiger Entscheidungen ab. Wird die Kommunalverwaltung eine Baugenehmigung erteilen? Wird die Zentralregierung Mittel bereitstellen? Werden Gesetze, die zu Investitionshemmnissen wurden, geändert werden? Werden zivilgesellschaftliche Organisationen wie Gewerkschaften und Wohlfahrtsverbände den Prozess unterstützen oder sich dagegen stellen? Wird Tesla die Zukunft des Automobils bestimmen, oder werden von der EU finanzierte Innovationen des Verbrennungsmotors, die von der Notwendigkeit veranlasst sind, Arbeitsplätze zu sichern, Elon Musks Vision batteriebetriebener Computer auf Rädern ausbremsen? Wie Marktkräfte diese grundverschiedenen Verhaltensweisen so koordinieren sollen, dass dabei ein beispiellos effizientes räumliches Muster von Städten in einem Land herauskommt, bleibt selbst denjenigen ein Rätsel, die unerschütterlich an die Kräfte des Marktes glauben.

Das Rätsel wird noch größer, wenn wir das Konzept der *Pfadabhängigkeit* betrachten. Der Kurs der beiden Segelcrews –

ihre Pfade – weicht nun voneinander ab: Ob sie das Ziel erreichen würden, hing von diesem anfänglichen, unvorhersehbaren Windstoß ab. Der Gegensatz zwischen den beiden Mannschaften – die eine segelt fröhlich gen Ziel, während die andere mit der Strömung im Wasser dahintreibt – veranschaulicht das Wesen der Pfadabhängigkeit. Selbstsicher an der Überzeugung festzuhalten, dass ein ideales Ergebnis unvermeidlich sei, ist ein trotziger Glaubensakt in einem falschen doktrinären Glaubenssystem. Friedmans Vergleich einer Volkswirtschaft mit den Saiten einer Harfe war sowohl ein hübsches Bild für ein Modell als auch ein Rückzug von der Wissenschaft in die Sphäre des Glaubens.

Das Syndrom, das abgehängte Regionen entwickeln, wenn sie ihre Kernindustrien verlieren, basiert auf einer Kette von Wechselwirkungen: Der Verlust wirtschaftlicher Chancen wird durch soziale und politische Effekte verstärkt. Menschen verlieren ihre Arbeitsplätze, ihre Familien zerfallen, sie weichen auf Selbstmedikation aus, und Kinder wachsen in zerrütteten Familienverhältnissen auf. Vor Kurzem wurde für diese Kette von Wechselwirkungen der oben schon eingeführte Begriff »Syndrom der Fragilität« geprägt.[1] Investoren glauben nicht länger daran, dass die wundertätigen Wirkungen der Marktkräfte zwangsläufig zur Erneuerung führen, vielmehr geben sie zu, dass der Preismechanismus allein machtlos ist, wenn die Kernindustrien einer Region zusammenbrechen. Während Preise das entscheidende Element der von Friedman ins Feld geführten Marktkräfte sind, dürften sie kaum in der Lage sein, die Entscheidungen zwischen Politikern, Zivilgesellschaft, Finanziers, Unternehmen und privaten Haushalten so zu koordinieren, dass eine wirtschaftliche Wiederbelebung erreicht wird. Investoren sind realistischer als Friedman: Sie erwarten, dass ein ökonomischer Zusammenbruch von Dauer ist. Sie verlagern ihr Geld in Gebiete, die keinen Kollaps erlitten haben – wieder im Bild gesprochen, zugunsten nicht gekenterter Jollen. Ein wirtschaftlicher Zusammenbruch erzeugt negative Erwartungen, die sich dann selbst erfüllen.

Die abgehängten Gebiete in Großbritannien und den USA gemahnen uns eindringlich daran, dass eine Abwärtsspirale überall einsetzen kann. Die anfängliche Ursache eines Zusammenbruchs hat oft nichts mit den Entscheidungen zu tun, die in der Region getroffen wurden, wie es in den USA in Pittsburgh und in Großbritannien in South Yorkshire der Fall war, wo die Stahlindustrie Anfang der 1980er-Jahre zusammenbrach. Die Einwohnerzahl von Pittsburgh halbierte sich, die Stadt geriet wirtschaftlich ins Hintertreffen. Aber letztendlich hatte sie die Kraft zur Erneuerung: Auf der Rangliste der erfolgreichsten US-Städte steht sie heute auf Platz zwölf. Auch South Yorkshire wurde zu einer abgehängten Region, aber die Reaktion darauf und das Ergebnis sahen ganz anders aus. Obgleich die Arbeitslosigkeit steil anstieg, wanderten die Menschen nicht ab. Und die Region konnte sich auch nicht revitalisieren: Ihre Wirtschaft geriet in eine Abwärtsspirale, und sie wurde zur ärmsten Region Englands. Die Erklärung dieser Unterschiede ist ein guter Ausgangspunkt, um zu verstehen, welche politischen Maßnahmen in abgehängten Gebiete ergriffen werden sollten.

In South Yorkshire verließ man sich, wie überall in England, vollständig auf Marktkräfte, ohne aktives Eingreifen der Politik. Die Stahlindustrie fiel einer nationalen makroökonomischen Politik zum Opfer, die Anfang der 1980er-Jahre eingeführt wurde und das exportorientierte verarbeitende Gewerbe im gesamten Land traf. Insgesamt 20 Regionen erlebten einen schweren wirtschaftlichen Niedergang. Die eingehende Analyse des ökonomischen Abstiegs dieser Gebiete erlaubt es uns, die konkurrierenden Vorhersagen über die weitere Entwicklung zu testen: das marktoptimistische Modell im Gegensatz zu den sich selbst erfüllenden Divergenzerwartungen, die das Syndrom der Fragilität postuliert. Nur eine der 20 Regionen erholte sich, in den anderen war der Niedergang von Dauer. Noch schlimmer für die Vertreter der herrschenden ökonomischen Lehre: Die eine Ausnahme, die rund 100 Kilometer östlich von Birmingham gelegene Industriestadt Corby, blühte nur deshalb wieder auf, weil sie so schwer getroffen worden war, dass sowohl die Kommunalverwaltung als auch die Zentralregierung eingreifen mussten.[2] Langfristige staatliche Eingriffe in Corby, die Marktfundamentalisten ein Grauen sind, bewirkten eine Umkehr der Erwartungshaltungen und retteten die Stadt. Die Maßnahmen, die die Wirtschaft wieder ankurbeln sollten, wirkten erfolgreich, aber statt dieses erfolgreiche Beispiel eingehend zu analysieren, wurde es ignoriert, weil die Revitalisierung gemäß der im britischen Schatzamt vorherrschenden Theorie nicht hätte funktionieren dürfen.

Die Stahlindustrie in Pittsburgh und South Yorkshire wurde deshalb so außergewöhnlich schwer getroffen, weil zwei negative Faktoren zusammenwirkten. Im Jahr 1980 hatten sowohl die USA als auch Großbritannien neue Regierungen, mit Ronald Reagan beziehungsweise Margaret Thatcher an der Spitze, die sich Friedmans monetaristische Ideen zu eigen gemacht hatten. Dies führte zu einer starken Aufwertung ihrer beiden Währungen, sodass britischer und amerikanischer Stahl auf den Weltmärkten nicht mehr wettbewerbsfähig war. Gleichzeitig wollte die südkoreanische Regierung eine international wettbewerbsfähige Stahlindustrie aufbauen und pumpte zu diesem Zweck massiv öffentliche Mittel in den Sektor. Bezeichnenderweise überlebte die deutsche Stahlindustrie den Angriff der koreanischen Konkurrenz, weil Friedmans Ideen in der Bundesrepublik nicht auf fruchtbaren Boden fielen. Die Stahlregionen waren dank finanzieller Förderung durch den Staat und privater Investitionen in der Lage, wettbewerbsfähig zu bleiben. So kam es in den drei Ländern zu folgenden unterschiedlichen Situationen: Die deutsche Stahlindustrie erlebte keinen Niedergang; in Pittsburgh machten zwar die Stahlwerke dicht, aber dann lockte die Stadt neue Firmen für hoch qualifizierte Arbeitskräfte an; und in South Yorkshire schlossen die Stahlfabriken ebenfalls, aber der Region gelang es nicht, gleichwertigen Ersatz dafür zu finden. Wie lassen sich diese drei unterschiedlichen Ergebnisse erklären? Deutschland betrieb nicht nur auf Bundesebene aktive Wirtschaftspolitik, hinzu kam, dass sowohl die Gelder selbst als auch die Entscheidungen über deren Verwendung den Landesregierungen und Kommunalverwaltungen übertragen wurden. In Deutschland und den USA wird über die Verwendung öffentlicher und privater Finanzmittel schon seit Langem auch auf kommunaler und regionaler Ebene entschieden, und beide Länder haben starke zivile Institutionen wie etwa Universitäten aufgebaut, die tief in ihren jeweiligen Kommunen verankert sind. In England fehlte all dies.

Disruptive Psychologie

Nicht nur ein Segelboot und eine lokale Ökonomie haben zwei Gleichgewichtszustände, sondern auch die Organisationen, in denen wir arbeiten und die viele der Chancen maßgeblich beeinflussen, die sich uns bieten, ein sinnerfülltes Leben zu führen. Neuere sozialpsychologische Forschungsergebnisse deuten darauf hin, dass wir nicht die gierigen, eigennützigen und rationalen Individuen sind, als die uns die meisten Wirtschaftsmodelle hinstellen. Vielmehr hat uns die Evolution zu einer ungewöhnlich sozialen Spezies ausgeformt, und wir sind bereit, für das Wohl unserer Gemeinschaft auf die Verfolgung individueller Interessen zu verzichten. Wenn diese natürlichen Instinkte die Gelegenheit dazu bekommen, dann manifestieren sie sich. Wenn unser Arbeitgeber uns dazu ermuntert, selbstständige Teams zu bilden, um Probleme gemeinsam zu lösen, dann verdienen wir nicht nur unseren Lebensunterhalt, sondern haben auch das Gefühl, sinnvolle Arbeit zu verrichten. Aber wenn wir schlecht behandelt werden, wenn unser Chef uns mit Argusaugen beobachtet und uns kein Raum für Eigeninitiative gegeben wird, dann kann uns das herunterziehen. Jeder von uns wird zu dem gierigen, egoistischen Individualisten, zu dem uns die traditionelle wirtschaftswissenschaftliche Lehre erklärt hat.

Noch erstaunlicher ist, dass die besagten neueren Forschungsergebnisse Folgendes zeigen: Die meisten unserer Entscheidungen sind von der kollektiven Intelligenz unserer Gemeinschaft –
ihrem gespeicherten Erfahrungswissen – geprägt. Innerhalb
dieser kollektiven Intelligenz sind einige Wissenshäppchen
hochspezifische technische Lösungen für Aufgaben, die es zu
bewältigen gilt – beziehungsweise *kognitive Gadgets*. Gesellschaften, denen solche Gadgets (Werkzeuge) fehlen, die unabdingbar für Wohlstand sind, stagnieren entweder so lange, bis
sie sich neu erfunden haben, oder sie lernen von den Gesellschaften, die über diese Instrumente verfügen.[3]

Mit dem Zusammenbruch ihrer Kernindustrien verlieren
abgehängte Regionen oft auch die Organisationen, die Menschen sinnerfüllende Tätigkeiten bieten. Pittsburgh und South
Yorkshire waren »ortsbasierte« Gemeinschaften, mit denen sich
Arbeitskräfte und Firmeneigner identifizierten. Die Stahlfir-
men waren »arbeits(platz)basierte« Gemeinschaften, in denen
Konflikte zwischen Arbeitnehmern und Arbeitgebern durch
wechselseitige Loyalität abgeschwächt wurden. Das Bessemer-
Verfahren zur Stahlerzeugung erfordert Fertigkeit und Urteilsvermögen: Die Arbeiter wurden Mitwirkende an dem beeindru-
ckenden Prozess der Umwandlung von Eisenerz in glänzenden
Stahl, der mit der geheimnisvollen alchemistischen Transmuta-
tion vergleichbar ist. Arbeiter und Vorgesetzte taten sich zusammen, um von beiden Gruppen erstrebte Ziele gemeinsam zu verfolgen. Ein Beispiel war die Gründung der ersten Universität in
South Yorkshire, deren Stiftungsvermögen durch eine gemeinsame Kraftanstrengung aufgebracht wurde: Die Stahlgewerk-
schaften organisierten eine Spendenkampagne und erreichten,
dass jedes ihrer Mitglieder einen Wochenlohn beisteuerte, und
die Familie Firth, der das größte Stahlunternehmen gehörte,
verdoppelte die dabei zusammengekommene Summe aus eigener Tasche.

Durch die Verstaatlichung der Stahlindustrie im Jahr 1967
wurde in South Yorkshire die wirkmächtige Verbindung von

Orts- und Arbeitsplatzbindungen geschwächt. Die Maßnahme verlagerte das Zentrum der Entscheidungsfindung von den Managern und Arbeitern in Nordengland auf Politiker in London. Im Jahr 1980 beteiligten sich die Stahlarbeiter aus South Yorkshire an einem landesweiten Streik gegen die neue konservative Regierung Thatcher, der große öffentliche Aufmerksamkeit erregte. Betriebswirtschaftlich gesehen, kam der Ausstand zur Unzeit, da er zeitlich mit dem Entstehen der neuen Konkurrenz aus Korea zusammenfiel. Während die unmittelbare Folge der Zentralisierung und Politisierung der Entscheidungen darin bestand, den Niedergang der Industrie zu beschleunigen, führten sie auf längere Sicht dazu, dass sich die Arbeitgeber-Arbeitnehmer-Beziehungen in South Yorkshire dauerhaft verschlechterten. Das Schicksal der zweiten Kernindustrie der Region, Kohle, war eine noch extremere Version des Stahldramas. Während der Energiekrise Ende der 1940er-Jahre hatten große Kohlebergwerke die gleiche gesellschaftliche Bedeutung und den gleichen Glanz wie Stahl.[4] Doch die Verstaatlichung begann früher und gipfelte 1984 in einem einjährigen, stark politisierten Streik; wie in der Stahlindustrie beschleunigte er den Niedergang und führte zu einer dramatischen Verschlechterung der Arbeitgeber-Arbeitnehmer-Beziehungen.*

Nach dem Zusammenbruch der Kernindustrien und dem Verlust sozial verantwortungsbewusster Firmen wie Firth schufen die neuen Unternehmen, die sich in South Yorkshire ansiedelten, nur Arbeitsplätze für Geringqualifizierte. Sie kamen lediglich wegen der billigen Büromieten und verzweifelten Menschen, die bereit waren, ermüdende Arbeit für niedrige Löhne zu leisten. Callcenter und Lagerarbeit passten gut zu dem entwürdigenden Modell der engen Überwachung, das mit Anrei-

---

* Die Regierung Thatcher war entschlossen, bei der Nationalen Gewerkschaft der Bergarbeiter Revanche für deren erfolgreichen Streik zehn Jahre zuvor zu nehmen, der der vorherigen konservativen Regierung eine demütigende Niederlage beigebracht hatte. Thatcher gewann die Schlacht und machte die britische Kohleindustrie umgehend dicht.

zen verknüpft war. Die Zusammensetzung der Unternehmen wandelte sich von solchen, die den Weg nach oben ebneten, zu solchen, die den Abstieg beschleunigten; von solchen, die Zusammenhalt und Teamgeist förderten, zu solchen, die sich auf Hierarchien der Demütigung stützten. Die ablehnende Haltung der örtlichen Bevölkerung zu Privatunternehmen wurde zwangsläufig immer stärker.

Während Pittsburgh über die lokalen Ressourcen verfügte, um sich aus eigener Kraft zu erneuern, erlagen andere »gekenterte« amerikanische Städte dem Syndrom und wurden abgehängt. In einigen wurde die gesamte Arbeiterschaft entwurzelt, eine Tragödie, die auf plastische Weise in dem Buch und dem Film *Nomadland* eingefangen wird, in denen ältere Wanderarbeiter auf der Suche nach befristeter Beschäftigung jede feste Verbindung zu einem urbanen Zentrum verloren haben.* Zu solchen totalen Katastrophen kam es in England nicht, weil die sozialen Sicherungssysteme, auch wenn sie gemessen an europäischen Standards bescheiden sind, besser finanziert sind als in den USA. Menschen konnten überleben, indem sie öffentliche Leistungen mit einem Niedriglohnjob verknüpften. Daher beschlossen die meisten, an dem Ort zu bleiben, dem sie sich verbunden fühlten.

Die Sozialpsychologie liefert uns eine plausible Erklärung dafür, warum der Kapitalismus sowohl florierende »arbeitsplatzgebundene« Gemeinschaften in egalitären und dezentral gesteuerten Gesellschaften wie Dänemark als auch abstoßende Hierarchien der Demütigung in Regionen wie South Yorkshire hervorbringen kann. Sie erklärt auch, warum eine lokale Gemeinschaft oftmals zerfällt, sobald der wirtschaftliche Niedergang einsetzt: Die Menschen beginnen, sich gegenseitig die Schuld am Scheitern zu geben. Das kleine Land Wales,

---

* Der Film war eine Low-Budget-Produktion, deren Macher diese Ereignisse umtrieben. Er wurde später in der Kategorie »Bester Film« mit einem Oscar ausgezeichnet.

das nur halb so viele Einwohner wie Dänemark hat, verdeutlicht diesen traurigen Prozess, es ist noch ärmer als South Yorkshire. Mein walisischer Kollege David Tuckett und ich führten im Jahr 2020 eine Reihe von Interviews mit Menschen, die einen Querschnitt der Gesellschaft darstellten.[5] Wir stießen auf weitverbreitete Uneinigkeit. Vertreter der walisischen Regierung beschuldigten die walisischen Unternehmen, die sich dafür revanchierten, indem sie sich über die walisische Regierung beschwerten. Zudem herrscht zwischen den walisischen Regionen auch wechselseitige Antipathie. In Nordwales sprechen noch immer viele Menschen das Walisische, weshalb man sich dort bei der walisischen Regierung erfolgreich dafür einsetzte, das Beherrschen der Sprache zu einer Einstellungsvoraussetzung im Arbeitsleben zu machen. In Südwales, wo Walisischsprachige eine Minderheit sind, wird dies als Hemmnis für die Schaffung von Arbeitsplätzen angesehen. Einmal lud mich die walisische Regierung nach Swansea ein, um bei ihrem All Wales Economic Summit eine Rede zu halten. Die vielen Teilnehmer aus der südwalisischen Metropole hatten wiederum ihre eigene Erklärung für die Probleme der Stadt: die Begünstigung von Cardiff, der 70 Kilometer entfernten Nachbarin, die auch die walisische Hauptstadt ist. Die Bevölkerung von Wales ist gespalten; es haben sich wechselseitige Antipathien entwickelt, die verhindern, dass die Menschen gemeinsam eine Strategie entwickeln, um ihre Probleme anzugehen.

Es ist nur ein kurzer Schritt von gegenseitigen Vorwürfen zu Selbstvorwürfen: Manche verinnerlichen den Glaubenssatz, dass sie den Anschluss verloren haben, weil sie oder der Ort, an dem sie leben, in irgendeiner Weise ungenügend wären. Wir dehnten unsere Befragungen auf South Yorkshire aus und sprachen mit Lehrern, um eine Vorstellung davon zu bekommen, wie Schüler ihre Situation beurteilten. Ein paar typische Sätze, mit denen sie ihre Einstellung zum Ausdruck brachten, lauteten zum Beispiel: »Der Süden denkt, dass wir dumm sind. Also gut, dann sind wir halt dumm. Warum sollten wir uns anstrengen? Wir würden doch sowieso scheitern.« Viele dieser Schüler waren Nachfahren der Menschen, die den Weg für die industrielle Revolution bereitet hatten. In der Region befindet sich zum Beispiel das erste Industriewerk der Welt, das von der UNESCO als Weltkulturerbe anerkannt wurde. Aber statt stolz auf dieses Erbe zu sein, ließ man es verkommen. Damit ging zugleich das Selbstbewusstsein früherer Generationen verloren, die fest an ihre Innovationskraft geglaubt hatten.

Von Selbstvorwürfen ist es wiederum nur ein kurzer Schritt zum Verlust des Glaubens an die eigene Handlungsfähigkeit oder, im Jargon der Sozialpsychologie, zu *erlernter Hilflosigkeit* beziehungsweise *erlernter Abhängigkeit*. Das schrecklichste Beispiel, mit dem ich selbst in Berührung kam, ist Haiti, eine Gesellschaft, die im 18. Jahrhundert durch die Sklaverei traumatisiert wurde. Im Jahr 1804 befreiten sich die Haitianer dann in heroischer Weise von ihren Unterdrückern, und dies hätte die Grundlage eines dauerhaften Gefühls des Stolzes sein können. Stattdessen taumelte die haitianische Gesellschaft in weitere Tragödien. Erlernte Abhängigkeit ist Trägheit aus Verzweiflung, bei der sich die Menschen selbst jegliche Handlungsmacht absprechen. Für ihre Probleme machen sie ausschließlich Kräfte verantwortlich, die stärker sind als sie selbst. Ein haitianischer Student führte ein Beispiel an: Viele Haitianer glaubten, wenn sie krank würden, sei dies darauf zurückzuführen, dass sie ein böser Nachbar verhext habe – Magie sei also daran schuld, und sie selbst könnten nichts dagegen tun. Und somit warten Politiker und hohe Staatsbeamte mit Entscheidungsgewalt nach Hurrikanen und Erdbeben passiv ab, bis ausländische Hilfsorganisationen einfliegen, die ihnen helfen, sich von den Folgen der Katastrophe zu erholen. Haitianer arbeiten hart und wissen sich zu helfen: In den USA und in Kanada sind sie sehr erfolgreich. Aber wie in South Yorkshire hat Verzweiflung die Haitianer in ihrer Heimat psychisch gebrochen.

Manchmal beklagen selbst außergewöhnlich wohlhabende Menschen öffentlich ihre Ohnmacht – dadurch, dass sie einen ernsten Zustand bagatellisieren, entwerten sie ihn. Aber diejenigen, die am ehesten den Glauben daran verlieren, dass sie selbst etwas ändern können, sind schwache Gruppen, die von mächtigen angegriffen werden. Das am besten erforschte Beispiel sind die abgehängten Regionen in den USA, wo sich dieser Verlust des Glaubens an die eigene Handlungsmacht in besonders tragischer Weise in den »verzweiflungsbedingten Todesfällen« manifestiert, die Anne Case und Nobelpreisträger Angus Deaton, beides Ökonomen, dokumentiert haben. Die Lebenserwartung der Abgehängten sinkt. Der an der Universität Stanford lehrende Sozialpsychologe Greg Walton hat die genaue Abfolge von Gedanken analysiert, die Menschen in gelernte Abhängigkeit einschließt: Sie führen jeden Rückschlag auf das Wirken übermächtiger Kräfte zurück, die sich gegen sie verschworen haben, und ziehen, wie die Schüler in Yorkshire, den Schluss, dass es nichts bringe, sich anzustrengen. Die gelernte Abhängigkeit nistet im Innern und veranschaulicht das Syndrom der Fragilität, bei dem sich niedrige Erwartungen von selbst bewahrheiten. Sie liefern eine Rechtfertigung dafür, sich keine Mühe mehr zu geben, was die Betreffenden noch tiefer in Passivität einschließt, wenn dem nichts entgegengesetzt wird.

Die Sozialpsychologie erklärt auch das Phänomen der gesellschaftlichen *Fragmentierung*. Wenn ich an dem Ort, an dem ich lebe, keine sozialen Kontakte habe und mein Arbeitsplatz von einer Hierarchie der Demütigung geprägt ist, dann verkümmert mein Gemeinschaftsgefühl. Sobald die guten Zeiten vorbei sind, kann ich nur noch der verlorenen Vergangenheit nachtrauern. Die daraus resultierenden Einstellungen in den abgehängten Regionen der USA wurden in zwei soziologischen Studien analysiert. Die Soziologin Arlie Hochschild konzentriert sich auf das Gefühl von Verlassenheit und Verlust, das Menschen empfinden, die Fragmentierung erleben,[6] während der Politologe Eric Kaufmann ihre unschönen Folgen, wie etwa Feindseligkeit gegenüber ethnischen Minderheiten und Einwanderern, dokumentiert und kritisiert. Dies sind zwei Seiten derselben Tragödie: Menschen, die nach dem Verlust der Gemeinschaft, die ihrem Leben Sinn gab, tief verunsichert sind, suchen nach Sündenböcken.[7]

Kehren wir zurück in eine abgehängte englische Region: Ein Ereignis in meiner Heimatstadt Sheffield veranschaulicht das Gefühl des Verlusts, dem Hochschild begegnete. Als das örtliche John-Lewis-Kaufhaus 2021 dichtmachte, trauerten die Bewohner der Stadt: Blumen und kleine Dankesgaben wurden an der Eingangstür abgelegt, wie wenn sie ein Grabstein wäre. In dieser außergewöhnlichen Trauerbekundung über den Verlust eines Kaufhauses spiegelte sich der Ruf von John Lewis als bester britischer Arbeitgeber wider. Unter einem neuen, aggressiven Management, das letztlich entschied, die Filiale in Sheffield zu schließen, hatte das Unternehmen dieser Tradition den Rücken gekehrt und treue, langjährige Mitarbeiter entlassen. Die Blumen versinnbildlichten den tiefen Fall von John Lewis, nachdem in dem Unternehmen eine Hierarchie der Demütigung Einzug gehalten hatte.

Manchmal entlädt sich der Frust über den Verlust in kollektiver Wut, Frustration und Unvernunft. Die Demütigung einer Gemeinschaft kann eine kollektive Abneigung gegenüber erfolgreichen Gruppen auslösen. Ich sehe darin ein Aufbegehren gegen Autoritäten: *Rebellion.* Man findet dieses Verhalten überall auf der Welt, aber im globalen Maßstab liefern die USA und Großbritannien besonders eindringliche Beispiele.[*] Im Jahr 2016 hatten London und dessen Umland in Bezug auf Wohlstandsniveau und Wirtschaftskraft alle anderen Regionen Englands weit hinter sich gelassen, als das mittlerweile berühmte Referendum abgehalten wurde – vordergründig über die Frage, ob Großbritannien in der Europäischen Union verbleiben oder aus ihr austreten sollte. Alle drei nationalen poli-

---

[*] Weiter unten werde ich eine statistisch fundierte Analyse des gleichen Phänomens in Kenia vorlegen.

tischen Parteien sprachen sich für den Verbleib aus, und auch in London selbst stimmte eine deutliche Mehrheit dafür. Alle anderen englischen Regionen stimmten für den Austritt. Das Ausmaß, in dem eine Region abgehängt worden war, sagte zuverlässig vorher, ob sie für Austritt gestimmt hatte. Dabei war die Abstimmung nicht in erster Linie eine Auflehnung gegen Brüssel, das lediglich ein Prozent des britischen Volkseinkommens kontrollierte: Sie war eine Rebellion gegen London, das 40 Prozent erwirtschaftete. Später im gleichen Jahr führte eine ähnliche Rebellion der abgehängten Regionen in den USA dazu, dass Donald Trump Präsident wurde. Sowohl der Brexit als auch der Einzug Trumps ins Weiße Haus waren Akte, durch die sich die abgehängten Regionen ins eigene Bein schossen: Der Schaden war insgesamt groß, am größten aber in den Regionen, die rebelliert hatten. Wer sollte für diese Torheit zur Verantwortung gezogen werden? Die Antwort auf diese Frage führt uns zu einer weiteren Reihe von disruptiven Ideen: der Revolution in der Moralphilosophie.

Disruptive Moralphilosophie: kontributive Gerechtigkeit

Die Verantwortung für Rebellionen aus Verzweiflung tragen nicht nur – nicht einmal überwiegend – die Rebellen selbst. Schuld daran sind vielmehr mächtige Personen, die in den Jahrzehnten, in denen sich die Schere der Ungleichheit immer weiter öffnete, ohne dass etwas dagegen getan wurde, an den Schalthebeln saßen. Diese Nachlässigkeit ist der Grund dafür, dass so viele Regionen den Anschluss verloren.

Dem Brexit und den US-Präsidentschaftswahlen von 2016 gingen wütende Debatten voraus, aber sie waren keine echten Dialoge, an denen sich jeder auf Augenhöhe beteiligen konnte. Ein echter Dialog ist ein Austausch zwischen Gleichgestellten, die sich bemühen, einander zu verstehen; es ist kein

Brüllwettbewerb zwischen wütenden Schwachen und herablassenden Starken. Man könnte einen solchen Dialog mit einem Tischtennisspiel vergleichen: Die bloße Teilnahme bedeutet bereits, dass man die Regeln akzeptiert. Die Regeln des Dialogs sollen unlauteres Verhalten ausschließen und setzen eine wechselseitige Bereitschaft voraus, nach Gemeinsamkeiten zu suchen. Selbst wenn sie nicht gefunden werden, besteht eine wechselseitige Verpflichtung, einzusehen und anzuerkennen, dass die andere Seite ein Recht auf einen eigenen Standpunkt hat.

In Dialogen bildet sich ein gemeinsames Verständnis einer Situation heraus, das den verschiedenen Gruppen innerhalb einer Gesellschaft ermöglicht, ein gemeinsames Ziel zu definieren und sich auf eine Strategie zur Erreichung dieses Ziels zu verständigen. Jean-Jacques Rousseau war der erste Sozialwissenschaftler, der erkannte, dass die Evolution uns die Bereitschaft zur Kooperation mitgegeben hat: Der von ihm geprägte Begriff des Gesellschaftsvertrags bedeutete letztlich nichts anderes, als dass Menschen dadurch, dass sie sich bereitfanden, miteinander zu kooperieren, in der Lage waren, statt Kaninchen Hirsche zu fangen – also größere Beute machten, als wenn jeder für sich auf die Jagd gegangen wäre. Aber Rousseau ging nicht weiter. David Hume und sein Freund Adam Smith führten das entscheidende Konzept der *Gegenseitigkeit* ein: Anders als bei einem förmlichen Vertrag wird die wechselseitige Verpflichtung nicht vom Staat durchgesetzt, sondern durch Beziehungen wechselseitigen Vertrauens. Die entscheidende Rolle der Reziprozität hat Michael Sandel von der Harvard University in seinem Buch *Vom Ende des Gemeinwohls* (2020) dargelegt. Er führt das Konzept der kontributiven Gerechtigkeit (Beteiligungsgerechtigkeit) ein: Die Fairness gebietet es, dass jeder Mensch in einer Gesellschaft die Pflicht hat, das, was ihm möglich ist, zur Verwirklichung dieses gemeinsamen Ziels beizutragen. Dies verschafft ihm nicht nur Selbstachtung, sondern bringt ihm auch die Achtung anderer ein. Damit sich das praktisch umsetzen lässt, müssen alle – auch die Schwachen – hinreichend handlungsmächtig sein, um einen Beitrag leisten zu können.

Wie andere auch, können die Schwachen auf vielfältige Weise etwas beisteuern – etwa indem sie ihre Stimme in den Dialog einbringen oder ihre Lebenserfahrungen in abgehängten Regionen mit denen teilen, die es besser getroffen haben als sie. Die Mächtigen wiederum müssen ihre eigenen überlauten Stimmen dämpfen, den Schwachen zuhören und deren Helden ehren, statt das Lob ihrer eigenen zu singen. Vor allem aber können sich die Schwachen an einem Vorhaben, das dem Wohl der Gemeinschaft dient, beteiligen, indem sie es materiell unterstützen. Dies haben die Stahlarbeiter, die freiwillig einen Teil ihres Lohnes für das Stiftungskapital der Universität Sheffield spendeten, auf großartige Weise vor Augen geführt. Aber damit dies geschieht, müssen die Mächtigen dafür sorgen, dass die Schwachen Einkommen in ausreichender Höhe erhalten, um überhaupt einen Teil spenden zu können – so wie die Stahlbarone von Yorkshire bereit waren, ihren Arbeitern existenzsichernde Löhne zu zahlen.

Die Schwachen rebellieren, wenn die Mächtigen nicht bereit sind, auf sie zuzugehen. Wie Michael Sandel konstatiert, haben die Erfolgreichen in Großbritannien, den USA und einigen anderen Ländern die Schwachen, zum Beispiel die Arbeiter, und ihre Sorgen und Werte verachtet. In der Folge blies ihnen der kostspielige Wind der Polarisierung heftig ins Gesicht. In einer polarisierten Gesellschaft weisen die Schwachen jegliche Verpflichtung zurück, einen Beitrag zum Ganzen zu leisten.

Die genial einfache Methode der Google-Wortzählungen in Medien liefert empirische Belege dafür, dass in den USA die Akzeptanz der Gegenseitigkeit schwindet. Das Verhältnis von »ich« zu »wir« beschreibt im Verlauf des 20. Jahrhunderts eine u-förmige Kurve: Der Anfang sowohl des 20. als auch des 21. Jahrhunderts war eine Zeit des Egoismus, während die amerikanische Gesellschaft in der Mitte des 20. Jahrhunderts gemeinschaftsorientierter wurde. Seit dem Jahr 2000 ist die Kurve leider nach oben geschossen – was für ein beispielloses Interesse am Selbst spricht.[8]

Vielleicht geraten die niederschmetternden Lehren zweier Weltkriege mehr und mehr in Vergessenheit, und dies ist möglicherweise ein Faktor, der die Umschwünge mit erklärt. Sowohl in Großbritannien als auch in den USA waren mächtige Geschäftsleute während des Ersten Weltkriegs nicht bereit, materielle Opfer zu bringen. In den 1920er-Jahren war ihre Gier, wie von John Maynard Keynes zitiert, vom konservativen britischen Premierminister Stanley Baldwin in dem Satz »eine Menge Männer mit harten Gesichtern, die aussehen, als hätten sie ordentlich vom Krieg profitiert« verewigt worden, aber es änderte sich nichts, und die Krisen häuften sich: in Großbritannien der Generalstreik von 1926, in den USA der Große Börsenkrach von 1929, auf den 1931 die Weltwirtschaftskrise folgte.

Eine Politik tiefgreifender Erneuerung begann in den USA im Jahr 1933 mit Präsident Roosevelts New Deal, der anerkannte, dass staatliche Eingriffe in abgehängten Regionen für den sozialen Zusammenhalt unverzichtbar waren. Nach dem Angriff auf Pearl Harbor befreite ein neuer Konsens die USA von ihrem Isolationismus und löste weitere staatliche Eingriffe in die Wirtschaft aus. In Großbritannien hatte die Altersgruppe derjenigen, die in den 1920er-Jahren erwachsen wurden, aber bis in die 1940er-Jahre hinein zu jung waren, um nach politischer Macht zu streben, aus dem verheerenden Egoismus der Mächtigen die Lehre gezogen, dass sie jetzt selbst Opfer bringen müssten, um den sozialen Zusammenhalt zu stärken. Nach dem Kriegseintritt der USA und Großbritanniens begann diese Gruppe, sowohl im öffentlichen Dienst als auch in der Privatwirtschaft zu arbeiten. Großbritannien konnte keine Lebensmittel mehr einführen, und dem sich daraus ergebenden Problem der Knappheit versuchte man durch Rationierung Herr zu werden. Da jeder Anspruch auf die gleiche Menge an Lebensmitteln hatte, ernährten sich Menschen aus dem Arbeitermilieu trotz des Krieges besser: Die nationalen Ernährungsstandards stiegen tatsächlich. Sowohl dies als auch der New Deal waren gelebte kontributive Gerechtigkeit.*

Nach dem Krieg wurden zwei Kandidaten, von denen man dies nicht erwartet hatte, in die Spitzenämter gewählt. In den USA galt Harry S. Truman als ein Niemand und sicherer Verlierer, der bloß Franklin D. Roosevelts Handlanger gewesen war; in Großbritannien hatte Winston Churchill den Labour-Mann Clement Attlee mit der sarkastischen Bemerkung abgefertigt: »Er hat allen Grund, demütig zu sein.« Aber beide hinterließen ein bemerkenswertes Vermächtnis: die Vereinten Nationen (UN) und die Nordatlantische Vertragsorganisation (NATO), die die Grundlagen für die internationale Sicherheit legten; den Internationalen Währungsfonds (IWF), die Weltbank und das Allgemeine Zoll- und Handelsabkommen (GATT), die die Grundlagen für wirtschaftlichen Wohlstand legten. Attlee und Truman, zwei anspruchslose, bescheidene Männer, die in einer Zeit der Krise und Unsicherheit an die Macht kamen, erreichten viel, obwohl sie mit »radikaler Ungewissheit«, wie dies heute genannt wird, klarkommen mussten.

Die Wiederentdeckung radikaler Ungewissheit[9]

Radikale Ungewissheit ist die Herausforderung, die ein Problem darstellt, für das es keine bekannte Lösung gibt: die Situation, in der sich Attlee und Truman wiederfanden. Aus ihr folgt unter anderem, dass die meisten Lösungen, die wir für solche Probleme finden, wahrscheinlich nicht dauerhaft funk-

---

* Dies ist der genaue Gegenpol zu der wachsenden Zahl besagter »verzweiflungs-bedingter Todesfälle«, die gegenwärtig – ungeachtet eines rasch steigenden Wohlstandsniveaus auf nationaler Ebene – in den abgehängten Gegenden der USA zu verzeichnen sind.

tionieren, und dies galt auch für die Errungenschaften Attlees und Trumans.*

In der wirtschaftlichen Sphäre stützten sich die beiden Staatsmänner auf die keynesianische Idee, Vollbeschäftigung lasse sich mithilfe ausgeklügelter Vorhersagemodelle aufrechterhalten: Der Staat wisse es am besten. Doch nach 30-jähriger Vollbeschäftigung lösten die Ölschocks der 1970er-Jahre eine Stagflation aus, und die keynesianischen Ideen wurden zugunsten von Milton Friedmans Gegenrevolution aufgegeben, die die Devise »Der Staat weiß es am besten« durch den Slogan »Der Markt weiß es am besten« ersetzte. Der Kult des Marktes starb während der Weltfinanzkrise von 2008/2009, als verzweifelte und ideenlose Entscheidungsträger auf den Keynesianismus zurückgriffen, um den Zusammenbruch der Weltwirtschaft zu verhindern, einen ähnlich peinlichen Tod. Aber als 2022 ein unerwarteter Inflationsschub in kürzester Zeit die Erwartungen auf den Arbeitsmärkten veränderte, offenbarten sich die Schwächen des Keynesianismus, die ihn schon in den 1970er-Jahren dem Untergang geweiht hatten.

Im politischen Bereich hielten sich die Erfolge von Truman und Attlee länger. Die bedeutenden Errungenschaften der Sozialdemokratie im Gesundheitswesen, im Rentensystem und bei den Sozialprogrammen überdauerten mindestens bis zu den Reagan-Thatcher-Jahren und in mancher Hinsicht noch län-

---

* Das Schachspiel veranschaulicht die Grenzen dessen, was wir wissen können. Seine Regeln sind kristallklar: nur 32 Spielfiguren und zwei Spieler. Das reale wirtschaftliche Problem der Wiederbelebung einer abgehängten Region ist weitaus komplexer: Es hängt von den Wechselwirkungen zwischen den sozialen, politischen und wirtschaftlichen Entscheidungen Tausender Menschen ab. Aber selbst Schach ist schwer lösbar: Wir werden nie die unschlagbare Strategie entdecken, weil es mehr mögliche Spielzüge als Atome im Weltall gibt. Wenn man einen KI-Algorithmus auffordern würde, die perfekte Spielstrategie zu finden, würde er endlos laufen. Zufällig waren zwei meiner Studenten Schachweltmeister: Von ihnen erfuhr ich, dass KI mittlerweile zwar die besten Spieler besiegen kann, ein guter Spieler, der ein gutes Urteilsvermögen mit KI verknüpft, eine KI aber immer besiegt. Selbst unter den einfachen Rahmenbedingungen eines Schachspiels ist menschliches Urteilsvermögen ganz offensichtlich nicht ersetzbar.

ger. Aber im Jahr 2023, als die durch die Häufung von Schocks, die durch COVID, den Klimanotstand und den Krieg in der Ukraine verursacht wurden, ausgelösten Fiskalkrisen angeschlagene Regierungen ins Wanken brachten, war die Welt ein weiteres Mal voller Ungewissheiten.[10]

Die Forschung über radikale Ungewissheit empfiehlt, nicht tatenlos herumzujammern, sondern einen konkreten Maßnahmenkatalog zu erstellen. Aber dafür bedarf es eines Ansatzes, der sich von der bekannten und beschränkten Welt der Marktabsolutisten unterscheidet. Seine Kernbotschaften lauten: Robustheit und Resilienz aufbauen und gleichzeitig drei praktische Schritte unternehmen, um herauszufinden, was wahrscheinlich funktioniert.

Um Robustheit und Resilienz aufzubauen, muss kurzfristiges Bemühen um Kosteneinsparungen zugunsten von Nachhaltigkeit aufgegeben werden. Ein eindrucksvolles Beispiel liefern uns hier die Schweizer Regierung und ihr Umgang mit den geballten Schocks des frühen 21. Jahrhunderts. Ihr Ziel war es, eine ausreichende Versorgung der Bevölkerung mit lebensnotwendigen Gütern für mehrere Monate sicherzustellen. Hierzu war es notwendig, die 200 Schweizer Unternehmen zu identifizieren, die diese Güter beschafften, und ihre Beschaffungsmanager zu einer Besprechung zu zitieren. Den Führungskräften wurde gesagt, dass sie von jetzt an – einzeln und als Gruppe – für die sichere Nahrungsmittelversorgung der Schweiz verantwortlich seien. Sie würden sich regelmäßig treffen und sollten sich in Teams organisieren, wie sie ihnen am sinnvollsten erschienen. Die Schweizer Regierung setzte darauf, dass sich in dieser neu gebildeten Peer-Gruppe mit klarer Zielsetzung eine bestimmte sozialpsychologische Dynamik entfalten würde: Kein Beschaffungsmanager würde das schwache Glied sein wollen, das den Respekt der anderen verlöre. Lieferketten werden durch Verdopplung und eingebaute Redundanz robuster, aber das bedeutet auch, dass man sich mit einem gewissen Maß an Ineffizienz abfinden muss. Und resilienter werden sie durch Investition in

Kapazitäten, die notwendig sind, um im Fall von Disruptionen flexibel reagieren zu können.

So wie es Techniken gibt, um Robustheit und Resilienz zu entwickeln, so gibt es Methoden, um schnell herauszufinden, was gut funktioniert, wenn man sich einem unvertrauten neuen Problem gegenübersieht. Wir können schauen, was andere tun, die vor der gleichen Herausforderung stehen. Wir können parallel mit verschiedenen Strategien experimentieren und nachverfolgen, wie sich diese bewähren. Und wir können, statt, wie in den Wirtschaftswissenschaften üblich, deduktiv vorzugehen, uns von den unerwarteten Ereignissen, die heute eintreten, in die Vergangenheit zurückarbeiten, um eventuell zu verstehen, was dazu führte. Ökonomen versuchen, kausale Thesen zu beweisen. Aber Syndrome haben oft so komplexe und sich gegenseitig verstärkende Effekte, dass dies für politische Antworten in Echtzeit nicht praktikabel ist. Das gleiche Syndrom der Abwärtsspirale erfasste Pittsburgh und Sheffield: Im Falle Pittsburghs setzten sich der Bürgermeister der Stadt und der Gouverneur des Bundesstaats Pennsylvania über die passive Botschaft der deduktiven Ökonomik hinweg, machten sich ihr tiefgreifendes Wissen über den lokalen Kontext zunutze, um mögliche Lösungen zu entdecken, und überredeten Schlüsselpersonen dazu, sie auszuprobieren. Diese Vorgehensweise nennt man *Abduktion (abduktives Schlussfolgern)*: Weder der Bürgermeister noch der Gouverneur konnten beweisen, dass ihre Bemühungen erfolgreich sein würden, aber die Stadt lebte wieder auf. Das britische Finanz- und Wirtschaftsministerium schlussfolgerte deduktiv, dass Marktkräfte die richtige Strategie in Sheffield wären, und es lässt sich nicht beweisen, dass es sich irrt. Aber man kann auch nicht beweisen, dass es recht hat: Unter Bedingungen radikaler Ungewissheit sind Beweise kaum zu erbringen.

Auf die Einstellung kommt es an

Damit die Erneuerungsstrategie aufging, war es unbedingt erforderlich, das Vertrauen von Schlüsselpersonen in Pittsburgh zu gewinnen, aber Vertrauen ist etwas, dessen Bedeutung für Ökonomen nicht leicht zu verstehen ist. Das menschliche Arbeitstier dieses Berufsstandes, der *Homo oeconomicus*, an dem sich die meisten makroökonomischen Modelle orientieren, ist von seinem Wesen her zu eigennützig, als dass man ihm vertrauen könnte. Aber Führungskräfte können Vertrauen aufbauen, und hier sind die unterschiedlichen nationalen Reaktionen in Dänemark, den USA und Deutschland auf die Corona-Pandemie sehr aufschlussreich. Im März 2020, als man im Westen erkannte, wie gefährlich eine SARS-CoV-2-Infektion sein kann, wandte sich Mette Frederiksen, sozialdemokratische Ministerpräsidentin von Dänemark und alleinerziehende Mutter, in einer Ansprache an ihre dänischen Mitbürger. Sie räumte ein, kein medizinisches Fachwissen zu besitzen, und auch, dass man bislang nur wenig über das Corona-Virus und COVID-19 wisse. Aber da es eine gefährliche ansteckende Erkrankung sei, hätten alle Dänen die moralische Pflicht, ihre Nachbarn zu schützen. Rentner sollten Abstand zu Berufstätigen mit vielen zwischenmenschlichen Kontakten halten, während Menschen mit Kindern sicherstellen sollten, dass diese nicht ungewollt ihre Großeltern gefährdeten. Im Gegensatz zu dieser moralischen Botschaft »Beschütze deinen Nachbarn« drängten US-Amerikaner zur gleichen Zeit in Waffengeschäfte, um Handfeuerwaffen zu kaufen. »Erschieß deinen Nachbarn« enthüllte das geringe Vertrauen in Mitbürger, das ein Vermächtnis des über Jahrzehnte hinweg viel beschworenen Menschenbilds des *Homo oeconomicus* war. Auch Bundeskanzlerin Angela Merkel entschied sich für den *Homo oeconomicus*, aber das viel strengere deutsche Waffenrecht bewahrte die Gesellschaft vor dem Schicksal der USA. Die Schwächen einer am Leitbild des *Homo oeconomicus* ausgerichteten Poli-

tik in Deutschland zeigten sich später, als die ersten Impfstoffe auf den Markt kamen. Merkel versuchte die Deutschen
davon zu überzeugen, dass es in ihrem ureigenen Interesse sei,
sich impfen zu lassen: Im Fall einer SARS-CoV-2-Infektion
hätten sie ein viel geringeres Risiko, daran zu sterben. Aber
mittlerweile hatten die sozialen Medien viele Menschen weltweit mit der Angst infiziert, die Impfstoffe selbst seien mit
gesundheitlichen Risiken verbunden, und die Deutschen bildeten hier keine Ausnahme. Eine beachtliche Minderheit unter
ihnen entschied für sich, dass es in ihrem ureigenen Interesse
sei, einfach von zu Hause aus zu arbeiten und sich selbst zu
isolieren. Ohne Impfung war es ihnen wohler in ihrer Haut.
Folglich war die Impfquote in Deutschland um einiges niedriger als in anderen europäischen Ländern und erreichte nie
die kritische Schwelle, die für eine effektive Eindämmung der
Epidemie notwendig gewesen wäre. Was die Ergebnisse dieser
drei verschiedenen COVID-Strategien anbelangt, so hat die
Forschungsabteilung des IWF im Rahmen einer neuen Analyse die COVID-bedingte Übersterblichkeit von Januar 2020
bis Ende 2022 berechnet. Dänemark hatte von allen in der
Organisation für wirtschaftliche Entwicklung und Zusammenarbeit (OECD) zusammengeschlossenen Ländern die niedrigste Übersterblichkeit.* In Deutschland zeigte sich, dass sich
der *Homo oeconomicus* selbst überschätzte: Die Strategie der
Selbstisolation hatte zu viele Schwächen, um wirksam zu sein.

Diese gegensätzlichen Herangehensweisen an den *Homo
oeconomicus* waren lediglich ein Aspekt von Unterschieden in
der Governance, der guten staatlichen, öffentlichen Führung.
Der überzogene Glaube an Märkte, der schließlich die ang-
loamerikanische Ökonomik dominierte, hat in Kontinentaleuropa nie Fuß gefasst. Aber es war auch in den USA nicht
erlaubt, abgehängten Regionen die Chancen auf wirtschaftliche Erneuerung zu nehmen. Da politische und insbesondere

---

* Nur einige sehr kleine Länder wie Andorra schnitten hier noch besser ab.

wirtschaftspolitische Machtbefugnisse an Bundesstaaten und Kommunen delegiert worden waren, nutzten einige abgehängte Gebiete bzw. Städte wie etwa Pittsburgh ihre lokalen Gestaltungsspielräume, um Maßnahmen zu ergreifen, die orthodoxen Ökonomen ein Gräuel gewesen sein müssen. In Großbritannien erhielten die Schotten eigene politische Kompetenzen, die sie allerdings auf spektakulär verfehlte Art und Weise nutzten. Als ab 1979 die Ölpreise in die Höhe schossen, lösten die Ölvorkommen vor der Küste Schottlands einen Wettstreit um Stimmen zwischen der Scottish Nationalist Party (SNP) und der Scottish Labour Party (SLP) aus. Der SNP-Slogan »Es ist das Öl Schottlands« appellierte an das Selbstinteresse der Wähler. Doch wie der Zufall so spielte, waren die britischen Premierminister und Finanzminister zwischen 1997 und 2010 Mitglieder der Scottish Labour Party. Sie traten der SNP entgegen, indem sie eine neue schottische Regierung und ein neues schottisches Parlament schufen, die sie mit Befugnissen und Geldern ausstatteten. Vergebens: Im Jahr 2010 übernahm die SNP die Macht und gab im Rahmen einer hochriskanten Strategie, die darauf abzielte, ein Unabhängigkeitsreferendum, wie man es nur einmal in einer Generation abhält, zu gewinnen, mit vollen Händen Geld aus. Es kam zu einem knappen Votum gegen die Unabhängigkeit, aber dies führte dazu, dass Schottland heute auf spektakuläre Weise gespalten ist. Devolution – die Übertragung von Befugnissen auf regionale Körperschaften – ist kein Allheilmittel, und die schottische Devolution wurde auf so groteske Weise fehlgeplant, dass sie zu unverantwortlichem Regierungshandeln führte.

Die eiserne Regel des Treasury galt in zunehmendem Maße nur noch für England und Wales. Daher haben nur dort abgehängte Regionen die toxische Kombination aus lokaler Ohnmacht und pfadabhängigem Niedergang erlebt – was sie in Nordamerika und Europa einzigartig macht. Schuld daran hatte ein mächtiges, abgehobenes und sich selbst überschätzendes Treasury, das seit 1980 fast unterbrochen an seiner reinen marktwirtschaftlichen Lehre festhielt, unabhängig davon, welche politische Partei an der Macht war.* Während dieser Dekaden zeigte sich immer deutlicher, dass der Niedergang in den Regionen Englands und in Wales international eine Ausnahme war. Nicht nur in Nordamerika, sondern auch überall in Kontinentaleuropa erlebten ehedem wirtschaftlich darniederliegende Regionen einen Aufschwung. Das spektakulärste Beispiel war Ostdeutschland. Zur Zeit der deutschen Wiedervereinigung war die frühere DDR viel ärmer als South Yorkshire. 30 Jahre später hatte sich diese Region, mittlerweile mit fünf Bundesländern Teil des vereinten Deutschlands, so schnell erneuert, dass ihr Wohlstandsniveau viel höher war als das von South Yorkshire. Die deutsche Regierung betrieb eine völlig andere Wirtschaftspolitik als das Treasury. Gleich nach dem Fall der Berliner Mauer wurde die wirtschaftliche Erneuerung des Ostens zur obersten politischen Priorität. Die zentrale Planwirtschaft in der vormaligen DDR bedeutete, dass sämtliche Entscheidungen in den Ministerien in Ostberlin getroffen wurden. Weder die Städte noch die Betriebe verfügten über eigene Entscheidungsspielräume: Die dort tätigen untergeordneten Beamten setzten lediglich ministeriale Anweisungen um. Dagegen hatte South Yorkshire trotz wachsender Zentralisierung in London noch immer öffentliche Institutionen, die seit Langem eigenständige Entscheidungsbefugnisse besaßen, wie etwa die dort ansässigen Universitäten und insgesamt rund 20 000 lokale Betriebe. In der früheren DDR musste all dies von Grund auf aufgebaut werden. Aber die Deutschen hatten zwei Vorteile, die die abgehängten Regionen Englands nicht hatten: eine tüchtige politische Führung und leistungsfähige Institutionen auf Bundesebene.

Bundeskanzler Helmut Kohl nutzte entschlossen die Gunst der Stunde. Sein politisches Meisterstück, das angloamerikani-

---

* Die kurze Ausnahme war die Umkehr des keynesianischen Nachfragestimulus 2009/2010.

sche Ökonomen entsetzte, war die Ankündigung, DDR-Mark werde zum Kurs von 1:1 in D-Mark umgetauscht. Die herrschende ökonomische Lehre empfahl dagegen einen hohen Abschlag auf die DDR-Mark, der die ostdeutsche Wirtschaft um den Preis einer Verarmung ihrer Arbeitnehmerschaft wettbewerbsfähig gemacht hätte: Die gut qualifizierten Arbeitskräfte wären in Scharen in den Westen abgewandert. Unter den Bedingungen, die Helmut Kohl durchsetzte, begrüßten die Ostdeutschen die Wiedervereinigung freudig, weil sie ihnen die Aussicht auf einen westdeutschen Lebensstil eröffnete, ohne dass sie gezwungen wären, die Orte zu verlassen, die sie als ihre Heimat ansahen.

Kohl verstand, dass Marktkräfte Ostdeutschland wirtschaftlich nicht wiederbeleben würden: Er verwarf das Dogma des Marktfundamentalismus, weil er erkannte, dass die Westdeutschen öffentliche Gelder in den Osten pumpen mussten, wenn die Beschäftigung nicht zusammenbrechen sollte. Es war Kohls herausragende Leistung, dass er die Wohlhabenden und die Mächtigen in Westdeutschland von der moralischen Notwendigkeit überzeugte, Solidarität mit ihren schwächeren Mitbürgern im Osten zu zeigen. Indem Kohl diese Solidarität als eine moralische Verpflichtung hinstellte, entpolitisierte er sie. Er führte den sogenannten Solidaritätszuschlag (auf die Einkommen- und Körperschaftsteuer) ein, der im Grunde eine Vermögensumverteilung von West nach Ost bewirkte. Ungeachtet regelmäßiger Wechsel bei den politischen Parteien, die die Regierung stellten, und wechselnder Parteizugehörigkeit der Bundeskanzler blieb der Solidaritätszuschlag in dieser Form 30 Jahre lang erhalten, und ganz abgeschafft ist er bis heute nicht. Das Aufkommen war enorm: Jährlich wurden rund 70 Milliarden Euro in den Osten transferiert.

Die Institution, die den Wohlstandstransfer effektiv managte, war die Kreditanstalt für Wiederaufbau (KfW), eine nationale öffentliche Bank, die im Jahr 1948 in der Absicht gegründet worden war, nach dem Krieg die Infrastruktur und die Privat-

wirtschaft wiederaufzubauen. Das entscheidende Gestaltungs-
merkmal für die Umsetzung beider Ziele war dezentrale Entscheidungsfindung. Zur Förderung der Infrastruktur reichte
die Bank große Kredite an regionale und kommunale Körperschaften aus, die jeweils selbstständig über die Verwendung der
Gelder entscheiden konnten. Zum Zweck der Wirtschaftsförderung vergab sie hohe Kredite an Unternehmen, um Schlüs-
selsektoren der Wirtschaft wiederaufzubauen.* Beide Aktivitäten liefen dem Grundsatz zuwider, wonach »der Markt es am
besten weiß«. Nachdem die Wiedervereinigung zur Priorität
geworden war, erhielt die KfW einfach eine neue Aufgabe, die
wirtschaftliche Wiederbelebung des Ostens.

Hier zeigt sich ein markanter Gegensatz zur Politik des Treasury gegenüber den abgehängten Regionen Englands. Die
Agenda der Infrastrukturförderung wurde nicht von Gebietskörperschaften festgelegt, sondern von den Whitehall-Ministerien. Anders als in allen anderen OECD-Staaten war es in
England den regionalen Gebietskörperschaften nicht erlaubt,
Anleihen zur Finanzierung von Infrastrukturprojekten oder für
irgendetwas anderes zu vergeben. Sämtliche Ausgaben einer
Gebietskörperschaft oder auch eines anderen Whitehall-Minis-
teriums mussten im Vorhinein von einem Treasury abgesegnet werden, das erpicht darauf war, die öffentlichen Ausgaben
durch sein Jahresbudget zu kontrollieren. Sämtliche Gelder,
die am Jahresende nicht ausgegeben worden waren, verfielen:
Dies bedeutete, dass es keinen Sinn machte, über den Horizont
eines einzelnen Jahres hinauszudenken, sodass keine Kapazitäten dafür bereitgestellt wurden – weder in den Regionen
noch in den Ministerien noch im Treasury selbst. Kurzfristiges Denken beherrschte sämtliche öffentlichen Entscheidungen. Was die Unterstützung für Unternehmen betrifft, so kün-

---

* Für diesen Zweck nutzte sie ihre für die Förderung von Privatunternehmen zuständige Tochtergesellschaft Deutsche Investitions- und Entwicklungsgesellschaft
  (DEG).

digte die britische Labour Party im Jahr 1945 an, sie wolle die
»Schlüsselindustrien« der Wirtschaft wiederaufbauen.[11] Aber
im Unterschied zu Deutschland geschah dies durch Verstaatlichung und Gründung staatseigener öffentlicher Unternehmen wie des National Coal Board, das die verstaatlichte Kohle-
bergbauindustrie leitete. Der Begriff »Verstaatlichung« war
aber irreführend. Oft waren die zu »verstaatlichenden« Unternehmen bereits im öffentlichen Sektor tätig, aber sie waren
lokal gemanagt worden. Es war zutreffender, von »Zentralisierung« zu sprechen.*

Die USA hatten nach dem Krieg nicht den gleichen Wieder-
aufbaubedarf wie Deutschland und Großbritannien, und im
Gegensatz zum Vereinigten Königreich hatten sich die dortigen
Gewerkschaften nie zu Sozialismus und Verstaatlichung/Zen-
tralisierung bekannt. Fast 30 Jahre lang hatten US-Unternehmen landesweit Millionen Arbeitsplätze für Arbeitskräfte mit
mittlerer Qualifikation geschaffen. Sie ermöglichten der amerikanischen Mittelschicht und abgehängten Regionen, in einem
Wohlstand wie noch nie zuvor zu leben. Und auch wie seitdem
nie mehr: Im Jahr 1970 erklärte Milton Friedman öffentlich,
die einzige Pflicht eines Unternehmensleiters bestehe darin,
Gewinne zu erwirtschaften. Dieser Rat, der an wirtschaftswissenschaftlichen Fakultäten endlos wiederholt wurde, wurde
somit auch von einer Generation Betriebswirte, die an die Spitze
der Großunternehmen aufgestiegen waren, papageienhaft nach-
geplappert. In den 2020er-Jahren hatte ihr von hemmungsloser Gier geprägtes Handeln bei vielen jungen Amerikanern eine
ähnlich starke Ablehnung des Kapitalismus hervorgerufen wie
bei den Bewohnern von South Yorkshire.

Sowohl die amerikanische Rebellion, deren Produkt Donald
Trump war, als auch die britische Rebellion, die in den Brexit

---

* Beispiele sind Universitäten, die in den 1960er-Jahren weitgehend von Whitehall
aus geleitet wurden; Krankenhäuser, die öffentliche Einrichtungen waren, aber bis
1948 lokal verwaltet wurden; und die Bewährungshilfe, die bis 2013 lokal verwaltet, kurz privatisiert und ab 2019 von Whitehall zentral gesteuert wurde.

mündete, waren Nachwirkungen politischer Fehler, die um das Jahr 1980 begannen. Dabei machten Amerikaner und Briten – wenn auch zur gleichen Zeit – verschiedene Fehler. Die USA wurden zu einer dezentralisierten Plutokratie, Großbritannien zu einer zentralisierten Bürokratie. Beide setzten eine Abwärtsspirale in Gang: Die Plutokratie plünderte aus, die Bürokratie pfuschte herum. In den USA benutzten die Superreichen ihr Vermögen, um ihre politische Macht auszuweiten, und ihre politische Macht, um ihren Reichtum zu steigern. Die extrem überzentralisierte Bürokratie in Großbritannien war zwangsläufig mit einer wachsenden Zahl von Misserfolgen konfrontiert, auf die sie mit verstärkter Zentralisierung reagierte.

In keinem der beiden Länder funktionierte der Sicherheitsmechanismus des politischen Wettbewerbs sonderlich gut. Beide linksgerichtete Parteien, die Demokraten und Labour, waren von Wirtschaftsinteressen vereinnahmt worden. In den USA verlieh eine bizarre gerichtliche Entscheidung Unternehmen die gleichen Rechte wie Bürgern – einschließlich Meinungsfreiheit.[*] Diese Entwicklung erfüllte den Wunschtraum jedes Lobbyisten, und in der Folge explodierten die Kosten von Wahlkämpfen. Um mit den von den Republikanern eingeworbenen Wahlkampfspenden mithalten zu können, mussten die Demokraten ihre eigenen Superreichen umwerben: liberale New Yorker Banker und Tech-Milliardäre von der Westküste. Die Superreichen verschoben die Agenda der Demokratischen Partei in Richtung ihrer eigenen Anliegen. Folglich ignorier-

---

[*] Im Jahr 2016 urteilte der Oberste Gerichtshof der USA mit seiner wirtschaftsfreundlichen Mehrheit, dass Kapitalgesellschaften bezüglich der Wahlkampffinanzierung die gleichen politischen Rechte wie Personen hätten: Die Spenden der Superreichen waren fortan sogar steuerlich absetzbar. Wahlkampfspenden und -kosten explodierten, sodass unbekanntere Kandidaten chancenlos blieben, sofern sie nicht von den Superreichen finanziell unterstützt wurden. Diese Entscheidung, die die besorgniserregende Entwicklung zum Prinzip »ein Dollar, eine Stimme« beschleunigte, war vom Obersten Gerichtshof schon in den 1870er-Jahren als eine Gefahr vorhergesehen und für absolut unvereinbar mit der US-Demokratie angesehen worden (vgl. Collier und Kay 2020).

ten beide großen Parteien die Belange derer, die (bereits) abgehängt waren.

In der britischen Klassengesellschaft hatte die Labour Party traditionell die Interessen der Arbeiterschaft vertreten, aber bei der Wahl von 2019 waren ihre Mitglieder überwiegend junge, gut ausgebildete Menschen aus der Mittelschicht, die in Südostengland lebten. Die Abgehängten Englands wohnten aber überwiegend nicht im Südosten; es waren ältere Arbeiter, die nicht studiert hatten. Plötzlich hatten sie niemanden mehr, der für sie sprach, und so veränderten sich ihre politischen Präferenzen.

Nachdem die britische Regierung der immer größeren ökonomischen Divergenz 30 Jahre lang zugesehen hatte, räumte sie schließlich ein, dass die *privaten* Investitionen in abgehängte Regionen zu niedrig seien. Vordergründig ging sie das Problem dadurch an, dass sie die British Business Bank (BBB) gründete. Im Jahr 2021 war sie sogar bereit, zuzugestehen, dass die Fixierung des Treasury auf jährliche Budgetierung dazu geführt habe, dass auch die *öffentlichen* Investitionen zu niedrig gewesen seien. Ihre Lösung war die Gründung eines weiteren Finanzinstituts: der National Infrastructure Bank (NIB). Aber das waren Gesten, keine Lösungen. Sie vermittelten die Illusion tatkräftigen Handelns, während sie die schmerzliche Realität verschleierten, die Helmut Kohl den Deutschen bewusst gemacht hatte: Um die abgehängten Regionen zu erneuern, bedürfe es erheblicher Steuererhöhungen. Die britischen Gesten waren hingegen erbärmliche Tropfen auf den heißen Stein und ihre Zwecke verworren. Die BBB hatte nicht die Größe und, vielleicht bis zu einem Wechsel an der Führungsspitze im Jahr 2022, auch kein ausreichendes Interesse, um die Abwärtsspirale der britischen Regionen umzukehren. In ähnlicher Weise weist die NIB eine Bilanzsumme von nur 22 Milliarden Pfund und 127 Mitarbeiter auf. Ihr deutsches Gegenstück, die KfW, hat eine Bilanzsumme von über 500 Milliarden Euro und 7600 Mitarbeiter. Die NIB verfügt zudem über ein nur zusammengestümpertes Mandat, das die klare Verpflichtung auf den Übergang zu Netto-null-

Kohlenstoffemissionen mit dem vagen Hinweis verbindet, auf regionale Ausgewogenheit zu achten. Dies könnte leicht als Aufforderung verstanden werden, jeder Region gleich hohe Kredite zu gewähren, statt arme Regionen in die Lage zu versetzen, den Rückstand aufzuholen.

Öffentliche Entwicklungsfinanzierungsinstitute wie die britischen BBB und NIB und die deutsche KfW haben den Vorteil, dass sie auf nationaler Ebene festgelegte Ziele, wie etwa die starke wirtschaftliche Chancenungleichheit zwischen Regionen zu verringern, verfolgen können. Sie vermögen diese Ziele dadurch zu erreichen, dass sie in Regionen, die in einer Abwärtsspirale gefangen sind, das Wachstum ankurbeln. Gewinnorientierte private Kapitalgeber ziehen sich aus Regionen im Niedergang zurück, während das genaue Gegenteil im öffentlichen Interesse wäre. Großbritannien hat jetzt endlich diese öffentlichen Institutionen, aber bis heute fehlt ihnen offenbar das nötige Gewicht, um ihre Ziele zu erreichen.*

Inzwischen gibt es mit dem Zusammenbruch der Bank North stichhaltige Belege für ihr Versagen. Die Unzulänglichkeiten der auf London fixierten Finanzinstitute hatten neue Banken, die besser in den Regionen verwurzelt waren, dazu bewogen, sie herauszufordern. Bank North war die bekannteste, eine landesweite Bank für die Regionen außerhalb Londons. Statt in unzeitgemäße Symbole der Solidität – einen imposanten Hauptsitz mit einer Säulenhalle als Eingang – investierte sie ihr Geld in die

---

* Aber die BBB hat zu Recht Angst vor der öffentlichen Kritik, sie »verschleudere das Geld der Steuerzahler«. Während der Corona-Pandemie legte sie einen Futures Fund auf, um rund 1200 innovative kleine und mittelständische Unternehmen zu schützen, die von dem vorübergehenden Schock getroffen worden waren. Wenig überraschend waren bis 2023 83 dieser Unternehmen pleitegegangen: Das Erfolgskriterium sind die langfristigen Portfolio-Renditen. Aber selbst die *Financial Times*, die einzige in Finanzfragen kompetente Nachrichtenquelle in Großbritannien, berichtete mit folgenden Worten darüber: »Britischer Steuerzahler erleidet Verluste, nachdem vom Futures Fund abgesicherte Unternehmen pleitegehen« (24. Januar 2023). Den Bildungsbehörden ist es nicht gelungen, Menschen finanzielle Grundkenntnisse beizubringen.

Anwerbung örtlicher Filialleiter, die entlassen wurden, als Londoner Banken auf Algorithmen umstellten, die von den Zentralen aus betrieben wurden. Algorithmen können in begrenztem Umfang hilfreich sein, aber sie sind kein Ersatz für sachkundiges Urteilsvermögen, das auf der Kenntnis des lokalen Kontextes beruht. Dank dieser Expertise konnte die Bank North problemlos lokalen Betrieben Kredite mit fünfjähriger Laufzeit anbieten. Ihre detaillierten Kenntnisse des Geschäftsplans und des Managements eines Unternehmens ermöglichten ihr, höhere Kredite über längere Laufzeiten auszureichen: Dies machte sie für Unternehmen ganz besonders attraktiv. Da sie in der Lage war, diese gewaltige unbefriedigte Nachfrage für sich zu erschließen, galt die Qualität des wachsenden Kreditbestands der Bank North als außergewöhnlich gut. Folglich hatte sie in Rekordzeit die Genehmigung der Bank von England erhalten. Außerdem hatte sie Privatinvestoren angelockt und war für die lokalen Gebietskörperschaften der abgehängten Regionen überaus attraktiv. Eine plausible Schätzung der positiven Effekte einer Filialeröffnung in South Yorkshire kam zu dem Ergebnis, dass dadurch in den ersten fünf Jahren 20 000 Arbeitsplätze geschaffen würden.* Eingedenk dieser positiven Effekte war die klamme Regionalregierung von South Yorkshire bereit gewesen, drei Millionen Pfund an Eigenkapital zu investieren, falls die Bank dort eine Filiale eröffnete.** Ungeachtet dessen ließ man die Bank North einfach pleitegehen. Dazu kam es, weil Whitehall im

---

* Die Schätzung stammt von meinem Kollegen Professor Colin Mayer, dem ehemaligen Direktor der SAID Business School in Oxford; sie stützt sich auf Standardkennzahlen des Verhältnisses von Investition(shöhe) zu Beschäftigungswirkung bei mittelständischen britischen Unternehmen und auf den Geschäftsplan der Bank North für das Kreditvolumen.

** Die größte Schwierigkeit, der sich Amtsträger gegenübersahen, als sie diese Fördermittel bereitstellen wollten, bestand darin, dass ihre Kriterien – wie die des Treasury – für die Abschätzung des öffentlichen Nutzens auf geradezu lächerliche Weise ungeeignet waren. Anfangs wurden die von der Bank North erzeugten positiven Beschäftigungseffekte auf die Zahl der wenigen Manager und sonstigen Mitarbeiter beschränkt, die sie direkt beschäftigen würde. Dadurch wären die Effekte ihrer geplanten Kredite im Volumen von 500 Millionen Pfund unter den Tisch gefallen.

Sommer 2022 ein beispielloses Chaos auf den Finanzmärkten anrichtete – beteiligt daran waren nicht weniger als vier verschiedene Finanzminister, drei verschiedene Premierminister und jähe politische Kehrtwenden. In dieser Situation zogen sich Privatinvestoren zurück, der Pfundkurs brach ein, und die Bank North war nicht in der Lage, sich ausreichend private Finanzmittel zu sichern, um ihre Finanzierungsrunde Ende September, der von der Bank von England willkürlich festgesetzten Frist, abzuschließen, bevor das politische Chaos ausbrach. Das hätte eine einmalige Gelegenheit für die British Business Bank sein müssen: ein anerkannter öffentlicher Nutzen, finanzielle Förderung durch eine regionale Regierung und ganz außergewöhnliche Umstände, unter denen der Bedarf an öffentlich geförderten landesweiten Investitionen offensichtlich war. Stattdessen weigerte sich die BBB, eine Finanzierung der Bank North auch nur in Erwägung zu ziehen, und daher brach diese zusammen. Ironischerweise hat in der Zwischenzeit eine estnische Bank die Bank North aufgekauft und rekapitalisiert sie. Mit einem estnischen Eigentümer kann sie jetzt einen Bogen um das schlechte Regierungshandeln in Großbritannien machen: Ich erwarte, dass sie glänzende Geschäfte machen wird.

Stümperhafte öffentliche Entscheidungen trugen zu einer miserablen wirtschaftlichen Leistung bei. Laut OECD-Daten war Großbritannien im Jahr 2023 die einzige der G7-Nationen, in der das Volkseinkommen noch immer nicht wieder das Niveau von vor der Corona-Pandemie erreicht hatte. Was die regionalen Unterschiede anbelangt, so hatte sich England, anders als London, kaum von der Krise erholt, während das Bruttoinlandsprodukt (BIP) Londons über 4 Prozent höher war. Und die Lage bessert sich auch nicht.[12] Die Regionen befinden sich in einer Abwärtsspirale, wie von dem Syndrom der Fragilität vorhergesagt. Diese volkswirtschaftlichen Zahlen ergänzen neuere Berichte über anhaltende öffentliche Fehlentscheidungen: Wie viel mehr braucht es noch, bis das engstirnige Treasury seine eigenen starren Dogmen hinterfragt?

Der erschütterndste Aspekt dieser Governance-Fehler ist die Tatsache, dass keine Lernprozesse stattfinden. Das Treasury ignorierte die Lehren aus der erfolgreichen staatlichen Unterstützung der Stahlindustrie in Deutschland, aus Whitehalls eigenem Erfolg bei der Revitalisierung von Corby, aus Pittsburghs erfolgreichem Bemühen, eine kraftvolle zivilgesellschaftliche Allianz für die Erneuerung zu schmieden, und aus der erfolgreichen Ankurbelung des Wachstums in der früheren DDR durch die Bundesrepublik. Aus Fehlern nicht zu lernen, ist ein beständiges Muster: Wenn dies lediglich ein *Nichtlernen* ist, dann treiben wir auf einem Narrenschiff dahin. Wahrscheinlicher aber ist, dass sich darin eine *Lernverweigerung* widerspiegelt: die aktive Verleugnung einer Realität, die so unangenehm ist, dass man sich ihr nicht stellen will. In der Psychologie nennt man diesen Zustand *kognitive Dissonanz*.

Wie kam es zu dieser unerfreulichen Situation? Dank der Beiträge des mit dem Nobelpreis ausgezeichneten Wirtschaftswissenschaftlers Roger Myerson von der Universität Chicago haben wir heute eine überzeugende Erklärung für den Zusammenhang zwischen stark zentralisierter Macht und Machtmissbrauch. Seine Arbeiten sind ein Loblied auf dezentrale und demokratische Governance, bei der lokale politische Führungsfiguren direkt lokalen Wählern rechenschaftspflichtig sind, statt einer zentralen Kontrolle zu unterliegen. In Deutschland hat die politische Dezentralisierung genau so funktioniert, wie es Myerson vorhersagt: Die erfolgreichsten regionalen Politiker werden beachtet und steigen in Ämter auf Bundesebene auf – das war der Weg von Helmut Kohl und auch des gegenwärtigen deutschen Bundeskanzlers Olaf Scholz. Es funktionierte auch in den USA – die Präsidenten Carter, Clinton, Bush und Obama brachten es vor ihrem Aufstieg auf regionaler Ebene zu Bekanntheit. Nur Donald Trump durchbrach dieses Muster, weil er eine prominente Person war. Die moderne Politikwissenschaft weiß noch mehr über Macht zu sagen. Ein zentraler Vorteil der Demokratie gegenüber der Autokratie besteht darin, dass sie zu weniger extremen Ergebnissen führt. Während eine »gute« Autokratie notwendige Veränderungen schneller umsetzen kann – sodass die sprichwörtliche Eisenbahn pünktlich ist –, führt eine »böse« Autokratie zu unbeschreiblichen Katastrophen.[13] Die 60 Millionen Toten, die auf das Konto von Hitler, Stalin und Mao gehen, haben kein demokratisches Pendant.

Leider hat Großbritannien eine einzigartige Form der Demokratie entwickelt, die keine von Myersons Bedingungen erfüllt. Nicht nur ist die (politische) Macht höchstgradig zentralisiert, vielmehr ist das Wahlsystem auch weit davon entfernt, repräsentativ zu sein. Die Unterhausabgeordneten werden nach dem Mehrheitswahlrecht gewählt, was dazu führt, dass es im Unterhaus faktisch ein Zwei-Parteien-Duopol gibt. Parteien der Mitte erhalten zwar Wählerstimmen, aber gewinnen nur sehr wenige Sitze. Beide politischen Parteien in dem Duopol können folglich mit nur etwa 40 Prozent der Stimmen eine Mehrheit im Parlament gewinnen. Schlimmer noch: Die Anführer dieser beiden Parteien werden von ihren zahlenden Mitgliedern gewählt. Nur eine winzige Minderheit der Wähler zahlt die Beiträge, um Mitglied zu werden, was zur Folge hat, dass extreme – links- und rechtsextreme – Meinungen stark überrepräsentiert sind. Diese zahlenden Mitglieder bilden kleine auserlesene Gruppen – kaum ein Prozent aller Wähler. Die einzige Macht, die die britische Demokratie den verbleibenden 99 Prozent von uns gewährt, besteht darin, zu entscheiden, welcher von diesen beiden Führern, die von den kleinen auserlesenen Gruppen ausgewählt wurden, uns regieren soll. Am schlimmsten aber ist, dass ein Anführer, sobald er eine Mehrheit im Unterhaus hat, in seiner Machtausübung nur noch geringfügigen Beschränkungen unterliegt. Wie nur noch ganz wenige andere Länder hat Großbritannien weder eine Verfassung noch eine zweite legislative Kammer; das Oberhaus ist eine machtlose Peinlichkeit. Kein anderes demokratisches Hocheinkommensland weist auch nur annähernd so viele Schwächen auf. Am nächsten kommen dem noch lateinamerikanische Länder, wo Regierungen immer wieder mit Rebellionen nach Art des Brexit konfrontiert sind. Im Jahr 2022 gab es in Lateinamerika 15 Wahlen. Alle führten zu Rebellionen, bei denen die amtierende Regierung gestürzt wurde, unabhängig davon, ob sie links- oder rechtsgerichtet war.

Bürger misstrauen politischer Macht, die überzentralisiert und allzu selbstsicher ist und zu wenigen Beschränkungen unterliegt. Daher können diejenigen, die an den Hebeln der Macht sitzen, sich nicht darauf verlassen, dass die Bürger mit den von ihnen festgelegten Zielen einverstanden sind. Sie besitzen zu viel *formale* Macht, um die informelle Macht zu erlangen, die durch soziale Kooperation verliehen wird, und sind frustriert darüber, dass viele ihre Anweisungen nicht befolgen. Ihre instinktive Reaktion besteht darin, die Konfrontation durch Rückgriff auf stärkeren Zwang zu eskalieren.

Wir sehen dies in spektakulärer Weise in dem Krieg, den der russische Präsident Putin gegen die Ukraine angezettelt hat. Überzeugt davon, dass er es am besten weiß, besteht für ihn die einzige Erklärung seiner Misserfolge, die bei ihm keine kognitive Dissonanz auslöst, darin, dass sich andere seinen Befehlen widersetzen – genau die gleiche Schlussfolgerung, die Hitler 1944 zog, und aus dem gleichen Grund. Putins Lösung besteht darin, Generäle zu entlassen und massenhaft junge Männer einzuberufen. Da Familien Amtsträger bestachen, um an die Dokumente zu kommen, die ihre Söhne vom Militärdienst befreien, griff er hart gegen seinen eigenen Verwaltungsapparat durch. Als daraufhin junge Männer außer Landes flohen, ordnete er die Schließung der Grenzen an. Weil aber auch Grenzschützer Bestechungsgelder annehmen, um Flüchtige über die Grenze zu lassen, hat er ein weiteres Ziel für Bestrafungen ausgemacht. Da die Menschen seinen Versicherungen misstrauen und sich in unabhängigen Medien informieren, verhängt er Zensur, die ungewollt ihre Zweifel bestätigt. Diese Abwärtsspirale formaler Macht, die in Ohnmacht mündet, ist ein Echo dessen, was in der kommunistisch regierten DDR geschah. Die

Stasi baute ein alles durchdringendes System der Zwangsüberwachung auf: Jeder spionierte jeden aus. Trotzdem ging es wirtschaftlich stetig bergab, und obwohl der Machterhalt oberste Priorität des SED-Regimes war, stürzte es wie ein Kartenhaus zusammen. Ilya Krasilshchik, ein zensierter russischer Journalist, hat die Schwächen der Machtzentralisierung in Putins Russland perfekt auf den Punkt gebracht: »Stellen Sie sich vor, wie rasend Sie Ihre eigene Machtlosigkeit machen muss.«[14] Leider vermag Putin selbst nach diesen Rückschlägen noch immer auf drei Vorteile zurückzugreifen. So kann Russland in dem Krieg viel größere Verluste verkraften; außerdem erhält Putin materielle Unterstützung aus China und Nordkorea; und er kann auf Dysfunktionalitäten und Spaltungen in großen westlichen Demokratien setzen, die dazu beitragen, die materielle und finanzielle Unterstützung zu schmälern, die notwendig ist, um ihm die Stirn zu bieten.

Was erklärt das Verhalten der Plutokraten, die die US-Politik kontrollieren, und der Bürokraten, die das britische Schatzamt kontrollieren? In den USA zeigte eine wissenschaftliche Studie von Amy Chua, einer Professorin der Universität Yale, dass die Superreichen sich über so lange Zeit so eigennützig verhielten, dass sie nicht nur das Gefühl der Zusammengehörigkeit zerstörten, sondern auch als Vorbilder des Egoismus anderen sozialen Gruppen in den USA eine neue Zielorientierung vermittelten: Es gehe darum, möglichst viele Privilegien zu erringen.[15] Chua schilderte den Albtraum, den Michael Sandel befürchtet und vorhergesagt hatte. Doug Rushkoff, ein bekannter Medienwissenschaftler, beschrieb eine bizarre dystopische Szene, als er während einer Rede vor einigen Superreichen in Las Vegas gefragt wurde: Wenn die amerikanische Gesellschaft zusammenbricht, werden uns unsere Superjachten an entlegene sichere Zufluchtsorte bringen, aber welche Anreize können wir unserem Sicherheitspersonal bieten? Als Rushkoff den Superreichen riet, eine Beziehung zu ihren Bodyguards aufzubauen, indem sie sich nach deren Familien erkundigten, erntete er nur augenrollendes Unverständnis. Die Superreichen wussten, dass ihr kollektives Verhalten eine Katastrophe war und ihr jahrelanger Egoismus ihre Beziehungen zu ihren Mitarbeitern irreparabel beschädigt hatte.[16]

In Großbritannien genießen die Bürokraten im Schatzamt zum Teil wegen ihrer außergewöhnlichen Machtfülle eine Sonderstellung. Wie schon erläutert, ist das Treasury anders als in anderen Ländern Finanz- und Wirtschaftsministerium in einem. Neue Mitarbeiter sind junge Menschen, die direkt an den Topuniversitäten angeworben werden. Viele von ihnen sind Wirtschaftswissenschaftler, die die modischen Ideen mitbringen, die sie von ihren Professoren gelernt haben. Seit den 1980er-Jahren war dies der Marktfundamentalismus. Wenn es der Markt am besten weiß, dann muss die Politik nicht nur »ortsblind«, sondern auch blind für Sektoren oder Eigentumsverhältnisse sein. Außerdem wird das BIP-Wachstum dadurch maximiert, dass man auf jegliche Industriepolitik und jegliche Begünstigung von britischen Unternehmen verzichtet. Vom Wachstum des BIP werden alle Bürger des Landes profitieren: Es ist pareto-effizient, wie die Volkswirte sagen.* Eine Zeit lang war neben dem Marktfundamentalismus noch eine weitere Doktrin in Mode: der Monetarismus. Dieser behauptet, dass die Inflation direkt vom Wachstum der Geldmenge bestimmt werde. Der Monetarismus zerstörte sich aber schon bald selbst und wurde sogar vom Treasury aufgegeben, allerdings erst, nachdem er Schaden angerichtet hatte. Im IWF dagegen gewann er an Bedeutung, als Mitarbeiter, die in den 1980er-Jahren eingestellt und vom damals vorherrschenden monetaristischen Zeitgeist geprägt worden waren, die Karriereleiter hinaufstiegen und Verhandlungen über die Bedingungen führten, unter denen armen, abgehängten Ländern Kredite gewährt wurden.

---

* Diane Coyle ist eine der wenigen klugen Stimmen, die mit bestechender Logik die Auffassung vertritt, dass es unethisch sei, die Pareto-Effizienz als Kriterium zu verwenden, weil sie nicht erfasse, ob arme Menschen infolge einer Maßnahme, die das BIP für andere erhöhe, langfristig Wohlstandseinbußen verzeichneten.

Auch wenn das Treasury nominell zwei Funktionen in sich vereint, steht doch das jährliche Ereignis im Zentrum, das in Finanzministerien überall auf der Welt den Arbeitskalender der Mitarbeiter definiert: die Aufstellung des jährlichen Haushalts. Wenn sich der Tag, an dem der Haushalt ins Parlament eingebracht wird, nähert, verstehen sich Politiker und deren Mitarbeiter als das einzige Bollwerk, das Steuerzahler vor verschwenderischen Ausgaben und inflationstreibender Defizitfinanzierung schützt. Die Feinde des Treasury sind die anderen Whitehall-Ministerien und die Gebietskörperschaften im ganzen Land, denen allesamt ein gefährlich leichtfertiger Umgang mit Steuergeldern unterstellt wird. Die Mitarbeiter des Finanzministeriums sehen sich selbst als eine kleine Gruppe heldenmütiger Krieger, die verzweifelt versuchen, Ausgabenvorschläge abzulehnen, um nicht mehr auszugeben, als eingenommen wurde, und somit neue Schulden möglichst zu vermeiden. Daher die ausgeprägte Tendenz, sämtliche öffentlichen Ausgaben Jahr für Jahr zu kontrollieren. Hierzu bedarf es eingehender Prüfung vor Genehmigung, Genehmigung vor Verauslagung und der Rückforderung sämtlicher Gelder, die am Jahresende nicht ausgegeben wurden.

Aber ein *Wirtschafts*ministerium sollte sich nicht so verhalten. In Großbritannien führte dies dazu, dass niemand in Whitehall oder bei den Gebietskörperschaften mit der Erarbeitung einer längerfristigen Wirtschaftsstrategie betraut ist. Das Treasury lebt den ausgabefreudigen Ministerien einen sparsamen Umgang mit Geld vor, indem es seine Kosten drückt. Es stellt junge Nachwuchskräfte ein und überlastet sie mit Arbeit, bis sie weiterziehen – daher hat es eine sehr hohe Fluktuation. Und weil die neu eingestellten jungen Mitarbeiter Spitzenuniversitäten besuchten, neigen sie zu Selbstüberschätzung. Und so kommt es, dass 25-Jährigen die Aufgabe übertragen wird, Vorschläge von Fachministerien wie dem Bildungsministerium und von Gebietskörperschaften wie South Yorkshire zu begutachten, ohne dass sie diese wirklich sachverständig beurteilen könnten. Wobei in der Regel von ihnen erwartet wird, dass sie diese Vorschläge ablehnen.

Angesichts der außergewöhnlichen Machtfülle der Bürokraten des Treasury und der Unzulänglichkeiten der britischen Demokratie sollten Erstere halbwegs repräsentativ für die britische Gesellschaft sein. Die negativsten Folgen der Politik des Treasury bekamen der Norden zu spüren, der hinter andere Regionen zurückgefallen ist, die Arbeiterschaft, die hinter die Mittelschicht zurückgefallen ist, und diejenigen, die nicht studieren und bei den stark nachgefragten Qualifikationen zurückgefallen sind. Da drängt sich die Frage auf, wie gut diese Gruppen innerhalb des Treasury repräsentiert sind. Tatsächlich wissen wir aus internationalen Studien, dass es einst vernachlässigten Gemeinschaften umso besser geht, je besser sie (politisch) repräsentiert sind. Könnte die Beständigkeit dieser brutalen Politik, unter deren Folgen diese drei sich überlappenden Gruppen leiden, zum Teil auf soziale Exklusion zurückzuführen sein? Wir können jetzt – wenn auch reichlich spät – diese Frage beantworten: Seit 2023 liefern uns Massenbefragungen und Interviews, die Sam Friedman und Aeron Davis mit Entscheidungsträgern des britischen Schatzamtes führten, verlässliche und repräsentative Erkenntnisse über deren Einstellungen und soziale Herkunft.[17] Die Ergebnisse sind bemerkenswert: Die an sich schon außergewöhnlichen Mängel der britischen Demokratie werden noch übertroffen von denen beim Beamtenapparat des Treasury. Dieser ist sozial weitaus exklusiver als alle anderen Bereiche des öffentlichen Dienstes und in keiner Weise repräsentativ für die Bevölkerung Großbritanniens. Bewohner des Nordens sind systematisch unterrepräsentiert: Unter den neu eingestellten Mitarbeitern haben Personen, die in London aufwuchsen, ein deutliches Übergewicht. Die Arbeiterschaft ist sogar massiv unterrepräsentiert: Die Eltern von neu eingestellten Bediensteten haben überwiegend studiert und anschließend in akademischen Berufen gearbeitet. Und Angestellte ohne Hochschulabschluss sind selten: Berichte von anonymen Informanten deuten darauf hin, dass für die meisten Bewerber nicht entscheidend ist, ob sie einen Studienabschluss haben, sondern ob dieser von Oxford oder Cambridge stammt.

Nach der Einstellung ist es nicht mehr zulässig, Informationen über frühere Leistungen einzuholen, sodass es für die Beförderung vor allem auf gute Beziehungen ankommt. Nur einer von zehn Treasury-Bediensteten entstammt einer Arbeiterfamilie, und diese Minderheit scheint sich die Insidertipps entgehen zu lassen, dank denen die selbstbewussten, sozial geschmeidigen Nachkommen von Akademikern die »samtbezogene Stufenleiter« erklimmen. Dieser bildliche Ausdruck wurde nie von Interviewten aus Arbeiterfamilien erwähnt, aber häufig von Befragten aus der Mittelschicht für den Weg nach oben verwendet.

Es gibt keine sachliche Notwendigkeit dafür, dass das Treasury so exklusiv ist. Dem öffentlichen Verwaltungsapparat in den USA etwa gelingt es, weitgehend repräsentativ für seine Bevölkerung zu sein, und bei den Aspekten der Diversität, denen das Treasury seine Aufmerksamkeit geschenkt hat, konnte es die Zusammensetzung seines Personals auch ziemlich schnell ändern: Die Anteile von Frauen und ethnischen Minderheiten sind in die Höhe geschnellt. Der Umstand, dass die drei sozialen Gruppen, die die Hauptleidtragenden der Politik des Ministeriums waren, nicht besser repräsentiert sind, kann also nur als Absicht interpretiert werden – die Vernachlässigung von etwas so Wesentlichem war eine bewusste Entscheidung, kein Übersehen.

Die tödliche Kombination von Defiziten – Macht, die sowohl außergewöhnlich stark zentralisiert als auch in einem außergewöhnlichen Maße nicht repräsentativ ist – führte zu immer gravierenderem Versagen, das in einer politischen Krise gipfelte. Eine der akutesten gegenwärtigen Krisen betrifft das psychische Wohlergehen britischer Teenager: Fast die Hälfte von ihnen weist so deutliche Symptome von Angst und Depression auf, dass sie eigentlich psychiatrische Hilfe bräuchten. Das Treasury hat den Auftrag erhalten, etwas dagegen zu unternehmen, aber es wagt nicht, die Entscheidung über geeignete Maßnahmen an Amtsträger zu delegieren, die mehr von dem Problem verstehen. Werden hingegen jüngeren Mitarbeitern des Ministeriums solche Aufgaben aufgelastet, dann werden sie scheitern. Wenn man die gleichen Kriterien anlegt, leidet in Dänemark nur jeder sechste Teenager an Angst oder Depression. Die Dänen haben schon vor langer Zeit erkannt, dass öffentliche Gelder für ein integriertes Angebot an Dienstleistungen wie Schulen, Kinderbetreuung und Kliniken bereitgestellt werden müssen und dass dieses Angebot sich schwerpunktmäßig an die jüngsten Kinder richten sollte, damit sie im Teenageralter resilient sind. Das Treasury hat dies nicht erkannt.

Eine Anekdote aus Whitehall, die Doug Rushkoffs Begegnung mit den superreichen US-Amerikanern in Las Vegas entspricht, stammt von einem Whistleblower – Jonathan Slater. Der kürzlich in den Ruhestand getretene Staatssekretär im Bildungsministerium führte die Dysfunktionalität Whitehalls darauf zurück, dass es auf spektakuläre Weise von kontextbasiertem praktischem Wissen abgekoppelt sei. Verschlimmert werde dies durch die Gewohnheit, Staatsbedienstete und Minister schnell zwischen den Ministerien rotieren zu lassen, bevor sie sich auch nur ein Minimum an Fachwissen hätten aneignen können. Slater wuchs in einer Mittelschichtfamilie in Südengland auf, besuchte dort eine gute Privatschule und eine gute Universität, sah sich selbst jedoch als *Außenseiter* an, weil er nicht in Oxford oder Cambridge studiert hatte. Wenn schon Slater ein Außenseiter in dieser hermetischen kleinen Welt von Staatsbediensteten und innerhalb der politischen Klasse von Whitehall war, welche Chancen haben dann erst die Abgehängten?

Das Versagen nimmt unaufhaltsam immer größere Ausmaße an. Großbritannien rutscht im internationalen Vergleich immer weiter nach unten, selbst bei jener zentralen Kennziffer, anhand derer das Treasury sich selbst beurteilt: dem Volkseinkommen pro Kopf. Im Jahr 2023 waren 14 Länder an Großbritannien vorbeigezogen, und nach der jüngsten Prognose wird Polen das Vereinigte Königreich 2027 überholen. Und auch bei den Indikatoren, in denen sich widerspiegelt, wie Bürger ihr eigenes Leben beurteilen, ist Großbritannien nach unten gerutscht: den Lebenschancen ihrer Kinder, der Stärke des Sozialkapitals ihrer Gemeinschaft und der Wertschätzung für ihre Arbeit.

Im Oktober 2023, als ich das Manuskript dieses Buches abschloss, erschien Angus Deatons Werk *Economics in America*. Aufbauend auf seiner Arbeit mit Anne Case, zeigt Deaton, dass die Wirtschaft für die meisten US-Amerikaner ihr Versprechen eines guten Lebens nicht eingelöst hat; die Früchte des Wachstums wurden von den Privilegierten vereinnahmt. (In Kapitel 4, »Versteckte Privilegien«, zeige ich, dass es in Großbritannien ganz ähnlich lief.)

Aber die fundamentale Botschaft Deatons ist eine Kritik an den Wirtschaftswissenschaften, weil diese sich gänzlich von der Erforschung des menschlichen Wohlergehens verabschiedet hätten. Um der methodischen Reinheit willen hätten sie sich von der Suche nach Antworten auf die großen Fragen zurückgezogen. Jetzt ändere sich das endlich; er begrüßt eine »lebhafte Debatte«, bei der viele Ökonomen – auch er selbst – heute Ideen hinterfragten, die sie viel zu lange unkritisch hingenommen hätten. Er fordert, die Wirtschaftswissenschaften müssten sich stärker für andere Humanwissenschaften wie die Soziologie und, vor allem, die Philosophie öffnen. Dabei gelte es, keine Zeit zu verlieren, weil diejenigen, die zu den Verlierern des wirtschaftlichen Wandels gehörten, anders als in den Nachkriegsjahrzehnten weiterhin auf der Verliererseite stünden. Die Suche nach den wohl am besten geeigneten Gegenmaßnahmen führe dorthin, wo viele orthodoxe Wirtschaftswissenschaftler »unangenehmes Terrain« sähen, etwa zu einer regional differenzierten Wirtschaftspolitik.

Aber jetzt zurück zu meiner eigenen Agenda: Im Folgenden werden Sie sehen, dass viel von dem, was ich schreibe, mit Deatons Kritik übereinstimmt. Amerikaner, Briten und alle

Gesellschaften mit abgehängten Regionen können von den Ideen lernen, die in diesem Buch auf den Prüfstand gestellt werden. Sie bringen ein wenig Sauerstoff in die stickige, beengende kleine Welt der herrschenden ökonomischen Doktrin und befreien die Politik von Überzeugungen, die wiederholt gescheitert sind. Ich beginne mit beunruhigenden neuen Belegen dafür, wie schnell sich die Schere zwischen Abgehängten und Erfolgreichen immer weiter öffnet.

3.
Versteckte Verzweiflung

In den Jahrzehnten nach 1990 ist die Weltwirtschaft immer enger zusammengewachsen – man nennt diesen Prozess »Globalisierung« –, aber die wirtschaftliche Lage der Menschen wurde immer uneinheitlicher und unberechenbarer. In einigen Ländern stiegen die Einkommen steil an, am spektakulärsten in China, aber parallel zu diesem beispiellosen Wohlstand für einige vollzog sich auch eine gegenläufige Entwicklung: ein größer werdender Flickenteppich aus Regionen und Gemeinschaften, die wirtschaftlich den Anschluss verloren haben. Wo finden sie sich?

Für viele, die dieses Buch lesen, mag die Antwort früher einmal »woanders« gelautet haben. Die abgehängten *Länder* konzentrierten sich in den ärmsten Teilen der Welt: Afrika und Zentralasien. Und neueste Daten enthüllen die traurige Tatsache, dass diese armen Länder als Gruppe auch nach wie vor den übrigen hinterherhinken. Länder wie Malawi und Mali, die, an internationalen Maßstäben gemessen, schon seit Langem arm sind, aber im Vergleich zu ihrer eigenen Vergangenheit zu bescheidenem Wohlstand gelangten, fallen heute sogar noch schneller zurück als je zuvor.

Aber auch viele *Regionen* und *Gemeinschaften* in Ländern mit mittlerem Einkommen verlieren den Anschluss – wie etwa die Bewohner der kolumbianischen Stadt Barranquilla. Die Länder mit mittlerem Einkommen werden heute insgesamt auch mit den positiv klingenden Begriffen »Schwellenland«, »Schwellenwirtschaft« oder »aufstrebende Volkswirtschaft« bezeichnet. Technologische Innovation und weltwirtschaftliche Integration haben sich für viele ihrer Bürger ausgezahlt, nicht aber für alle. Im Schnitt schließen sie zügig zu der sogenannten Glücklichen Milliarde auf, die in fortgeschrittenen Volkswirtschaften lebt: Neben dem sensationell erfolgreichen China haben auch viele andere Länder wie etwa Kolumbien einen beispiellosen Zugewinn an Wohlstand zu verzeichnen. Aber innerhalb Kolumbiens hat sich eine Kluft aufgetan. Die Küstenregionen waren einst genauso wohlhabend wie Bogotá, doch als sich der weltwirtschaftliche Wind drehte, boomte die Hauptstadt, während diese Gegenden den Anschluss verloren. Ihre klügsten jungen Köpfe wandern ab, und diejenigen, die bleiben, haben das Gefühl, ihre Heimatregion sei an den Rand gedrängt worden. In vielen Schwellenländern weltweit machen Menschen die gleiche Erfahrung. Eine solche Divergenz erzeugt Verzweiflung – und Verzweiflung erzeugt Wut.

Wie das nächste Kapitel zeigen wird, hat genau der gleiche Prozess der Divergenz bei gleichzeitig steigendem allgemeinem Wohlstand auch auf einige der reichsten Länder der Welt übergegriffen. Hier konzentriere ich mich auf eine beunruhigende und beschämende Entwicklung, die kaum zur Kenntnis genommen wurde.

Die ärmsten Länder werden ärmer[*]

Die Weltbank, die 1944 gegründet wurde, um den Wiederaufbau und die Entwicklung nach Kriegsende zu finanzieren, ist bei Weitem die größte internationale Organisation weltweit. Im Jahr 1973, als der Bedarf an Kapital für den Wiederaufbau gesunken war und viele seit Kurzem unabhängige Länder Mitglieder geworden waren, legte ihr damaliger Präsident

---

[*] Dieser Abschnitt basiert auf J. Cust, P. Collier und A. Rivera- Ballesteros (2023), »Are the poorest catching up?«, World Bank Working Paper WPS10622. Das Paper präsentiert die Arbeit eines Teams von Statistikern bei der Weltbank und stützt sich auf die jüngsten Daten des IWF und aus *The Changing Wealth of Nations*.

Robert McNamara ihre neu gefassten Ziele dar. Die Bank solle »das Wirtschaftswachstum beschleunigen und die absolute Armut verringern«. Die große Inschrift »Unser Traum ist eine von Armut befreite Welt« in ihrer Eingangshalle bringt diesen Anspruch auf den Punkt.

Die Weltbank misst das Erreichen ihres Zieles grob anhand einer jährlichen Zählung der Menschen weltweit, die von weniger als 2,15 Dollar pro Tag leben – der Betrag, den sie für notwendig erachtet, damit ein Mensch nicht hungert. Das ist ein sehr bescheidenes Kriterium für den Erfolg der Arbeit der Bank – es könnte auch dann erfüllt werden, wenn alle ärmsten Länder immer weiter hinter die übrigen Länder der Welt zurückfielen. Aber selbst gemessen an diesem unzulänglichen Kriterium, hatte die Weltbank ihre selbst gesetzten Ziele vor 1990 nicht erreicht. Das Bild vor diesem Zeitpunkt ist nicht länger strittig. Und für jede der drei Dekaden seit 1990 divergierten die Einkommen der ärmeren Länder gemäß statistischen Standardmaßen von denen der reicheren.

Als ich mich 2003 erstmals näher mit dem Problem der globalen Divergenz befasste, erkannte ich, dass darin ein weiteres Problem verborgen ist, das nicht bemerkt worden war. Eine Gruppe von 60 armen Ländern – vorwiegend in Afrika und Zentralasien, aber auch vereinzelt andernorts – hatte es nicht geschafft, das Wirtschaftswachstum anzukurbeln, und sie fielen nach und nach hinter alle anderen zurück. Ihre Bevölkerung belief sich auf insgesamt eine Milliarde Menschen – ich nannte sie entsprechend der Glücklichen Milliarde die »Untere Milliarde«. China und Indien waren ursprünglich viel ärmer als die meisten von ihnen, aber seit den 1980er-Jahren wächst die chinesische Wirtschaft rasant, und seit den 1990ern boomen auch Indien und Lateinamerika. Während diese drei Regionen im letztgenannten Jahrzehnt in den Statistiken über globale Armut noch immer weit oben rangierten, gelten sie heute bei Investoren als die attraktivsten Schwellenländer, und bis 2035 wird ihr Problem einer massenhaften Unterversorgung mit Nahrungsmitteln endgültig der Vergangenheit angehören. Aufgrund ihres Wachstums ging die globale Armut zurück – wahrscheinlich zum ersten Mal in der Menschheitsgeschichte. Aber die Untere Milliarde hatte nichts von diesem Erfolg. Die Einkommen der Menschen in diesen Ländern fielen immer weiter hinter diejenigen der Milliarden Menschen in den Schwellenländern und der Glücklichen Milliarde in den reichen Ländern zurück.

Diese negative Entwicklung dauerte bis 2003, als die Weltmarktpreise von Rohstoffen zehn Jahre lang einen so ungewöhnlichen Boom erlebten, dass dieser *Superzyklus* genannt wird. Weil in der Unteren Milliarde das Wachstum nie so richtig gezündet hatte, waren diese Menschen vor allem über die Förderung und Ausfuhr ihrer Rohstoffe in die Weltwirtschaft eingebunden, sodass der Superzyklus ihr Einkommen erhöhte. Dies war ihre Goldene Dekade, die von 2003 bis 2014 währte – dem Jahr, in dem die Preise einbrachen; und seither sind sie höchst volatil. Nach 2014 trat die Weltwirtschaft in eine Phase ein, die *New Normal* (Neuer Normalzustand) genannt wird.* Für die Untere Milliarde sah er praktisch genauso aus wie der Alte Normalzustand, jener lange Zeitraum bis zum Beginn der Goldenen Dekade, in dem sie den Anschluss verloren hatte.

Wenn man all dies zusammennimmt, lassen sich drei Perioden unterscheiden: der Alte Normalzustand vor 2003, die Goldene Dekade von 2003 bis 2014 und der Neue Normalzustand von 2014 bis 2019. Nur während der Goldenen Dekade konnte die Untere Milliarde der Tragödie, immer weiter hinter die übrige Menschheit zurückzufallen, kurzzeitig entkommen.

Falls der mit dem Neuen Normalzustand verbundene Trend langfristig fortbestehen sollte, dürfte die globale Armut schon bald wieder, wie vor 1990, auf dem Vormarsch sein. Von 2035

---

* Der Begriff wurde von dem bekannten ägyptisch-amerikanischen Ökonomen Mohamad El-Erian geprägt.

an dürfte die Zahl der Menschen, die mit weniger als 2,15 Dollar pro Tag auskommen müssen – sprich so arm sind, dass sie hungern –, unerbittlich ansteigen. Sie würden sich allerdings in anderen Regionen konzentrieren als 1990. China, Indien und Lateinamerika wurden durch Afrika und Zentralasien abgelöst. Die Aussicht auf einen Anstieg der globalen Armut sollte die Weltbank angesichts der ihr übertragenen Aufgaben eigentlich dazu veranlassen, unverzüglich zu handeln.

Selbstverständlich gibt es jede Menge Gründe, diese Projektionen anzuzweifeln, aber viele davon sind nicht ermutigend. Nationaler Wohlstand in den Schwellenländern muss nicht bedeuten, dass Hunger flächendeckend beseitigt ist – denn es gibt innerhalb ihrer Grenzen zahlreiche abgehängte Regionen. Beunruhigend ist auch, dass die Krisen, die Ende 2019 mit dem Corona-Virus begannen, womöglich dauerhafte Schäden hinterlassen werden.[*]

Aber wir können projizierte Trends mit Daten über Änderungen des Volksvermögens pro Kopf einschließlich privater Vermögenswerte wie Häuser und öffentlicher Vermögenswerte wie Infrastruktureinrichtungen ergänzen. Wenn wir uns die Veränderung der Vermögenswerte näher ansehen, liefert uns dies zwar keine perfekten, aber doch grobe Anhaltspunkte dafür, wie sich die Einkommen in Zukunft entwickeln könnten. Sowohl im Alten als auch im Neuen Normalzustand waren die wenigen Vermögenswerte, die die Untere Milliarde besaß, faktisch konstant, während die Vermögenswerte der Schwellenmärkte rasch zunahmen – mit mindestens 3 Prozent jährlich. Auch die Glückliche Milliarde verzeichnete recht ansehnliche Zuwächse – mit rund 2 Prozent pro Jahr.

Die Angehörigen der Unteren Milliarde sind erheblich ärmer als der Rest der Menschheit. Im Jahr 2020 belief sich

---

[*] So hat zum Beispiel in Großbritannien der Corona-Schock in abgehängten Regionen zur Eröffnung von Tafeln geführt, die von Wohltätigkeitsorganisationen betreut werden.

das Durchschnittsvermögen der Glücklichen Milliarde auf 500 000 Dollar pro Kopf. Der Durchschnitt in den Schwellenländern hatte einen Sprung auf 85 000 Dollar gemacht und war auf bestem Weg, innerhalb einer Generation zur Glücklichen Milliarde aufzuschließen. Aber die Menschen in der Unteren Milliarde besaßen weniger als ein Dreißigstel derer, die zur Glücklichen Milliarde gehören, und ihr Vermögen wächst nur langsam. Wie können sie den Rückstand aufholen? Sofern es nicht zu einem radikalen Wandel kommt, wird diese enorme Kluft in den Verwirklichungschancen zwei verschiedene Welten entstehen lassen – der größte Teil der Menschheit in wohlhabenden Gesellschaften und eine Minderheit, die ein Leben in permanenter Frustration fristet. Allerdings werden die beiden Welten durch die sozialen Medien füreinander vollständig sichtbar sein.

Während diese Aussichten düster sind, ist die Kernbotschaft von *Aufstieg der Abgehängten* hoffnungsvoll. Die Menschen in einigen Ländern der Unteren Milliarde haben das Selbstvertrauen entwickelt, um eigenständig zu denken, und diese Länder prosperieren. Als Vorbilder für andere vernachlässigte Regionen, die noch immer demoralisiert sind, und als Wegweiser, die zeigen, wie sich die internationale Politik verändern sollte, ist ihre Erfahrung von unschätzbarem Wert. So, wie die Aussicht auf die Rückkehr von Hungerkrisen sofortiges internationales Handeln auslösen sollte, um sie zu verhindern, hätte dieses Instrument, mit dem sich zügig lernen ließe, was zu tun wäre, im Mittelpunkt des Interesses stehen sollen. Doch keines von beidem ist geschehen. Stattdessen werden die Gefahr und die Frage, was man dagegen tun kann, aufgrund einer Kombination aus abgedroschenen Ideologien, verwirrenden statistischen Befunden und Schocks, die vom Eigentlichen ablenken, übersehen oder ignoriert.

Kognitive Dissonanz?

Die oben erwähnten Daten stammen von der Weltbank. Aber nachdem die globale Armut 30 Jahre lang zurückging, hatte sie sich in dem selbstgefälligen Glauben gewogen, das Richtige getan zu haben, weil der Rückgang mit ihrem Auftrag übereinstimmte – anders gesagt, man ging davon aus, dass die Programme der Bank wirkten. Tatsächlich führte sie in China, Indien und Lateinamerika kleine Programme durch, aber bei realistischer Beurteilung muss man zu dem Schluss kommen, dass sie keinen nennenswerten Effekt hatten. Den stärksten Einfluss übt die Weltbank durch Politikberatung, Finanzhilfen und die damit verbundenen Auflagen für Empfängerländer in Afrika und Zentralasien aus. Die statistischen Befunde, die zeigen, dass dies genau die Regionen waren, in denen *kein* Wachstumsprozess in Gang gesetzt worden war, waren nicht mit ihrer selbstgefälligen Einschätzung vereinbar.

Aber wenn neue Belege lang gehegten Überzeugungen widersprechen, setzen sich nicht unbedingt die Belege durch. Statt kritisch zu hinterfragen, warum ihre Strategie zur Erreichung ihres erklärten Ziels nicht aufgegangen war, beschloss die Bank, ihr erklärtes Ziel zu ändern. Sie würde nicht länger eine von globaler Armut befreite Welt anstreben, ja die Armut nicht einmal mehr messen. Sie würde einfach danach streben, die Zahl der Menschen zu verringern, die unterhalb einer für jedes Land spezifischen Einkommensschwelle leben. Würde diese Zahl sinken, würde sie den Sieg erklären: Ihre Programme in diesem Land wirkten. Dieses Kriterium war so anspruchslos, dass es die Mehrzahl der Programme selbst in Afrika und Zentralasien in den meisten Jahren erfüllen würde, sodass sich alle entspannt zurücklehnen könnten. Um seine Karrierechancen nicht zu ruinieren, müsste ein Weltbank-Mitarbeiter, der einem der Länder zugewiesen wäre, die gegenwärtig noch kein »Ausreichend« erhielten, einfach schnellstmöglich in ein anderes Land wechseln. Da alle dieses Spiel spielen würden, wären schließlich die frisch eingestellten Nachwuchskräfte zusammen mit den unfähigsten Mitarbeitern für die schwierigsten Länder verantwortlich.

Verfrühte Freude?

Zur gleichen Zeit, als die Weltbank geschickt ihre eigenen störenden Daten ausblendete, lieferten viel beachtete statistische Studien frohe Botschaften. Demnach ging die weltweite Armut nicht nur zurück, vielmehr sollte es auch so sein, dass ein Land umso schneller aufholte, je ärmer es war. Dieser erfreuliche Zustand wurde mit einem eigenen Fachbegriff gewürdigt: »unbedingte Konvergenz«. Können solche methodisch strengen Arbeiten von einigen der renommiertesten Ökonomen der Welt denn irreführend sein? Leider ja. Aber selbstverständlich muss eine Widerlegung den gleichen Standards methodischer Strenge genügen. Doch statt dieses Buch mit einem langatmigen Abstecher in die Statistik zu belasten, verweise ich Sie auf *Are the Poorest Catching Up* von Cust u. a. (2023). Allerdings kann ich Ihnen eine Vorstellung davon vermitteln, wie es dazu kam, dass der Begriff »unbedingte Konvergenz« ungewollt in die Irre führt – es war auf Verzerrungen in den Stichproben, Verzerrungen in betrachteten Zeiträumen und bei Maßen, welche die falsche Frage beantworten, zurückzuführen.

Die Verzerrung in der Stichprobe resultiert aus den anspruchsvollen Datenanforderungen der aufwendigen Tests, die durchgeführt werden – sie führen dazu, dass Länder mit guten Statistiken und daher auch guter Regierungsführung systematisch überrepräsentiert sind. Es ist nicht überraschend, dass diese Länder tendenziell auch schneller wachsen. Eine weitere Verzerrung ergibt sich durch China und Indien. Während des größten Teils des langen Zeitraums, für den die Studien Trendwachstumsraten abschätzten, hinkten Indien und China noch immer dem globalen Durchschnittseinkommen hinterher – was den irreführenden Eindruck vermittelt, dass die ärmsten Länder *als ein Block* schneller wachsen würden als die weniger armen. Erst jetzt, da China deutlich den globalen Durchschnitt übertrifft, wird das gleiche statistische Maß zu einer Verzerrung in die entgegengesetzte Richtung führen.

Eine komplexere Verzerrung basiert darauf, dass das modische statistische Maß der Trendwachstumsraten die implizite Annahme macht, es gebe einen allgemeinen wirtschaftlichen Wachstumsprozess, der im Lauf der Jahrzehnte stabiler geworden sei. Tatsächlich gibt es zwei verschiedene Wachstumsprozesse – einen in den Ländern, die ihrer heimischen Wirtschaft zum Aufschwung verhalfen, und einen in jenen Ländern, die dies noch nicht getan haben. Außerdem gab es zwischen 2003 und 2014 den besagten Superzyklus, der vorübergehend das Wachstum in letztgenannter Gruppe ankurbelte und sich nahe dem Ende des langen Zeitraums ereignete, den die Studien betrachten.*

Die Studien lieferten Antworten auf die Beta-Divergenz-Frage: »Was ist der Trend in den gepoolten Daten bis zum Jahr 2015?« Da es zwei verschiedene Wachstumstrends gab, lauteten die sachgerechten Fragen: Warum war eine große Gruppe von Ländern viele Jahrzehnte lang immer weiter zurückgefallen, und was sollte folglich geändert werden?

Peinlicherweise wurden die erfreulichen Antworten auf die falsche Frage genau zu der Zeit veröffentlicht, als die ärmsten Länder infolge der Polykrise, die sie traf, schneller als je zuvor divergierten.

Der Schock des Neuen?

Sowohl das düstere Gesamtbild als auch die Befunde von »heroischen« Ausnahmen rechtfertigten entschlossenes und zeitnahes Handeln. Aber stattdessen brach die Polykrise über uns herein.

---

* Das statistische Maß ist die Beta-Konvergenz. Es gefällt Wirtschaftswissenschaftlern, weil es einen großen Datensatz bündelt und ihnen erlaubt, für jeden betrachteten Zeitraum einen Trend zu ermitteln.

Das Corona-Virus schlug im Januar 2020 zu, gefolgt von Klimaschocks, scharfen internationalen Spannungen über Taiwan, dem Krieg in der Ukraine und dem neu entflammten Konflikt zwischen Hamas und Israel. Die Welt wird seither von Ungewissheiten beherrscht, und Regierungen mussten beruhigende Maßnahmen ergreifen, die das Vertrauen wiederherstellten – sie müssen es immer noch.

Bei der Glücklichen Milliarde wurden diese außergewöhnlichen Schocks dadurch abgefedert, dass ein wenig von dem riesigen Volksvermögen abgeschmolzen wurde, das sie während der vorangehenden Jahrzehnte angehäuft hatte. Die Schwellenländer hatten ebenfalls einen gewissen Spielraum, um das Gleiche zu tun, auch wenn sich die globalen Kapitalmärkte als wankelmütig erwiesen. Die Untere Milliarde, die auf kein nennenswertes Vermögen zurückgreifen konnte, hatte kein inländisches Polster und war weitgehend von den globalen Kapitalmärkten ausgeschlossen. Falls es je eine Zeit gab, zu der sie eine gewisse Unterstützung vom Rest der Menschheit benötigt hätte, dann während dieser Periode.* Aber die Unterstützung kam nicht. Im Gegenteil, die Zukunft der Unteren Milliarde rangiert in der Rangliste der globalen Aufmerksamkeit inzwischen noch weiter unten.

Auch bei den noch zu erwartenden künftigen Schocks gibt es keinen Lichtblick.[1] Ende 2023 kam eine von einem der größten Rückversicherer der Welt erstellte Schätzung der zukünftigen Schäden durch ein zunehmend unberechenbares Klima zu dem Ergebnis, dass die Kosten überproportional hoch auf Afrika entfallen dürften, während die in gemäßigten Breiten lie-

---

* Im Mai 2023 warnten die G7-Finanzminister bei ihrem Treffen vor wachsenden Unsicherheiten. Obgleich sie dabei wahrscheinlich die US-Zinssätze im Sinn hatten, bestätigte ein paar Monate später der unerwartete Krieg zwischen der Hamas und Israel ihre Warnung in einem weiteren Sinne. Zum Zeitpunkt der Jahrestagung von IWF und Weltbank im Herbst 2023 hatte sich die internationale Lage derart verschlechtert, dass ein anlässlich dieses Treffens veröffentlichter Bericht den Titel trug: »Die Welt steht in Flammen«.

genden Wohlstandsländer, wo niedrigere Kosten anfallen sollen, begünstigt wären. Auch hier würde die Glückliche Milliarde ihrem Namen alle Ehre machen.

Schadenfreude?

Als führende globale Institution sollte die Weltbank globale Konvergenz anstreben: Das ist ihre Hauptaufgabe. Die Länder, die zurückgefallen und zu den ärmsten geworden sind, sollten schneller wachsen als die anderen Gruppen. Dass sie dies – einmal abgesehen von der Goldenen Dekade – nicht getan haben, sollte bei der Weltbank Anlass zu Selbstkritik und einer Neubewertung sein, vor allem in Anbetracht begründeter Sorgen bezüglich der ungünstigen Aussichten für die Ärmsten. Eine solche Selbstkritik übte der IWF im Jahr 2018 tatsächlich, als Christine Lagarde an seiner Spitze stand. Durch eine unabhängige Beurteilung seiner Erfolgsbilanz fand er heraus, dass in fragilen Staaten nur jedes siebte seiner Unterstützungs- und Beratungsprogramme seine Ziele erreicht hatte. Dies gab den Anstoß zu einem groß angelegten Forschungsprogramm, dessen Ergebnisse 2021 veröffentlicht wurden.[2] Aber in seinem Bemühen, etwas gegen das anhaltend niedrige Wachstum vieler Länder in Afrika und Zentralasien zu unternehmen, wurde der IWF durch einen Führungswechsel und sein eingeschränktes Mandat behindert. Das Mandat zur Bewältigung dieses Problems hatte nämlich seine größere Schwesterorganisation – die Weltbank war dafür zuständig.

Aber die große Schwester befand sich mitten in einem mühsamen internen Prozess, an dessen Ende vielleicht eine Neudefinition ihrer Ziele stünde, um sie leichter erreichbar zu machen, und außerdem wollte sie ihre Armutmaße verändern, damit über steigende *globale* Armut nicht einmal mehr berichtet werden müsste. Noch bevor sie diesen skandalösen Prozess abgeschlossen hatte, kochte die internationale Wut darüber, dass sie nicht auf die Polykrise reagierte, hoch und erreichte ihr Exekutivdirektorium. Der Bank wurde zu Recht vorgehalten, sie sei zu zögerlich bei der Auszahlung von Geldern, mit denen die Regierungen der ärmsten Länder den wirtschaftlichen Zusammenbruch hätten verhindern können. Im Februar 2023 wurde ihr Präsident, der US-Ökonom David Malpass, unter demütigenden Umständen zum Rücktritt gezwungen. Dies hätte die Weltbank dazu veranlassen können, sich der gleichen Selbstkritik wie der IWF zu unterziehen. Stattdessen scheint es sie dazu bewogen haben, die Umsetzung ihres Plans, Armut auf andere Weise zu messen, zu beschleunigen. Ihr neuer Präsident Ajay Banga (ein indischstämmiger Amerikaner, der aus der Privatwirtschaft kommt) versprach den Regierungen der Glücklichen Milliarde, was sie am liebsten hören wollten: Er werde die Gelder für all ihre Prioritäten aus dem Ärmel schütteln.

Abgehängte Regionen in Schwellenländern

Kolumbien ist eines der erfolgreichsten Schwellenländer in Lateinamerika. Aber in Barranquilla, der Metropole des Departamento Atlántico am Karibischen Meer, ist man sich nur allzu bewusst, dass die Stadt bessere Tage gesehen hat. Sie genoss einst bescheidenen Wohlstand, ist jetzt aber hinter die boomenden anderen Teile des Landes zurückgefallen. Im Juni 2022 fanden in Kolumbien in angespannter Atmosphäre und vor dem Hintergrund einer starken Polarisierung der Bevölkerung Präsidentschaftswahlen statt – mit knappem Ausgang. Vordergründig ging es um den Wettstreit zwischen dem Amtsinhaber, der einer wirtschaftsfreundlichen Rechtspartei angehörte, und einem Kandidaten der arbeiterfreundlichen, linksgerichteten Oppositionspartei. Der Kandidat der Linken siegte mit knappem Vorsprung. Aber die eigentliche Spaltung war nicht die zwischen links und rechts: Es war die immer breiter werdende Kluft zwischen boomenden und abgehängten Gebieten.

Genügend Wähler in Regionen wie dem Departamento Atlántico schwenkten zum Kandidaten der Oppositionspartei um und schenkten ihm so diesen knappen Sieg.

Kolumbien steht beispielhaft für das, was in ganz Lateinamerika geschieht. Die Wahl dort war eine von 15, die 2022 in Lateinamerika stattfanden und bei denen die jeweilige Regierungspartei verlor, egal, ob sie links- oder rechtsgerichtet war. In all diesen Ländern war ein örtlich begrenzter anfänglicher ökonomischer Schock durch den weiteren wirtschaftlichen Niedergang verschlimmert worden. Und die Unzufriedenheit der örtlichen Bevölkerung verstärkte die Abwärtsdynamik noch. Die Geschichte von Barranquilla ist bezeichnend für das, was nicht nur in Lateinamerika, sondern auch in vielen anderen Schwellenländern falsch läuft.

Barranquilla war ehedem wegen seines Hafens an der Trichtermündung des Río Magdalena Kolumbiens Tor zur Karibik. Aber dann wurde die Stadt von einem natürlichen Schock getroffen: Die Mündung begann wegen unregelmäßiger Niederschläge in flussaufwärts gelegenen Gebieten zu versanden. Dies war der jähe Windstoß aus heiterem Himmel, der die Stadt »zum Kentern« brachte, während andere Teil Kolumbiens davon unberührt blieben. Als der Niedergang der regionalen Kernstadt Barranquilla einsetzte, wurde die gesamte kolumbianische Karibikregion mit nach unten gezogen.

Was als Nächstes geschah, war das Ergebnis einer negativen sozialpsychologischen Dynamik. Der wirtschaftliche Niedergang im Vergleich zu anderen Teilen Kolumbiens löste gegenseitige Schuldzuweisungen aus: Rivalitäten, Fragmentierung und Verzweiflung. Dies wiederum wirkte sich auf die Politik auf örtlicher Ebene aus: Wie in South Yorkshire machten die Lokalverwaltungen in den Gemeinden und Städten der Region die Regierung von Barranquilla verantwortlich. Deren Niedergang weckte all die engstirnigen, feindseligen Narrative, die typisch für Kleinstädte und ländliche Gebiete im Verhältnis zu einer Kernstadt sind: Diese war angeblich korrupt, unfähig und gierig.

Die psychologischen Reaktionen auf den Niedergang vergif-
teten die lokale Politik, die sich in Nebensächlichkeiten verzet-
telte und nicht mehr auf die Lösung des grundlegenden Problems konzentrierte: dass die Flussmündung versandete. Dabei
gab es dafür eigentlich eine einfache Lösung: Regelmäßiges
Ausbaggern entlang des Flussverlaufs hätte einen Bruchteil des
wachsenden ökonomischen Schadens gekostet. Das Ausbaggern flussaufwärts erforderte eine Partnerschaft zwischen allen
Gebietskörperschaften, die am Flusslauf lagen – jede müsste
einen Teil der Kosten tragen, so wie die Stadt Barranquilla selbst.
Aber den lokalen Gebietskörperschaften waren ihre jeweiligen
kurzfristigen Interessen wichtiger als Kooperation: Sie reagierten mit wechselseitigem Misstrauen, statt zu erkennen, was in
ihrem beiderseitigen Interesse war. Sie hatten kein brauchbares
Kooperationsmodell.

Bemerkenswerterweise gab es auf der anderen Seite des
Atlantiks, zudem etwa auf der gleichen geografischen Breite,
eine ähnliche Gruppe wirtschaftlich konkurrierender Länder,
durch die der Fluss Mano fließt: Liberia, Sierra Leone und Guinea. Obwohl sie sich gegenseitig nicht mehr vertrauten als die
Gebietskörperschaften der kolumbianischen Karibikregion,
die am Río Magdalena liegen, hatten sie eine Umgehungslö-
sung gefunden, die darin bestand, eine gemeinsame Institution
zu gründen, die Mano River Union. Diese hatte wohldurch-
dachte Regeln und eine gute Führung – auch wenn die Länder
einander nicht vertrauten, vertrauten sie ihrer Institution. Sie
hätte vielleicht Vorbildcharakter für die Gebietskörperschaften
der kolumbianischen Karibikregionen haben können, aber die
wussten nichts davon.

In Ermangelung dieses Wissens war ihre Unfähigkeit, den
Fluss auszubaggern, lediglich der Beginn der politischen Probleme, die durch die negativen sozialpsychologischen Reaktionen hervorgerufen wurden. Innerhalb der Region zerstrit-
ten sich nicht nur Kommunen untereinander, auch Konflikte
zwischen Unternehmen und Arbeitnehmern verschärften sich.

Als die Produktivität unter das Niveau der wohlhabenderen Regionen Kolumbiens fiel, forderten Gewerkschaften verständlicherweise, dass die Löhne mit jenen in den wirtschaftsstärkeren Regionen Schritt halten sollten, während Unternehmen ebenso verständlicherweise behaupteten, sie könnten sich dies nicht leisten. Feindselige, stereotype alte Narrative wurden wieder aufgewärmt: Lokale Unternehmen seien äußerst raffgierig, lokale Arbeitnehmer äußerst aggressiv. Aufgrund des negativen ökonomischen Schocks benötigten die Regionen einen Investitionsschub, aber die Narrative hatten den gegenteiligen Effekt: Lokale Unternehmen verlagerten ihre Erweiterungspläne an Orte, an denen die Produktivität der Arbeitskräfte höher war, und Firmen aus anderen Gegenden wurden durch den schlechten Ruf der Region davon abgehalten, sich hier anzusiedeln.

Entscheidend aber war, dass sich die Politik auf nationaler Ebene gegen die Region wandte. Kolumbien weist eine hohe Zentralisierung politischer Macht auf, die sich in Bogotá ballt. Zudem boomten die Hauptstadt und ihre Region aufgrund der Bergbauindustrie und der Ölförderung. Man besaß dort also die Ressourcen und die Institutionen, um die Karibikregion wirtschaftlich neu zu beleben, aber weder verstand man deren Problem, noch war man bereit, ihr in ihrer Notlage beizustehen. Da die Region Bogotá tief im Landesinnern liegt, hat man dort keine Erfahrung mit Flusssystemen, und ein weiteres Mal lieferten feindselige Narrative eine Ausrede für Tatenlosigkeit: Die Karibikregion galt einfach als unfähig, ihre Probleme selbst anzugehen, sodass es einer Verschwendung öffentlicher Gelder gleichkäme, ihr unter die Arme zu greifen.* Es gibt erfolgversprechende Strategien, um Abwärtsspiralen umzukehren. Aber hierfür ist es erforderlich, dass Menschen in abgehängten Gebieten wie der kolumbianischen Karibikregion anerkennen,

---

* Kolumbien und Großbritannien sind beide hochgradig zentralisiert, und die Parallelen zwischen der Verachtung in Bogotá für Gebietskörperschaften in der Karibikregion und der Verachtung in Whitehall für Gebietskörperschaften im Norden Englands sind wenig überraschend.

dass sie sich zusammentun, die Lösung ihrer Probleme selbst in die Hand nehmen und verschiedene Lösungsoptionen ausloten müssen.

Ein aufstrebendes Südafrika?

Während der düsteren Jahrzehnte der Apartheid war Südafrika ein Schwellenland, in dem sich die extreme Polarisierung zwischen einer wohlhabenden Minderheit und einer abgehängten Mehrheit wiederholt in schweren inneren Unruhen niederschlug. Die mehrheitlich schwarze Bevölkerung, die international unterstützt wurde, besaß schließlich genügend Macht, um den politischen Wandel zu erzwingen. F. W. de Klerk, der Staatspräsident und Vorsitzende der herrschenden Afrikaander-Partei, erkannte, dass er Zugeständnisse machen musste, und wie durch ein Wunder erkannte auch der Führer der unterdrückten schwarzen Mehrheit, Nelson Mandela, dass es weder materiell vorteilhaft noch moralisch richtig wäre, die weißen Afrikaander niederzuwerfen. Die beiden wurden für ihre Verdienste mit dem Friedensnobelpreis ausgezeichnet.

Mandela war so klug, zu erkennen, dass die Wirtschaftspolitik von entscheidender Bedeutung für den erfolgreichen Übergang zu einer gleichberechtigten und wohlhabenden Gesellschaft sein würde: Es gab bereits eine sehr hohe strukturelle Arbeitslosigkeit unter den schwarzen Arbeitskräften, deren Zahl rasch wuchs. Er war so bescheiden, dass er seine eigenen Grenzen erkannte: Er besaß keine ökonomischen Fachkenntnisse und konnte daher dieses Problem nicht selbst anpacken. Nachdem er während der Phase existenzieller Unsicherheiten, die mit der friedlichen Übertragung der politischen Macht einhergegangen waren, zunächst am Schalthebel der Macht gesessen hatte, trat er bei der ersten Gelegenheit zurück, wodurch er der südafrikanischen Gesellschaft als Vermächtnis ein internationales Ansehen verschaffte, das weit größer war als die wirtschaftliche Bedeutung des Landes. Südafrika wurde als einziger afrikanischer Staat in den Kreis der G20 aufgenommen und so zum globalen Sprecher für den Kontinent; auch seine Staatschefs erbten von Mandela eine starke und wertvolle moralische Autorität von weltweiter Strahlkraft.

Die Schaffung von Millionen produktiver Stellen für schwarze Arbeitskräfte war eine gigantische Herausforderung: Sie konnte nur gelingen, wenn südafrikanische und internationale Unternehmen das nötige Vertrauen hatten, um ihre Investitionen auszuweiten. Genauso herausfordernd waren die psychologischen und politischen Aspekte der Transition. Nach dem Sieg in dem langen und brutalen moralischen Kampf gegen Unterdrückung war es eine psychologische Notwendigkeit, Einkommen von den begüterten weißen afrikaans- und englischsprachigen Gemeinschaften auf die armen schwarzen Bevölkerungsgruppen umzuverteilen. Für die Kader des African National Congress (ANC), die die organisierende Kraft hinter diesem Kampf gewesen waren, war es politisch unbedingt erforderlich, in Ämter aufzurücken, die mit Macht und Einfluss verbunden waren. Diese drei Ziele erzeugten Spannungen. Würde der ANC den Interessen zukünftiger schwarzer Arbeitskräfte oder denen seiner alternden Führungsriege den Vorrang geben? Wenn der ANC die Gewinne von Unternehmen mit afrikaans- und englischsprachigen Eigentümern sowie die Löhne weißer Facharbeiter drückte, würden sie dann ins Ausland abwandern? Würden globale Fertigungsunternehmen, die in China investieren könnten, oder globale Agrarkonzerne, die in Brasilien investieren könnten, in einem unsicheren und potenziell feindseligen südafrikanischen Umfeld investieren?

Wie bei den Dilemmata, mit denen Barranquilla konfrontiert war, gab es internationale Antworten, die womöglich hilfreich gewesen wären. Aber statt den Dilemmata auf den Grund zu gehen und sie zu lösen, wurden sie geleugnet und auf die lange Bank geschoben. Der Nachfolger von Präsident Mandela war Thabo Mbeki; er meinte es gut, aber er überschätzte seine Fähigkeiten und hatte überhaupt keine Erfahrung in der freien

Wirtschaft. Er war nicht Mandelas Wunschkandidat gewesen, vielmehr war die Wahl auf ihn gefallen, weil sein Vater, ebenfalls ein hochrangiges ANC-Mitglied, Mandela Platz gemacht hatte, nachdem dieser aus der Haft entlassen worden war.*

Präsident Mbeki konnte aber auf einigen der Erfolge Mandelas aufbauen. Als Schranken beseitigt wurden, die Schwarzen jahrzehntelang Chancen auf ein besseres Leben verbaut hatten, wurden Institutionen wie die Notenbank und das Finanzministerium durch hochkarätige Fachkräfte gestärkt, die ihren Pendants in den übrigen G20-Staaten ebenbürtig waren. Mbeki sorgte auch für eine grundlegende Verbesserung der Wohnverhältnisse. In politischer und psychologischer Hinsicht war dies ein ungemein wichtiger Schritt: In Megaslums wie Soweto am Stadtrand von Johannesburg lebten Menschen unter elenden Bedingungen. Das Programm sah vor, Slumbewohner in einfache neue Häuser mit einem kleinen Grundstück umzusiedeln, doch um den Staatshaushalt nicht über Gebühr zu belasten, wurden diese Siedlungen weit vor den Toren von Johannesburg angelegt. Während dieses Projekt verdeutlichte, dass der ANC tatsächlich entschlossen war, den Interessen der schwarzen Bevölkerung zu dienen, verringerte es zugleich aber die Beschäftigungsaussichten derer, die umgesiedelt worden waren.** Man hätte die Menschen auch arbeitsplatznäher unterbringen können, und es war eigentlich die Pflicht der politischen Entscheidungsträger, Vor- und Nachteile gründlich abzuwägen.

Mbeki führte auch Renten ein, was jedoch ungewollt das Problem der Jugendarbeitslosigkeit verschärfte. Bei Umfragen kam

---

* US-amerikanische Entsprechungen zu politischen Dynastien mit ihrer »Anspruchshaltung« wären bei den Republikanern die Familie Bush und bei den Demokraten mit Blick auf seine Herkunft die Unterstützung für Edward Kennedy bei den parteiinternen Vorwahlen im Jahr 1980 gegen den amtierenden Demokratischen Präsidenten Jimmy Carter, der als Erdnussfarmer ein Außenseiter war.

** Südafrika war nicht das einzige G20-Land mit mittlerem Einkommen, das diesen Fehler machte. Mexico City baute Wohnsiedlungen so weit weg von den Beschäftigungszentren, dass die Bewohner ungewollt dazu gezwungen waren, in den Vorruhestand zu gehen.

heraus, dass Rentner ihre arbeitslosen Enkel unterstützten, von denen daraufhin viele in Passivität verfielen, wie sie im Allgemeinen mit erlernter Hilflosigkeit in Verbindung gebracht wird. In Kenia wurden junge Menschen tatkräftig dazu angehalten, in die Weltspitze der Programmierer vorzustoßen: Warum sollte das in Südafrika nicht gelingen? Mbeki lernte dazu, aber nicht, wie man Arbeitsplätze schafft. Und von den wild wuchernden Spekulationen, die in sozialen Medien kursieren, schnappte er die Vorstellung auf, AIDS werde nicht durch HIV verursacht – was in einer Gesellschaft, die von der Krankheit regelrecht verwüstet wurde, zu einer Katastrophe im öffentlichen Gesundheitswesen führte.

Geht Südafrika unter?

Je mehr Fehler Mbeki unterliefen, umso mehr Angriffsfläche bot er rivalisierenden ANC-Dynastien. Der politisch gerissenste Rivale war Jacob Zuma, der zusammen mit seiner Frau ein landesweites Netzwerk der Vetternwirtschaft aufbaute. Mit dessen Hilfe gelang es ihm, die Mehrheit der stimmberechtigten ANC-Mitglieder auf seine Seite zu ziehen und Mbeki zu stürzen. Sobald Zuma und seine Mitstreiter so viel Macht besaßen, waren sie in der Lage, die Wirtschaftspolitik nach Belieben zu manipulieren. Er konnte seine Macht dazu nutzen, das Vermögen der Nation umzuverteilen und seine Klienten in dem Patronage-Netzwerk zu belohnen. Er konnte sie auch dazu nutzen, das Wirtschaftswachstum anzukurbeln und Arbeitsplätze für junge Afrikaner zu schaffen. Aber er konnte nicht beides tun: Er war mit dem Paradoxon der Macht konfrontiert, einem Phänomen, das politikwissenschaftlich gründlich erforscht wurde.[3] Um das Wirtschaftswachstum anzukurbeln, hätte er Unternehmen ausreichend Vertrauen einflößen müssen, damit sie investiert hätten, und hierfür hätte er Kontroll- und Überprüfungsstrukturen aufbauen müssen, die seine Macht begrenzt hätten. In Anbetracht der Vorkommnisse bei seinem Wahlkampf

befürchteten Unternehmen, von skrupellosen Konkurrenzfir-
men, die Bestechungsgelder zahlten, aus dem Feld geschlagen
oder durch ungehinderten Machtmissbrauch ausgeplündert
zu werden. Zuma hätte das Problem dadurch lösen können,
dass er seine Macht beschränkte, indem er Unternehmen ver-
briefte Rechte auf gerichtliche Überprüfung behördlicher Entscheidungen einräumte und Steuerverwaltungen einsetzte, die
erkennbar unabhängig von der ANC-Führung waren.* Stattdessen tat er das genaue Gegenteil: Er platzierte Mitstreiter in
Schlüsselpositionen und schmiedete eine sehr enge Partnerschaft mit den Guptas, einer indischstämmigen Unternehmer-
familie, von der einige Mitglieder gegenwärtig von Interpol zur
Fahndung ausgeschrieben sind. Es gelang ihm, ein leistungsfä-
higes Netzwerk zur Ausplünderung der Wirtschaft aufzubauen.
Dessen Zentrum war der staatliche Strommonopolist Eskom:
In dem Maße, wie Zumas habgierige Partner das Unternehmen ausschlachteten, kam es immer häufiger zu Stromausfällen,
die vormals unbekannt gewesen waren. Im Jahr 2023 dauerten
diese im Schnitt zwölf Stunden pro Tag, und laut der südafrikanischen Zentralbank belaufen sich die dadurch verursachten
Schäden auf rund 20 Milliarden Dollar pro Jahr.[4]

Am Ende von Zumas Amtszeit waren die Unternehmens-
investitionen stark gesunken, und die Arbeitslosigkeit war in
die Höhe geschnellt. Bei der Wahl seines Nachfolgers erbte
Madame Zuma das Patronage-Netzwerk von Mister Zuma.**
Ihr Gegner Cyril Ramaphosa erbte seinerseits den Mbeki-Flügel
des ANC und verstand es, sich die wachsende Frustration über
den wirtschaftlichen Niedergang zunutze zu machen. Mit knap-

---

* Diese Methode, mit der Befürchtungen, politische Macht könnte missbraucht wer-
den, dadurch zerstreut werden, dass man die Unabhängigkeit steuerlicher Ent-
scheidungen demonstriert, ist eine Anwendung des Konzepts des Signallings, des
Sendens von Signalen, das auf den Nobelpreisträger Michael Spence zurückgeht.
Allerdings unterscheidet sich diese Anwendung grundlegend von den anfänglichen
Fällen.

** Zum damaligen Zeitpunkt war sie nach einer einvernehmlichen Scheidung, durch
die juristisch relevante Interessenkonflikte vermieden wurden, seine Ex-Ehefrau.

pem Vorsprung siegte er, vermutlich mithilfe einiger eigener Patronage-Absprachen. Nach seinem Machtantritt versuchte er, Eskom zu reformieren. Zu diesem Zweck ernannte er einen neuen Vorstandschef, André de Ruyter, der aus der Privatwirtschaft kam. Das Ausmaß der Ausplünderung, vor allem in der Kohleindustrie, die zu einem »Futtertrog« geworden war, verblüffte de Ruyter, und er empfahl eine einfache Lösung: die rasche Ausweitung der privatwirtschaftlichen Erzeugung grüner Energie aus Wind und Sonne sowie die Abspaltung des Bereichs Stromübertragung von Eskom. Der Energieminister, ein Verbündeter Zumas, der die Kohleindustrie kontrollierte, sah darin eine tödliche Bedrohung seiner Interessen. In einer außerordentlichen Wende der Ereignisse lud er de Ruyter auf einen Kaffee ein, der, wie sich herausstellte, mit Cyanid vergiftet war. Zum Glück überlebte de Ruyter den Anschlag, den er zur Anzeige brachte. Aber weder wurde ein ordentliches Ermittlungsverfahren durchgeführt, noch wurde der Minister entlassen: Vielmehr wurde ihm erlaubt, de Ruyter zu entlassen. Der vergiftete und vor die Tür gesetzte Manager war so erbost, dass er mit seiner Geschichte an die Öffentlichkeit ging. Daraufhin drohte man ihm mit einer Anklage wegen Hochverrats.

Zur gleichen Zeit stand Zuma wegen Korruption vor Gericht. Aber als er zu einer Haftstrafe verurteilt wurde, hetzte er seine Amigos zu offener Revolte auf: Bei schweren Krawallen wurde der Hafen von Durban abgefackelt.* Wie im Fall de Ruyter gab Präsident Ramaphosa auch hier klein bei – Zuma musste nicht ins Gefängnis. Diese Hinweise darauf, dass Korruption in den höchsten Rängen des ANC straflos bleibt, sind eine gefährliche Windung in der Abwärtsspirale Südafrikas, das ehedem eine globale moralische Autorität gewesen ist.

---

* Es gibt klare Parallelen zu Donald Trumps Aufstachelung zum Sturm auf das US-Kapitol Anfang 2021, um die Machtübergabe an Präsident Biden zu vereiteln.

Aufstrebendes Russland?

Sowohl in der G20 als auch in der G8 ist Russland aber noch viel tiefer herabgesunken. Präsident Putin ist es weit über Zumas Träume schrankenloser Selbstbereicherung hinaus gelungen, der angeblich reichste Mann der Welt zu werden. Wie Südafrika begann auch Russland nach dem wirtschaftlichen und politischen Zusammenbruch mit einer hoffnungsvollen Transformation; obgleich es dabei scheiterte, war sein Weg von Hoffnung zu Tragödie ein ganz anderer.

Wie die südafrikanische stand auch die russische Wirtschaft Mitte der 1980er-Jahre vor dem Zusammenbruch. Unter dem Apartheid-Regime war das Vertrauen der Unternehmen in Südafrika angesichts innerer Unruhen und äußeren Drucks auf den Nullpunkt gesunken. In der Sowjetunion war der wirtschaftliche Niedergang die Folge der zunehmenden Absurditäten bei der zentralen Planung, als Ministerien in Moskau einander widersprechende und unerfüllbare Anweisungen an Staatsbetriebe schickten, die Hunderte Kilometer weit weg waren. Eine privilegierte Elite hochrangiger und betagter Parteimitglieder – das »Selektariat« – besaß Datschas, Wohnungen, Autos und kleine Luxusartikel, während für die meisten Russen der Alltag von Schlangestehen geprägt war, da immer mehr Güter immer knapper wurden.

Michail Gorbatschow, der wie Mandela den Friedensnobelpreis erhielt, brachte Russland und den Westen zusammen, da er erkannte, dass die Kluft zwischen Parteiprivilegien und der Not der arbeitenden Bevölkerung langfristig unhaltbar war. In dem Glauben, Staatseigentum und zentrale Planung könnten mit dem Kapitalismus am Markt mithalten, entschied er sich für die Perestroika und setzte Staatsbetriebe internationaler Konkurrenz aus. Konfrontiert mit der Aussicht, mit Importen in Wettbewerb treten zu müssen, waren die Manager der Staatsbetriebe realistischer – und pessimistischer – als Gorbatschow. Sie verhielten sich so, als wäre die sowjetische Wirtschaft eine riesige Version von Eskom: Sie plünderten ihre dem Untergang geweihten Unternehmen im Bunde mit kriminellen Banden aus, die auf dem durch die Versorgungsengpässe entstandenen Schwarzmarkt bereits glänzende Geschäfte machten. So erlaubten sie den Gangs, sich die Erzeugnisse und Ausrüstung ihrer Fabriken anzueignen, die die Banden dann über ihre bestehenden Vertriebsnetze verkauften. Die Gewinne teilten sie sich anschließend mit den Managern.* Präsident Gorbatschow wusste, dass die Sowjetunion auf einem unhaltbaren Machtungleichgewicht fußte, in dem das von Moskau aus regierte Russland viele fremde Völker beherrschte, die nach Selbstbestimmung strebten. Während der drei autokratischen Herrschaften der Zaren, Lenins und Stalins, die allesamt ihre expansionistischen Bestrebungen gewaltsam vorangetrieben hatten, waren die Teile des Imperiums zusammengefügt worden. Gorbatschows Politik der politischen Liberalisierung, Glasnost, war das Gegenstück zu seiner ökonomischen Liberalisierung, der Perestroika. Sie befreite die Länder des ehemaligen Warschauer Pakts, aber innerhalb Russlands war der dafür zu zahlende Preis ein Putschversuch im Jahr 1991 durch Splittergruppen in der Armee und im Geheimdienst KGB.

Geht Russland unter?

Weder Michail Gorbatschow noch sein Nachfolger Boris Jelzin verstanden mehr von Wirtschaft als Nelson Mandela: Sie suchten Rat bei US-Ökonomen. Leider geschah dies auf dem Höhepunkt der ideologischen Gewissheit über die wundertätigen Kräfte des Marktes. Fatalerweise wurden die beiden

---

* Die brillante BBC-Serie *Traumazone* (2022) vermittelt in einer Collage von Filmclips, die von einheimischen Kamerateams vor Ort aufgenommen wurden, eine anschauliche Vorstellung sowohl von den Schwächen des kommunistischen Systems als auch von den Schwierigkeiten, eine postkommunistische, marktwirtschaftlich ausgerichtete Demokratie einzuführen. Russland zahlt noch heute – mehr als 30 Jahre nach dessen Ende – einen immensen Preis für den Kommunismus.

Präsidenten dazu gedrängt, alles so schnell wie möglich zu privatisieren, indem sie an alle Bürger sehr kleine Anteile an jedem Unternehmen verteilten. Es war ein nobles Ziel: Die Kluft zwischen privilegierten Parteimitgliedern und vernachlässigten Arbeitern sollte durch die gleichmäßige Verteilung an alle Bürger geschlossen werden: Jeder würde zum Eigentümer eines winzigen Anteils am Volksvermögen werden. Niemand würde zurückgelassen werden, wenn die russische Wirtschaft »über den Abgrund sprang«, der die kommunistische Mangelwirtschaft von einem neuen, besseren Marktgleichgewicht trennte. Das Ziel war nobel, aber die Strategie war verfehlt und ein Ausdruck von Selbstüberschätzung. Das Ergebnis war ein weiterer, massiver Schub für die Gangster und ihre krummen Geschäfte, als reiche Gauner sie als Mittelsmänner benutzten, um einzelne Anteile an Unternehmen sehr günstig aufzukaufen. Die Menschen in Russland waren hungrig, verzweifelt und hatten keine Ahnung von dem wahren Wert der verwirrenden Stücke Papier, die sie erhielten. Sie verkauften ihre Anteile billig, um mit dem Erlös Nahrungsmittel zu kaufen, worauf die reichen Ganoven die Anteile zu Mehrheitsbeteiligungen an einem Unternehmen bündelten. Noch nie waren so viele von so wenigen um solche Summen geschröpft worden. Man sprach auch von der »Großen Abzocke«.

Eine neue, viel dramatischere Kluft hatte sich zwischen den Privilegierten und den Abgehängten aufgetan: Die Oligarchen betraten die Bühne. Als es Boris Jelzin dämmerte, dass er dazu verleitet worden war, diese Ausplünderung zu bewilligen, verfiel er aus Verzweiflung in Trunksucht, und mit seiner Popularität ging es steil bergab. Die Oligarchen benötigten einen wählbareren Ersatz und einigten sich auf Wladimir Putin, der praktische Erfahrung mit politischen Wahlkämpfen in St. Petersburg mit jahrelanger Ausbildung beim KGB verband. Dort hatte er die staatlichen Strukturen und Mechanismen roher Zwangsgewalt kennengelernt. Der einstige Judo-Champion beherrschte die psychologischen Finessen der Sportart, die einem dabei helfen, die Stärke eines Gegners zum eigenen Vorteil zu wenden und zugleich dessen Schwächen zu erkennen und auszunutzen.[5] Als Präsident wandte er diese Techniken gegen einen Oligarchen nach dem anderen an: Haltet euch aus der Politik raus und beteiligt mich an eurem Vermögen, oder … Da die Oligarchen jeweils ihre eigenen stark bewaffneten Gangs unterhielten, dachten einige, sie könnten ihn in die Schranken weisen. Aber diese Herausforderer landeten sehr schnell im Gefängnis oder in der Leichenhalle.

Putin ersetzte Oligarchen, die sich nicht fügten, durch Personen, die er schon lange kannte und die voll und ganz von seiner Protektion abhängig waren. Manchmal nahm er außergewöhnliche Mühen auf sich: Wenn er – der vorgeblich größte Militärstratege – über militärische Misserfolge frustriert war, für die er seine Generäle verantwortlich machte, wandte er sich an den Eigentümer eines Restaurants in St. Petersburg, den er seit Jahren kannte. Jewgeni Prigoschin wurde als Anführer der Gruppe Wagner, einer Söldnerbande von psychopathischer Grausamkeit, selbst zu einem kleinen Oligarchen. In der Welt der Gangs herrscht angeblich das Gesetz »Töte, oder du wirst getötet«, viel häufiger ist dort jedoch das Muster »Töte, um später selbst getötet zu werden« anzutreffen. Im Jahr 2023 hatte sich Prigoschin so viele Feinde gemacht, dass sein Schicksal besiegelt war.

Die Lücke schließen?

Kolumbien, Südafrika und Russland sind Schwellenländer, die alle vor der Herausforderung stehen, großen abgehängten Gemeinschaften zu helfen. Auf nationaler Ebene floriert die Wirtschaft Kolumbiens weiterhin, während Südafrika und Russland zu Marktwirtschaften wurden, die im Untergang begriffen sind. Aber ungeachtet dieses wichtigen Unterschieds hat keines der drei Länder bislang die Kluft zwischen den Gemeinschaften, die erfolgreich sind und stetig an Macht gewinnen, und jenen, die abgehängt und zunehmend ausgegrenzt sind, geschlossen. In Kolumbien ist die Aufgabe grundsätzlich nicht beängstigend: Mit steigendem Wohlstand kann sich der Staat die großen öffentlichen Investitionen leisten, die unter anderen Maßnahmen notwendig wären, um die Geografie der Unzufriedenheit zu durchbrechen. Präsident Gustavo Petro strebt dieses Ziel an, aber Fehltritte im Jahr 2023 verstärkten die Polarisierung. Einige der in den folgenden Kapiteln vorgestellten Werkzeuge und Erfolgsgeschichten werden ihm vielleicht in seinem Streben helfen, dieses Ziel Wirklichkeit werden zu lassen.

In Südafrika und Russland sind die Aussichten weniger rosig: Ihre Volkswirtschaften schrumpfen, und ihre alternden Anführer scheinen die Welt durch ähnlich verzerrte Linsen zu betrachten. Da passt es ins Bild, dass die südafrikanische Außenministerin 2023 den Außenminister Putins einlud, einem gemeinsamen Manöver russischer und südafrikanischer Kriegsschiffe beizuwohnen. Der unnötige Affront gegenüber dem Bündnis von Staaten, die sich der russischen Militärmacht in der Ukraine entgegenstellen, war aufschlussreich. Südafrika ist keiner militärischen Bedrohung durch die USA oder ein anderes Mitglied dieses Bündnisses ausgesetzt, benötigt aber dringend ihre wirtschaftliche Unterstützung, um den weiteren Niedergang zu verhindern. Russland hingegen hat Südafrika wenig zu bieten. Die Entscheidung für das Manöver dürfte kein wohldurchdachter, auf einen konkreten Nutzen abzielender Schachzug, sondern vielmehr einer fortdauernden Feindseligkeit gegenüber dem Westen und einer wehmütigen Rückbesinnung auf die glorreichen Zeiten des sowjetischen Kommunismus geschuldet gewesen sein. Wie Putin leben auch führende ANC-Kader in der Vergangenheit, statt der Realität einer politischen, gesellschaftlichen und wirtschaftlichen Krise ins Auge zu sehen.

Die Privilegierten in beiden Ländern werden ihre beträchtliche Macht nutzen, um sich jenen Investitionen in die Abgehängten zu widersetzen, die eine Transition bräuchte. Wenn der ANC seine korrupten Kader nicht in die Schranken weist, werden vielleicht die Wähler den ANC in die Schranken weisen: Sein Rückhalt in der Bevölkerung ist weit unter 50 Prozent gesunken. Im Russland Putins ist ein Wandel schwerer vorstellbar. Das Muster »Töte, um später selbst getötet zu werden« wird möglicherweise auch das Schicksal Putins selbst sein, aber wer auch immer an seine Stelle treten wird, ist dann vielleicht lediglich ein neues Gesicht im gleichen Spiel. Der Glücklichen Milliarde bleiben die spannungsreichen Transitionen der Schwellenländer erspart. Aber auch sie müssen noch immer die Kluft zwischen den Gemeinschaften der Begünstigten und denen der Abgehängten überbrücken. Einige haben das nicht geschafft.

4.
Versteckte Privilegien:
Divergierende Lebenschancen

Die USA und Großbritannien sind Gesellschaften mit hoher Ungleichheit. Aber wie alle emotional aufgeladenen Wörter muss auch »Ungleichheit« mit Bedacht verwendet werden. Das statistische Standardmaß der Ungleichheit – der Gini-Koeffizient – erfasst nicht das, was die meisten Menschen meinen, wenn sie die Ungleichheit unserer Gesellschaften beklagen. Vergleichen wir eine Studentin an der Universität Oxford oder Harvard, die ein bescheidenes Stipendium bezieht, mit einem jungen Mann gleichen Alters, der die Schule abgebrochen hat und Überstunden bei Starbucks macht. Der Gini-Koeffizient stuft die Studentin als ärmer ein als den, der ihr den Kaffee serviert. Aber wer beneidet hier wen? Die Studentin hat beste Aussichten, in einer Erfolgsgemeinschaft weit aufzusteigen; der Schulabbrecher ist auf dem Weg in eine Gemeinschaft der Erniedrigung. Einkommensungleichheiten können von großer Bedeutung sein, wenn sie lebenslang fortbestehen, aber sie schlagen weniger zu Buche, wenn sie nur vorübergehend sind, wie es bei diesen beiden jungen Menschen wahrscheinlich der Fall sein wird. Wir müssen Maße der Ungleichheit im gegenwärtigen Einkommen mit etwas ergänzen, das aussagekräftiger ist – Lebenschancen.

Lebenschancen und Einkommen weltweit

Lebenschancen messen, ob die Kinder von Eltern, die beide in Geringverdienerjobs feststecken, später im Erwerbsleben nicht mehr als ihre Eltern verdienen werden oder ob sie, im anderen Extremfall, genauso gute Chancen haben, am Ende ihres Arbeitslebens ein hohes Einkommen zu erzielen, wie jene, die in Wohlstand aufgewachsen sind. Steven Durlauf von der Universität Chicago war der erste Wissenschaftler, der sich bemühte, Lebenschancen zu messen.[1] Wie viele wirtschaftswissenschaftliche Konzepte wurde auch dieses mit einem Fachterminus gewürdigt, wenngleich er weniger unverständlich als die meisten anderen ist: »intergenerationale soziale Mobilität«. Sie misst, ob Ungleichheiten von Generation zu Generation weitergegeben werden. Dank Durlaufs akribischer Arbeit wurden die Ergebnisse im Jahr 2022 unter Einbeziehung so vieler Länder auf den neuesten Stand gebracht, dass wir die USA und Großbritannien mit vielen anderen Hocheinkommens- und einigen wenigen Schwellenländern vergleichen können.

Durlauf und sein Team gingen auch der Frage nach, ob die Ungleichheit der Lebenschancen mit der Ungleichheit in den laufenden Einkommen zusammenhängt; in 22 Ländern maßen sie beide Formen der Ungleichheit. Das Land mit der größten Ungleichheit der Lebenschancen weltweit ist Peru, das auch eine der größten Einkommensungleichheiten aufweist. Brasilien, das Land mit der größten Einkommensungleichheit weltweit, die knapp diejenige Perus übertrifft, hat auch mit die höchste Chancenungleichheit. Am anderen Ende des Spektrums steht Dänemark, das Land mit der größten Gleichheit der Lebenschancen, das zugleich die größte Einkommensgleichheit aufweist. Erkennen Sie allmählich das Muster? Es zeigt sich, dass die beiden Aspekte der Ungleichheit, abgesehen von seltenen Ausnahmen, eng miteinander zusammenhängen. Nicht nur Peru und Brasilien, sondern auch Chile und Argentinien – die einzigen vier mit in die Studie aufgenommenen lateinamerikanischen Länder – stechen als außergewöhnlich ungleich in beiden Maßen heraus. Umgekehrt weisen nicht nur Dänemark, sondern auch Norwegen, Schweden und Finnland – alle vier nordischen Länder Europas – laut beiden Maßen eine außergewöhnlich hohe Gleichheit auf.

Der enge Zusammenhang zwischen ungleichen Lebenschancen und ungleichen Einkommen lässt sich in vielen Fällen einfach erklären. Sind große Bevölkerungsgruppen von Lebenschancen ausgeschlossen, sind sie nicht in der Lage, einen produktiven wirtschaftlichen Beitrag zu leisten, und haben deshalb niedrige Einkommen. Diese Exklusion bedeutet nicht nur eine Vergeudung von Talenten, vielmehr erzeugt sie auch Frustration, Verzweiflung und Wut – ein Cocktail, der Rebellionen hervorbringt, die der Wirtschaft schaden. Länder, in denen Regierungen sicherstellen, dass jeder Bürger faire Aufstiegschancen hat – keine Gemeinschaften zurückgelassen werden –, vermeiden folglich, Talente zu vergeuden und der Wirtschaft zu schaden, und sind daher oftmals wohlhabender als diejenigen, die das nicht tun. Dies hat Folgen für die Politikgestaltung in Ländern rund um die Welt und für ihre politischen Prozesse.

Die Tatsache, dass gleiche Lebenschancen und gleiche Einkommen dem Wohlstand förderlich sind, sollte von Regierungen begrüßt werden, die die Lebensverhältnisse ihrer Bürger verbessern wollen. Immense Ungleichheiten sind nicht der Preis, den sie für Wirtschaftswachstum zahlen müssen: Bis heute ist eine solche Kluft in den *weniger* erfolgreichen Ländern mit mittlerem Einkommen am häufigsten anzutreffen. Peru und Brasilien, die beide durch krasse Ungleichheit herausstechen, gehören zu den ärmsten der 22 Länder, über die wir Daten besitzen. Zusammen mit weit ärmeren Ländern könnten sie schneller zu der Glücklichen Milliarde aufschließen, indem sie eine Politik betreiben würden, die Inklusion in die produktive Wirtschaft wirksam förderte.

Inklusion ist auch gute Politik. Es ist unwahrscheinlich, dass die vier lateinamerikanischen Länder, über die Daten erhoben wurden, Ausnahmen in ihrer Region sind. Erinnern wir uns daran, dass alle 15 lateinamerikanischen Wahlen im Jahr 2022, einschließlich der genannten vier Länder, mit einer Niederlage der amtierenden Regierung endeten – die abgehängten Gemeinschaften nutzten die Wahl zur Rebellion. Ganz anders in Dänemark, das Inklusion Priorität eingeräumt hat: Hier führten die Wahlen von 2022 zu einem überwältigenden Sieg der amtierenden Ministerpräsidentin, einer Sozialdemokratin. Politiker wünschen sich normalerweise, wiedergewählt zu werden, sodass sie sich oft zu dem Ziel der Inklusion bekennen. Aber sie verstehen es nur selten, geeignete politische Maßnahmen zu ergreifen, um dieses Ziel zu realisieren.

Aussichtsreiche Zukunft?

Die Chinesen sind zu Recht stolz darauf, dass sie so schnell aus der Armut herausgekommen sind. Aber China hat zugleich eine hohe Chancen- und Einkommensungleichheit. War dies ein notwendiger Preis für das Wachstum, oder ist es auf anderweitige politische Maßnahmen zurückzuführen?

In den 1970er-Jahren war die Einkommensungleichheit der Haushalte in China relativ gering, weil die gesamte Bevölkerung außergewöhnlich arm war: Von einer kleinen Elite abgesehen, war Armut weit verbreitet. Ab dem Jahr 1978 wurde eine konsequente Wachstumsstrategie verfolgt, die darauf abzielte, in globale Exportmärkte vorzustoßen. Folglich konzentrierten sich die dafür benötigte Infrastruktur und das Wachstum auf die Regionen in der Nähe der Häfen; Gebiete, die verkehrsmäßig schlechter angebunden waren, fielen zurück. Wachstumsstrategien, die sich nicht so eng auf in der Nähe von Häfen produzierte Exportgüter fokussieren würden, könnten potenziell gleichmäßiger auf alle Regionen angewandt werden. Die räumlichen Ungleichheiten in China wurden durch sozialpolitische Maßnahmen verschärft, die nicht wachstumsfreundlich waren: Ansprüche auf öffentliche Leistungen wurden an die

Orte gebunden, an denen jemand erstmals behördlich gemeldet worden war. Als Millionen Arbeiter in die Küstengebiete abwanderten, verloren sie und ihre Kinder die Ansprüche und waren gegenüber den in diesen Gebieten geborenen Arbeitern im Nachteil.[2] Zusammen mit anderen spezifischen Maßnahmen führte dies zu einer ausgeprägten sozialen Ungleichheit. Im Vergleich zu anderen Ländern mit mittlerem Einkommen sind die Lebenschancen in China jetzt extrem ungleich verteilt, schlechter als in allen anderen Ländern, über die Daten erhoben wurden, abgesehen von Peru. Die Einkommensungleichheit ist sogar höher als in den USA.

Chinas bemerkenswerter Ausbruch aus der weitverbreiteten bitteren Armut der frühen 1970er-Jahre musste zwangsläufig die soziale Ungleichheit erhöhen, aber politische Entscheidungen haben Letztere eindeutig weiter verschärft. Rückblickend lässt sich feststellen, dass das Wachstum auch mit weniger Ungleichheit hätte erreicht werden können. Anfang der 2020er-Jahre schien die Phase des schnellen Wachstums vorbei zu sein, während die Gewohnheiten und regionalen Unterschiede, die ein Vermächtnis der Politik der Vergangenheit sind, sich womöglich als schwer veränderbar erweisen werden. Es ist ungewiss, ob China weiterhin ein chancenreiches Land sein wird. Dennoch ist es wichtig, den dortigen Wachstumsprozess und dessen Folgen bestmöglich zu verstehen. Daher werde ich im weiteren Verlauf immer wieder darauf zurückkommen; dies sind nur einleitende Bemerkungen.

Wie viele Chinesen räumen auch viele US-Amerikaner ein, dass die Einkommen in ihrer Gesellschaft ungleich verteilt sind, aber sie sind stolz darauf, weiterhin *das Land der unbegrenzten Möglichkeiten* zu sein. Viele Briten meinen, ihre Gesellschaft sei eine menschlichere Version der amerikanischen – ein postkoloniales Königreich, cool, multikulturell, das allen, die durch Arbeit ihren Beitrag leisten wollen, Chancen gebe. Sind diese positiven Selbstbilder diesseits und jenseits des Atlantiks gerechtfertigt?

Nach den Daten von Durlauf steht keines der beiden Länder gut da. Was die Lebenschancen anbelangt, ist Großbritannien zu einem der Länder mit der höchsten Ungleichheit weltweit geworden; die USA stehen ungeachtet ihres stolzen Anspruchs nur ein wenig besser da – mehr oder weniger auf einer Stufe mit Argentinien. Was die Einkommensungleichheit betrifft, befinden sich die USA ungefähr gleichauf mit China, während Großbritannien zwar weniger ungleich als die USA ist, aber auf der gleichen Stufe wie Italien als dem Land mit der höchsten Ungleichheit in Kontinentaleuropa steht.[3] Die Ungleichheit in den USA wird ein wenig durch ihren außergewöhnlichen Wohlstand abgemildert – das Durchschnittseinkommen ist hoch (auch wenn dieser Erfolg weiter unten erheblich relativiert wird). Das Wohlstandsniveau in Großbritannien ist viel geringer – das Vereinigte Königreich ist nicht nur viel ärmer als die USA, sondern auch viel ärmer als Dänemark. Ungleichheiten insbesondere der Lebenschancen scheinen Großbritannien ärmer, nicht reicher gemacht zu haben.

Aber warum sind die Lebenschancen auf der Insel so extrem ungleich verteilt – eben auf einer Stufe mit Italien als dem Hocheinkommensland mit der höchsten Ungleichheit weltweit? Dank Robert Putnam wissen wir, dass ein Großteil dieser Ungleichheit in Italien geografischer Natur und auf tiefe kulturelle Unterschiede zwischen einem prosperierenden Norden und einem stagnierenden Süden zurückzuführen ist, die sich ab dem 14. Jahrhundert entwickelten. Aber es wäre irreführend, das moderne Großbritannien mit Italien zu vergleichen. Zwar gibt es auch im Königreich erhebliche geografische Unterschiede – der Norden ist heute ärmer als der Südosten –, dies scheint jedoch ganz andere Ursachen zu haben: Im 19. Jahrhundert verzeichnete die heute abgehängte Region eine Nettozuwanderung von Arbeitern. Die Ursachen für die Ungleichheit der Lebenschancen in Großbritannien, die von dem Schweregrad der Ungleichheit unterschieden werden müssen, sind etwas rätselhaft. Sie könnte hauptsächlich auf räumliche Ungleichheiten oder aber ganz andere Einflüsse auf die Chancen zurückzuführen sein.

Warum sind die Lebenschancen und Einkommen in Großbritannien so ungleich verteilt?

Diese Frage müsste empirisch erforscht werden. Die Organisation, die am meisten getan hat, um sie zu beantworten, ist das Institute for Fiscal Studies (IFS). Zusammen mit meinen Kollegen Philip McCann und Jamie Walsh habe ich mich bemüht, hier einen entscheidenden Schritt voranzukommen. Die nachstehenden Ergebnisse sind die vorläufigen Früchte unserer Anstrengungen.[*]

Lebenschancen: Einen gezinkten Würfel rollen lassen

Angesichts der extrem ungleichen Lebenschancen in Großbritannien hätten Sie vielleicht erwartet, dass Whitehall versuchen würde, herauszufinden, was schiefläuft. Stattdessen scheint die Regierung das genaue Gegenteil getan zu haben – die Daten, die benötigt würden, um herauszufinden, welche Faktoren die Lebenschancen bestimmen, werden in verschiedenen Ministerien weitgehend unter Verschluss gehalten und weder zusammengeführt noch veröffentlicht. Aber schließlich gelang dem IFS doch ein Durchbruch; andernfalls hätte ich weniger zu sagen gehabt. Wie bei der globalen Armut sind die Details sehr technisch, aber ich kann Ihnen eine Vorstellung von den Fortschritten vermitteln, die Wissenschaftler gemacht haben.

---

[*] Dieser Abschnitt stützt sich vor allem auf die jüngsten Forschungsarbeiten von Sonya Krutikova und ihrem Team am Institute for Fiscal Studies. Vgl. S. Krutikova et al., »A preliminary analysis of life chances across England« (2024). Außerdem beziehe ich mich auf P. McCann, *Levelling Up Economics*, The Deaton Commission on Inequality, Institute of Fiscal Studies (2023).

Unsere Methode ist so konzipiert, dass sie eine Antwort auf die Frage liefert: Wer hat *von Geburt an* die besten Startchancen? Es gibt viele potenzielle Einflüsse, die erklären könnten, warum Lebenschancen schon von Geburt an divergieren. Doch werden große Unterschiede an der Startlinie zu Recht beargwöhnt. Auch zahlreiche kleine, aber eindeutig benachteiligte Gruppen wie etwa die Neurodiversen und Transgender verlangen mit Nachdruck ihre Gleichstellung – ein Anliegen, das ich unterstütze. In Anbetracht des außerordentlichen Ausmaßes der Ungleichheit und der anhaltenden Ignoranz ihrer Ursachen besteht das vorrangige Ziel der Forschung jedoch darin, zentrale Schwächen der britischen Politik aufzudecken, deren Beseitigung die Zukunftschancen von Millionen Menschen verbessern könnte. Falls sich zeigte, dass die Geografie eine Rolle spielt, würde dies ein bestimmtes politisches Maßnahmenpaket nahelegen. Falls die Geschlechtszugehörigkeit eine Rolle spielte, würde dies für ein ganz anderes Maßnahmenbündel sprechen, weil Frauen und Männer nicht in verschiedenen Regionen des Landes konzentriert sind. Falls das Alter eine Rolle spielte – etwa in dem Sinne, dass junge Erwerbstätige gegenüber Rentnern benachteiligt wären –, wäre wieder ein anderes Maßnahmenpaket angezeigt, wie etwa erhöhte Ausgaben für die Berufsausbildung und geringere Ausgaben für Renten. Falls die ethnische Zugehörigkeit eine Rolle spielte, würde dies für eine hybride Vorgehensweise sprechen: konkrete Maßnahmen wie etwa die positive Diskriminierung von Angehörigen ethnischer Minderheiten in der Arbeitswelt, aber abgestuft nach Region, Geschlecht und Alter. Einige ethnische Gruppen haben in Bezug auf jede dieser Kategorien unterschiedliche Profile, sodass zur Beseitigung der Benachteiligungen vielleicht gezielte Finanzhilfen erforderlich wären, um die Qualität von Schulen mit einem hohen Anteil bestimmter ethnischer Gruppen in einigen Städten zu heben. Sollten sich alle diese Faktoren als relevant erweisen, müssen wir in der Lage sein, sie auf objektive Weise in eine Rangfolge zu bringen.

Wir haben jedes dieser Merkmale eingehend untersucht. Jeder Mensch ist ein wenig anders, und dies hat für viel Rauschen in den Daten gesorgt. Aber um politische Prioritäten aufzustellen, fassen wir die Menschen anhand einiger weniger markanter Vor- und Nachteile zu Gruppen zusammen. Um diese möglichst einprägsam zu machen, werde ich ihnen plastische Namen geben, was den falschen Eindruck erwecken könnte, dass ich die Sache trivialisiere. Aber in dem Maße, wie die Daten enthüllen, dass das Leben von Millionen junger Menschen aufgrund einer verfehlten Politik in vermeidbarer Weise ruiniert wurde, sollte sich der Eindruck der Trivialisierung von selbst auflösen.*

Die privilegierteste Person – sie wird durch Lord Lucky repräsentiert – ist selbstverständlich ein Mann und weiß; seine Eltern haben studiert; er wuchs in einem privilegierten Londoner Viertel auf, etwa Kensington, und arbeitet jetzt auch in London. Die Wahrscheinlichkeit, dass er sich unter den oberen 40 Prozent der 28-Jährigen befindet, beträgt beruhigende 68 Prozent.

Bevor wir die Folgen diskutieren, die sich aus diesen privilegierten Lebenschancen ergeben, benötigen wir einige weitere Ergebnisse, wobei wir die Merkmale verändern, die sich am stärksten auf die Lebenschancen auswirken. Diese Vorgehensweise hat den Vorteil, dass wir die Prioritäten durch die Daten festlegen lassen, nicht unsere bestehenden Überzeugungen oder Vorlieben. Grundsätzlich kann die Methode unangenehme Tatsachen enthüllen, die kaum beachtet oder absichtlich heruntergespielt wurden. Die Forschungsarbeiten sind komplexer, als ich sie hier darstelle; wer neugierig ist, kann den Forschungsstand bei Krutikova et al. (2024) nachlesen. Nachfolgend fasse

---

* Wie in Krutikova et al. (2024) dargelegt, beziehen sich unsere Befunde auf Menschen, die im Alter von 16 Jahren eine Schule in England besuchten und jetzt 28 sind. »Erfolg« bedeutet in diesem Alter, unter den oberen 40 Prozent der Einkommen aller 28-Jährigen zu sein, die in England zur Schule gingen. Umgekehrt bedeutet »mangelnder Erfolg«, unter den unteren 40 Prozent zu sein. Dadurch, dass man die mittleren 20 Prozent ausklammert, wird das Rauschen in den Daten verringert.

ich unsere Ergebnisse zusammen und diskutiere, welche politischen Konsequenzen sich daraus ziehen lassen.

Als Erstes ändern wir zwei örtliche Aspekte der Biografie von Lord Lucky: Wir variieren, wo er aufgewachsen ist. Wir nehmen diese Änderungen vor, weil sie zusammen seine Lebenschancen am deutlichsten verringern, auch wenn die erste noch nicht gravierend ist.

Zunächst geben wir ihm die gleichen Startbedingungen wie seinem Cousin Baron von Hinterwalde, der in Yorkshire aufwuchs und immer noch dort lebt. Auch wenn Lord Lucky bei dieser Vorstellung erschaudern mag und sich seine Lebenschancen verschlechtern, weil er jetzt in Nordengland groß wird – allerdings immer noch in einer begünstigten Wohngegend, vielleicht einem wohlhabenden Viertel der vor allem im 19. und Anfang des 20. Jahrhunderts beliebten Kurstadt Harrogate –, hat er noch immer bessere Lebenschancen als die meisten 28-Jährigen.

Aber wenn wir ihn statt in einem wohlhabenden in einem armen Viertel ansiedeln, etwa in Parson Cross, einem nördlichen Vorort von Sheffield, kann man ihn nur noch in sarkastischer Weise »Lucky« nennen. Die Wahrscheinlichkeit, im Alter von 28 Jahren unter den oberen 40 Prozent zu sein, ist jetzt ungeachtet der Vorteile, weiß und ein Mann zu sein und eine Ausbildung in England erhalten zu haben, weit unterdurchschnittlich. Ob es jetzt wohl recht schwer ist, ihn davon zu überzeugen, außerordentlich privilegiert zu sein?

Eine ähnliche Verschlechterung in zwei Schritten bei den Lebenschancen von Lord Lucky erhalten wir dadurch, dass wir sein Geschlecht ändern. Bitte treten als Erste Sie vor, Baroness von Hinterwalde! Sie wuchs in einem guten Viertel in Harrogate auf und arbeitet noch immer in der Region. Ihre Lebenschancen sind schlechter als die ihrer Cousine Lady Lucky, die in Kensington groß wurde und jetzt in der Londoner City arbeitet. Aber die Lebenschancen der Baroness fallen nicht steil ab: Tatsächlich mildert der Vorteil einer guten Wohngegend in Yorkshire den Nachteil ab, eine Frau zu sein und in Nordengland zu arbeiten – ihre Lebenschancen entsprechen in etwa dem Durchschnitt ihrer gesamten Altersgruppe.

Aber jetzt machen wir erneut diesen weiteren Schritt: Sie ist in Parson Cross in Sheffield aufgewachsen. Lernen Sie Miss Missgeschick kennen: Sie hat die schlechtesten Verwirklichungschancen sämtlicher Kategorien in unserem Datensatz. Die Wahrscheinlichkeit, dass sie mit 28 unter den oberen 40 Prozent dieses Jahrgangs sein wird, beträgt lediglich 11 Prozent. Ungeachtet der mit der weißen Hautfarbe, dem Aufwachsen in England und dem Besuch einer englischen Schule verbundenen Vorteile sind die Aufstiegschancen von Miss Missgeschick schrecklich gering. Sollte sie zu dem Schluss kommen, dass sie es gar nicht erst versuchen sollte, wäre ihre Resignation verständlich und eine selbsterfüllende Prophezeiung.

Was sind optimale Startbedingungen?

Wenn Sie in Großbritannien unter optimalen Bedingungen ins Leben starten wollen, sollten Sie Ihre Eltern frühzeitig darum bitten, Sie mit drei Merkmalen auszustatten, die Ihnen im Zusammenspiel direkt nach dem Start einen so großen Vorsprung geben, dass Sie selbst dann, wenn Sie trödeln, den Wettlauf gewinnen sollten. Sagen Sie ihnen also, dass Sie in London aufwachsen und arbeiten müssen. Sagen Sie ihnen, sie sollen dafür Sorge tragen, dass Sie als Mann geboren werden und aufwachsen (und auch einer bleiben). Und falls die Verhältnisse in Großbritannien wirklich die gleichen sind wie in den USA, dann sagen Sie ihnen vor allem, dass sie studieren sollen. Wir vermuten, dass Großbritannien in dieser Hinsicht tatsächlich wie die USA ist, und wir werden diese Annahme anhand von Daten des Amts für Nationale Statistik (ONS) überprüfen, um herauszufinden, ob sie zutrifft. Sie können die Befunde anhand der regelmäßigen Aktualisierungen von Krutikova et al. (2024) selbst überprüfen.

Solange Ihre Eltern diese einfachen Anweisungen befolgen, sichern sie Ihnen später einen hohen Lebensstandard. Wenn Sie in London aufwachsen und arbeiten, sind Ihre Chancen, im Alter von 28 Jahren zu den oberen 40 Prozent der Einkommensbezieher zu gehören, außerordentlich hoch. Der Unterschied zwischen den Lebenschancen von Lord Lucky, 68 Prozent, und denen von Miss Missgeschick, 11 Prozent, ist im Vergleich zu allen anderen Hocheinkommensländern immens. Sie hat allen Grund zur Resignation, während er allen Grund zur Zuversicht hat. Und so wie Miss Missgeschicks Sichfügen sie zu Verhaltensweisen tendieren lässt, die ihre negativen Erwartungen bestätigen, so verstärkt Lord Luckys Selbstvertrauen seine Privilegierung. In erster Näherung kann man also sagen, dass er in eine neue Erbkaste hineingeboren wurde, die mit einer Aristokratie vergleichbar ist.

Zweifellos haben Lord Lucky und seinesgleichen das Gefühl, ihr Glück voll und ganz zu verdienen. Aber erinnern wir uns daran, dass sein Glück zu groß ist, als dass es allein an seinen Genen oder seiner hohen Leistungsbereitschaft liegen könnte. Und es ist auch nicht plausibel, dass er um so vieles intelligenter sein sollte als begünstigte dänische, deutsche oder japanische Männer, die mit den gleichen Merkmalen geboren wurden. Sie haben auch nicht annähernd einen 6:1-Vorsprung gegenüber der am meisten benachteiligten größeren Gruppe in ihren Gesellschaften. Etwas anderes als Lord Luckys brillante Gene oder außergewöhnliche Gier muss die Tatsache erklären, dass Großbritannien nach 1980 in der sozialen Mobilität in eine Abwärtsspirale geriet, die schließlich dazu führte, dass die gesellschaftliche Mobilität unter allen Hocheinkommensländern beispiellos niedrig ist. Die einzigen plausiblen Erklärungen sind spezifische Veränderungen in der Struktur der britischen Volkswirtschaft oder ganz bestimmte politische Maßnahmen. Beides könnte Lord Lucky einseitig begünstigt haben. Ein naheliegender Kandidat für politisches Versagen ist dabei das Bildungswesen.

Verfehlte Bildungspolitik?

Sowohl in den USA als auch in Großbritannien spielt das Bildungsniveau der Eltern eine entscheidende Rolle. In den USA wird heute ein Teenager, dessen gemessene intellektuelle Fähigkeiten im unteren Quintil (im Bereich der unteren 20 Prozent) liegen, dessen Eltern aber zum oberen Einkommensquintil gehören, eher zum Studium zugelassen als ein Teenager mit der umgekehrten Konstellation. Die Zulassung zum Studium an einer angesehenen Universität ist das Eingangstor zu den gut dotierten Stellen für Fachkräfte. Denen, die diese Chance nicht bekommen, bleibt nur die hochriskante Option, sich als Unternehmer selbstständig zu machen.[4]

Trotzdem gibt es große Unterschiede zwischen den USA und Großbritannien. Die Lebenschancen von Amerikanern werden in erheblichem Maße von der ethnischen Zugehörigkeit beeinflusst: Afroamerikaner werden seit Jahrhunderten systematisch diskriminiert. Dagegen begann die Benachteiligung der Schwarzen in Großbritannien im Wesentlichen mit der Ankunft der HMT *Empire Windrush*, die im Jahr 1948 die ersten Einwanderer aus einigen karibischen Ländern des Commonwealth ins Mutterland brachte, sodass die Diskriminierung jüngeren Datums ist. Im Unterschied zu den USA wird sie durch den geografischen Vorteil abgeschwächt, dass die meisten schwarzen Briten in London leben.

In den USA geschah das Gegenteil: Afroamerikanische Gemeinschaften finden sich vornehmlich in abgehängten Regionen, die unter der bekannten negativen Dynamik einer Abwärtsspirale leiden. Die Situation in den USA ist mittlerweile recht gut analysiert, für Großbritannien gilt das nicht. Ich werde mich hier auf Letzteres konzentrieren.

Für die USA gilt: Wenn beide Eltern studiert haben, verbessern sich die Lebenschancen ihrer Kinder erheblich. Für Großbritannien wissen wir: Wenn Sie selbst einen Studienabschluss machen, werden Sie während Ihres gesamten Erwerbslebens erheblich mehr verdienen; bei den meisten Akademikern sind es mit Ende 30 rund 40 000 Pfund (46 600 Euro) pro Jahr. Während im Alter von 22 Jahren nur eine Minderheit ein Studium abschließt, muss jeder junge Mensch in Großbritannien mit 16 Jahren die gleichen Prüfungen für das General Certificate of Secondary Education (GCSE) ablegen, einen der Mittleren Reife in Deutschland vergleichbaren Schulabschluss. Wer ohne einen höheren Abschluss als das GCSE von der Schule abgeht, wird während seines Arbeitslebens nur etwa die Hälfte dessen verdienen, was ein Akademiker erhält, und seine Chancen, mehr als 50 000 Pfund (58 000 Euro) im Jahr zu verdienen, sind verschwindend gering. Aber im Unterschied zu den Abschlüssen in anderen Hocheinkommensländern sind die entscheidenden Teile der Prüfungen für das GCSE für alle gleich und nehmen keine Rücksicht auf unterschiedliche Begabungen und Interessen. Somit wird das Leistungsniveau in einigen eng definierten Fähigkeiten im Alter von 16 Jahren zum entscheidenden »Torwächter« für alle zukünftigen Aufstiegschancen.

Für das Jahr 2024 besitzen wir eine grobe Momentaufnahme des Bildungsprofils 34-jähriger Briten, und diese zeichnet ein deprimierendes Bild.[*] Das obere Drittel hat einen Studienabschluss, das untere Drittel so gut wie keine Bildungsqualifikationen und ein Viertel lediglich A-Level-Abschlüsse, was etwa dem deutschen Abitur entspricht – sie können davon ausgehen, später nur rund 25 000 Pfund (29 000 Euro) zu verdienen.

Die eklatanteste britische Anomalie im Vergleich zum Rest Europas ist die Tatsache, dass kaum 5 Prozent der Kohorte der 34-Jährigen ein so hohes berufliches Bildungsniveau besitzen, dass ihr Spitzenverdienst auch nur die bescheidene Schwelle von 30 000 Pfund (35 200 Euro) überschreitet. Da die Prioritäten von Whitehall sehr einseitig sind, hat es Großbritannien auf

---

[*] Der Schnappschuss wurde im Jahr 2016 gemacht, als diese Menschen 26 Jahre alt waren, aber nur wenige Ende 20 setzen ihre Ausbildung fort: Tatsächlich ist die Anzahl derer, die Einrichtungen der Erwachsenenbildung besuchen, stark zurückgegangen.

spektakuläre Weise unterlassen, in die berufliche Bildung seiner Jugend zu investieren. Und das tut es noch immer.[5] Folglich stehen Teenager vor einem existenziellen Dilemma: Entweder sie studieren, oder sie sind dazu verdammt, lebenslang Geringverdiener zu bleiben. Was entscheidet darüber, wer einen Studienabschluss macht? Glücklicherweise können wir die Geschichte der Kohorte von 34-Jährigen zurückverfolgen; die Unterschiede zwischen Akademikern und geringer Qualifizierten lassen sich bis zu dem Zeitpunkt beobachten, als sie 16 waren und im Millennium-Jahr ihre GCSE-Prüfungen ablegten. In diesem jugendlichen Alter hatte eine schlechte Zensur in der Mathematikprüfung katastrophale Folgen für die Zukunftschancen der Betreffenden. Die Daten deuten darauf hin, dass dies jedenfalls zum Teil darauf zurückzuführen ist, dass bei späteren Bewerbungen vorhandene formale Qualifikationen einfach nur mechanisch abgehakt wurden – eine Strategie, die keine wirklich verlässlichen Aufschlüsse über einen Bewerber liefert. Es ist eine Schande, dass diese eine Prüfung noch immer über das Schicksal von Millionen junger Menschen entscheidet. In dieser Millennials-Kohorte hatten diejenigen, deren Noten im oberen Drittel lagen, eine etwa 70-prozentige Chance, einen Hochschulabschluss zu machen, die im unteren Drittel eine von 4 Prozent. Was also entscheidet darüber, wer die guten Zensuren bekommt? Ausgehend vom früheren sozioökonomischen Status dieser 34-Jährigen können wir es beantworten. Diejenigen, die gebührenpflichtige Schulen besucht hatten, besaßen eine 70-prozentige Chance, einen Studienabschluss zu machen, diejenigen, die in dem Fünftel der am stärksten benachteiligten Haushalte aufgewachsen waren, lediglich eine von 17 Prozent.

Es gibt auch neuere Anhaltspunkte dafür, dass eine der wichtigsten Phasen, die entscheiden, ob ein Kind den Anschluss verliert, der Übergang von der Primar- zur Sekundarschule ist: Die Kinder der Wohlhabenderen kommen auf leistungsstärkere Sekundarschulen und überholen auf diese Weise diejenigen aus armen Haushalten, die eigentlich schlauer sind, aber nicht so gut gefördert werden.[6] Wahrscheinlich vollbringen die Wohlhabenden dieses Kunststück dadurch, dass sie Häuser in den Einzugsgebieten der besten Schulen kaufen, die folglich teurer sind als die in den schlechtesten Schulbezirken. Dieser Vorteil ließe sich auf einfache Weise beseitigen. Eine Möglichkeit wäre, dass nur die lokalen Schulbehörden Einsicht in die Ranglisten der Schulen nach ihrer Leistung nehmen und diese für die Beurteilung von Schulleitern verwenden dürfen, oder die Schulbezirke könnten vergrößert und Plätze an überbuchten Schulen ausgelost werden. Stattdessen wird die grob ungerechte Regelung unverändert beibehalten. In keinem anderen Hocheinkommensland wird der Nachwuchs der Wohlhabenden so massiv einseitig begünstigt.

Und das Gleiche gilt für Kinder, die in London aufwachsen. Es liegt auf der Hand, wo der größte Nachholbedarf besteht. Die ärmsten Kinder sind jene, die kostenlose Schulverpflegung bekommen. Aber selbst innerhalb dieser Gruppe gibt es Verzerrungen. Diejenigen, die in London freie Schulspeisung erhalten, bekommen mit einer um 40 Prozent höheren Wahrscheinlichkeit als die entsprechenden Schüler im Norden bei den entscheidenden Mathematikprüfungen für das GCSE gute Noten, und sie werden mit doppelt so hoher Wahrscheinlichkeit später einmal studieren. Aber die Zuweisung staatlicher Gelder ist paradox: Schulen in London erhalten mehr Mittel pro Schüler als Schulen in irgendeinem der ärmeren Gebiete – tatsächlich 40 Prozent mehr als die ärmste englische Region, Yorkshire and The Humber. Selbstverständlich sind die Lebenshaltungskosten in London höher, trotzdem entscheiden sich die fähigsten Lehrer, sich dort niederzulassen, wie es die besseren Prüfungsergebnisse und die weiter unten wiedergegebene Aussage der britischen Kinderbeauftragten belegen. Die gleichen absurden Prioritäten sind im Gesundheitswesen anzutreffen: Die Regionen mit der höchsten Unterversorgung, die überwiegend im Norden liegen, erhalten deutlich *weniger* Mittel pro Patient als diejenigen mit der geringsten Unterversorgung, die überproportional im Südosten anzutreffen sind.[7] Aufgrund dieser Vorteile locken Letztere besser qualifizierte Ärzte an – und wie schon in London gilt das hier auch für die Lehrer. Ergänzt werden diese Vorteile durch die zahllosen Gelegenheiten, die in London lebenden Teenagern vor Augen führen, dass ein Studium den Zugang zu einer hoch bezahlten Stelle verschafft. Sie sind umgeben von Vorbildern beruflichen Erfolgs und hören Karrieregeschichten, die verdeutlichen, dass gute schulische Leistungen ein Weg dorthin sind. Erinnern wir uns daran, dass Teenager in South Yorkshire durch das toxische Narrativ »Okay, wir sind doof« demotiviert werden. Um die Kinderbeauftragte zu zitieren: »Es hat uns bestürzt, als wir erfuhren, wie viele Kinder [in Nordengland] während der Sekundarschuljahre zurückfallen, in denen Kinder in den Gebieten mit den größten Förderbedarfen oft hinter den Erwartungen zurückbleiben. Hier sind Hunderttausende Kinder doppelt benachteiligt: Sie leben in einer armen Kommune, und sie gehen auf eine unterfinanzierte Schule.«[8]

Die Chancenungleichheit wird durch die staatliche Mittelzuteilung nicht etwa verringert, sondern auf eine wirklich perverse Art und Weise sogar noch immer weiter vergrößert. Zwischen 2009 und 2023 wurden bei den am stärksten unterfinanzierten Sekundarschulen größere Einschnitte vorgenommen als bei den am wenigsten unterfinanzierten.[9] Ähnlich ungleichheitsfördernd ist die staatliche Finanzierung von Bildungs- und Ausbildungseinrichtungen jenseits der Sekundarschulen: Junge Menschen aus Gebietskörperschaften im Einzugsgebiet Londons sind pro Kopf am stärksten begünstigt, während jene aus Blackpool und den North Midlands die am meisten benachteiligten in England sind.*

Die »Black Lives Matter«-Bewegung hat die Aufmerksamkeit auf die extremen und andauernden Benachteiligungen

---

* Vgl. Institute for Fiscal Studies, Presseerklärung, »Schools serving disadvantaged children have faced the biggest spending cuts«, 11. Dezember 2023.

junger Schwarzer in den USA gerichtet – ein längst überfälliger Schritt. Aufgrund der Tatsache, dass ein hoher Prozentsatz der Briten regelmäßig amerikanische soziale Medien nutzt, ist das Thema der ethnischen Diskriminierung auch in Großbritannien auf große Resonanz gestoßen. Auf dem Arbeitsmarkt sind schwarze Stellenbewerber zweifellos benachteiligt, aber im Schulwesen gibt es im Unterschied zu den oben beschriebenen deutlichen regionalen Verzerrungen keinen entsprechenden Bias. In den so entscheidenden Mathematikprüfungen für das GCSE sind die Chinesischstämmigen die erfolgreichste unter den betrachteten großen ethnischen Gruppen; rund 25 Prozent mehr chinesischstämmige als weiße britische Schüler bestehen die Prüfungen. Am schlechtesten schneiden die Afrokariben ab; von ihnen bestehen 20 Prozent weniger, was durchaus eine Folge der Resignation aufgrund einer 75 Jahre andauernden ethnischen Diskriminierung sein könnte. Schwarzafrikaner, deren Diskriminierungserfahrungen viel jüngeren Datums sind und die vielleicht noch immer den unter Menschen, die erst vor Kurzem eingewandert sind, weitverbreiteten Ehrgeiz haben, sind bei Prüfungen erfolgreicher und schneiden genauso gut oder besser ab als die weiße britische Mehrheit.

Unter den sozial schwächsten Haushalten – denen, in denen die Kinder kostenlose Schulverpflegung erhalten – wirkt sich die ethnische Zugehörigkeit unterschiedlich aus; ein Umstand, der daran gemahnt, sich in die Details der Ergebnisse zu vertiefen. Die Bildungschancen weißer britischer Kinder sind außerordentlich niedrig – nur 16 Prozent studieren.[*] Dies steht im Gegensatz zu einer Studienanfängerquote von etwa 60 Prozent bei schwarzafrikanischen Kindern, die freie Schulverpflegung erhalten, und von etwa 30 Prozent bei der kleineren Gruppe

---

[*] Die Datenquelle für all diese Zahlen sind amtliche Statistiken, die vom Bildungsministerium veröffentlicht werden. Hier verwenden wir die Daten für 2019, da die Prüfungen im Jahr 2020 aufgrund der Corona-Pandemie ausgesetzt wurden und der Universitätseintritt im Anschluss daran dadurch beeinflusst wurde.

afrokaribischer Kinder. Teilweise ist das darauf zurückzuführen, dass die ethnische Diskriminierung von Schwarzen in einem gewissen Umfang durch geografische Vorteile wettgemacht wird: Fast 60 Prozent der schwarzen Briten leben in London, im Gegensatz zu nur 10 Prozent der weißen Briten.

Wenn wir zu den früheren Befunden in Bezug auf Lebenschancen zurückkehren, zeigt sich, dass die ethnische Zugehörigkeit in Großbritannien sich offenbar völlig anders auswirkt als in den USA. Wenn Lord Lucky indischstämmig wäre, dann stünden seine Chancen, mit 28 Jahren erfolgreich zu sein, sogar noch besser als als Weißer.

Außerdem wirkt sich die Geschlechtszugehörigkeit sehr unterschiedlich aus, je nachdem, welche ethnische Gruppe betrachtet wird. Männliche Bangladescher sind eine große und im Vergleich zu weißen Männern mit ansonsten ähnlichen Merkmalen stark benachteiligte Gruppe. Aber Miss Missgeschick, die am meisten benachteiligte Gruppe in unserer Analyse, ist weiß; wenn wir ihr stattdessen eine bangladeschische Abstammung zuschreiben, verbessern sich ihre Lebenschancen um ein Drittel auf ein Niveau, das ungefähr dem männlicher Bangladescher entspricht.

Eine Alternative zum britischen Modell[*]

Das estnische Bildungssystem bildet den Gegenpol zum britischen, aber nicht deshalb, weil der estnische Staat viel mehr dafür ausgeben würde. Die Unterschiede betreffen vielmehr die Bereiche, in die hauptsächlich investiert wird, und – noch wichtiger – die Art und Weise, wie das Bildungssystem gemanagt wird.

Alles in allem konzentriert sich das britische System darauf, Kinder mit vier Jahren in die Grundschule zu bringen, gefolgt

---

[*] Für eine gehaltvolle, lesenswerte und politisch neutrale Darstellung des estnischen Bildungssystems, die alle in diesem Abschnitt vorgebrachten Argumente untermauert, vgl. Rachel Sylvester, »Want the best schools in Europe: try Estonia«, *The Times*, 6. November 2023.

von einer frühen Spezialisierung ab dem zwölften Lebensjahr auf einige wenige Fächer. Die Lerninhalte werden zentral festgelegt und mithilfe von Disziplin, Ausschließung und Kontrolle umgesetzt, die von häufigen nationalen Lernstandserhebungen und Inspektionen flankiert werden. Das estnische System konzentriert sich auf die fachlich fundierte Vorschulerziehung für die ersten Jahre, bei der Kinder soziale Kompetenzen lernen: Während Großbritannien viel weniger als der OECD-Durchschnitt für die Vorschulbildung ausgibt, investiert Estland viel mehr darin. In dem baltischen Land werden Kinder erst mit sieben Jahren eingeschult. Bis zum 19. Lebensjahr findet in der Schule keine Spezialisierung statt, die Klassen sind für gewöhnlich leistungsgemischt und nicht nach Leistungsgruppen organisiert, und es stehen fächerübergreifende Aktivitäten im Vordergrund. Die Entscheidungsbefugnis bezüglich des Lehrplans ist nicht zentralisiert, sondern an Lehrer und Schulleiter delegiert; es gibt so gut wie keine landesweiten Prüfungen, Exklusionen oder Inspektionen. Während das britische Bildungswesen traditioneller geworden ist, erprobt Estland fortwährend Innovationen wie die Integration der Virtuellen Realität in den Unterricht. Britische Schulen wetteifern verbissen um die beste Platzierung in nationalen Rangtabellen; Estland hat keine Rangtabellen, und Lehrer werden ermuntert, andere Schulen zu besuchen, von ihnen zu lernen und mit ihnen zusammenzuarbeiten.

Die beiden Bildungssysteme sind so grundverschieden, dass sie nicht beide gleich gut sein können. Ein gängiges Maß für den Leistungsstand von Schülern ist das Ergebnis des PISA-Tests der OECD am Ende der Sekundarschulbildung. Er hat viele Schwächen – etwa die Art und Weise, wie der Leistungsstand gemessen wird; der Umstand, dass Stichproben verzerrt sein könnten; aber, was noch schwerer wiegt, die Unsicherheit, ob er die richtigen Aspekte schulischen Erfolgs bewertet. Das estnische Bildungsministerium misst ihm keine große Bedeutung bei, während sein britisches Pendant ganz erpicht darauf ist, sich mit jedem noch so kleinen Erfolg zu brüsten. Trotzdem bekommen estnische Schulen die höchste PISA-Punktzahl in Europa und darüber hinaus, und sie schlagen sogar Nordamerika, Japan und Südkorea. Aber Estland ist noch in einem viel umfassenderen Sinne erfolgreich. Denn dem Land gelingt es, weitestgehende Chancengleichheit zu realisieren: In Estland ist die Kluft zwischen den Kindern aus dem oberen und dem unteren sozioökonomischen Quintil die kleinste unter allen OECD-Ländern. Ganz besonders stolz scheinen die Esten allerdings auf das sehr hohe Niveau des Wohlbefindens unter Schülern zu sein. Damit ist nicht gemeint, dass sie besonders »glücklich« wären – in den Worten einer Schulleiterin: »Wenn wir das wollten, würden wir ihnen Eiscreme geben.« Das in Estland verwendete Maß des Wohlbefindens ist die internationale, standardisierte Zehnpunkteskala der »Lebenszufriedenheit«. Leider rangieren britische Schulkinder, die aufgrund von Prüfungen, bei denen für sie sehr viel auf dem Spiel steht, extrem gestresst sind, bei diesem Maß weit unten.

Wenn Bildung von grundlegender Bedeutung für die Zukunft einer Gesellschaft ist, dann bräuchte das britische Bildungssystem dringend eine Generalüberholung. In Teil II dieses Buches werden seine Defizite in einen größeren Kontext eingeordnet: Das Bildungssystem ist ein Mikrokosmos eines umfassenderen Versagens.

Warum sind die Einkommen nicht gleichmäßiger verteilt?

Nach der Chancenungleichheit wende ich mich jetzt der Einkommensungleichheit zu. Während sich die Chancenungleichheit in Großbritannien außergewöhnlich hoch darstellt, ist die Einkommensungleichheit weniger stark ausgeprägt, wenngleich für viele Menschen trotzdem ein Grund zur Sorge. Nachdem wir soziale Gruppen gebildet haben, um Unterschiede in den Lebenschancen zu messen, können wir uns jetzt ihre Einkommensunterschiede ansehen. Statt zu fragen, wie gut Lord Luckys Chancen sind, sein Berufsleben in den oberen 40 Prozent zu beginnen, fragen wir jetzt, wie viel er verdient. Dadurch, dass wir für jede dieser Gruppen die gleichen Fragen stellen, können wir berechnen, wie hoch genau das Mehreinkommen ist, das ihm jedes seiner Merkmale verschafft.

Mit 28 Jahren kann Lord Lucky damit rechnen, fast 30 000 Pfund (35 000 Euro) zu verdienen. Wenn er seinem – aus seiner Sicht unbemittelten – Verwandten Baron von Hinterwalde begegnet, kann er den Wonneschauer der Distinktion genießen, den ihm die Erkenntnis verschafft, allein aufgrund der Tatsache, dass seine Eltern so klug waren, ihn in London großzuziehen, wo er geblieben ist und jetzt arbeitet, 6500 Pfund (7600 Euro) mehr als sein Cousin zu verdienen. Seine »geografische« Einkommensprämie beträgt also 28 Prozent. Baron von Hinterwalde wiederum kann auf Baroness von Hinterwalde herabblicken, die lediglich 18 500 Pfund (21 700 Euro) verdient. Ein Mann zu sein, verschafft ihm eine ansehnliche Einkommensprämie von 24 Prozent. Und selbstverständlich können alle beim Abwärtsvergleich mit Miss Missgeschick frohlocken, die nur 10 000 Pfund (11 700 Euro) verdient und also von der Hand in den Mund lebt.

All diese Menschen sind erst 28 Jahre alt. Die Zeit steht auf Lord Luckys Seite, sein höchstes Einkommensniveau wird ein Vielfaches dessen von Miss Missgeschick sein.

Wir können diese neuen Befunde über den Wert jedes Privilegs mit anderen neuen Daten über Einkommen ergänzen, wobei wir mit denjenigen beginnen, die eindeutig vom Glück verwöhnt sind: die Erwachsenen im oberen einen Prozent des Jahreseinkommens. Dazu zählen alle Erwerbstätigen, die mehr als 130 000 Pfund (152 000 Euro) pro Jahr verdienen: 2019 waren das rund eine halbe Million Personen. Sie wohnen mehrheitlich in Nahverkehrsentfernung von London, mit seiner starken

Konzentration von hochbezahlten Stellen in der Finanzbranche, für Juristen und in der Regierung.[10] Ohne ihren Hochschulabschluss wären sie nicht an diese Stellen gekommen. Das führt uns zurück zu den Verzerrungen in der Bildungspolitik.

Die Kernbotschaft dieses Buches ist eine frohe: Gemeinschaften, die schon seit Langem abgehängt sind, können den Rückstand aufholen. Aber der Tonfall dieses Kapitels war alles andere als fröhlich: Der Teufelskreis von Bildung und Privilegierung in Großbritannien wurde mit Wut im Bauch beschrieben – und, wie ich finde, zu Recht. Das nächste Kapitel beschert uns allerdings jede Menge gute Nachrichten. Aber zunächst gibt es noch eine letzte unerfreuliche Tatsache zu vermelden. Die Chancen von Arbeitssuchenden haben sich im Lauf der letzten 40 Jahre, in denen nach und nach jede der britischen Alterskohorten auf dem Arbeitsmarkt eintraf, immer weiter verschlechtert.

Zum richtigen Zeitpunkt geboren werden

In Großbritannien wie im Rest Westeuropas waren die drei Nachkriegsjahrzehnte eine Zeit beispiellos steigenden Wohlstands für fast alle. Aber etwa seit 1980 ist dieser Anstieg ins Stocken geraten. Wenn man die Daten nach der Dekade sortiert, in der Menschen geboren wurden, dann können diejenigen, die in den 1950er-Jahren auf die Welt kamen, heute als die »Glückliche Kohorte« gelten. Sie wurden gerade zur richtigen Zeit geboren, um von dieser breiten Welle des Wohlstands nach oben getragen zu werden. Und es gelang ihnen, ihre begünstigte Position so gut abzusichern, dass ihnen die wechselhaften Verhältnisse, die in den 1980er-Jahren einsetzten, nichts anhaben konnten.* Zwei Datenreihen lassen sich nachverfolgen, die dieses Privileg quantifizieren: Arbeitseinkommen von Männern und Immobilienpreise.

---

* Dies waren gute Nachrichten für mich, aber vermutlich nicht für die meisten Leserinnen und Leser.

Das durchschnittliche Arbeitseinkommen von Männern, die in den 1950er-Jahren geboren wurden, stieg steil auf etwa 35 000 Pfund (41 000 Euro) an, als sie Ende 40 waren. Sie trafen es viel besser als jede frühere Alterskohorte. Aber die nachfolgende Kohorte, die in den 1960ern geboren wurde, verdient mit Ende 40 rund 3000 Pfund (3500 Euro) weniger pro Jahr. In ähnlicher Weise verdient die Kohorte derjenigen, die in den 1970er-Jahren geboren wurden, noch weniger als die Kohorte derer, die in den 1960ern zur Welt kamen, und zwar mit jedem späteren Geburtsjahr kontinuierlich weniger. Dieses Muster sinkender Einkommen setzt sich leider auch in der Kohorte derer fort, die in den 1980ern zur Welt kamen. Was die Kohorte der in den 1990ern Geborenen anbelangt, so ist es zu früh, um dies zu beurteilen, aber sie sind jedenfalls nicht in eine gesunde Wirtschaft eingetreten.

Derweil hat der Anstieg der Immobilienpreise die Vermögensunterschiede zwischen denen, die Eigentümer ihrer Immobilie sind, und denen, die mieten, erhöht und es Menschen mit mittlerem Einkommen, die nach 1960 geboren wurden, schwerer gemacht, eine Immobilie zu erwerben. Mit jedem späteren Geburtsjahr nimmt der Anteil der Immobilieneigentümer in der entsprechenden Kohorte ab. Dies hat die Gruppe der mittleren Einkommensbezieher am härtesten getroffen – seit 1997 hat sich der Prozentsatz der Immobilieneigner unter ihnen mehr als halbiert. Es besteht eine offensichtliche Wechselwirkung mit den geografischen Ungleichgewichten, da die Immobilienpreise in London und im Südosten schneller gestiegen sind als in den anderen Regionen.

Diese atypischen und beunruhigenden Ergebnisse lassen sich ein weiteres Mal am ehesten mit spezifischen Veränderungen der Struktur der britischen Wirtschaft beziehungsweise mit bestimmten politischen Maßnahmen erklären, die beide zu einer Verzerrung von Chancen geführt haben könnten.

Was spezifische Veränderungen der britischen Wirtschaft anbelangt, die sich so in anderen europäischen Ländern nicht

finden, wäre hier in erster Linie an das Wachstum des Finanz-
sektors zu denken, der stark in London konzentriert ist. Entscheidender sind aber wahrscheinlich spezifische politische
Maßnahmen. Die außergewöhnliche Machtballung in London, in deren Gefolge sich immer mehr Regierungsbehör-
den, Gerichte, Finanz- und Medienunternehmen dort ansiedelten, führte dazu, dass Entscheidungen ohne gründliche
Kenntnis der jeweiligen Verhältnisse vor Ort getroffen werden. Dabei ist dieses Wissen für gute Entscheidungsfindung
unabdingbar.

Die Wechselwirkungen zwischen dieser Politik und der
intellektuellen Gegenrevolution der 1980er-Jahre zündeten
zwei Explosionen – eine in der regionalen Ungleichheit und
eine weitere bei den Privilegien. Was die regionale Ungleichheit anbelangt, so wurden England und Wales zu den einzigen
Hocheinkommensländern weltweit, die diese toxische Kombination aus hoch zentralisierter Macht und schlechten Ideen
wie etwa einer »ortsblinden« Politik erlebten. Wie der Wirtschaftswissenschaftler Philip McCann von der Universität Sheffield im IFS Deaton Review of Inequalities – einer Studie zur
Ungleichheit in Großbritannien im frühen 21. Jahrhundert –
zeigt, führte dies dazu, dass die anderen britischen Regionen
im Jahr 2024 außergewöhnlich weit hinter London und Südostengland zurückgefallen waren.

Das explosionsartige Anwachsen der Privilegien wiederum
begann mit der besagten intellektuellen Gegenrevolution der
1980er, und sie blieben anschließend weitgehend erhalten. Nutznießer dieser Privilegien waren eine neue Klasse – die Hochqua-
lifizierten –, eine neue Kohorte – die in den 1950ern Geborenen
nen – und die privilegierte Region Südostengland. Die kleine
Gruppe von Menschen, auf die alle drei Kategorien zutreffen,
geht jetzt in Rente. Aber in den Jahren, in denen die Schere
sich immer weiter öffnete, waren sie auch diejenigen, die das
Land regierten. Dass dieses eklatante materielle Privileg, das
ihnen in den Schoß fiel, mit der Ballung politischer Macht in

ihren Händen zusammentraf, ist vielleicht kein bloßer Zufall.[11] Jetzt, da sie sich dem Rentenalter nähern, ist die Umkehrung der jubelnden Worte des britischen Dichters William Wordsworth über die Französische Revolution vielleicht ein passendes Epitaph. Es genügt, in seinen das Jungsein feiernden Versen ein einziges Wort zu ändern:

Eine Wonne war's, in dieser Morgendämmerung zu leben;
Alt zu sein aber war der reinste Himmel!

TEIL II

Aufwärtsspirale

5.
Führungsstärke

Kluge politische Führung kann die Spirale des Niedergangs umkehren, und wir können eine Menge von den Regionen lernen, die dadurch tiefgreifend erneuert wurden. Ein solche Führung gebietet den wirtschaftlichen und psychischen Kräften Einhalt, die Regionen nach unten ziehen. Auch wenn der anfängliche Auslöser des Niedergangs für gewöhnlich ein ökonomischer Faktor ist – ein negativer Schock –, setzt die Abwärtsspirale ein, sobald sich die Erwartungen eintrüben. Dies löst einen Exodus von Investoren aus und lässt Verzweiflung und spaltende Narrative gegenseitiger Schuldzuweisungen immer weiter um sich greifen. Gute Anführer beginnen mit dramatischen Taten, die Menschen zuversichtlich in die Zukunft blicken lassen. Sie verändern die Erwartungen frustrierter Investoren, geben den verzweifelten Bewohnern der Region neue Hoffnung und treten wechselseitiger Schuldzuweisung mit einem Zukunftsentwurf entgegen, der in einer Gesellschaft, die bislang gespalten war, starken Anklang findet. Aber damit hören sie nicht auf: Sie erkennen ihre eigenen Grenzen und bemühen sich deshalb darum, in öffentlichen Organisationen Teams aufzubauen und zu motivieren. Dann ermächtigen sie diese, eigenständig Lösungen für Probleme zu entwickeln, die zunächst unlösbar anmuten.

Der Aufstieg Singapurs und der
Beinahezusammenbruch Tansanias

In den 1960er-Jahren wollten zwei politische Anführer abgehängter Regionen ihre Gesellschaften aus der Armut in den Wohlstand führen: Julius Nyerere, der Gründungspräsident Tansanias, und Lee Kuan Yew, Premierminister von Singapur. Beide wurden um das Jahr 1961 herum Regierungschef, beide sahen sich überraschend ähnlichen Problemen gegenüber, die sie mit ähnlichen Lösungskonzepten angingen. Beide sind heroische Figuren: dass der eine erfolgreich war, ist ein Triumph, dass der andere scheiterte, eine Tragödie. Diese unterschiedlichen Ergebnisse verdeutlichen, dass grundlegende Veränderungen immer mit Unsicherheiten behaftet sind. Weder Julius Nyerere noch Lee Kuan Yew konnten mit Sicherheit wissen, welche Strategie erfolgreich sein würde. Ein vermeintlich geringfügiger Unterschied in der Vorgehensweise war bedeutsamer, als es beide vermutet hätten: Er führte zu eklatant unterschiedlichen Ergebnissen. Julius Nyerere scheiterte bei der von ihm angestrebten wirtschaftlichen Transformation; es gereicht ihm zur höchsten Ehre, dass er sein Scheitern eingestand und zurücktrat. Dennoch hinterließ er ein Vermächtnis von unschätzbarem Wert, und aus diesem Grund war er in meinen Augen ein bedeutender Anführer.

Beide Männer brachten persönliche Opfer, die ihnen breites Vertrauen in der Bevölkerung eintrugen. Nyerere erbte von dem scheidenden Gouverneur der britischen Kolonialmacht eine imposante öffentliche Dienstvilla und einen Rolls-Royce. Er lehnt es ab, in der Villa zu wohnen, und er lehnte es ab, den Rolls-Royce zu fahren. Mit seinem einfachen, bescheidenen Lebenswandel wurde er zum Vorbild: Das Volk nannte ihn »den Lehrer«, nicht »den großen Führer«. Dieser Lebensstil stand in deutlichem Gegensatz zu dem vieler anderer afrikanischer Präsidenten.

Das persönliche Opfer, das Lee Kuan Yew brachte, war dramatischer, aber genauso erfolgreich. Ende der 1950er-Jahre war Singapur nicht nur bitterarm, sondern in jüngster Vergangenheit grassierte im öffentlichen Sektor auch die Korruption. Im Wahlkampf versprach Lee unter anderem, die Korruption einzudämmen, aber um die Wahl zu gewinnen, brauchte er Geld. Er hatte das Glück, dass sein Wahlkampf von einem reichen Geschäftsmann finanziert wurde, da er selbst nicht vermögend war. Nachdem er gewählt worden war, belohnte er seinen Geldgeber mit einem hohen öffentlichen Amt. Zu seinem großen Verdruss begann der Mann jedoch, die Stellung für seine Selbstbereicherung zu missbrauchen. Lees Optionen waren begrenzt: Wenn er den Mann bestrafte, würde wahrscheinlich weder dieser noch sonst jemand seinen nächsten Wahlkampf finanzieren. Aber wenn öffentlich bekannt würde, dass er der Korruption Vorschub leistete, würde sich die Bevölkerung in ihrer negativen Erwartungshaltung bestätigt sehen. Am umsichtigsten wäre es gewesen, wenn Lee seinem Unterstützer gesagt hätte, er solle aufhören, seine Macht zu missbrauchen, sonst müsse er ihn entlassen. Tatsächlich aber ließ er ihn anklagen: Der Geldgeber wurde verurteilt und kam ins Gefängnis. Lees Verzicht auf zukünftige Wahlkampffinanzierung erstaunte diejenigen, die ihm mit Skepsis begegneten: Damit bewies er, dass er meinte, was er sagte.

Auf je unterschiedliche Weise hatten sowohl Julius Nyerere als auch Lee Kuan Yew die Bürger ihrer Länder schnell davon überzeugt, dass sie guten Willens waren und deren Vertrauen verdienten. Aber guter Wille allein reicht nicht aus: Die Menschen müssen auch von der Kompetenz eines Anführers überzeugt sein. In beiden Ländern waren die meisten sehr arm und hatten sehr praktische Bedürfnisse: im überfüllten Singapur eine Unterkunft, in Tansania Nahrungsmittel und Schulen für ihre Kinder. Beide Anführer waren bescheiden genug, um zu erkennen, dass sie gut ausgebildete Berater bräuchten und einen meritokratischen öffentlichen Dienst aufbauen müssten, wenn sie diese Güter bereitstellen wollten. Realismus dämpfte ihre Tatkraft: Ihnen war klar, dass die Transformation ein langwieriger Prozess sein würde, und sie beschworen wiederholt Geduld und die Bereitschaft, füreinander Opfer zu bringen.

Nachdem sie die Umsetzung dieser Strategien in Angriff
genommen hatten, begannen sie, die in ihren jeweiligen
Gemeinwesen vorherrschenden Ideen zu revidieren. Die erste
Herausforderung, eine Priorität von beiden, war die fehlende
gemeinsame Identität ihrer Bürger. Tansania war eine ehemalige Kolonie mit willkürlich gezogenen Grenzen, ein Sammel-
surium aus 50 verschiedenen Stämmen, zahlreichen Sprachen,
mehreren Religionen und allerlei Ethnien. Kern des Landes
war ein ausgedehntes Gebiet mit größeren Hafenstädten am
Lake Victoria und am Indischen Ozean. Hirten ließen umher-
ziehende Viehherden weiden. Viele Bauern praktizierten Wan-
derfeldbau, sodass Parzellen jahrelang brachlagen, und durch-
streiften Land, das dem Stamm, nicht dem Einzelnen gehörte.
In anderen Regionen pflanzten Bauern Kaffeebäume an und
betrachteten das genutzte Land als ihr Eigentum. Dieses ganze
Gebiet war lose mit einer halb unabhängigen küstennahen
Insel verbunden: Sansibar wurde selbst von Menschen diver-
ser Ethnien bewohnt, aber in historischer Hinsicht und bezüglich seiner wirtschaftlichen Interessen unterschied es sich vom
Festland. Daher war es schwer, eine wirkliche Einheit zwischen
dem Festland und der Insel zu schmieden; Sansibar verwal-
tete seine Finanzen selbst und war viel wohlhabender. Nyerere
erkannte, dass Tansania keine Nation in irgendeinem bedeu-
tungsvollen Sinne war. Die Grenzen des Landes folgten denen
des von 1885 bis 1919 bestehenden »Schutzgebiets« Deutsch-
Ostafrika und des aus ihm hervorgegangenen Territoriums
Tanganjika, das von 1919 bis 1961 unter britischer Kolonial-
verwaltung gestanden hatte.*
  Obschon flächenmäßig klein, war Singapur sogar noch zer-

---

* Großbritannien war die Kolonialmacht geworden, weil die Briten ab dem Ende
  des Ersten Weltkriegs, der mit der Niederlage Deutschlands endete, das Gebiet im
  Auftrag des neu gegründeten Völkerbundes treuhänderisch verwalteten. Das Britische Empire übernahm vor allem deshalb die Verantwortung für das Gebiet, weil
  es sicherstellen wollte, dass keine andere Macht die Küste kontrollierte und eine
  potenzielle Bedrohung für den Schiffsweg nach Indien darstellte.

splitterter. Die Bevölkerung setzte sich aus drei verschiedenen Gruppen zusammen: Malaien, Chinesen und Indern, die sich gegenseitig zutiefst misstrauten. Am gefährlichsten war allerdings der Einfluss zweier rivalisierender Ideologien. Von China aus übte der maoistische Marxismus eine große Anziehungskraft aus, während auf der anderen Seite des Pazifiks die USA mit der Aussicht lockten, die verführerischen neuen Produkte ihrer Konsumgesellschaft mit der parlamentarischen Demokratie, die die Briten hinterlassen hatten, zu kombinieren. Wie Julius Nyerere sah auch Lee Kuan Yew in diesen schmerzlichen Spaltungen ein grundlegendes Fortschrittshemmnis und war entschlossen, die durch die Entlassung in die Unabhängigkeit angestoßene Dynamik zu nutzen, um Menschen zusammenzubringen.

Beide Anführer setzten ihre ausgeprägten kommunikativen Fähigkeiten ein, um ihren Bürgern ein neues Identitätsbewusstsein zu vermitteln. In Tansania verloren Stammesidentitäten, in Singapur ethnische und ideologische Identitäten an Bedeutung. Die zwei Anführer bemühten sich, stattdessen eine neue gemeinsame Identität aufzubauen. Lee ergänzte die Kommunikationsstrategie mit dem Mikromanagement des sozialen Wohnungsbaus. Da er erkannte, dass es jede ethnische Gruppe aufgrund der großen Bedeutung der ethnischen Zugehörigkeit vorzog, in ihrer eigenen Gemeinschaft zu leben, stellte er sicher, dass jeder, der eine Sozialwohnung wollte, mit Nachbarn anderer ethnischer Gruppen zusammenlebte. Nyerere wiederum nahm den Prozess des Aufbaus einer gemeinsamen Identität so ernst, dass er sein erstes Amtsjahr ausschließlich damit verbrachte, das Narrativ zu propagieren, wonach die Menschen jetzt in erster Linie tansanische Staatsbürger und nicht mehr Angehörige eines Stammes seien. Diese Idee wurde mit schlagkräftigen Maßnahmen flankiert, wie etwa der Einführung einer gemeinsamen Sprache, die in allen Schulen unterrichtet sowie in allen Dokumenten und bei öffentlichen Diskussionen verwendet wurde.

Beide Anführer hofften, dass das gewandelte Identitätsbewusstsein ihrer Bürger diese letztlich dazu ermuntern würde, sich nicht mehr nur für eigennützige, gruppenspezifische, sondern für umfassende Gemeinwohlanliegen zu engagieren. Aber Menschen sind Gewohnheitstiere, die sich von kollektiver Intelligenz leiten lassen. Wenn man uns bittet, weniger eigennützig zu handeln, fragen wir uns: Warum jetzt? Und warum ich? Beide Anführer warteten mit überzeugenden Antworten auf. Warum jetzt? Weil sie den einzigartigen Moment der staatlichen Unabhängigkeit nutzen wollten. Zudem gaben sie zu verstehen, dass die Zeit dränge. Nyerere machte dies unmissverständlich klar. Er sagte den Tansaniern, sie müssten rennen, wo andere schlenderten – es sei notwendig, den Rückstand aufzuholen, um den Sorgen der Abgehängten gerecht zu werden. Für Lee erwuchs die Dringlichkeit nicht aus Chancen, die es zu ergreifen galt, sondern aus Gefahren. Das Land existierte nur, weil es aus einer Föderation mit Malaysia hinausgeworfen worden war. Nach seiner Verstoßung fand es sich von Feinden umgeben: Singapurs Überleben stand auf dem Spiel.[1]

Schwerer war die Frage »Warum ich?« zu beantworten. Da beide Anführer selbst Opfer gebracht hatten, baten sie andere Privilegierte darum, das Gleiche zu tun. Julius Nyerere schuf zwei Gruppen, die eine Vorreiterrolle spielen sollten. Die politische Vorhut bildeten die Menschen, die die anspruchsvollen Voraussetzungen erfüllten, um seiner politischen Partei beizutreten – der einzigen, die er zuließ. Er entschied sich nicht deshalb für einen Einparteienstaat, weil er seine persönliche Machtstellung sichern wollte, sondern weil er Realist war. Er erkannte, dass die einzige Basis, auf der sich rivalisierende Parteien bilden konnten, die überkommenen Stammes- und religiösen Identitäten waren. Parteipolitische Rivalitäten würden es unmöglich machen, eine gemeinsame Identität aufzubauen. Ein Mehrparteiensystem müsste warten, bis die gemeinsame Identität fest verankert wäre. Seine zweite Vorhut war ein neuer Kader leitender Beamter, die er auf der Grundlage ihrer hervorragenden akademischen Leistungen auswählte. Sie verfügten über weitgehend eigenständige Entscheidungsbefugnisse: Auch hier war er Realist, denn er erkannte, dass sie hohem Druck ausgesetzt wären. Aufgrund ihrer Macht, Einstellungen vorzunehmen und Aufträge zu vergeben, würden ihre Verwandten Gefälligkeiten erwarten: Starke traditionelle Bande der Loyalität zur Familie wären auf jeden Fall stärker als jede aufkommende Loyalität zur neuen Nation. Also machte er ihre Anstellung davon abhängig, dass sie sich damit einverstanden erklärten, nicht in ihrer Heimatregion zu arbeiten. So würden keine Verwandten an ihre Türen klopfen.

Lee Kuan Yew wandte eine im Großen und Ganzen ähnliche Strategie an. Obgleich er andere politische Parteien tolerierte, setzte er der Opposition Grenzen. Auch er stellte Beamte allein nach Maßgabe ihrer Qualifikation ein. Da Singapur ein Stadtstaat ist, konnte er Beamte nicht in Gebiete fern ihrer Herkunftsregion entsenden, aber er ging entschieden gegen die Verlockungen der Unehrlichkeit vor. Die Bezüge von Ministern und Spitzenbeamten wurden nach und nach angehoben, bis sie ein Niveau erreichten, das auch nach internationalen Maßstäben hoch war. Lees Faustregel besagte, dass die Beamtenbezüge zwei Drittel der Summe betragen sollten, mit der ähnliche Stellen im Privatsektor Singapurs dotiert waren. Im Gegenzug wurden die Spitzenbeamten für ihr Verhalten und die Qualität ihrer Arbeit persönlich zur Rechenschaft gezogen: Korruption und schlechte Leistungen führten unweigerlich zur Entlassung.

Mithilfe dieser Strategien gelang es, das Identitätsbewusstsein zu verändern. Für Tansania verfügen wir diesbezüglich über erstaunlich konkrete Belege. Seine Grenze zu Kenia ist eine gerade Linie, die auf einer kolonialen Landkarte gezogen wurde und ostafrikanische Gesellschaften willkürlich durchschnitt. Auf beiden Seiten der Grenze lebte das gleiche Gemisch von Stämmen. Dies schuf ideale Bedingungen für ein natürliches Experiment: Würden Menschen, die im selben Dorf lebten, aber verschiedenen Stämmen angehörten, zusammenarbeiten? Das wichtigste öffentliche Gut in einem Dorf ist ein Brunnen; jeder nutzt ihn, aber damit er auch langfristig nutzbar bleibt, muss er instand gehalten werden. Dies warf ein einfaches Problem des kollektiven Handelns auf: Könnte die Gemeinschaft den sozialen Druck aufbringen, um das Trittbrettfahren einzudämmen? Auf beiden Seiten der Grenze lebten in einigen Dörfern Angehörige nur eines Stammes, und an diesen Orten sollte der soziale Druck recht gut funktionieren. Aber andere Dörfer waren multiethnische Gemeinschaften von Menschen, die sich dort erst vor relativ kurzer Zeit angesiedelt hatten; hier könnten interethnische Spannungen die Kooperation verhindern. Kein führender kenianischer Politiker folgte dem Beispiel Julius Nyereres und versuchte, eine von Stammesbindungen unabhängige nationale Identität zu schaffen. Im Jahr 2001, als die entsprechende Studie durchgeführt wurde, fehlte den Menschen auf der kenianischen Seite der Grenze ungeachtet der seit fast 40 Jahren bestehenden nationalen Unabhängigkeit ein Gefühl der gemeinsamen Identität; in ethnisch gemischten Dörfern war man nicht in der Lage, zu kooperieren. Die Bewohner der tansanischen multiethnischen Dörfer dagegen verstanden sich selbst in erster Linie als Tansanier: Sie wunderten sich darüber, dass die Forscher etwas anderes von ihnen denken konnten.*

Auch für Singapur gibt es eindeutige quantitative Belege: Das Ministerium für Bildung, sozialen Zusammenhalt und Jugend erfasst soziale Interaktionen. Dabei hat man herausgefunden, dass die Spaltungen zwischen rivalisierenden Ethnien und Ideologien, mit denen Lee Kuan Yew konfrontiert gewesen war, im Jahr 2018 seit Langem überwunden waren: Tatsächlich verstan-

---

* Die Studie, auf der diese Erörterung basiert, wird in *Die unterste Milliarde* (2008) umfassender behandelt und wurde von Ted Miguel geleitet.

den sich alle Bürger jetzt als Singapurer. Und sie waren sogar stolz darauf.*

Beide Anführer erreichten es, dass ihre Bürger Vertrauen in ihre Führungskraft fassten und ein neues, gemeinsames Identitätsgefühl entwickelten. Aber diese Erfolge bildeten nur den notwendigen Auftakt zu ihrem eigentlichen Ziel: alle Bürger für das gemeinsame Projekt der wirtschaftlichen Transformation zu gewinnen. Die Menschen wussten jetzt, dass all ihre Mitbürger die gleiche Botschaft hörten und daran glaubten, was ein solches abgestimmtes Vorgehen erleichterte.[2]

Lee und Nyerere wollten ihre Gesellschaften befähigen, den Rückstand gegenüber wohlhabenderen Ländern aufzuholen. Zu diesem Zweck beabsichtigten sie, nicht nur das Identitätsbewusstsein der Menschen zu verändern, sondern auch bestimmte eingefahrene Denkmuster. Eine zentrale, aber schwer zu vermittelnde Botschaft lautete, dass der Staat nur dann Investitionen schultern könne, wenn alle bereit seien, den Gürtel enger zu schnallen. Nur diese Investitionen wiederum könnten alle besserstellen. Der Erfolg der Strategie hing davon ab, dass sich die allermeisten an die Regeln hielten, was manche mit guten Gründen bezweifeln mochten. Beide Anführer fühlten sich berechtigt, ihre Strategie durch erzwungene Ersparnisbildung umzusetzen. In Singapur wurden die Löhne und die Einkommen der Landwirte durch staatliche Regulierung niedrig gehalten; in Tansania wurde der Preis, zu dem der Staat heimischen Erzeugern für den Export bestimmte Nutzpflanzen abkaufte, weit unterhalb der Weltmarktpreise festgesetzt, sodass der Staat die Differenz auf die hohe Kante legen konnte. Den Lebens-

---

* Ich diskutiere diese Ergebnisse ausführlicher in *Die Zukunft des Kapitalismus* (2018). Der Beamte, der die Daten mit mir teilte, war besorgt, weil er einen neue, völlig andere Spaltung entdeckt hatte – die zwischen gut ausgebildeten, hoch bezahlten Insidern sowie schlechter ausgebildeten und schlecht bezahlten Outsidern. Sie belegte das »Ausscheren« der Erfolgreichen, das den Schwerpunkt dieses Buches bildete. Das ist aber hauptsächlich ein Problem der Wohlstandsländer; ein Großteil der armen Länder hat noch immer mit jenen fragmentierten Identitäten zu kämpfen, die Nyerere und Lee erfolgreich überwanden.

standard zu drücken, um Raum für kollektive Investitionen zu schaffen, erforderte als politische Strategie Mut und geschickte Kommunikation.

Das Geschick Nyereres und Lees bei der politischen Kommunikation zeigte sich darin, dass sie ihre Idee, die den Bürgern einiges abverlangte, in den moralischen Kontext eines gemeinsamen Opfers für eine bessere gemeinsame Zukunft stellten. Ihre moralischen Instinkte hatten sie zu dieser Idee geführt, für die Michael Sandel später den Begriff »kontributive Gerechtigkeit« prägte. Sie verstanden sie im Sinne einer neuen wechselseitigen Verpflichtung: Jeder hatte die Pflicht, sich an die Regeln zu halten. Indem Nyerere und Lee selbst Opfer brachten und so mit gutem Beispiel vorangingen, hatten sie sich das Recht verdient, andere aufzufordern, bescheidene Opfer für das Gemeinwohl zu bringen. Sie erkannten, dass die wichtigste Kraft, die wechselseitige Großzügigkeit aufrechterhält, wie bei jeder bereitwilligen Regelbefolgung der sanfte Druck sozialer Billigung wäre.

Was geschah? Lee Kuan Yew gelang in Singapur eine spektakuläre Transformation. In der Spanne nur eines Lebens wurde aus einem erbärmlich niedrigen Lebensstandard einer der höchsten weltweit. Dies bezeugt seine inspirierende Führungsstärke und seine Fähigkeit zur Teambildung, wobei er auf geschickte Weise seine Talente als Anführer und Kommunikator miteinander verknüpfte. Er scheute nicht davor zurück, seine »Kommandogewalt« in mutiger Weise dafür einzusetzen, Privilegien entgegenzutreten. Durch seine hervorragenden kommunikativen Fähigkeiten wob er ein immer dichteres Netz wechselseitiger Verpflichtungen.

Obwohl Julius Nyerere eine scheinbar ähnliche Strategie verfolgte, scheiterte er auf tragische Weise. Der private Konsum wurde erfolgreich gedrosselt. Die Ersparnisse wurden von seinem neu geschaffenen Beamtenapparat in öffentliche Investitionen gelenkt. Aber dies führte nicht etwa wie in Singapur zur Steigerung des Einkommens, sondern zum genauen Gegenteil:

Die Wirtschaft brach zusammen. Lee verwendete die Einnahmen aus den finanziellen Opfern, die die Bürger brachten, für Investitionen, die Singapur befähigten, auf den Weltmärkten Fuß zu fassen. Dies war zur damaligen Zeit eine unkonventionelle Entwicklungsstrategie. Nyerere dagegen hielt sich an die vorherrschende Doktrin der 1960er-Jahre und investierte in die industrielle Importsubstitution. Zum Teil aufgrund eines unglücklichen Timings erwies sich diese Strategie sehr schnell als ruinös. Als Devisen im Rahmen der Industrialisierungsoffensive vornehmlich dafür verwendet wurden, den Import von Investitionsgütern zu bezahlen, wurde die Wirtschaft unentbehrlicher Bedarfsgüter wie etwa Erdöl, die für alle möglichen wirtschaftlichen Aktivitäten benötigt werden, beraubt. Sowohl in der Landwirtschaft als auch in der Industrie brach die Produktion zusammen. Damit verlor auch die Behauptung des Präsidenten, gemeinsame Opfer würden zu einer besseren Zukunft führen, ihre Glaubwürdigkeit. Die Menschen sahen, dass auf der anderen Seite der Grenze kenianische Bauern finanziell besser dastanden, während Tansanier hungerten und ihre Geschäfte leer waren. Als das Narrativ gemeinsamer Opfer für zukünftigen Wohlstand diskreditiert war, verlor die wechselseitige Verpflichtung, Opfer zu bringen, ihre Grundlage und moralische Kraft. Der Gegensatz zwischen öffentlicher Rhetorik und düsterer Wirklichkeit war für die Avantgarde – die Beamten und Parteikader, die die neuen Tugenden beispielhaft vorleben sollten – verheerend. Eine Lüge zu leben, lehrte einige von ihnen, ihre Positionen opportunistisch zu missbrauchen. Die Regierung versuchte, den sinkenden Konsum durch Preiskontrollen zu dämpfen, was aber zu akuten Versorgungsengpässen führte, die Beamten verlockende Gelegenheiten boten, ihre Macht zu missbrauchen. Überall machte sich hemmungsloser Eigennutz breit, und Korruption bei Amtsträgern nahm exponentiell zu. Als die Avantgarde weiterhin die offiziellen Parolen von sich gab, während einige aus ihren Reihen einfache Bürger abzockten, quittierte die Bevölkerung dies mit einem Zynismus, der immer weiter um sich griff. Kein späterer tansanischer Präsident war bislang in der Lage, das Vertrauen zu erneuern, das sich Nyerere durch sein exemplarisches Leben des Verzichts erworben hatte.*

Der Aufstieg Botsuanas

Während die Transformationsstrategie von Julius Nyerere scheiterte, feierte ein anderer afrikanischer Anführer eines ursprünglich verarmten Landes einen spektakulären Erfolg. Bei der Entlassung in die Unabhängigkeit im Jahr 1966 war Botsuana so unterentwickelt, dass es dort nicht einmal eine größere Stadt gab: Bis 1965 war es von der südafrikanischen Stadt Mafeking aus verwaltet worden. Sir Seretse Khama, der Gründungspräsident von Botsuana, hatte hohe ethische und fachliche Ansprüche. Das Diamantenförderunternehmen De Beers bat den Präsidenten um die Erlaubnis, nach Diamanten zu suchen, denn die Wahrscheinlichkeit sei hoch, in Botsuana fündig zu werden. Der Präsident erkannte sofort die Gefahr, dass es hierbei zu spaltenden Streitigkeiten kommen könnte. Um sie zu verhindern, suchte er sämtliche Klanführer auf und stellte ihnen eine Frage: Falls Diamanten entdeckt würden, sollten sie dann dem Klan gehören, auf dessen Gebiet sie gefunden worden waren, oder mit der ganzen Nation geteilt werden? Die Klanführer erkannten: Wenn der benachbarte Klan Diamanten fände und sie behielte, während ihr eigener Klan nichts fände, würden sie weit hinter ihre Nachbarn zurückfallen.** Infolgedessen stimm-

---

* Im März 2021 wurde Vizepräsidentin Samia Hassan nach dem Tod des Amtsinhabers die erste Präsidentin Tansanias. Zum gegenwärtigen Zeitpunkt ist sie auf gutem Weg, das öffentliche Vertrauen in die ökonomische Kompetenz der Regierung wiederherzustellen.

** Noch beunruhigender für die Klanführer war Folgendes: Wenn die Mitglieder der glücklosen Klans die Regel »der Finder darf es behalten« infrage stellen würden, käme heraus, dass die Klanführer dem zugestimmt hatten.

ten alle Klanführer dafür, die Diamanten zu teilen, wo auch immer sie gefunden wurden. Ein weiteres Detail zeigte, dass Seretse Khama nicht nur ein weiser, sondern auch ein bedeutender Anführer war. De Beers hatte ihm aufgrund der Ergebnisse früherer Prospektionen mitgeteilt, dass es auf dem Territorium seines eigenen Klans Diamanten gebe. Dadurch, dass er die Nation über seinen Klan stellte, bewies er außerordentliche moralische Führungsstärke.

Seretse Khama sah neidgetriebene Konflikte darüber voraus, wem die Diamanten zustünden, und wendete sie ab. Schon bald musste er dies ein weiteres Mal tun. Die Entdeckung eines Rohstoffvorkommens kann Segen oder Fluch sein. Wenn ein Großteil der frühen Einnahmen für Zukunftsinvestitionen verwendet wird, dann ermöglicht dies ein »schmerzloses« zügiges Wachstum. Während Lee Kuan Yew und Julius Nyerere die Menschen dazu überreden mussten, den Gürtel enger zu schnallen, wäre das im Falle Botsuanas nicht notwendig. Aber auch die kluge Verwendung von Rohstoffeinnahmen erfordert Überzeugungsarbeit, denn ohne sie könnte die Entdeckung umfangreicher Rohstoffvorkommen unorthodoxe Politiker dazu verleiten, ein verlockendes Narrativ zu propagieren: Wir sind reich, also müssen wir nicht mehr arbeiten. Seretse Khama sah auch diese Gefahr sehr genau vorher. Er fand und wiederholte ein bildkräftiges Narrativ, das so bestechend war, dass es jeder Botsuaner akzeptierte: Wir sind arm, und deshalb müssen wir eine schwere Last tragen. Die Menschen konnten sich mühelos damit identifizieren, weil es ihre eigene Lebenswirklichkeit beschrieb. Aber daraus folgte, dass die Einnahmen klug verwendet werden sollten, um sich Schritt für Schritt aus der Armut herauszuarbeiten. Diese kollektive Sichtweise bildete die soziale Basis für die Strategie, Einnahmen aus dem Diamantexport zur Bildung von Volksvermögen zu nutzen. Khama war auch so klug, Missverständnissen vorzubeugen. Ein populistischer politischer Rivale machte den verlockenden Vorschlag, statt zu investieren, sollten die Menschen lieber konsumieren. Aber da die Botsuaner Seretse Khamas Plan akzeptiert hatten, taten sie diesen Rivalen als Clown ab, wählten den Präsidenten wieder und anschließend den von ihm ausersehenen Nachfolger. Auch Quett Masire zeichnete sich durch die Eigenschaften aus, die eine gute Führungskraft definieren: Bescheidenheit, Selbstironie, Gewissenhaftigkeit und gutes Urteilsvermögen. Masire seinerseits förderte einen fähigen Nachfolger: Festus Mogae. Als er als Präsident zurücktrat, wurde er mit dem begehrten, aber selten vergebenen Mo Ibrahim Prize for African Leadership ausgezeichnet.[3]

Inspiriert von diesen hervorragenden Führungspersönlichkeiten, investierten aus motivierten hohen Staatsbeamten gebildete Teams die Diamanteinnahmen. Da Botsuana jedoch ein kleines, trockenes Binnenland ist, gab es nicht viele lukrative Investitionsmöglichkeiten im Inland. So wurden die Einnahmen über einen Staatsfonds im Ausland und im Inland ins Bildungswesen und die Infrastruktur investiert. Alle inländischen Ausgaben wurden entsprechend den Grundsätzen der Solidität und Integrität einer strikten Disziplin unterworfen. Bevor ein Projekt finanziert wurde, musste dessen wahrscheinliche soziale Rendite von Fachleuten abgeschätzt werden, und nur die Projekte, die eine bestimmte Schwelle erreichten, wurden genehmigt. Dies alles funktionierte derart gut, dass Botsuana zu der am schnellsten wachsenden Volkswirtschaft weltweit wurde. Es ist heute das Land mit dem höchsten Einkommen in Afrika und hat sogar Südafrika überholt, das einst als eines der wachstumsstarken Länder der BRICS gefeiert wurde, also der im Kern von Brasilien, Russland, Indien, China und Südafrika gebildeten Vereinigung von Staaten vor allem aus dem sogenannten Globalen Süden.[4] Botsuana hat eine gut ausgebildete Bevölkerung, eine angesehene Universität, eine hübsche Hauptstadt mit hervorragender Infrastruktur und eine florierende Tourismusindustrie.

Der Aufstieg Chinas

Als Mao Zedong 1976 starb, ließ er ein Land mit einer riesigen, aber verarmten Bevölkerung zurück. Rund 60 Millionen Menschen fielen seiner verheerenden, der »Große Sprung nach vorn« genannten Strategie zum Opfer: China war das globale Zentrum der Armut. Aus dem anschließenden Machtkampf ging Deng Xiaoping als neuer Führer des Landes hervor. Er war ein Provinzpolitiker, der seinen starken lokalen Akzent behielt, vielleicht veranlasste ihn dies dazu, politische Machtbefugnisse von Beijing auf die Provinzen zu übertragen. Aber am stärksten hatte ihn ein früher Besuch in Singapur beeinflusst. Er war überwältigt von dem Wohlstandsniveau, das Lee Kuan Yew in so kurzer Zeit erreicht hatte. Der Besuch überzeugte ihn davon, dass ein marktwirtschaftliches System der Zentralverwaltungswirtschaft überlegen ist, und bewog ihn dazu, mit Schanghai als einem Modell für eine neue nationale Strategie zu experimentieren. Dies war der Auftakt zu dem bedeutendsten Beispiel einer transformativen Führung in der Menschheitsgeschichte.

Es begann mit der Abschaffung des Personenkults um Mao und der damit verbundenen Überzentralisierung.* Deng Xiaopings vorrangiges Ziel bestand darin, die chinesische Gesellschaft zu schnellem Lernen zu befähigen. Alle fünf Jahre verständigten sich er und die anderen Spitzenkader auf eine begrenzte Zahl von Zielen, die der Staat erreichen sollte. Sie verknüpften soziale mit ökonomischen Zielen, wie zum Beispiel die Verringerung der Kindersterblichkeit mit der Steigerung der Produktivität der Arbeiter. Entscheidend war, dass Deng und die übrigen Mitglieder der Staatsführung zugaben, nicht zu wis-

---

* Die folgenden Ausführungen über China beruhen auf Gesprächen, die ich mit dem chinesischen Vizeminister, der für den Thinktank der Regierung, das Development Research Center (DRC), zuständig war, lange nach der Amtszeit von Deng führte. Nachdem ich bei Experten, die sich besser auskennen als ich, nachfragte, bin ich überzeugt davon, dass sie zutreffend sind. Ich möchte jedoch betonen, dass ich selbst kein China-Experte bin.

sen, wie diese Ziele erreicht werden konnten. Er richtete seine Botschaft an eine sehr kleine Vorhut: die tüchtigsten 40 jungen Nachwuchsstars der Kommunistischen Partei. Sie repräsentierten eine gut ausgebildete Leistungselite, die noch strenger ausgesiebt worden war als ihre Pendants in Singapur, und ihnen wurde gesagt, dass sie jeweils in einer der 40 Regionen Chinas als lokale Parteichefs eingesetzt würden. Ihre Aufgabe bestehe darin, innerhalb der nächsten fünf Jahre die gesetzten Ziele zu erreichen. Die ehrgeizigen neuen Parteichefs sahen sich einem klassischen Beispiel radikaler Ungewissheit gegenüber. Sie würden danach beurteilt werden, wie gut sie eine Aufgabe erledigten, von der niemand mit Sicherheit wusste, wie sie erfüllt werden konnte. Normalerweise reagiert ein Bürokrat auf ein solches Problem damit, dass er das Risiko des Scheiterns minimiert: Er geht auf Nummer sicher, indem er nichts tut. Wie Seretse Khama hatte auch Deng vorhergesehen, wie andere auf seine Herausforderung reagieren würden, und so fügte er eine Warnung hinzu: Falls die Parteichefs in den ersten sechs Monaten überhaupt nichts in Gang gesetzt hätten, würden sie abberufen und aus dem Elitekader verstoßen werden. Damit setzte er einen Anreiz zum Handeln.

Die Ergebnisse der 40 Experimente wurden dann sorgfältig ausgewertet. Unter einem Erfolg wurde nicht unbedingt eine Lösung verstanden, die überall in China funktionieren würde; der Kontext war vielleicht jeweils unterschiedlich. Stattdessen wurde denjenigen, die scheiterten, gesagt, sie sollten sich die Erfolge näher ansehen und selbst beurteilen, ob sie von diesen etwas Nützliches lernen könnten. Im Verlauf der fünf Jahre zeichneten sich Muster des Erfolgs ab, die dann aufskaliert wurden. Zu Beginn der nächsten fünf Jahre wurde der Prozess mit neuen Zielen und einem neuen Kader wiederholt. Diese Vorgehensweise wurde 40 Jahre lang beibehalten. Das Modell umfasste eine Folge von drei Schritten: erstens ein gemeinsames Ziel kommunizieren; zweitens Entscheidungsbefugnisse auf Teams übertragen, damit die Gesellschaft von parallel laufenden Experimenten lernen kann; drittens konsequent Lehren aus diesen Erfahrungen ziehen und die Erfolge teilen. Die Strategie führte eine Milliarde Menschen in einem weltweit beispiellosen Tempo aus der Massenarmut heraus.

Deng forcierte nicht nur einen pragmatischen Ansatz des »Lernens durch Experimente«, er propagierte auch ein moralisches Narrativ. Es forderte kollektiven Konsumverzicht für ein gemeinsames Ziel, wie jenes, dem Lee Kuan Yew und Julius Nyerere in ihren Ländern den Weg ebneten. Erstaunlicherweise nahmen die Menschen dafür eine beispiellose Drosselung des individuellen Konsums über eine ganze Generation hinweg in Kauf. Sie sahen, dass die Wirtschaft schnell wuchs, aber dies hätte statt Wohlverhalten auch Ungeduld auslösen können. Die jährlichen Opfer sammelten sich an, sodass etwa die Hälfte des Nationaleinkommens gespart und investiert werden konnte. Zwar steuerte der Staat diesen kollektiven Verzicht für die Transformation, aber die Haushalte selbst trugen durch freiwillige Entscheidungen erheblich dazu bei. Die Menschen sparten bereitwillig für die Rente, statt ihr Geld sofort auszugeben.

Diese Fähigkeit der chinesischen Regierung zur Härte wird gelegentlich im Sinne einer Überlegenheit autokratischer über demokratische Systeme interpretiert. Aber mir erscheint eine alternative Deutung glaubwürdiger: Die Bürger Chinas identifizierten sich mit einem konkreten gemeinsamen Ziel. Anstatt nur für ihr persönliches zukünftiges Wohlergehen Opfer zu bringen, taten sie dies zum Teil, um für die vergangenen Demütigungen Chinas Revanche zu nehmen. Die Schmach hatte sich über Jahrhunderte erstreckt und war China von den britischen, portugiesischen und japanischen Kolonialreichen zugefügt worden. Verschlimmert wurde das Ganze aus chinesischer Sicht noch durch die Vormachtstellung der USA seit 1945. Die Menschen wussten, dass ihre Nation 2000 Jahre lang das Reich der Mitte gewesen war, und sie wollten, dass China zu seiner früheren Stärke zurückfand und sie wieder mit Stolz erfüllte. Als die Chinesen sahen, dass sich die Strategie für ein schnelles

Wirtschaftswachstum bewährte, wurde die praktische Legitimität der Regierung durch diesen Beweis ihrer Kompetenz verstärkt. Das erleichterte die Umsetzung der hohen Sparrate.

Regionale Divergenz in Russland*

Um das Jahr 2000 herum, kurz nachdem Wladimir Putin als russischer Präsident die Nachfolge Boris Jelzins angetreten hatte, begannen sich die drei russischen Regionen Kaluga, Woronesch und Iwanowo auseinanderzuentwickeln. Nach dem Zusammenbruch der Schwerindustrie infolge der wirtschaftlichen Liberalisierung ging es mit allen dreien bergab: Sie befanden sich in einer Abwärtsspirale, die in Verarmung und Massenarbeitslosigkeit mündete. Neue Gouverneure kamen in die Regionen, allerdings auf sehr unterschiedliche Weise.

Ein Teil von Jelzins Vermächtnis bestand darin, dass Gouverneure gewählt wurden. Die Einwohner von Kaluga wählten Anatoli Artamonow, einen Mann aus der Gegend, der sein Berufsleben als Arbeiter begonnen hatte, dann Direktor eines Agrarbetriebs wurde, schließlich Wirtschaftswissenschaften studierte und darin promovierte. Er war ein bescheidener Mann mit guten Absichten und erwiesener Kompetenz, dem die Menschen vertrauten. Er und sein Team hatten im Wahlkampf versprochen, das Wirtschaftswachstum anzukurbeln und den Lebensstandard aller Menschen zu heben, auch wenn sie nicht genau wussten, wie sie diese Ziele erreichen sollten. Sie wollten auf den Stärken aufbauen, die die Region mitbrachte, während sie zugleich Experimente durchzuführen gedachten, um herauszufinden, was sich bewährte. Als ein Vermächtnis ihrer industriellen Vergangenheit verfügte die Region über gut ausgebildete

---

* Ich danke Anna Volynets, einer ehemaligen Doktorandin von mir, für diese russischen Fallstudien. Anna ist eine führende Expertin für wirtschaftspolitische Forschung und Analyse und berät Regierungen in Fragen der wirtschaftlichen Entwicklung.

Arbeitskräfte, die jetzt im Sumpf der Armut steckten. Sie besaß eine gute Transportlogistik und eine geografische Lage, die eine gute Anbindung an Westeuropa ermöglichte.

Ein frühes Experiment war die Einrichtung einer neuen Wirtschaftszone für ein Automobilcluster. Um den Standort herzurichten, nahmen die Verantwortlichen Kredite auf, überarbeiteten das regionale Investitionsgesetz und führten einen einheitlichen Steuersatz ein, der Industrieparks begünstigte. Als sich erste Erfolge einstellten, begann Artamonows Team, sowohl mit einzelnen Firmen als auch mit ihnen als Gruppe zusammenzuarbeiten, um Probleme zu lösen, wie sie zum Beispiel bei der Gründung eines Ausbildungszentrums für Kfz-Technik auftraten, in dem innerhalb kurzer Zeit über 10 000 Arbeiter geschult wurden. Aufgrund dieses Erfolgs setzten Artamonow und seine Leute im Lauf der nächsten Dekade die gleiche Strategie in elf weiteren spezialisierten Industrieparks um. Die Arbeitslosigkeit sank, das mittlere Einkommen schnellte in die Höhe, und trotz der Steuervergünstigungen stiegen die öffentlichen Einnahmen steil an. Um sicherzustellen, dass alle Bürger davon profitierten, schuf Artamonow Gemeinderäte, die mit gewählten lokalen Mitgliedern besetzt wurden und die Befugnis erhielten, einen Teil der Budgetmittel eigenverantwortlich zu vergeben – ein Beispiel für seine allgemeine Strategie, Entscheidungen an die unterste Ebene, auf der sie getroffen werden konnten, zu delegieren.

In Woronesch kam Kulakow ebenfalls durch eine Regionalwahl an die Macht. Aber anders als Artamonow war er zuvor Leiter des russischen Inlandsgeheimdienstes FSB gewesen. Daran gewöhnt, seine Macht dafür einzusetzen, Entscheidungsprozesse zu manipulieren, nutzte er sie, um seine Wahl zum Gouverneur zu orchestrieren, und machte bei seinen späteren Entscheidungen im gleichen Stil weiter. Kulakow kopierte einfach einige Aspekte von Kalugas Strategie, ohne dabei die besonderen Rahmenbedingungen der Region Woronesch zu berücksichtigen. In seiner Selbstüberschätzung hielt er nichts von Experimenten. Er gründete seine eigene regionale Investitionsgesellschaft, nahm Kapital auf und vergrößerte sie, obwohl es immer mehr Hinweise auf Misswirtschaft gab. Die wirtschaftlichen Folgen waren verheerend: Der von ihm initiierte Fonds ging schließlich bankrott, und trotz des beachtlichen landwirtschaftlichen und industriellen Potenzials der Region erlebte Woronesch einen tiefen wirtschaftlichen Niedergang. Von noch grundlegenderer Bedeutung war die Tatsache, dass die Regionalwahlen nicht ausreichten, um den Gouverneur dazu zu zwingen, sich für die Menschen vor Ort verantwortlich zu fühlen: Er verfolgte einfach seine eigenen Interessen. Sein Führungsstil ließ die Bürger das Interesse an der Politik verlieren.

Im Jahr 2004 schaffte Präsident Putin die Gouverneurswahlen ab. Während Moskau in den meisten Regionen die zuvor gewählten Gouverneure in ihrem Amt bestätigte, bekamen einige Regionen Gouverneure, die dort neu waren. Das war auch beim Gouverneur der Region Iwanowo, Michail Men, der Fall. Der gelernte Musiker und Philosoph hatte seine politische Karriere in Moskau gemacht und nie in Iwanowo gelebt oder gearbeitet. Nach seinem Amtsantritt verkündete er, dass er Iwanowo entwickeln wolle, machte sich aber nicht die Mühe, die potenziellen Wettbewerbsvorteile der Region in Erfahrung zu bringen oder eine Strategie der kleinen Schritte zu verfolgen. Vielmehr stützte er sich auf seine intime Kenntnis der Moskauer Elite. Er beschloss, das Budget der Region für ein Projekt zu nutzen, mit dem er Besucher nach Iwanowo locken wollte. Aber ihre Anwesenheit führte nicht zu der erwarteten Steigerung des Wohlstandsniveaus der Bürger von Iwanowo: Das Bruttoregionalprodukt pro Kopf fiel auf etwa die Hälfte desjenigen von Kaluga.

Weder in Iwanowo noch in Woronesch waren die Gouverneure den Menschen ihrer Regionen Rechenschaft schuldig. Jene Männer, die von Moskau entsandt worden waren, strebten nach dem Beifall derer, denen sie ihre Macht verdankten. Die von den beiden Gouverneuren nach dem Motto »Das Zentrum weiß es am besten« verfolgte Strategie scheiterte. Gemessen an den ökonomischen und sozialen Indikatoren fielen beide Regionen immer weiter hinter Kaluga zurück. In Woronesch hatte es nicht ausgereicht, eine Wahl abzuhalten, um den Gouverneur dazu zu bringen, sich gegenüber den Menschen der Region rechenschaftspflichtig zu fühlen, und das führte zu der gleichen Selbstüberschätzung und Nichtbeachtung der Rahmenbedingungen wie in Woronesch.

Der Aufstieg Ruandas*

Nach mehrjährigem Bürgerkrieg setzte sich 1994 die Ruandische Patriotische Front (RFP), eine von Uganda aus operierende Exilantenarmee, die aus Angehörigen der Volksgruppe der Tutsi bestand, unter dem Eindruck des in den Monaten zuvor in Ruanda an den Tutsi verübten Genozids siegreich gegen die extremistische Hutu-Militärregierung durch. RFP-Anführer

---

* Im Jahr 2022 wurde Ruanda in die toxische und polarisierte britische Parteipolitik hineingezogen. Aufgrund seiner positiven, gastfreundlichen Haltung gegenüber muslimischen Flüchtlingen wurde es zu einem Liebling der Konservativen, die nichts über das Land wussten und sich keinen Deut darum scherten. Sie wollten einfach nur abgelehnte Asylbewerber dorthin schicken. Diese hässliche Instrumentalisierung eines armen Landes aus Gründen der politischen Bequemlichkeit wurde, wie nicht anders zu erwarten, von den Labour-Anhängern angeprangert, die, obgleich sie kaum mehr als ihre Gegner wussten, ihrer Kritik dadurch Nachdruck verliehen, dass sie Ruanda als ein Land in den Fängen eines brutalen Regimes hinstellten, in dem jeder, der dort ankam, in Gefahr schwebte. Unbedarfte Journalisten sorgten für noch mehr Verwirrung. In Großbritannien ist Ruanda zu einem Thema geworden, über das manche immer schon »Bescheid wissen«, noch bevor sie sich über das Land informiert haben. Das ist schade, da sich von den Bemühungen, die Abwärtsspirale umzukehren, die in dem Genozid von 1994 gipfelte, sehr viel lernen lässt. Ausgehend von meinen eigenen, über viele Jahre gesammelten Kenntnissen über das Land, befasse ich mich hier eingehend damit. Es bildet den Auftakt zu meiner Kritik an einer von Selbstüberschätzung und Naivität geprägten internationalen Politik, deren Scheitern beispielhaft durch die Implosion Afghanistans und des Sahel verdeutlicht wird.

Paul Kagame war ein brillanter militärischer Taktiker, dessen Talente auf dem General Staff College der U. S. Army aufgefallen waren. Wie Julius Nyerere war auch er der Meinung, dass es vordringlich darum gehen müsse, eine neue gemeinsame Identität aufzubauen, welche die Stammesidentitäten überwinden sollte, und dass freie Mehrparteienwahlen dies unmöglich machten.

Ausnahmsweise einmal lässt sich diese Idee anhand eines natürlichen Experiments überprüfen, weil Ruanda ein Schwesterland hat, Burundi. Die beiden waren während der Epoche der kolonialistischen Unterdrückung vereint, zuerst bis 1918 unter deutscher Herrschaft, dann bis zu ihrer Unabhängigkeit 1962 unter belgischer Verwaltung. Die Bevölkerung der beiden Länder wies die gleiche ethnische Spaltung zwischen einer Tutsi-Minderheit und einer Hutu-Mehrheit auf, und nach der Entlassung in die Unabhängigkeit kam es in beiden in unterschiedlichen, aber auch sich überschneidenden Phasen in den späten 1980er- und den 1990er-Jahren zu ethnischen Massakern und Bürgerkriegen. Der entscheidende Unterschied aber war, dass Julius Nyerere, Nelson Mandela und die Vereinten Nationen im Jahr 2000 in Burundi ein Friedensabkommen vermittelten und den Weg für eine neue Verfassung ebneten. Die im sogenannten Arusha-Abkommen vereinbarte Machtteilung und demokratische Mehrparteienwahlen bedeuteten für Burundi einen Riesenschritt: Es folgte damit der Erfolgsformel des selbstsicheren Westens. Mittlerweile hatte sich Ruanda von den katastrophalen Folgen des Genozids erholt, und die beiden Länder waren gleichauf: beide bitterarm, mit Pro-Kopf-Einkommen von 850 Dollar. Doch 20 Jahre später wurde Burundi trotz freier Wahlen und Demokratie immer noch von Konflikten heimgesucht, und die Einkommen waren um rund 10 Prozent noch tiefer gesunken – es ist jetzt das ärmste Land der Welt. Verschlimmert wurde dieses Desaster noch dadurch, dass ruandische Hutu-Milizen, die in die Demokratische Republik Kongo abgewandert waren, dort die einheimische Bevölkerung im großen Stil ausplünderten, vergewaltigten und massakrierten.*

Dagegen haben sich die Einkommen in Ruanda verdreifacht, obwohl Paul Kagame und sein Team nun schon seit vielen Jahren die Zügel der Macht fest in Händen halten: Ruanda ist zu einem der am schnellsten wachsenden Länder Afrikas geworden; es lockt Flüchtlinge aus dem benachbarten Burundi, aber ebenso aus dem fernen Afghanistan an. Diese Divergenz bedeutet allerdings nicht, dass ein autokratisches System einem demokratischen überlegen wäre. Vielmehr deutet sie darauf hin, dass diese konfliktreichen Situationen höchst komplex und kontextabhängig sind. Allzu einfache Lösungen wie der Sprung in eine Demokratie mit freien Wahlen sind verfehlt. Die Zweifel von Julius Nyerere, Wahlen vor dem Aufbau einer gemeinsamen Identität anzusetzen, scheinen sich als berechtigt erwiesen zu haben.

Ein guter Anführer wie Paul Kagame zeichnet sich durch ganz bestimmte Merkmale aus: Er legt eine Gesamtstrategie fest, wählt die Mitglieder seiner Führungsriege aus, motiviert sie und überträgt ihnen in einer gestuften Abfolge von Verantwortlichkeiten die operative Kontrolle. In dem Wissen, dass er zwar ein fähiger Militär, aber kein Wirtschaftsexperte ist, sah er sich frühere wirtschaftliche Erfolgsgeschichten an, denen er nacheifern könnte: Seine Wahl fiel auf das von Lee Kuan Yew regierte Singapur und das geografisch näher gelegene Mauritius,

---

* Vgl. N. Nunn und R. Sanchez de la Sierra, »Why being wrong can be right: magical warfare technologies and the persistence of false beliefs«, *American Economic Review*, Papers and Proceedings (2017). Während ich diesen Artikel hier wegen seiner Erkenntnisse über Hutu-Milizen heranziehe, ist er zugleich erhellend in Bezug auf sogenannte sich selbst bewahrheitende Überzeugungen. In Teil I habe ich gezeigt, dass solche Glaubenssätze schädlich sein können – da sie Gemeinschaften in Abwärtsspiralen einschließen. In Teil II erfahren Sie, dass sie für den hoffnungsvolleren Zweck einer Aufwärtsspirale genauso nützlich sein können. Hier zeige ich sowohl analytisch als auch empirisch, dass selbst neue Überzeugungen, die objektiv falsch sind, eine Gemeinschaft befähigen können, aus eigener Kraft eine Aufwärtsdynamik in Gang zu setzen.

das ehedem genauso arm wie Ruanda gewesen war, mittlerweile aber so hohe Wachstumsraten erreichte, dass es im Jahr 2023 das reichste Land in der Afrikanischen Union war. Wie Lee Kuan Yew baute er einen elitären Kader aus Staatsdienern auf und schickte sie häufig nach Mauritius, wo sie von den dortigen Erfahrungen lernen sollten. In dem Maße, wie diese Teams experimentierten und tragfähige Strategien fanden, gewannen sie das nötige Selbstvertrauen für eigenständige Entscheidungen. Jedes Jahr wurden die 200 höchstrangigen Beamten in ein Camp beordert, wo sie alle, einschließlich des Präsidenten, in Zelten schliefen und sich von Militärrationen ernährten. Jeder Beamte musste darüber berichten, ob er die mit seinen Vorgesetzten vereinbarten Ziele erreicht hatte. Misserfolge wurden toleriert, solange man etwas Nützliches daraus lernen konnte, und bedeutende Erfolge ebneten den Weg zu leistungsgerechter Beförderung.

Wie in Tansania ging es anfangs vor allem darum, die ruandische Identität neu zu definieren. In den Wochen vor dem Völkermord verkündeten Hutu-Extremisten über den regimetreuen Rundfunksender Mille Collines eine Botschaft des ethnischen Hasses, die die konkurrierenden Identitäten gegeneinander ausspielte. Ruanda ist gebirgig, seine Einwohner leben verstreut auf den Hügeln; Menschen, die auf deren Blindseite (die nicht von den Radiosignalen erreicht wurde) wohnten, hörten die Hassbotschaft nicht. Dort war die Genozidrate erheblich niedriger als auf den Hügelseiten, auf denen die gesendeten Aufrufe empfangen werden konnten. Die Saat staatlicher Hassbotschaften war aufgegangen. Präsident Kagame ersetzte die spalterische ethnische Botschaft durch eine andere, welche die gemeinsame ruandische Identität in den Vordergrund stellte, und diese neue Botschaft wirkt seit mittlerweile einer Generation auf die Bevölkerung ein. Auch er setzte auf Radiomitteilungen, und Studien fanden abermals heraus, dass auf jenen Hügelseiten, auf denen diese Botschaft empfangen werden konnte, sich deutlich weniger Menschen als Hutu oder Tutsi identifizieren.[5]

Die neue Regierung bemühte sich, die Bürger zur freiwilligen Annahme der neuen Identität zu bewegen, indem sie ein gemeinsames Interesse von Hutus und Tutsi fand und beide Volksgruppen bat, sich für dieses einzusetzen. Die Verantwortlichen waren Realisten: Das Ziel musste attraktiv sein, die herrschende Elite selbst musste einen großen Beitrag dazu leisten, und sie durften von anderen nur sehr wenig verlangen. Die Elite erbrachte einen – in der Summe – immensen Beitrag zu diesem und vielen anderen gemeinsamen Zielen, aber in der Regierungspartei begann sich erbitterter Widerstand dagegen zu regen. Die entscheidende Auseinandersetzung zwischen den beiden Gruppierungen fand im Jahr 1998 statt. Ein Parteiflügel wollte die neu gewonnene Macht dazu nutzen, sich selbst und andere Tutsi zu begünstigen. Der Flügel von Paul Kagame behauptete, in diesem Fall käme es zu einem Aufstand der Hutu und einem weiteren Genozid. Nur wenn alle von den Früchten des raschen Wachstums profitierten, würde die Gesellschaft stabilisiert werden, weil die Menschen dann erkennen würden, dass sie bei einer Revolution zu viel zu verlieren hätten.*

Ruanda hatte nicht nur einen Genozid erlitten: Es war außerdem ein dicht bevölkertes Binnenland und besaß keine Bodenschätze. Es hatte nicht die gleichen Wachstumschancen wie Singapur, China oder Botsuana. Doch im Verlauf der nächsten 25 Jahre wuchs seine Wirtschaft stark, es überholte Simbabwe und schloss zu Uganda auf, das selbst ein recht hohes Wirtschaftswachstum erreichte. Zeitweilig bekämpfte es die Armut sogar genauso erfolgreich wie China. Der Schlüssel zu diesem Erfolg war eine Reihe sorgfältig ausgewählter Ziele, von denen das Gros der Bevölkerung profitieren sollte.

---

* Ich erfuhr dies direkt bei einem privaten Gespräch mit einer multiethnischen Gruppe ruandischer Studenten an der Sciences Po in Paris, wo ich lehrte. Einige hatten diese Streitigkeiten selbst miterlebt. Eine Reihe von ihnen habe ich recht gut kennengelernt, und wenn die ganze Diskussion von der Hauptstadt Kigali aus gesteuert worden wäre, dann hätten sie einzeln reichlich Gelegenheit gehabt, mir einen entsprechenden Tipp zu geben.

Die Hauptstadt Kigali selbst sollte schön, grün, sauber und staufrei werden – eine Stadt, auf die ihre Bewohner stolz sein könnten. Diesbezüglich würde sie sich drastisch von den Städten in den benachbarten Ländern unterscheiden. Die Regierung ermunterte alle Einwohner, einen bescheidenen Beitrag zu leisten, und bat sie, alle vier Wochen samstagmorgens die Straßen in ihrer Nachbarschaft zu säubern und dafür zu sorgen, dass ihre Stadt hübsch aussah. Viele machten mit. Um diese Aktivität in der traditionellen ruandischen Kultur zu verankern, verknüpfte der Präsident das neue Ziel mit einem alten Brauch, bei dem die Menschen für ein gemeinsames Unterfangen zusammenkamen. Aber die Regierung war sich durchaus bewusst, dass es unerlässlich war, die Früchte des Wirtschaftswachstums gleichmäßig im ganzen Land zu verteilen und nicht auf Kigali zu konzentrieren, wo notwendigerweise die herrschende, von den Tutsi dominierte Elite lebte. Hierzu benutzte sie das Instrument der Gesundheitsversorgung und wollte sicherstellen, dass von jeder Gemeinde aus eine Klinik bequem zu erreichen war – sodass die Ruander nicht mehr den weiten Weg zur Universitätsklinik in Kigali auf sich nehmen müssten. Die Kliniken sollten ein breites Spektrum von Leistungen erbringen. Das Problem war ihre Versorgung mit frischen Blutkonserven; mit ihnen wären Transfusionen und alle damit verbundenen Maßnahmen wie Geburtshilfe für die Patientinnen und Patienten in Kigali sicherer. Das einzige bekannte Mittel, um frische Blutkonserven über Ruandas mangelhaftes Straßennetz und hügeliges Gelände zu transportieren, waren Land-Rover mit eingebauten Kühlschränken. Als das Finanzministerium die Kosten des Programms durchrechnete, zeigte sich, dass es unerschwinglich war. Aber Not macht erfinderisch: Das Problem wurde durch Zustellung von Blutkonserven per Drohne gelöst.

Amazon im Silicon Valley und das Pentagon in Washington waren die Ersten gewesen, die Drohnen einsetzten, aber niemand dort war auf die Idee gekommen, sie für die Zustellung von Blutkonserven zu nutzen. Amazon stellte mit ihrer Hilfe

Päckchen zu, das Pentagon setzte sie zur Tötung von Terroristen ein, aber beide erkannten nicht ihr Potenzial zur Verbesserung der Gesundheitsversorgung in armen Ländern. Und auch ein Team von Gesundheitsexperten bei der Weltbank tat dies nicht. So gescheit sie auch waren, wussten sie doch nicht so viel wie das »Heimteam« über die Geografie Ruandas und die politischen Zwänge, die dort herrschen.

Drohnen sind nicht die einzige Innovation der Ruander. Wie in vielen anderen afrikanischen Staaten wurden auch in Ruanda regelmäßig Eigentumsrechte an Grund und Boden angefochten. Früher teilten Häuptlinge Angehörigen ihres Stammes Grundstücke zur landwirtschaftlichen Nutzung zu: Der Fortbestand ihres Rechts an dem Land hing davon ab, dass sie es für diesen Zweck auch tatsächlich nutzten. Europäische Konzepte des Grundeigentums überlagerten diese traditionelle Auffassung. Aber ein Unternehmen investiert nur dann in ein Bürogebäude oder eine Fabrik, wenn es über einen sicheren Eigentumstitel verfügt, der nicht von einem Häuptling oder jemandem, der behauptet, den Grund landwirtschaftlich genutzt zu haben, angefochten werden kann. Solange dies nicht eindeutig geklärt ist, werden Investoren abgeschreckt, und entsprechend werden keine neuen Arbeitsplätze geschaffen. Die Weltbank riet Bürgermeistern und Ministern, das Problem nach dem gängigen angloeuropäischen Verfahren zu lösen: Landvermesser würden das Grundstück vermessen, auf dem das Gebäude errichtet werden sollte; Streitigkeiten über Grundeigentum würden von Gerichten entschieden werden, vor denen Anwälte die Argumente jeder Seite vorbrächten. Aber allein in Kigali hätten die Eigentumsverhältnisse an Tausenden Grundstücken gerichtlich geklärt werden müssen, und Ruanda hatte sehr wenige Landvermesser, Richter und Anwälte. Der ganze Vorgang wäre unerschwinglich teuer geworden und hätte Jahre gedauert.

Auch hier fand man wieder eine geniale Behelfslösung, die sich die GPS-Technologie und Mobiltelefone zunutze machte. Für den einfachen Zweck, die Grenzen eines Grundstücks exakt festzulegen, brauchte man keinen voll qualifizierten Vermesser, der eine langwierige und gründliche Ausbildung absolvieren musste. Zahlreiche frisch eingestellte Bewerber durchliefen eine schnelle Ausbildung, bei der sie lernten, die Koordinaten eines Grundstücks mithilfe eines Mobiltelefons exakt zu ermitteln. Aber ihnen wurde auch noch etwas anderes beigebracht, das viel wichtiger war als diese nicht sonderlich anspruchsvolle Fertigkeit: in eine Gemeinde zu gehen und eine Menge um sich zu scharen. Die Dorfversammlung sollte Eigentumsstreitigkeiten an Ort und Stelle beilegen. Dieser Prozess ging schnell über die Bühne. Nicht nur in Kigali, sondern im gesamten Land wurden die Grundstücksrechte in nur drei Jahren geklärt. Das Verfahren war auch billig, es kostete sechs Dollar pro Grundstück. Aber vor allem war es fair: Stimmen armer Menschen werden bei einer bürgernahen Aussprache auf Gemeindeebene viel eher gehört als vor Gericht, wo die Reichen, die sich Rechtsanwälte leisten können, begünstigt sind.

Drohnen und Grundstücksrechte waren innovativ, aber am erstaunlichsten war der Durchbruch, den Ruanda beim Tourismus erzielte. Das Vorhaben war kühn. Der Tourismus reagiert sehr empfindlich auf die Wahrnehmung von Gefahren: Im Anschluss an die Ermordung mehrerer Touristen durch Terroristen in Ägypten und Tunesien im Jahr 2015 brach der Fremdenverkehr in beiden Ländern zusammen, und im Gefolge des Genozids von 1994 wurde Ruanda weltweit mit Gewalt in Verbindung gebracht. Zu dem Problem eines negativen Images kam noch hinzu, dass die meisten Touristen an Stränden in der Sonne liegen wollen. Ruanda hat aber keine Strände und ist regenreich. Abgesehen von Stränden wünschen sich die meisten Touristen, die nach Ostafrika kommen, Wildparks mit Elefanten, Löwen, Giraffen, Nashörnern und Leoparden. Ruanda hatte auch keine Wildparks und keines dieser Tiere. Sein einziger Vorteil waren Gorillas, aber nur sehr wenige Touristen konnten sie sehen.

Die Strategie der Regierung war mehrdimensional. Zum einen musste das Image eines gewaltgeplagten Landes verändert werden. Kigali musste einen guten Eindruck auf Besucher machen und ihnen das Gefühl von Sicherheit vermitteln. Durch gemeinsame Anstrengungen wie die monatliche Aufräumaktion wurde dies erreicht.* Zum anderen widmete man sich dem Thema Tiere. Das Großwild, das einst in Ruanda gelebt hatte, war schon vor langer Zeit bis zur Ausrottung bejagt worden; man beschloss daher, Wildtiere aus Nachbarländern zu beschaffen und in Parks anzusiedeln. Dank kompetenter staatlicher Kontrolle und niedriger Korruption gediehen die Tiere. Ruanda hatte jetzt eine Touristenattraktion, und der Durchbruch kam, als sich jemand, der sich im US-Steuerrecht auskannte, dem Team anschloss, das die Tourismusstrategie plante. Amerikaner, die an Konferenzen teilnehmen, die mit ihrer beruflichen Tätigkeit in Verbindung stehen, können ihre Reisekosten steuerlich absetzen. Wenn es sich um einen exotischen Konferenzort handelt, kann ein Kurzurlaub so an eine steuerlich begünstigte Reise angehängt werden. Daher brauchte der ruandische Tourismus Konferenzen. Die Regierung investierte in ein spektakuläres Konferenzzentrum und lud zu Veranstaltungen von internationaler Bedeutung ein – dort wurden die Jahrestagungen der African Development Bank, der Afrikanischen Union, das Gipfeltreffen der Regierungschefs der Commonwealth-Staaten und seines Pendants für die frankophonen Staaten abgehalten.

Endlich hatten Touristen gute Gründe für eine Reise nach Ruanda. Allerdings war die Einreise per Flugzeug kompliziert, bis die Regierung den ruandischen Luftraum für internationale Fluggesellschaften öffnete, eine eigene Fluggesellschaft, Air Rwanda, gründete und die Einreiseformalitäten vereinfachte. Touristen benötigten natürlich auch Hotels, aber in Ruanda gab es nur sehr wenige. Die Führungsriege erkannte, dass man drei verschiedene Märkte anvisieren könnte. Daraus ergaben

---

* Ich selbst bin um Mitternacht allein durch die Stadt spaziert und fühlte mich vollkommen sicher.

sich klare Konsequenzen für die Kategorien von Hotels, die das Land bräuchte. Die relativ wenigen vermögenden Personen, die Gorillas in ihrem natürlichen Lebensraum beobachten wollten, waren preisunempfindlich und wünschten sich Luxus. Das mittlere Segment, also all jene, die eine Konferenzteilnahme mit einem Wildparkbesuch verbinden wollten, war preisempfindlich, würde aber verlässliche amerikanische Hotelmarken erwarten. Ein dritter Markt waren Geschäftsreisende aus Nachbarländern. Kigali könnte eine lokale Version von Dubai werden; Unternehmer aus Ländern, deren Städte überfüllt und gefährlich waren, könnten hier in entspannter, angenehmer Atmosphäre Geschäfte abschließen. Dieser Personenkreis wäre nicht bereit, für internationale Hotelstandards zu zahlen, die sie nicht benötigten und sich nicht leisten könnten.

Für die ersten beiden Märkte gelang es der Regierung, einige der namhaften internationalen Hotelketten dazu zu bewegen, auf Franchise-Basis prestigeträchtige neue Häuser zu eröffnen. Daneben förderte sie für das untere Segment des Tagungstourismus, den lokalen Markt der Geschäftsreisenden und globale junge Rucksacktouristen preiswertere einheimische Hotels.

Der letzte Schritt bestand darin, die Nachricht zu verbreiten. Als ich mit meinem Sohn 2018 im Fußballstadion das Spiel seiner Lieblingsmannschaft gegen Arsenal London ansah, war Ruanda allgegenwärtig. Überall im Stadion prangte der Slogan »Come to Rwanda«, und ebenso auf den Trikots der Spieler. Millionen Zuschauer sahen die Spiele, sodass der Kauf der Werberechte teuer war: Einige NGOs verurteilten die ruandische Regierung für dieses vermeintliche Vergeuden öffentlicher Gelder.[*] Nach der Zahl der Touristen zu urteilen, war es alles andere als eine Verschwendung: Im Jahr 2019, dem letzten Jahr vor Ausbruch der Corona-Pandemie, war Ruanda zu

---

[*] Vielleicht hätten die NGOs besser die Fußballmillionäre unter Druck setzen sollen, bei denen man das Geld hätte lockermachen können, um dafür zu zahlen.

einem der meistbesuchten Länder Afrikas geworden. Es hatte in einem vielversprechenden, beschäftigungsintensiven Sektor den Durchbruch geschafft.

Teams aus intelligenten, motivierten Staatsbeamten hatten ganzheitliche Langfriststrategien für das Gesundheitswesen, Grundstücksrechte und den Fremdenverkehr entwickelt.* Sie forderten, ruandischen Arbeitskräften neue, produktive Fähigkeiten beizubringen – Krankenpflege, die Bestimmung der Koordinaten eines Grundstücks mithilfe von GPS, Kochen in einem Hotel, die Leitung eines Wildparks und Busfahrer werden. Sie brauchten Ausbildungseinrichtungen, aber die Budgets waren sehr knapp bemessen, um die Inflation nicht anzuheizen. Kagame stand vor schweren Entscheidungen: Kraft seiner militärischen Autorität setzte er durch, dass die wichtigste militärische Ausbildungseinrichtung fortan für zivile Zwecke genutzt wurde. Bei Themen, die scheinbar wenig miteinander gemein hatten – wie etwa internationaler Transport, Stadtplanung, Wildparks und Marketing –, arbeiteten verschiedene Teams von Amtsträgern zusammen; sie verfolgten ihre Ziele mit Elan und Beharrlichkeit, wobei sie sich an den wirtschaftlichen Chancen orientierten.

Warum gute Führung etwas bewirkt

Lee Kuan Yew, Julius Nyerere, Deng Xiaoping, Seretse Khama, Anatoli Artamonow und Paul Kagame haben sich bei der Entwicklung ihrer Strategien auf ihre Instinkte verlassen. Wie Wolodymyr Selenskyj ließen sie sich nicht von akademischen

---

* Das hohe Niveau ruandischer Staatsbeamter sprach sich auf dem gesamten Kontinent herum. Als ich Ende 2023 das Manuskript für dieses Buch zum Abschluss brachte, wurde Claver Gatete, der als Wirtschaftswissenschaftler mehrere bedeutende politische und diplomatische Positionen bekleidet und dadurch umfangreiche Erfahrungen gesammelt hatte, zum Leiter der Wirtschaftskommission der Vereinten Nationen für Afrika gewählt.

Studien leiten. Selbst wenn sie das gewollt hätten, gab es solche bis vor Kurzem gar nicht. Auch heute noch tun viele orthodoxe Ökonomen ihre Erfolge ab. Gefangen in der Überzeugung, der Markt wisse es am besten, erklären sie all diese Transformationen damit, dass zufällig mehrere Veränderungen der Marktbedingungen zusammengetroffen seien. Bis in die jüngste Zeit stieß die Vorstellung, dass Charakter und Kompetenz von Führungspersönlichkeiten wichtig seien, bei Sozialwissenschaftlern auf große Skepsis. Wir können es jetzt besser machen: Die Erfolge der Teams, die die oben genannten Anführer aufbauten, können mit ganz bestimmten ihrer Maßnahmen in Verbindung gebracht werden; der enge Zusammenhang zwischen einer Maßnahme und ihrer Wirkung wurde von der Forschung bestätigt. Ihre wichtigsten Aktionen fallen in drei breit gefasste Kategorien: einen Mentalitätswandel herbeiführen, neue Koalitionen für den Erfolg schmieden und die Kunst der inklusiven Governance anwenden.

So bemühten sich die Anführer etwa um den besagten Mentalitätswandel, weil sie das Ziel hatten, eine gemeinsame Identität aufzubauen. Ein internationales Team von Sozialpsychologen kam zu dem Schluss, dass »eine Gruppe von Menschen mit einer gemeinsamen Identität immer mehr Macht besitzt als eine Gruppe ohne diese. Die Geschichte wird von den Gruppen gemacht, deren Energien von Anführern zu einer vollkommen geschlossenen sozialen Kraft gebündelt worden sind.«[6]

Die Anführer bemühten sich auch, vorherrschende Sitten und Bräuche zu erneuern. Sie schufen Vorreitergruppen und gaben überzeugende Antworten auf die unausgesprochene Frage, warum die Privilegierten, die darin aufgenommen wurden, als Erste einen Beitrag zu den neuen gemeinsamen Zielen leisten sollten. Neueste Erkenntnisse aus der experimentellen Spieltheorie zeigen, dass frühes Verzichtverhalten seitens der Privilegierten für die erfolgreiche Erneuerung sozialer Normen entscheidend ist.[7]

Diese beiden Maßnahmen – zuerst eine neue gemeinsame Identität schaffen und dann neue Verhaltensnormen aufstellen – waren klug gewählte anfängliche Prioritäten. Die experimentelle Spieltheorie beweist heute, dass das, was die Anführer instinktiv erkannt und in die Tat umgesetzt haben, tatsächlich die beste Vorgehensweise ist.[8] Die Corona-Krise verlangte von uns, dass wir unser Verhalten änderten, um die Ausbreitung der Infektion zu verhindern. Da dies eine Frage von Leben und Tod war, fasste eine Gruppe renommierter Sozialpsychologen die zentralen Erkenntnisse ihrer Disziplin darüber zusammen, wie Führungspersönlichkeiten erfolgreich Verhaltensänderungen herbeiführen können. Nachfolgend resümiere ich einige der Aussagen, die das Argument untermauern, dass gute öffentliche Führung etwas bewirken könne:

Experimentelle Studien verdeutlichen, was Führungskräfte tun können, um Vertrauen zu fördern, das zu Kooperation führt. Es sollte für Führungskräfte eines ihrer vorrangigen Ziele sein, unter ihren Anhängern ein Bewusstsein gemeinsamer sozialer Identität zu schaffen …
Zahlreiche Forschungsarbeiten deuten darauf hin, dass Menschen tendenziell Führungskräfte vorziehen, die ein Gefühl des »Wir sitzen alle im selben Boot« vermitteln.
… ein solcher Führungsstil gibt Menschen ein Gefühl kollektiver Selbstwirksamkeit und Hoffnung …
Noch wichtiger ist allerdings, dass er Gruppenmitgliedern eine psychologische Plattform liefert, über die sie ihre Anstrengungen, Stressoren abzubauen, koordinieren können.[9]

Ein letzter Typ von Beleg stammt aus plausiblen kontrafaktischen Szenarien. Der kenianische Amtskollege von Julius Nyerere, Jomo Kenyatta, nutzte den Moment der Entlassung in die Unabhängigkeit nicht, um Identitäten neu zu definieren.

40 Jahre später kooperierten Tansanier über ethnische Grenzen
hinweg, während die Kenianer dies nicht taten. Innerhalb eines
Jahrzehnts hatten sich die Kosten der Spaltung unter den Kenia-
nern sprunghaft erhöht – mit katastrophalen Folgen. Die Belege
stammen aus einer ausgeklügelten randomisierten kontrollierten Studie, die in einer modernen Blumenverpackungsfabrik
durchgeführt wurde. Jeden Tag teilten die Manager Packer nach
dem Zufallsprinzip entlang des Fließbandes ein und zahlten
ihnen allen einen Bonus, der sich nach der Zahl der verpack-
ten Blumen richtete. Manchmal gehörten die Packer am Anfang
und am Ende des Fließbands rivalisierenden ethnischen Gruppen an, etwa den Kikuyu, den Kalendjin oder den Luo. Wenn
dies der Fall war, nutzte das Team am Anfang des Fließbandes,
das bestimmte, wie viele Blumen daraufgelegt wurden, diese
Macht über die Arbeiter am Ende des Bandes, um die Boni
aller zu drücken: Die Freude darüber, ihren hilflosen Rivalen
eins auszuwischen, zählte für sie mehr als der Lohnverlust für
sie selbst. Die erste Phase der Studie fand unmittelbar vor der
Welle brutaler interethnischer Gewalt statt, die im Anschluss an
die Wahlen von 2008 mehr als 1000 Menschenleben forderte.
Als die Studie nach den gewalttätigen Auseinandersetzungen
wiederholt wurde, hatte dieses von Rache getriebene Verhalten noch viel schlimmere Ausmaße angenommen. Die Spaltung durch Identitäten, die ein Erbe des Kolonialismus sind,
konnte bis heute nicht überwunden werden, weil Julius Nyereres kluge Strategie, eine gemeinsame Identität aufzubauen, vernachlässigt worden ist.[10]

Gute öffentliche Führung kann auch erfolgreich neue Koalitionen schmieden, denen es gelingt, Gegner zu überwinden, die
unbedingt den Status quo aufrechterhalten wollen. Deng Xiaoping sicherte sich die Unterstützung von genügend Schlüsselpersonen in der Kommunistischen Partei Chinas und im Militär, um die sogenannte Viererbande auszuschalten, die nach
Maos Tod zunächst die Macht übernommen hatte. Paul Kagame
gewann den Machtkampf innerhalb der Regierungspartei, was

ihm erlaubte, im Interesse der Bevölkerungsmehrheit und nicht bloß der Tutsi-Elite zu regieren. Seretse Khama wiederum schmiedete Koalitionen, die es ihm ermöglichten, Diamanteneinnahmen gerecht zu verteilen, statt sie den Findern zu belassen, und sie mit Weitblick langfristig zu investieren, statt sie für den sofortigen Konsum auszugeben. Lee Kuan Yew baute eine außerordentlich erfolgreiche Koalition auf, die einstmals rivalisierende ethnische Gruppen und ehedem rivalisierende Arbeitnehmer und Unternehmen umfasste. Diese Koalition hielt für Jahrzehnte, was es der Regierung ermöglichte, Verbesserungen ihrer Strategie und Experimente ohne nennenswerten Widerstand umzusetzen. Und Julius Nyereres Koalition zerfiel erst, als seine bürokratische Elite nicht länger der Versuchung widerstehen konnte, den Staat auszuplündern.*

Alle genannten Anführer folgten einer instinktiven Strategie. Sie stützten sich dabei auf ein gängiges Repertoire aus vier Instrumenten, die in der praktischen Regierungsarbeit eingesetzt werden können: die Techniken der inklusiven Governance. Eines dieser Instrumente, das offensichtlichste, ist die *effektive Kommunikation* mit den Bürgern. Ein zweites besteht darin, *neue Regeln zu verkünden und durchzusetzen*. Ein drittes, komplexeres Instrument ist die *Schaffung leistungsfähiger Institutionen*: öffentliche Organisationen mit einem Mandat und einem Budget für einen spezifischen Zweck sowie motivierten Mitarbeitern. Die erfolgreiche Transformation hing von einem öffentlichen Verwaltungsapparat mit hoch qualifizierten Mitarbeitern ab, innerhalb dessen es eine Vielzahl spezialisierter Institutionen gab. Diesen drei Governance-Instrumenten übergeordnet war das vierte, ein *aktives ermächtigendes Umfeld*, also die Gruppe um die Regierungsspitze, die sich auf die Autorität des Präsidenten als oberstem Kommunikator und Entscheider

---

* Jeder dieser Konflikte schuf Feinde, die oft zu »Stressoren« im Sinne von Van Bavel et al. (2020) wurden, das heißt Personen, die Spaltungen verursachen und verhindern, dass sich Menschen für ein gemeinsames Ziel zusammentun.

stützen konnte, um erfolgreich zu kommunizieren und neue Regeln und Institutionen zu erschaffen.

Julius Nyerere, Lee Kuan Yew, Seretse Khama, Deng Xiaoping, Anatoli Artamonow und Paul Kagame erbten jeweils eine extrem schwierige Situation. Sie strebten nicht nach Heiligkeit, sondern waren pragmatische Anführer, und einige ihrer Maßnahmen widersprachen zeitgenössischen westlichen Maßstäben individueller Grundrechte. Entsprechend wurden sie alle kritisiert, und ich will ihr Vorgehen hier nicht rechtfertigen: Wie alle Führungskräfte machten sie Fehler, aber sie haben daraus gelernt – und wahrscheinlich besser, als es die meisten anderen getan hätten. Gegen Ende seines Lebens zeigte Julius Nyerere wahre Größe, als er einräumte, gescheitert zu sein, und die Verantwortung dafür übernahm. Wir können vernünftigerweise nicht bezweifeln, dass sie alle ihre Gesellschaften zum Besseren verändern wollten. Bis auf Nyerere gelang dies allen, und selbst sein Vermächtnis geteilter Identität wird sich heute vielleicht als ein entscheidender Faktor erweisen.

Hätten sie es besser machen, denen, die litten, weniger Leid zufügen und mehr erreichen können? Ein Zweck dieses Buches besteht darin, die Lehren guter Führung zu resümieren und sie in den größeren Rahmen der Frage zu stellen, wie man abgehängte Gemeinschaften und Gesellschaften befähigen kann, ihren Rückstand aufzuholen. Allerdings müssen Kritiker andere Führungsteams in vergleichbaren Situationen finden, die erfolgreicher waren. In Burundi werden sie sie nicht finden.*

---

* Die genannten Anführer dafür zu kritisieren, dass sie einem hypothetischen Maßstab absoluter Perfektion nicht genügten oder genügen, ist bestenfalls Realitätsfremdheit. Ausgehend von der Grundannahme radikaler Ungewissheit ist es ein intellektueller Fehler, nach einem Zustand zeitloser Perfektion zu streben: Die menschliche Existenz ist per se ein Vorstoß ins Unbekannte. Die Vorstellung, die eigenen gegenwärtigen Ideen würden dieses perfekte Ziel in sich bergen, gehört zur Naivität der Jugend. Um diesen Vorwurf zu entkräften, müssten Kritiker dieser und anderer Anführer eine Alternative vorschlagen, die unter den jeweiligen Rahmenbedingungen praktisch umsetzbar gewesen wäre und sehr wahrscheinlich bessere Ergebnisse erbracht hätte.

In diesem Kapitel haben wir gesehen, dass gute Führung grundlegende Veränderungen bewirken kann, und ich habe an konkreten Beispielen gezeigt, wie fähige Anführer mithilfe des Instrumentariums der Governance einen Mentalitätswandel herbeiführten. Aber der Anstoß zur Transformation kann auch von unten kommen, indem gewöhnliche Menschen, die Außerordentliches vollbringen, einen Bewusstseinswandel auslösen – und sich dabei vielleicht sogar aus dem Werkzeugkasten guter Governance bedienen.

6.
Regionale Erneuerung
»von unten nach oben«

Die Katalysatoren, durch die sich abgehängte Regionen von
»unten nach oben« erneuern, sind einige wenige Menschen,
die keinen Anspruch auf eine Führungsrolle erheben, aber viele
andere inspirieren. Ihre Geschichten sind erhebend, zum Teil
weil es sich um heroische Kämpfe handelt, in denen sie die
Kräfte der Abwärtsspirale durch ihren Mut überwinden. Aber
wenn wir uns auf die Helden fixieren, hat es den Anschein, als
wären diese Erfolge außergewöhnlich. Tatsächlich gibt es zahllose Beispiele, bei denen erfolgreiche Entwicklungen von »der
Basis« – den Bürgern – ausgehen, aber am häufigsten geschieht
dies in Regionen mit florierender Wirtschaft. Dort verstärken
solche basisnahen Prozesse den wirtschaftlichen Erfolg und
vergrößern den Kreis seiner Nutznießer. Weil diese Prozesse
weit verbreitet sind, sind sie gründlich erforscht worden: Es
gibt eine eindrucksvolle und oft inspirierende Literatur, die
sich mit der Frage befasst, wie solche von den Bürgern selbst
ausgehende Prozesse entstehen. Ähnliche Prozesse finden heute
an Orten statt, die wirtschaftlich erst vor Kurzem mit der Auf-
holjagd begonnen haben. Sie sind weniger gut erforscht, aber
für die Menschen in abgehängten Regionen sogar noch rele-
vanter.

Die Idee, dass der Anstoß zu erfolgreichen Veränderungen aus der Mitte der Gesellschaft kommen kann, wurde erstmals im 18. Jahrhundert von dem angloirischen Philosophen
Edmund Burke formuliert. Er wollte den politischen Wandel: Die Regierung von George III., König von Großbritan-

nien und Irland (reg. 1760–1820), betrachtete ihn als einen Verräter, weil er die Unabhängigkeit der Kolonien in Amerika von der Krone unterstützte. Aber er misstraute gewaltsamen Umstürzen, da er selbst gesehen hatte, dass sie leicht von Extremisten gekapert wurden. Die Alternative dazu sah er in einem Wandel durch breite Mitwirkung: Millionen Menschen, die in zahllosen kleinen zweckgerichteten Gruppen zusammenkamen. Diese Gruppen nannte er *little platoons* (sinngemäß »kleine Stoßtrupps«).

Burkes Nachfolger im 21. Jahrhundert ist der Harvard-Soziologe Robert Putnam. Er prägte den mittlerweile häufig benutzten Begriff des *sozialen Kapitals*. Dieser bringt die Idee zum Ausdruck, dass gewohnheitsmäßige Geselligkeit zu einer wertvollen Ressource werden kann. Regionen, in denen es eine solche gewohnheitsmäßige Geselligkeit nicht gibt, sind tendenziell ärmer. Dadurch, dass Putnam diese sozialen Kooperationen als eine Form von Kapital charakterisiert, denkt man unwillkürlich an zwei verwandte ökonomische Konzepte. Kapital wird durch einen Prozess der *Investition*, die einen nachhaltigen *Ertrag* abwirft, angehäuft. Putnam führt als ein typisches Beispiel für solche »wertschöpfenden« kleinen Stoßtrupps Chöre an. Ihr Zweck ist unmittelbar nicht mit materiellen Vorteilen verbunden: Die Menschen, die in einen Chor eintreten, genießen es einfach, gemeinsam zu singen. Aber dabei akzeptieren sie auch Einschränkungen ihres Verhaltens: Es wird von ihnen erwartet, pünktlich zu erscheinen und den Part zu singen, der ihnen zugewiesen wurde. Ihre Belohnung besteht darin, dass sie auf diese Weise an einer musikalischen Erfahrung mitwirken, die für den Einzelnen unerreichbar ist. Putnam interessierte sich aber insbesondere für die indirekten – materiellen – Vorteile dieses Verhaltens.

Während der Renaissance erfreuten sich Chöre in den vielen Stadtstaaten Mittel- und Norditaliens großer Beliebtheit. Putnam behauptete, dass die Bewohner dieser Städte aufgrund ihrer Mitgliedschaft in den Chören lernten, ungeachtet familiärer sowie status- und zunftbezogener Unterschiede, die die mittelalterliche Gesellschaft spalteten, miteinander zu kooperieren. Dagegen waren die Städte Süditaliens Schachfiguren in einem hochgradig zentralisierten Reich, das von einer kleinen militarisierten Gruppe von Eroberern normannischer Abstammung regiert wurde. Im Mittelalter sicherten sich die Normannen ein Gewaltmonopol und errichteten eine Infrastruktur, die weit über die Möglichkeiten der sich bekriegenden kleinen Stadtstaaten nördlich von ihnen hinausging. Ihr Reich prosperierte, während die Stadtstaaten ins Straucheln gerieten. Aber wie alle Imperien beruhte auch das der Normannen auf gewaltsamer Ausbeutung, die bei ihren Untertanen bitteren Groll hervorrief. Ihrem autoritär regierten Reich fehlte die von einem breiten Rückhalt im Volk getragene Legitimität, um dieses auf gemeinsame Ziele einzuschwören. Seine Erfolge waren nicht von Dauer: Die Gesellschaft war in eine Abwärtsspirale aus Misstrauen und Niedergang geraten. Weiter im Norden, wo soziale Gewohnheiten durch Chöre geformt worden waren, hatten die italienischen Stadtstaaten soziales Kapital angehäuft: die Fähigkeit, Initiativen zu ersinnen, die den Zugang zu Wohlstand vergrößerten und erweiterten, und sich hinter diesen zu vereinen. Da jede erfolgreiche Initiative weitere Möglichkeiten eröffnete, setzte infolge dieses von den Bürgern selbst getragenen Prozesses in den nördlichen Stadtstaaten eine wirtschaftliche Aufwärtsspirale ein, die dazu führte, dass Süditalien den Anschluss verlor. Zwischen 1859 und 1870 war Giuseppe Garibaldi einer der wichtigsten Akteure, die die politischen Grenzen neu zogen und so die Nation Italien schufen. Aber das reichte nicht aus, um die beiden divergenten Spiralen zu stoppen. Unter den Regionen des heutigen Europa gehören die ehemaligen Stadtstaaten noch immer zu denen mit der höchsten Wirtschaftskraft, während Süditalien als ewiger Empfänger von EU-Förderprogrammen vor sich hin dümpelt.[1]

Paul Harris und die Kraft
der Gemeinschaft in den USA

Später in seiner Karriere schrieb Putnam mit einem Co-Autor das Buch *The Upswing* (2021), in dem er das Konzept des sozialen Kapitals auf die USA anwandte.[2] Schon jetzt gilt es weithin als sein bedeutendstes Werk. In der gleichen Weise, wie er ein Loblied auf die unheroischen kleinen Stoßtrupps der Chöre gesungen hatte, würdigte er jetzt einen anderen, ebenso überraschenden exemplarischen Katalysator des sozialen Kapitals. Der US-Amerikaner Paul Harris (1868–1947) erschlug keine Drachen, und die zivilgesellschaftliche Organisation, die er gründete, widmete sich auch keinem bedeutenden Anliegen. Er war ein bescheidener Mann, der andere bescheidene Menschen dazu überredete, in ihren lokalen Gemeinschaften sukzessive Verbesserungen zu erreichen. Er verfolgte keine hochfliegenden Ziele, vielmehr bestand sein Genie im intelligenten Design eines Prozesses. Seine Organisation war so erfolgreich, dass es wirklich erstaunlich ist, was die Tausende an kleinen Verbesserungen, die sie anstieß, in der Summe bewirkten.

Paul Harris wuchs in einer Kleinstadt in Vermont auf, einer Kommune mit einem starken Gemeinschaftsgefühl, aber nur begrenzten beruflichen Karrieremöglichkeiten. Chicago übte damals eine magnetische Anziehungskraft auf alle im Mittleren Westen aus, die etwas aus sich machen wollten; als hochbegabter junger Mann beschloss er, sein Glück dort zu versuchen. Er eröffnete eine Anwaltskanzlei, und es lief bestens für ihn, aber er vermisste das kleinstädtische Gemeinschaftsgefühl. Obgleich er erfolgreich war, fühlte er sich einsam: Er schien von strebsamen Individualisten umgeben zu sein. Tagsüber lebte er für seinen Beruf; nach der Rückkehr in seine Wohnung verbrachte er die Abende in wehmütiger Reue. Und vielleicht hätte er so weitergemacht, wenn ihm nicht eines Abends im Herbst 1900 eine Idee gekommen wäre. In dieser Stadt, die so viele Menschen anlockte, war er sehr wahrscheinlich nicht der Einzige, der sich nach Gemeinschaft sehnte: Es musste andere geben, die sich genauso fühlten. Er war ein Macher, und so handelte er und traf sich schließlich Anfang 1905 mit einigen Gleichgesinnten. Die Idee zog weitere Kreise. Er buchte einen Versammlungsraum und veröffentlichte eine Einladung in der lokalen Zeitung. Sein Bauchgefühl war richtig gewesen: 200 Menschen fanden sich ein, und er kündigte an, einen neuen Verein gründen zu wollen. Vereine brauchen Regeln für die Mitgliedschaft, ein Protokoll, und er hatte gründlich darüber nachgedacht, was von jedem erwartet wurde, der beitreten wollte. Er hatte eine *leistungsfähige Institution* erschaffen, die kein Instrument des Staates war, sondern eine zivilgesellschaftliche Kooperative.

Der Zweck seines Vereins war es, erfolgreiche örtliche Geschäftsleute zusammenzubringen, damit sie einen Beitrag zu ihrer lokalen Gemeinschaft leisteten. Obgleich Chicago eine Boomtown war, ging es nicht allen gut. Schlimmes Elend existierte Seite an Seite mit Überfluss. Der Verein sollte die Fähigkeiten und Ressourcen der Erfolgreichen dazu einspannen, diese Not zu lindern. Diejenigen, die sich nicht mit diesem Anliegen identifizierten, sollten einem anderen Verein beitreten. Nachdem Paul Harris dies klargestellt hatte, wusste er, dass diejenigen, die sich anmeldeten, zumindest mit dem Ziel einverstanden waren. Allerdings war er Realist, was die Stärke ihres Engagements anbelangte. Weder die potenziellen Mitglieder seines Vereins noch er selbst waren Heilige. Anders als die in Kapitel 5 besprochenen Anführer konnte er keine Anweisungen erteilen, sobald der Verein erst einmal lief. Es würde auch keinen Chef geben: Alle Mitglieder hätten die gleiche Verantwortung. Aber wie einige dieser Anführer sah er mögliche Versuchungen vorher und führte Schutzvorkehrungen dagegen ein. Sein Regelwerk untersagte Absprachen zum eigenen Vorteil: Er erließ *Regeln, deren Einhaltung sozialer Druck gewährleisten sollte.* Um dies zu betonen, genossen alle Mitglieder den gleichen Status, weil davon ausgegangen wurde, dass sie alle ihr

Bestes geben würden, um ein gemeinsames Ziel zu erreichen. Ihre Versammlungsorte sollten ständig wechseln. Um diesen Grundsatz der Rotation im Herzen der Organisation zu verankern, nannte er sie Rotary Club.

Sein neuer Verein in Chicago war so erfolgreich, dass er in anderen amerikanischen Städten nachgeahmt wurde. Schon bald kamen diese lokalen Vereine zu einer landesweiten Konferenz zusammen. Heute ist der Rotary Club eine internationale Organisation mit Millionen Mitgliedern, die sich gemeinsam um konkrete praktische Verbesserungen vor Ort bemühen, die den Bedürftigen zugutekommen. Ihre Versammlungen lassen das Herz nicht höherschlagen – Studentenwohnheime sind nicht mit Bildern von Paul Harris geschmückt. Aber die Lebensbedingungen von Millionen sind dank ihm ein wenig besser; sein Vermächtnis ist genauso bedeutend wie das der meistbewunderten Prominenten.

Chicago war nicht die einzige florierende Stadt in den USA, wo lokale Energien, die aus der Bürgerschaft selbst kamen, jene Art von Fürsorge erbrachten, die heutzutage vornehmlich als Aufgabe des Staates angesehen wird. In den ersten Jahrzehnten des 20. Jahrhunderts wurde durch lokales soziales Engagement von Bürgern, die dem Gemeinwohl verpflichtet waren und in einer Gemeinde nach der anderen Schulen finanzierten, flächendeckend die Grundschulbildung für alle eingeführt. Dazu mussten nicht erst tüchtige Politiker auf nationaler Ebene gewählt werden. Das war ein glücklicher Umstand, denn in diesen Jahrzehnten waren gute Anführer Mangelware. Soziales Kapital erreichte mehr als Schulbildung und der Rotary Club: Es setzte eine Aufwärtsspirale in Gang, die mit der in Norditalien vergleichbar war.

The Upswing zeichnet die Entwicklung des sozialen Kapitals anhand einer breiten Palette von Indikatoren nach. Viele davon liefern indirekte Aufschlüsse über die Konzepte, die sie erfassen, wie etwa parteiübergreifende Zusammenarbeit und Überparteilichkeit. Andere sind originell: So nutzt Putnam

die Onlinesuchmaschine Ngram, um die Häufigkeit von »wir«
und »ich« in allen US-Publikationen zu ermitteln. Erstaunlicherweise wirft dieses riesige kulturelle Schleppnetz die gleiche schlangenförmige Kurve aus wie die anderen Indikatoren.
Um das Jahr 1900 herum erreichten die USA einen Tiefpunkt
des Gemeinschaftsgefühls, Individualismus herrschte vor: Paul
Harris lebte in der Tat in einer »Ich«-Gesellschaft. Als sich das
soziale Kapital in der ersten Hälfte des 20. Jahrhunderts vergrößerte, stärkte dies die Wirtschaft und ermunterte darniederliegende lokale Gemeinschaften, sich aus eigener Kraft aus
der Verzweiflung herauszuarbeiten. Ein weiteres Beispiel Put-
nams ist die Neuausrichtung der protestantischen Theologie
weg vom individuellen Seelenheil hin zur Social-Gospel-Bewe-
gung, bei der der Gemeinschaftsgedanke und die Gleichheit im
Mittelpunkt stehen. Während der Katastrophe der 1929 begin-
nenden Weltwirtschaftskrise wirkten solche Verschiebungen
den starken Kräften entgegen, welche die zahlreichen Gemeinden, die unter dem wirtschaftlichen Zusammenbruch litten,
noch stärker herabzogen. In den 1960er-Jahren, auf dem Höhepunkt der »Wir«-Gesellschaft, war die geisterstadtgleiche Ver-
ödung, die das Antlitz der USA entstellt hatte, stark zurück-
gedrängt worden.*

Krise als Chance:
Westdeutschland im Jahr 1945

Ihre Erfolge in schwierigen Zeiten vollbrachten die US-amerikanischen Graswurzelbewegungen aus eigener Kraft. Allerdings können kluge politische Maßnahmen *auf nationaler
Ebene* Bedingungen schaffen, die das Zusammenkommen von

---

* Selbst auf ihrem Höhepunkt überwand die »Wir«-Gesellschaft nicht das ent-
setzliche Vermächtnis der Sklaverei; und sie unternahm auch nichts gegen die
Geschlechterungleichheiten. Dies ist keine Begrenzung des sozialen Kapitals an
sich, sondern der Art und Weise, wie sich Ideen verbreiten.

Menschen fördern. Westdeutschland nach 1945 verdeutlicht, was selbst unter den scheinbar ungünstigen Rahmenbedingungen von Städten, die in Schutt und Asche gelegt wurden, mit einem diskreditierten Staat und in einem geteilten Land alles möglich ist. Dies schuf eine »Krisenkaskade« – der von Putnam geprägte Begriff für Umschwünge, die so gravierend und so weitreichend sind, dass frühere Überzeugungen aufgegeben werden. In der Welt der späten 2020er-Jahre werden möglicherweise viele Länder solche Krisen durchmachen, sodass die Erfahrung Deutschlands nützliche Aufschlüsse liefern mag. Wie die USA im Jahr 1900 stand Deutschland an einem Wendepunkt, an dem die Menschen radikale Veränderungen erwarteten. Deutsche Intellektuelle wie etwa Hans Werner Richter sprachen von der *Stunde Null*: Damit war nicht das *end*zeitliche Armageddon gemeint, von dem die Nazis gesprochen hatten, sondern der *Beginn* einer neuen Ära. Menschen wurden zu Gruppen zusammengestellt, die die Trümmer – im wörtlichen und übertragenen Sinne – beiseiteräumten, und beteiligten sich so an einer praktischen Gemeinschaftsaufgabe, die durch individuelle Anstrengung nicht zu bewältigen gewesen wäre. Zufällig suchte US-Präsident Harry Truman Rat bei Sozialpsychologen bezüglich der Frage, was man tun könne, um den Bruch der Deutschen mit dem Nationalsozialismus und einen grundlegenden Neuanfang zu fördern. Obgleich das Fachgebiet noch in seinen Kinderschuhen steckte, liest sich die zentrale Empfehlung wie eine Vorwegnahme der Schlussfolgerungen aus der COVID-19-Bekämpfung, verbunden mit den Ideen von Roger Myerson.* Die Deutschen, nicht die Amerikaner, sollten das Sagen haben; Führungspersonal sollte aus einem sorgfältig kontrollierten Prozess dezentraler demokratischer Entscheidungsfindung hervorgehen, in dem nur Nazigegnern der Zugriff auf Massenkommunikationsmittel erlaubt

---

* Vgl. dazu die Kapitel 2 bzw. 4.

sein sollte.* Schnelles Lernen aus parallelen Experimenten mit der Dezentralisierung politischer Machtbefugnisse würde den Deutschen helfen, sich nach und nach vom Kult des allwissenden »Führers« zu verabschieden und diesen durch lokal begrenzte Identitäten, die von obersten Kommunikatoren propagiert wurden, zu ersetzen.

Im Anschluss an die vierjährige Direktherrschaft von Amerikanern, Briten und Franzosen einigten sich die neuen westdeutschen Politiker auf eine föderale Verfassung, deren Leitmotiv die Dezentralisierung von Kompetenzen war. Die Macht lag nicht nur zu einem erheblichen Teil in den Händen der Regionen und Kommunen, vielmehr sollte sie auch geteilt werden zwischen lokalen Politikern und ortsansässigen Bürgern, die sich selbst in Zweckgemeinschaften organisierten. Allerdings lag die lokale wirtschaftliche Infrastruktur in Trümmern, und daher hätte es viel zu lange gedauert, dem Vorbild der italienischen Stadtstaaten nachzueifern, in denen die Entwicklung von »Chören zu Wohlstand« Jahrhunderte gedauert hatte. Ausgangspunkt müsste vielmehr die zügige Revitalisierung der lokalen Ökonomie sein. Millionen Menschen waren verarmt, Gewaltverbrechen in Verbindung mit Schwarzmärkten grassierten, und das Verb *fringsen* wurde geprägt; es bedeutete so viel wie »stehlen, um eine hungernde Familie zu ernähren«. Der Erzbischof von Köln, Kardinal Josef Frings, verkündete, solche Diebstähle seien keine Sünde. Hungernde Menschen brauchten Arbeit; diese fanden sie nur bei örtlichen Betrieben, die Arbeitskräfte einstellten, und damit sie dies taten, mussten sie bei lokalen Banken Kredite aufnehmen können.

Bevor die immer verzweifelteren Naziführer das Finanzwesen

---

* Die Alliierten erlaubten nur Personen, die sich zu diesem Ziel bekannten, den Eintritt in die Politik oder die Gründung von Zeitungsverlagen – sie mussten auf einer Weißen Liste stehen. Selbst dann war anfänglich nur der Einstieg in die Lokalpolitik erlaubt: Auf nationaler Ebene wurde der Staat durch einen »von unten nach oben« gerichteten Prozess wiedergeboren. Es gab keinen naiven sofortigen Sprung in ein demokratisches System, wie dies im Jahr 2000 in Burundi geschah.

zentralisierten, hatte Deutschland eine lange Tradition örtlich verwurzelter Kreditinstitute gehabt. Aber lokale Bankgeschäfte sind einer Gefahr ausgesetzt: dem Risiko, dass Unternehmen von einem allgemeinen Schock getroffen werden, in dem sie in Konkurs gehen. Wie der spektakuläre Zusammenbruch der Silicon Valley Bank (SVB) im Jahr 2023 zu zeigen schien, ist eine Bank, die Kredite an Unternehmen der Branche vergibt, auf die sich eine Stadt spezialisiert hat, krisenanfällig.* Vor der Machtübernahme durch die Nazis hatte die Deutsche Reichsbank als Zentralbank das Problem dadurch gelöst, dass sie ein Versicherungssystem schuf, das solche Risiken für die Banken abschwächte. Nach 1945 wurde dieses System wieder eingeführt.

Da sowohl politische als auch Kreditentscheidungen auf lokaler Ebene getroffen wurden, hatten Firmen einen starken Anreiz, in einer lokal organisierten Zweckgemeinschaft zusammenzukommen. Der städtische Unternehmerverband konnte sich für die Geschäftsinteressen seiner Mitglieder einsetzen. Hierzu musste er die Interessen vieler verschiedener Sektoren – Bäckereien, Fabriken und Baufirmen – auf einen gemeinsamen Nenner bringen. Anschließend konnte dieses gemeinsame Interesse zu einer Stimme in einem städtischen Dialog mit Arbeitnehmern, der Stadtverwaltung und Banken werden. Aus diesem Dialog ergab sich auf natürliche Weise, dass Unternehmen, Banken und politische Parteien ein gemeinsames Interesse fanden. Auch wenn sie nicht die gleichen Ziele verfolgten, deckten sich ihre Anliegen doch hinreichend, um zu erkennen, dass sie alle davon profitieren könnten, wenn sie zum Zweck der örtlichen Wohlstandsmehrung zusammenarbeiten würden. Die in einer Gemeinschaft organisierten lokalen Unternehmen sahen sich dem gleichen sanften Druck ausgesetzt, wie wenn sie Mitglieder in Paul Harris' Rotary Club geworden wären. Um ihren guten Ruf bei anderen lokalen Firmen zu wahren, mussten sie

---

* Tatsächlich zeigte der Zusammenbruch der SVB etwas ganz anderes: die Gefahren entfesselter Gier. Ich komme darauf zurück.

sich untadelig verhalten und einen Beitrag zum zukünftigen Wohlstand ihrer Stadt leisten, auch wenn dies manchmal auf Kosten ihres kurzfristigen Profits ging. Diese positiven sozialpsychologischen Rahmenbedingungen des lokalen Wirtschaftslebens wurden schon bald zu einem kulturellen Aktivposten Westdeutschlands. Auf nationaler Ebene bemühten sich Politiker darum, ihn zu stärken, indem sie Gesetze verabschiedeten, die lokalen Wirtschaftsverbänden wichtige Aufgaben übertrugen. Dadurch, dass die Organisationen diese neuen Aufgaben erfüllten, verwirklichten sie Zwecke, die ihren Mitgliedern einen wirtschaftlichen Nutzen brachten – eine konkrete ökonomische Rendite auf frühere Investitionen in Sozialkapital. Außerdem stärkten die Organisationen dadurch, dass sie die Aufgaben erfüllten, ihren internen Zusammenhalt. Sozialkapital gleicht einem Muskel: Je mehr es genutzt wird, desto stärker wird es. Wird es nicht beansprucht, verkümmert es.

Nach der erfolgreichen wirtschaftlichen Revitalisierung förderten Politiker auf nationaler Ebene auch Zusammenschlüsse rein zum Zweck der gemeinsamen Freizeitgestaltung: Es war Zeit für Chöre und Vereine. Dadurch, dass lokale Vereine für so gut wie jeden Zweck mit öffentlichen Geldern gefördert wurden, beteiligten sich immer mehr Menschen am Gemeindeleben. Seit den 1970er-Jahren ist die Zahl der Mitglieder in den Vereinen stark gestiegen, und mittlerweile ist fast die Hälfte der erwachsenen Deutschen in irgendeinem Verein aktiv. Dort entwickeln deren Mitglieder Gewohnheiten des geselligen Miteinanders. Für Menschen mit diesen Gewohnheiten ist der nächste Schritt, der »Paul-Harris-Schritt« – sprich anderen zu helfen –, weniger einschüchternd.

Dieses positive Wechselspiel zwischen unternehmerischem und bürgerschaftlichem Engagement – diese Aufwärtsspirale – erstreckte sich in einer Stadt nach der anderen auf sehr praktische Anliegen. Ein Beispiel: Die lokale Jugend sollte gründlich in den Kompetenzen geschult werden, die sie brauchte, um Chancen auf eine gut bezahlte Stelle zu haben. Der tertiäre Bildungsbereich ist in Deutschland über seine renommierten Berufsbildungsprogramme eng mit der lokalen Wirtschaft verzahnt. Es ist zur ungeschriebenen Regel geworden, dass diese die nächste Generation junger Menschen in einer Kommune ausbilden. Führungskräfte einer Firma, die dadurch Einsparungen erzielen wollten, dass sie den Rotstift bei der Ausbildung ansetzten, hätten sich dafür geschämt.

Eine weitere konkrete Konsequenz starker lokaler Gemeinschaften ist ihre Bereitschaft, einen Beitrag zur physischen Infrastruktur ihrer Städte zu leisten. Stuttgart, das als Großstadt eine Stufe unter den deutschen Schwergewichten Berlin, München und Frankfurt steht, verdeutlicht diese wechselseitige Unterstützung zwischen der Wirtschaft und sozialen Vereinen. Die lokalen Unternehmen organisierten und finanzierten den Bau eines prächtigen Bürgerzentrums für lokale Vereine, das sie der Stadtverwaltung übergeben wollten, die es nach der Fertigstellung betreiben sollte. Die Zivilgesellschaft, die gut in die städtische Verwaltung integriert war, würde auf diese Weise ein Mitspracherecht bezüglich der Nutzung der Räumlichkeiten haben.*

Die britischen Provinzstädte unterschieden sich ehedem nicht sonderlich von ihren deutschen Pendants. Ihre lokalen Banken waren den gleichen Risiken ausgesetzt gewesen, aber die Bank von England entschied sich für eine andere Lösung. Statt den lokalen Banken eine Versicherung auf Gegenseitigkeit anzubieten, zwang sie diese dazu zu fusionieren. In den 1920er-Jahren war das regionale Bankensystem zerstört: In England gab es nur fünf Banken, die alle ihren Sitz in London hatten. Dabei gingen ihre lokalen Kenntnisse über Firmen, die in den Regionen ansässig waren, nach und nach verloren. Auf

---

* Mein Großvater stieg im Jahr 1880 in Stuttgart in den Zug, als er sein Dorf in der Nähe von Heilbronn verließ, um in der nordenglischen Boomstadt Bradford zu arbeiten. In regelmäßigen Abständen reise ich in die umgekehrte Richtung, spreche bei Veranstaltungen in dem Bürgerzentrum und besuche Freunde und Verwandte in seinem Dorf.

nationaler Ebene getroffene politische Entscheidungen verringerten ebenfalls nach und nach die Machtbefugnisse und die finanziellen Mittel der Gebietskörperschaften. In dem Maße, wie die englischen Provinzstädte immer weniger eigene Gestaltungsmacht besaßen, ging die zivilgesellschaftliche Beteiligung drastisch zurück.* Während die lokalen Wirtschaftsverbände in Deutschland zu einem festen Bestandteil der Bürgergesellschaft geworden sind, schrumpfte ihre Bedeutung in der englischen Provinz: Einzelne Firmen setzten sich nur noch für ihre eigenen Interessen ein. Die Folgen sind schmerzlich: Wie in Kapitel 4 dargelegt, ist die Ausbildung junger Menschen für lokale hoch qualifizierte Arbeitsplätze weitgehend zum Erliegen gekommen. Ein Verhaltensmuster, das in Deutschland die Regel ist, stellt in Großbritannien die Ausnahme dar. Die Städte und Regionen der englischen Provinz sind in eine Abwärtsspirale geraten, weil die Entscheidungen einer kleinen Gruppe von Amtsträgern und Politikern Aufbau und Nutzung von Sozialkapital noch schwerer gemacht haben, als es in den abgehängten Regionen der Fall gewesen war, die einen Schatten auf die USA des Jahres 1900 geworfen hatten.**

Die Erfahrungen Deutschlands in der Nachkriegszeit zeigen, dass von Bürgern selbst getragene Prozesse in schweren Krisen-

---

* Bei britischen Kommunalwahlen liegt die Wahlbeteiligung in der Regel zwischen 20 und 30 Prozent. Dagegen liegt die Wahlbeteiligung in föderalen Ländern wie Deutschland bei 65 bis 85 Prozent.

** Die amerikanischen Politiker hatten die gleichen Optionen zur Verringerung der Risiken, denen der lokale Bankensektor ausgesetzt war, aber sie entschieden sich für eine Variante des deutschen Systems der Bankenversicherung. Auf diese Weise hielten sie den Sektor der Lokalbanken bis in die 1980er-Jahre am Leben und bewahrten ihre vielen Vorteile. Dank der erfolgreichen Lobbyarbeit der Großbanken folgten die USA unter Präsident Reagan dann Großbritannien und ebneten landesweiten Banken den Weg. Schon bald verschmolzen US-Großbanken zu Megabanken, die »zu groß waren, als dass man sie zusammenbrechen lassen konnte«: Wenn sie in Schieflage gerieten, müsste der Staat sie rauspauken. Dies verlockte viele von ihnen, solides Geschäftsgebaren Profiten zu opfern, was dann zur Weltfinanzkrise von 2008 und den staatlichen Mega-Rettungspaketen führte. In dieser Zeit erwarben die amerikanischen Megabanken auch viele britische Banken.

situationen, wie sie in abgehängten Ländern auftreten, durchaus erfolgreich sein können.

Bangladesch seit 1970

Bangladesch, die einstmals arme Hälfte Pakistans, von dem es sich im Jahr 1970 abspaltete, hat mittlerweile seine ehedem reiche Schwester klar deklassiert. Der Aufstieg von Bangladesch verdankte sich zweifellos nicht guter politischer Führung. Zwei miteinander rivalisierende Dynastien, beide offensichtlich korrupt, sorgten dafür, dass die nationale Politik in die Falle einer Nullsummen-Betrachtungsweise geriet. Aber die schlechte Führung wurde durch bemerkenswert produktive bürgernahe Initiativen mehr als wettgemacht. Einige setzten auf der lokalen Ebene an, wie in deutschen Städten; andere bauten landesweite Gemeinschaften auf, die sich auf spezifische Zwecke konzentrierten. Zwei landesweit tätige zivilgesellschaftliche Organisationen sind heute weltbekannt. Der Gründer der Grameen Bank, Muhammad Yunus, wurde mit dem Friedensnobelpreis ausgezeichnet. Und das Bangladesh Rural Advancement Committee (BRAC), das wie der Rotary Club mittlerweile international tätig ist, wurde zur größten Nichtregierungsorganisation der Welt für Entwicklungshilfe.

Die Grameen Bank führte als Erste ein System ein, das auf der Basis von Gruppendruck Kredite an Menschen vergibt. Die Ärmsten, denen Grameen helfen wollte, hatten kein Vermögen und konnten daher keine Sicherheiten für Kredite stellen. Grameen stützte sich auf ihre Kenntnis der besonderen Merkmale dörflicher Gemeinschaften in Bangladesch. Ein Mitglied des Grameen-Teams stellte eine Gruppe von fünf Frauen zusammen, die sich kannten und ähnlichen Aktivitäten nachgingen. Sie erhielten die Chance, einen Kreditklub zu bilden, der jeder von ihnen zu einem niedrigen Zinssatz und ohne die Auflage, eine Sicherheit zu stellen, Geld lieh, mit dem sie ihre geschäftlichen Aktivitäten ausweiten konnten. Zunächst erhielten zwei der fünf Frauen einen kleinen Kredit. Wenn die beiden ihre Kredite zurückzahlten, erhielten alle fünf Kredite zu den gleichen Bedingungen. Dies erzeugte einen sozialen Druck durch die anderen drei Frauen, der so wirksam war, dass die Ausfallquote verschwindend gering war. Nachdem alle fünf Frauen kleine Kredite bekommen hatten, verstärkte sich der soziale Druck. Jedes Mitglied der Gruppe haftete jetzt nicht nur für seinen eigenen Kredit, sondern auch für all jene der anderen vier, die nicht zurückgezahlt wurden. Sofern sie die fünf Kredite tilgten, wurden ihnen allen größere Kredite angeboten. Angesichts dieser verlockenden Aussicht wollte keine der Frauen das schwache Glied sein. Es stellte sich heraus, dass dieses einfache Modell sich problemlos in einem sehr großen Maßstab reproduzieren ließ. Obgleich die individuellen Gewinne für gewöhnlich bescheiden waren, ermöglichte die Mikrofinanz Millionen Bangladescherinnen, ihre Kleinstbetriebe zu erweitern, und erhöhte die Einkommen der Einzelnen und ganzer Gemeinschaften.

Auch wenn diese wunderbare Idee mehrere Jahrzehnte lang gut funktionierte, wird sie jetzt vielleicht durch einen neuen Ansatz verdrängt werden. Algorithmenbasierte Kreditvergabe, unterstützt durch Big Data, hat die Kosten der direkten, unbesicherten Kreditausreichung an Privatpersonen drastisch verringert. Die gleiche Aussicht, dass die Kreditsumme in dem Maße erhöht wird, wie sich die Reputation des Schuldners verbessert, bildet den Anreiz, das geliehene Geld zurückzuzahlen. Wie bei der Kreditvergabe an Gruppen sind die kumulierten Vorteile dieses Ansatzes beträchtlich. Die Fähigkeit, Kredite ohne Stellung einer Sicherheit aufzunehmen, befähigt arme Menschen, negative Schocks zu überstehen, die andernfalls irreversible Schäden verursachen würden.[3]

Während die Initialen des Akronyms BRAC unverändert geblieben sind, haben sich die Wörter, für die sie stehen, im Lauf der Entwicklung der Organisation geändert. Konstant ist auch das vorrangige Ziel geblieben, armen Frauen zu helfen. Aber abgesehen davon, ist BRAC eine ungewöhnlich hybride Organisation. Die Projekte reichen von Hilfseinsätzen nach Katastrophen bis hin zur langfristigen Unterstützung von Kleinstunternehmen. BRAC verbindet praktische Interventionen vor Ort mit Studien, bei denen es darum geht, aus evaluierten Experimenten zu lernen. Diese Betonung empirischer Forschungsarbeiten, die in lokalen Kontexten durchgeführt werden, erklärt sehr wahrscheinlich ihren bemerkenswerten Erfolg. Nur wenige andere NGOs sind ähnlich erpicht darauf, ihre Initiativen zu evaluieren.

Die randomisierten kontrollierten Studien (RKS), bei denen BRAC Pionierarbeit geleistet hat, erreichen vielleicht ihre natürlichen Grenzen. Für den jeweiligen Zeitpunkt und den Ort des Experiments und aufgrund der Tatsache, dass es immer von dem gleichen Team durchgeführt wird, sind die Ergebnisse sehr verlässlich. Aber es ist weniger sicher, ob die Befunde des Experiments auch sogenannte externe Gültigkeit besitzen – sich also auf andere, ähnliche Situationen mit anderen Teams verallgemeinern lassen. Bei dem Versuch, eine erfolgreiche kenianische Bildungsreform unter Leitung von BRAC-Mitarbeitern von Teams des Bildungsministeriums umsetzen zu lassen, konnten die Ergebnisse nicht reproduziert werden.[4] Und gerade als Ökonomen von Medizinern lernten, wie man RKS sinnvoll nutzt, begannen sich die Mediziner selbst bereits von diesen abzuwenden. Sie erhofften sich jetzt mehr davon, dass sie die Wirksamkeit von Medikamenten in realen Situationen verglichen. Die Bedingungen in RKS sind manchmal sehr künstlich.[5] In Kenia und den meisten anderen Ländern sind das Bildungswesen und der Gesundheitssektor überwiegend staatlich kontrolliert. Wenn daher Ideen, die im Rahmen von RKS validiert wurden, sich nicht verlässlich auf andere Situationen übertragen lassen, kann es ratsam sein, sie durch den authentischeren Prozess zu ergänzen, bei dem Gebietskörperschaften jeweils eigene, ihnen erfolgversprechend erscheinende Konzepte umsetzen und dann voneinander lernen. Auf kurze Sicht mag es viel bessere

Ergebnisse bringen, dysfunktionale Gebietskörperschaften mithilfe von NGOs zu umgehen. Aber man sollte nicht vergessen, dass Regierungen sich neue Ideen am ehesten dann zu eigen machen und in größerem Maßstab umsetzen, wenn sie sich von der Entwurfsphase an mit der Idee identifizieren.

Insgesamt halfen Grameen und BRAC, die Einkommen und Lebensumstände armer Bangladescherinnen zu verbessern. Die Renditen von Investitionen in Sozialkapital bei privaten Haushalten wurden ergänzt durch einen gänzlich davon unabhängigen Prozess der Bildung neuen Sozialkapitals bei lokalen Unternehmen. Auslöser war das schnelle Lernen von einem ausländischen Unternehmen: Dieses eine Mal führte die Globalisierung tatsächlich dazu, dass ihre positiven Effekte lokal »durchsickerten«.

Im Jahr 1980 beschloss ein US-amerikanischer T-Shirt-Hersteller, der auf der Suche nach billigen Arbeitskräften war, es mal mit Bangladesch zu versuchen. Am Ende des ersten Jahres hatten die meisten einheimischen Arbeiter gekündigt, allerdings nicht wegen der niedrigen Löhne und schlechten Arbeitsbedingungen. Sie kündigten, weil sie den einfachen Herstellungsprozess von T-Shirts, der nichts Teureres als Nähmaschinen benötigte, jetzt selbst beherrschten. Sie hatten auch in Erfahrung gebracht, welche europäischen und nordamerikanischen Einzelhändler T-Shirts aus Bangladesch kauften – und die Unternehmer aus Bangladesch ergriffen diese Chance umgehend: Sie konnten den Vermittler umgehen. Sie gründeten eigene Firmen, beschafften sich ein wenig Kapital von Verwandten und boten ausländischen Einzelhändlern die gleiche Qualität zu niedrigeren Preisen an. Es zeigte sich, dass dies – wie die Mikrofinanzierung – eine skalierbare Idee war: Es gab in Bangladesch Millionen junger Menschen, die eine geregelte Arbeit suchten, und einen riesigen Weltmarkt für billige T-Shirts.

In den 2020er-Jahren beschäftigte die – fast völlig in inländischem Besitz befindliche – Bekleidungsindustrie in Bangladesch 4 Millionen Menschen und exportierte Waren im Wert von 30 Milliarden Dollar pro Jahr. Die Möglichkeit, einen verlässlich bezahlten Job zu ergattern, hat dabei viele junge Frauen ermächtigt. In dem Maße, wie neue Einkommen im Bekleidungssektor und aus Mikrokrediten ausgegeben wurden, eröffneten sich weitere Chancen für unternehmerische Aktivitäten: Eine wirtschaftliche Aufwärtsspirale setzte ein. Die Löhne stiegen, und die T-Shirt-Herstellung verlagerte sich nach Madagaskar, wo die Arbeitskräfte noch billiger waren. Aber mit ihren gut ausgebildeten Arbeitnehmern und zuverlässigen Firmen konnte sich die Industrie in Bangladesch anspruchsvollere Marktsegmente erschließen, indem sie komplexere, höherwertige Kleidungsstücke herstellte.

Bangladesch schaffte den Absprung: Die verfestigte Massenarmut von 1970 gehörte der Vergangenheit an. Anfang der 2020er-Jahre stand Bangladesch an der Schwelle zur Gruppe der Länder mit oberem mittlerem Einkommen. Die Politiker nahmen zunächst kaum Notiz davon. Aber schon bald hatten viele Wähler in einem Wahlbezirk mit florierender Bekleidungsindustrie einen Lohnempfänger in der Familie, und der örtliche Abgeordnete lernte, seine Hilfe anzubieten. Manchmal kandidierten die neuen Unternehmer auch selbst für einen Sitz im Parlament und wurden gewählt. Sie brachten eine neue politische Kultur in ein Land, das bis dahin nur die Rivalität zwischen Dynastien von Großgrundbesitzern kannte.

Mit steigendem wirtschaftlichem Wohlstand bildete die Stärkung des Sozialkapitals bei Haushalten und Unternehmen einen fruchtbaren Boden für einen weiteren Schritt die Wendeltreppe hinauf. Dieser begann mit einem jungen Mann, der eine Einladung verschickte – eine bemerkenswerte Ähnlichkeit mit dem, was Paul Harris getan hatte. Damals war das verfügbare Medium eine Zeitung gewesen, im Jahr 2018 war es Facebook. Abir Hasan fragte:»Ist es möglich, eine kleine Gruppe aus jungen Männern und Frauen zu gründen, um über politische Themen, die für Bangladesch von Bedeutung sind, zu diskutieren?« Und es gibt noch weitere Parallelen zu Harris: Abir war kein Spross der wohlhabenden politischen Elite; in sozialer

Hinsicht war er ein Produkt der neuen Schicht von Menschen, die sich bemühten, kleine Unternehmen zu führen. Er stammte auch nicht aus einer Großstadt: Als Kind war er aus einer Provinzstadt auf der anderen, der indischen Seite der Grenze in das seit Kurzem wirtschaftlich aufblühende Bangladesch gekommen. Als Hochbegabter wurde er von einer der Spitzenuniversitäten des Landes zum Studium zugelassen; anschließend ging er mit einem Stipendium an die Blavatnik School of Government der Universität Oxford, wo ich ihn unterrichtete. Dort erkannte er, dass politisches Engagement eine Kraft für das Gute sein kann und Veränderungen ebenso sehr von der Basis wie von der Spitze ausgehen können. Wiederum wie in Harris' Fall träumte auch Abir davon, ein neues Ziel für seine Gesellschaft, nicht für sich selbst, zu formulieren: ein Klima freier, aber sachlich fundierter Meinungsbildung zu erzeugen, aus dem Leitlinien für die Politik hervorgehen könnten. Zu diesem Zweck musste er andere gut ausgebildete junge Menschen wie ihn selbst erreichen. Wie bei Harris löste auch Abirs Einladung eine Reaktion aus, die schon nach kurzer Zeit zur Gründung eines Vereins führte, des Youth Policy Forum (YPF). Auch Abir dachte intensiv über dessen Regeln nach: politische Neutralität, Höflichkeit und Respekt für die Ansichten anderer. Gegenwärtig hat das YPF 12 000 Mitglieder und über 30 000 Follower. Sein Mantra »People, Policy, Progress« (Menschen, Politik, Fortschritt) bringt den Grundsatz, wonach Politik inklusiv sein sollte, klar und deutlich auf den Punkt. Abir entdeckte, dass eine Gruppe lernbegieriger, intelligenter junger Menschen Ältere anspricht, die ihr Wissen weitergeben möchten. Eine illustre Gruppe von Honorary Fellows brachte sich aktiv ein: Professor Nurul Islam, der Doyen der Wirtschaftswissenschaftler Bangladeschs, Dr. Hameeda Hossain, Gründerin der nationalen Menschenrechtsorganisation Ain o Salish Kendra, Dr. Mashiur Rahman, Wirtschaftsberater der Ministerpräsidentin, und Dr. Mohammad Tareque, ehemaliger Finanzminister.
Der Geniestreich bestand darin, Mitglieder und Berater in the-

matischen Netzwerken zusammenzubringen. Diejenigen, die sich
für den Klimawandel oder Umweltschutz interessierten, schlossen
sich dem Umweltnetzwerk an. Diejenigen, die sich für Geopoli-
tik interessierten, schlossen sich dem außenpolitischen Netzwerk
an. Es gibt auch Netzwerke für Bildung, Gesundheit, Energie-
infrastruktur, Wirtschaftswachstum zur Schaffung von Arbeitsplätzen, für Gender und ein Graswurzelnetzwerk, das diese Diskussionen Menschen näherbringt, die nicht das Privileg eines
Hochschulabschlusses haben. Jeder kann sich auf den Facebook-
Plattformen des Forums an spontanen Debatten beteiligen, und
die strukturiertesten Diskussionen kann man sich auf YouTube
ansehen. Denn das YPF ist Partnerschaften mit Medien eingegangen; auch Zeitungen bringen jetzt gut geschriebene und fak-
tenbasierte Meinungsbeiträge seiner jungen Autoren.

Das YPF ist mehr als nur eine Plauderbude: Viele Mitglieder wollen etwas tun. Eine Gruppe, die sich auf lokale Entwick-
lungsinstitutionen konzentriert, organisiert Teams, die in Dörfern arbeiten, wo sie mit Menschen über Sorgen und Wünsche
sprechen sowie darüber, was getan werden könnte, um auf sie
einzugehen. Mentoren mit Erfahrung in Feldforschung helfen, konkrete Konzepte zu entwickeln und umzusetzen. Dieses
Tätigkeitsfeld des YPF wurde von einem Parlamentsabgeordne-
ten unterstützt, der ehrliche Rückmeldungen zu den Problemen
haben wollte, mit denen seine Wähler konfrontiert waren. Andere
Abgeordnete erkannten schnell, dass es sich lohnen würde, dies
nachzuahmen. Die Nachfrage nach den YPF-Diensten stieg in
der Folge und stellte eine Verbindung zwischen der Organisation und Politikern her. Aus dieser Verbindung ging eine weitere
nützliche Erweiterung des YPF hervor, das Governance-Appren-
tice-Programm, in dessen Rahmen YPF-Mitglieder Forschungsarbeiten durchführen, die Abgeordneten wichtige Informationen
liefern. Dadurch wird die politische Debatte evidenzbasierter,
während YPF-Mitglieder ihrerseits aus erster Hand etwas über
die Arbeitsweise des Parlaments erfahren. Die Expertise des YPF
wird heute allgemein anerkannt: Der Planungsminister hat das

YPF damit beauftragt, Zusammenfassungen der umfangreichen Dokumente zum aktuellsten, dem achten Fünfjahresplan und der »Vision 2041« zu erstellen, damit sich die Abgeordneten schneller und leichter darüber informieren können. Am aufregendsten ist vielleicht, dass sich das YPF mit Politikern sowohl der Regierung als auch der Opposition austauscht und sie in Bezug auf verantwortungsvolle Politikgestaltung berät. Dadurch fördert das YPF das überparteiliche Engagement bei der politischen Willensbildung – etwas, was in dem von dynastischen Rivalitäten geprägten Politikbetrieb der Vergangenheit undenkbar gewesen wäre. Politiker spielen eine wichtige Rolle, aber Beamte sind die politischen Fachleute: Das Forum verfügt über ein Netzwerk von Beamten, denen neue wissenschaftliche Forschungsergebnisse vorgestellt werden und die ihrerseits jungen YPF-Mitgliedern ihre praktischen Erfahrungen vermitteln.

Dies lässt sich mit den Anfangsjahren des Rotary Clubs vergleichen: sehr schnelles organisches Wachstum, dezentrale Entscheidungsfindung und ein zweckdienliches Regelwerk. Das YPF ist in Bangladesch schon heute auf lokaler und nationaler Ebene eine Kraft, die Gutes bewirkt. Und die Zeit ist auf seiner Seite: Innerhalb der nächsten 20 Jahre wird die YPF-Gründergruppe in führende Positionen aufsteigen.

Wie der Wandel im spanischen Baskenland beschleunigt wurde

Die spanische Baskenregion hat eine Transformationsstrategie entwickelt, die noch ehrgeiziger und weitsichtiger ist als der Plan für die ruandische Tourismusindustrie; sie basiert unmissverständlich auf bürgernahen, kommunitaristischen Ideen.

Was heute unter dem Namen »die Saga von Mondragón« bekannt ist, begann im Jahr 1941: Vater José, ein junger Priester mit einer dezidierten moralphilosophischen Überzeugung, wurde in eine kleine baskische Stadt entsandt. Als Kommuni-

tarist wollte er die Einwohner zu einer echten »ortsbasierten«
Gemeinschaft zusammenschmieden, in der jeder seine Pflicht
erkannte, einen Beitrag zum Ganzen zu leisten. Die Wohlhabendsten sollten den ersten Schritt machen. Wie Paul Harris sah
auch Vater José in der Verbesserung der Lebensverhältnisse der
ärmsten Einwohner der Stadt eines der Ziele dieser angestrebten Gemeinschaft. Aber er fügte noch ein weiteres hinzu: In der
Kleinstadt, die im Spanischen Bürgerkrieg verwüstet worden
war, fehlte es an Erwerbsmöglichkeiten, sie musste daher auch
»arbeitsbasierte« Gemeinschaften hervorbringen.

Die Zeiten waren nicht günstig dafür: Spanien war nach dem
Bürgerkrieg, den der mit dem Faschismus sympathisierende
General Franco für sich entschieden hatte, gespalten, und alles
lag in Trümmern. Die Bevölkerung war politisch zersplittert
in Kommunisten, Anarchisten, Demokraten und Faschisten.
Zu dieser Fragmentierung kam speziell im Baskenland noch
dazu, dass die Region sich in ethnischer und sprachlicher Hinsicht grundlegend vom übrigen Spanien unterscheidet. In den
1940er-Jahren zerfielen die Basken in drei Gruppen: diejenigen,
die bei Spanien bleiben wollten, diejenigen, die einen friedlichen politischen Prozess der Abspaltung anstrebten, und diejenigen, die dieses Ziel mit Gewalt erreichen wollten.

Vater José verbrachte seine ersten 14 Jahre in der Stadt damit,
junge Menschen, welche die beiden Gemeinschaftsformen, an
die er glaubte, aufbauen könnten, zu erziehen und auszubilden.
Erst im Jahr 1955 verfügte er über die fünf Personen, die seines
Erachtens bestens gerüstet waren, um die nächste Etappe in
Angriff zu nehmen: Die fünf gründeten eine Genossenschaft,
Ulgor; diese bildete die Keimzelle dessen, was später zu Mondragón werden sollte.* Im selben Jahr versuchte Franco, die
spanische Wirtschaft durch eine Strategie der Importsubstitu-

---

* So wie im Namen des Rotary Club die Idee der wechselseitigen Verantwortung
anklingt, die dessen Kern ausmacht, so leitet sich der Name Ulgor von den Initialen der Namen seiner fünf Gründer ab, die ebenfalls füreinander einstehen wollten.

tion zu entwickeln, nicht unähnlich derjenigen, die Julius Nyerere in den 1970er-Jahren in Tansania anwandte. Zwei Unterschiede erwiesen sich als entscheidend. Während Vater José die Entscheidungsgewalt an kleine Teams delegierte, behielt in Tansania die zentrale Planungsbehörde die Zügel in der Hand. Und während Vater José 14 Jahre damit verbracht hatte, seinem ersten kleinen Team betriebswirtschaftliche Kompetenzen beizubringen, besaßen die Entscheider in der zentralen Planungsbehörde in Tansania weder Fachkunde noch Erfahrung. Francos Einfuhrschranken schufen Marktchancen für Ulgor, und getreu seiner handlungsleitenden Philosophie gründete es weitere genossenschaftliche Organisationen – eine Sparkasse, verschiedene Fertigungsbetriebe, eine Baufirma und eine Reihe lokaler Verbrauchergenossenschaften. Ihr Ziel, den Lebensstandard armer Menschen zu heben, der all diesen unabhängigen Unternehmen gemeinsam ist, machte es für sie zu einer Selbstverständlichkeit, für das gemeinsame Ziel eine Berufsfachschule zu gründen, ihre Ressourcen zu bündeln. Getreu der Maxime, ihren ärmsten Mitgliedern dadurch zu helfen, dass die Bessergestellten Opfer brachten, erhöhten sie alle die Löhne der am schlechtesten bezahlten Arbeitnehmer über das nationale Niveau hinaus, während sie Topmanagern weit weniger als das Marktübliche bezahlten.

Während Ulgor zu Mondragón wurde, machte das Baskenland schwere Zeiten durch. Wie in South Yorkshire war die Schwerindustrie auch hier zwischen Mitte der 1970er- und Mitte der 1980er-Jahre zusammengebrochen. Verschlimmert wurde dies durch einen Anstieg der politischen Gewalt, die das internationale Image der Region beschädigte. Aber das Geschäftsmodell von Mondragón war absichtlich robust gestaltet worden; es brachte Menschen in zukunftsorientierten Unternehmen für Hochqualifizierte zusammen, deren Grundlage moralisches Verantwortungsbewusstsein war. Außerdem stärkte das gewohnheitsmäßige Vergesellen mit anderen, das durch die doppelte Strategie, orts- und zugleich arbeitsbasierte

Gemeinschaften aufzubauen, gefördert wurde, andere Formen von sozialem Kapital.

Trotz dieses Vermächtnisses der Fragmentierung einigten sich die Entscheider in der baskischen Regionalregierung darauf, eine neue Gelegenheit zu ergreifen: Das Guggenheim-Museum in New York sah sich nach einem weiteren großen Standort um. Bilbao, die Hauptstadt des Baskenlandes, bot sich kaum als erste Wahl an. Aber ihre Einwohner erkannten, dass das Museum eine einzigartige Chance böte, das Image der Region grundlegend aufzupolieren. Prompt erklärte sich die Regionalregierung bereit, umgerechnet 100 Millionen Euro in ein neues Gebäude zu investieren und seine Instandhaltung zu finanzieren. Die Guggenheim Foundation verknüpft ihr Hauptziel – der Öffentlichkeit Kunst nahezubringen – mit einem sekundären Ziel, der Stärkung des gemeinschaftlichen Zusammenhalts. Aber während die Stiftung durchaus gewillt war, einen Prozess der Transformation zu unterstützen, war ihr bewusst, dass sie als eine Organisation, die von außen kam, nicht der Katalysator sein konnte. Sie brauchte die Gewissheit, dass Veränderungen von innen heraus im Gange waren. Mondragón gab ihr diese Sicherheit, sowohl direkt durch das, was sie vollbracht hatte, als auch durch die Gewohnheiten, die die baskische Regionalregierung so erfolgreich gemacht hatten. Das Museum, das im Jahr 1997 eröffnet wurde, gab einer noch im Aufbau begriffenen Tourismusindustrie einen kräftigen Schub.

Mondragón, das Guggenheim-Museum und eine zuversichtliche Regionalregierung stärkten gemeinsam das wirtschaftliche Potenzial des Baskenlandes: Es ist heute eine der wohlhabendsten Regionen Spaniens. Und mit 90 000 Mitarbeitern ist Mondragón das größte Unternehmen im Baskenland sowie eines der größten in Spanien. Es betreibt in verschiedenen Städten der Region 15 spezialisierte Ausbildungs- und Forschungszentren, die an der Entwicklung von Technologien arbeiten, die auf die lokalen Bedürfnisse zugeschnitten sind. Sie helfen baskischen Unternehmen dabei, im internationalen Wettbewerb an vorderster Front mithalten zu können. Gegenwärtig beläuft sich das Verhältnis zwischen den niedrigsten und den höchsten Löhnen auf unter 1:5 – gemäß der Regel, dass der Abstand zwischen den beiden gering bleiben sollte. Das bedeutet eine viel geringere Lohnungleichheit als bei den modernen angloamerikanischen Unternehmen, bei denen dieses Verhältnis 1:300 beträgt. Eine Konsequenz davon ist, dass die Topmanager von Mondragón nur deshalb auf ihren Positionen bleiben, weil sie sich voll und ganz mit der Philosophie der Gegenseitigkeit und der Regel, dass Privilegien Pflichten mit sich bringen, identifizieren. Dank ihres langfristigen Denkens ist die Organisation nicht nur wettbewerbsfähig geblieben, vielmehr verfügt sie auch über einen mittlerweile mehrere Milliarden Euro schweren Fonds, dessen Mittel ausschließlich dafür verwendet werden, ihren bedürftigsten Gemeinschaften finanziell unter die Arme zu greifen. Wie nicht anders zu erwarten, ist sie bei links- und rechtsgerichteten Ideologen gleichermaßen verhasst, aber von dem belagerten angloamerikanischen Zentrum aus gesehen, wirkt sie höchst attraktiv.

Vielleicht sollte uns die Kraft von Gruppen mit starkem Gemeinschaftssinn, Fortschritt und Wohlstand dynamisch anzutreiben, nicht überraschen, wurde doch die folgenreichste wirtschaftliche Transformation in der Geschichte der Menschheit, die industrielle Revolution, von einer solchen Gruppe energisch vorangebracht. Deren Geschichte ist ein inspirierendes Beispiel dafür, wie soziale Ausschließung Menschen eng zusammenschmiedete – etwas, was auch für andere Gemeinschaften gilt, die von Ausgrenzung betroffen waren.

Quäker und die Macht
randständiger Menschen

Die Quäker sind religiöse Dissenter, die daran glauben, dass
Menschen ein einfaches, aber zweckorientiertes Leben führen
sollten und dass jedes Mitglied ihrer Gemeinschaft gleichen
Wert und gleichen Rang besitzt – eine Vorstellung, die mit der
fest etablierten Hierarchie der Kirche von England im 18. Jahrhundert kollidierte. Der Zweck der Gemeinschaft soll es sein,
anderen, die es im Leben weniger gut getroffen haben, zu helfen, unabhängig davon, wer sie sind. Die Mitte des 18. Jahrhunderts war eine düstere Zeit für Arme, wie es die berühmte
Druckgrafik *Gin Lane* (Schnapsgasse) von 1751 eindringlich vor
Augen führt: Sie zeigt betrunkene Frauen, die auf einer Gasse
herumlungern und von grölenden, hungrigen Kindern umgeben sind. Die Quäker beschlossen, ihren Einfallsreichtum und
ihren Scharfsinn dafür einzusetzen, die Schnapshersteller aus
dem Markt zu drängen. Sie strebten kein Schnapsverbot an,
vielmehr wollten sie ein anderes, neues Getränk anbieten, das
genussreicher, billiger herzustellen und gesünder war. Niemand
wusste, ob es funktionieren würde, aber sie hofften, einen Weg
zu finden, das Potenzial der Kakaobohnen, die Händler aus
Westafrika zurückbrachten, zu erschließen, so wie 100 Jahre
zuvor das Potenzial der Kaffeebohnen gehoben worden war.
Anders als bei Kaffee waren die chemischen Bearbeitungs-
schritte, die erforderlich waren, um Kakaobohnen in Trink-
schokolade umzuwandeln, verwirrend kompliziert.

Angetrieben von ihrem gemeinsamen Ziel, tauschten drei
Quäkerfamilien ihre Kenntnisse, die sie bei Experimenten im
Spülbecken gesammelt hatten, miteinander aus. Über 200
Jahre später sind sie noch immer vertraute Namen im britischen Schokoladegeschäft: Cadbury, Rowntree und Fry. Über
600 Experimente waren nötig, ehe sie auf die richtige Abfolge
der chemischen Prozesse stießen. Um Kakao billiger als Schnaps
zu machen, verließen sie sich auf ihren Geschäftssinn: Wäh-

rend Kakao, in kleinen Mengen produziert, unerschwinglich war, könnten seine Kosten durch Massenproduktion ausreichend gesenkt werden. Die Quäker taten viel mehr, als nur die Schnapsgasse dichtzumachen, aber dies gibt Ihnen eine Vorstellung davon, welche Dienste sie der Menschheit erwiesen haben. Eine andere Gruppe von Dissentern waren damals die Unitarier. Sie befanden sich auf Kollisionskurs mit der Kirche von England, weil sie das theologische Dogma der Trinität ablehnen. Ein frühes Mitglied, das eine entscheidende Rolle spielte, war Joseph Priestley, ein Chemiker, der glaubte, Fortschritt komme durch Experimente zustande, die das Faktenwissen Schritt für Schritt vergrößerten, nicht durch großartige dogmatische Theorien. Die berühmteste seiner vielen Entdeckungen war der Sauerstoff; dies führte zu einem grundlegend neuen Verständnis der Funktion des Herzens und der Arterien und stellte neue Normen für den wissenschaftlichen Erkenntnisprozess auf. Priestley wurde 1762 unitarischer Geistlicher, und seine religiösen Überzeugungen waren ein Spiegel seiner wissenschaftlichen Einstellung: human und inklusiv. Er lehnte sowohl die Auffassung der Kirche von England ab, wonach Nichtgläubige verdammt seien, als auch die kalvinistische Anschauung, nur die Prädestinierten kämen in den Himmel. Zufälligerweise gab es neben den Quäkern also eine weitere ausgegrenzte Gruppe von großer Geschlossenheit, die erpicht darauf war, Methoden der Experimentalwissenschaft auf gesellschaftlich nützliche Ziele anzuwenden.

Die Quäker und die Unitarier wurden nicht nur aufgrund ihrer Überzeugungen ausgegrenzt, auch ihre Wohnorte verurteilten sie zur Randständigkeit. Rowntree und Priestley stammten aus Yorkshire, Cadbury, Fry und viele Quäker aus den North Midlands, während die politische Macht und das gesellschaftliche Prestige in London konzentriert waren. Die erste moderne Organisation, die die wissenschaftliche Forschung förderte, die Royal Society, war 1660 in Oxford gegründet worden. Aber zu keinem Zeitpunkt wurden Dissenters aufgenommen, und

100 Jahre später stand sie ganz im Dienste der Patronage der Aristokraten. Experimente im Spülbecken waren unter ihrer Würde. Priestley und Rowntree zeigten sich unbeeindruckt von solcher Aufgeblasenheit. Joseph Wright, der aus Derby in den North Midlands stammende Maler, der heute für seine Darstellungen der industriellen Revolution und ihrer Schlüsselfiguren berühmt ist, fühlte sich in ähnlicher Weise von den Londoner Galerien schroff abgewiesen. Aus diesem Grund bestand er darauf, mit »Joseph Wright *of Derby*« zu signieren. Im Jahr 1831 führten solche Irritationen zur Gründung einer Rivalin der Royal Society: der British Association for the Advancement of Science. Im Gegensatz zu ihrer Vorgängerin nahm sie die experimentelle Forschung ernst und veranstaltete jährliche Tagungen, bei denen Spezialistengruppen parallel über ihre neuesten Entdeckungen Bericht erstatteten und sie miteinander verglichen. Es gab eine Regel: Diese Tagungen sollten nicht in London stattfinden.

Quäker und Unitarier waren merkwürdige kleine Netzwerke der Innovation, die zu einer Keimzelle zügigen Lernens wurden. Der Universalgelehrte und Evolutionsbiologe Joseph Henrich schreibt ihnen sogar das Verdienst zu, wichtige Triebkräfte der Innovation gewesen zu sein.[6] Wahrscheinlich bildeten sich ähnliche Netzwerke zweckgerichteter Innovation in regelmäßigen Abständen in anderen Teilen der Welt: Das sumerische Reich, China, Ägypten, Persien, Griechenland, Peru, Mali und Italien können glaubwürdige Ansprüche darauf erheben. Dennoch erachtet Henrich diese beiden Gruppen zu Recht als besonders wichtig, weil in den 1770er-Jahren bereits weitere seltene Umstände gegeben waren. Das Netzwerk von Quäkern und Unitariern war das letzte und daher entscheidende Glied in der Kette, welche die industrielle Revolution auslöste.

Die Macht der besagten kleinen Stoßtrupps in sechs völlig unterschiedlichen Kontexten – Norditalien seit dem 16. Jahrhundert, Nordengland im ausgehenden 18. Jahrhundert, Chicago im frühen 20. Jahrhundert, Nachkriegsdeutschland,

Bangladesch seit 1970, das Baskenland seit den 1940er-Jahren – ist ein Beleg dafür, dass gewöhnliche Menschen Prozesse in Gang setzen können, die genauso inspirierend sind wie jene, die von den bedeutendsten Anführern für sich reklamiert werden. Das Merkmal, das sie so attraktiv werden lässt, ist Handlungsmacht: Es sind Gelegenheiten, die uns allen offenstehen. Statt auf einen großen Anführer zu warten, können wir uns an einem bürgernahen Prozess der Transformation beteiligen, der leistungsfähige Institutionen aufbaut, die sich auf durchsetzbare Regeln stützen, und wirksam mit Bürgern kommuniziert. Wir müssen dies tun, weil Bottom-up-Prozesse von anderen Akteuren bereits für weniger positive Zwecke aktiv vorangetrieben werden. Soziale Medien sind eine Technologie, von der naiverweise erwartet wird, dass sie die Menschheit einen werde. Empirische Befunde aus Äthiopien lassen solche Hoffnungen zweifelhaft erscheinen. Bis zur Ankunft von Facebook wuchs Äthiopien zügig aus der Armut heraus. Facebook führte Algorithmen ein, die von den klügsten Köpfen der Welt entwickelt worden waren, um die Menschen auf diesem neuen afrikanischen Markt auf der Plattform zu halten. Je mehr Zeit die Nutzer am Bildschirm verbringen, umso höher sind die Werbeeinahmen. Frances Haugen, eine hohe Führungskraft bei Facebook, die zur Whistleblowerin wurde, bezeugte unter Eid im britischen Parlament, dass diese Algorithmen *absichtlich* so gestaltet würden, dass sie extreme Ansichten förderten. Überall in den USA leben zahlreiche äthiopische Einwanderer aus verschiedenen ethnischen Gruppen, zum Beispiel Oromo, Amhara und Tigray. Leider schüren diese Gruppen oft Ressentiments gegen Minderheiten, die in ihrer Heimatregion leben – ein weiterer Fall, in dem »Stressoren« ihre Wirkung entfalten.* Es kam zu schrecklichen Gewaltexzessen, als die ethnische Mehrheitsgruppe in jeder Region, aufgehetzt von ihrer Diaspora in den USA, eine ethnische Säuberung betrieb. Infolge dieser Gewalt-

---

* Vgl. die Fußnoten auf Seite 161.

welle wurden drei Millionen Menschen innerhalb Äthiopiens vertrieben. Die von der Whistleblowerin vorgelegten Beweisdokumente zeigen, dass die oberste Führungsebene bei Facebook wusste, dass dies geschah, aber nichts unternahm, um es zu unterbinden, weil es profitabel war. Es wäre tragisch, wenn das bemerkenswerte Potenzial von Bottom-up-Prozessen in Ländern wie Äthiopien derart pervertiert würde.

7.
Inklusiver Wohlstand

Viele der ärmsten Länder fallen immer weiter hinter die übrigen Länder zurück und verharren in Massenarmut. Um sich daraus zu befreien, müsste sich die Produktivität ihrer Arbeitskräfte stark verbessern. In vielen reichen Ländern wiederum gibt es Regionen, die schon seit Generationen wirtschaftlich abgehängt sind. Um diesen Missstand zu beheben, müssten die Lebenschancen angeglichen werden. Keines dieser beiden Ziele war bis zum 20. Jahrhundert irgendwo auf der Welt dauerhaft erreicht worden. Keine Gesellschaft hatte herausgefunden, was getan werden müsste, um den durchschnittlichen Arbeitnehmer hoch produktiv zu machen. Und keine Gesellschaft war willens oder fähig gewesen, Einkommen verlässlich an all diejenigen umzuverteilen, die zurückfielen. Hätte man unseren Vorfahren gesagt, dass beides bald möglich sein würde, dann hätten sie dies für ein Wunder gehalten. Doch heutzutage ist das Produktivitätswunder weit verbreitet. Dagegen ist die Verknüpfung von hoher Produktivität mit Umverteilungen, die verhindern, dass Lebenschancen dauerhaft gemindert werden, ein Wunder, das seltener anzutreffen ist: Man begegnet ihm nur in den Clustern der nordeuropäischen und baltischen Staaten und einigen wenigen Ländern in Ostasien.

Diejenigen von uns, die nicht das Glück haben, in diesen Gesellschaften zu leben, würden davon profitieren, wenn ihre Länder diesen nacheiferten. Selbst außergewöhnlich hohe Produktivität macht ungleiche Lebenschancen nicht hinreichend wett. Kalifornien ist die Großregion mit der höchsten Produktivität weltweit, und trotzdem stecken hier ganze Gemeinschaften in der Falle transgenerationaler Benachteiligung und extremer Einkommensungleichheit fest. Die meisten Kalifornier hätten deutlich höhere Einkommen, wenn ihr Staat das höhere dänische Inklusionsniveau hätte, auch wenn der Preis dafür das niedrigere dänische Produktivitätsniveau wäre. Kalifornien ist ein toller Ort, um Milliardär zu werden – sofern man ein dickes Fell hat.

All diese Wunder geschahen in jüngster Zeit und sind von größtem Wert. Wir müssen ihre Funktionsmechanismen verstehen. Aber der Prozess, durch den Dänemark diese Wunder vollbrachte, erforderte politische und soziale Fähigkeiten und Strukturen, die das Land ursprünglich nicht besaß: Es dauerte Jahrzehnte, sie aufzubauen. Beide Transformationen sind das Thema dieses Kapitels.

Die Wunder verstehen

Wir wissen heute eine Menge darüber, wie man die durchschnittliche Produktivität steigern kann, aber viel weniger über Inklusion. Das Wunder der Produktivität ist kein Geheimnis. Ein ganzes Bündel von Faktoren wie etwa Skaleneffekte hat die Produktivität von Arbeitskräften in den Hocheinkommensländern gesteigert. Das Wunder des *inklusiven* Wohlstandes ist rätselhafter, da es bislang nur wenige Gesellschaften vollbracht haben. Dänemark ist das bemerkenswerteste Beispiel. Es ist ein ödes, windgepeitschtes kontinentales Anhängsel am Rand des europäischen Festlands ohne eigene Bodenschätze. Trotzdem steht es an der Spitze vieler globaler Ranglisten. Dadurch, dass die Dänen die Chancenungleichheit drastisch verringerten, haben sie sich von dem Makel der kontributiven Ungerechtigkeit befreit, den Michael Sandel selbstzufriedenen, erfolgreichen Individualisten zum Vorwurf macht.

Die große Kluft zwischen dem mittlerweile weitverbreiteten Wunder der Produktivität und dem nach wie vor seltenen

Wunder inklusiven Wohlstands ist darauf zurückzuführen, dass die Faktoren, die für hohe Produktivität verantwortlich sind, mit einem erheblichen Risiko verschärfter sozialer Ausgrenzung verbunden sind. Zu der Frage, wie sich die Vorteile hoher Produktivität bewahren lassen, ohne das Risiko der Exklusion zu steigern, finden sich nur vereinzelte Forschungsergebnisse aus jüngster Zeit. Aber aus ihnen lässt sich lernen, wie Produktivität durch Inklusion gesteigert werden kann. Soziale Ausgrenzung bedeutet Vergeudung von Talent; verschlimmert wird diese dadurch, dass die Verzweiflung und die Wut aufgrund der verfestigten transgenerationalen Ausgrenzung wirtschaftliche Schäden anrichten, die überall in der Gesellschaft zu spüren sind.

Selbst für US-amerikanische Verhältnisse weist Kalifornien eine außergewöhnlich hohe Ungleichheit auf, aber das, was für Kalifornien gilt, trifft auch auf den Rest der USA zu: Der durchschnittliche Amerikaner stünde materiell besser da, wenn die USA das niedrigere dänische Produktivitätsniveau und das höhere dänische Inklusionsniveau hätten. Großbritannien hat den doppelten Nachteil, sowohl weniger produktiv als auch weniger inklusiv als Dänemark zu sein. Wie Kalifornien ist auch das Vereinigte Königreich ein großartiger Ort für dickfellige Milliardäre, aber die allermeisten Briten stünden in Dänemark besser da.* Soziale Ausgrenzung hat zur Folge, dass der potenzielle Beitrag vieler talentierter Menschen ungenutzt bleibt; sie bedeutet, dass die meisten US-Amerikaner schlechter gestellt sind als die meisten Dänen. Diese verblüffenden Tatsachen lassen selbst die Egoisten aufhorchen. Aus

---

* Zunächst einmal werden die Menschen in jeder Gesellschaft entsprechend ihrem Haushaltseinkommen in eine Rangfolge eingeordnet. Dann werden die Einkommen derjenigen, die in beiden Gesellschaften auf dem gleichen Rangplatz stehen, miteinander verglichen. Zum Beispiel: Haben im 70. Einkommensperzentil US-Amerikaner, Briten oder Dänen die höchsten Einkommen? Wenn ich hier von »Durchschnitt« spreche, um die Idee einzuführen, handelt es sich streng genommen um den »Median«.

ihnen folgt auch etwas Entscheidendes: Obgleich das Wunder der Produktivität, historisch gesehen, dem der Inklusion vorausging, *lassen sich beide schneller vollbringen, wenn sie zusammen angepackt werden.* Abgehängte Gesellschaften können die Produktivität steigern, indem sie die neuesten Erkenntnisse über Inklusion beherzigen. Auch wenn diese Gesellschaften einige schmerzhafte kulturelle Veränderungen durchmachen müssen, um ihre Produktivität zügig zu erhöhen, sind sie nicht gezwungen, Exklusion als Preis des Wohlstandes hinzunehmen.

Die Steigerung der Produktivität beginnt damit, dass man sich *Größenvorteile* zunutze macht. In geschichtlicher Betrachtung verdankten sich die frühesten derartigen Vorteile technischen Neuerungen. Moderne Volkswirtschaften haben diese weit hinter sich gelassen: Viele Größenvorteile entstehen dadurch, dass Unternehmen in Clustern zusammengebracht werden, wie etwa im russischen Kaluga. Zwei Drittel aller Knöpfe weltweit werden in einer chinesischen Stadt produziert: Dadurch, dass sich Knopfhersteller an einem Ort zusammenfinden, senken sie gegenseitig ihre Kosten. Aber Größe ist mit vielen Nachteilen verbunden. Arbeitskräfte fühlen sich vielleicht von dem Produkt, das sie herstellen, entfremdet – als ein bloßes Rädchen in einem riesigen Getriebe. Sie fühlen sich vielleicht auch von dem Unternehmen entfremdet, das dieses Produkt herstellt – als ohnmächtige Schachfiguren, die von gierigen Eigentümern und Managern dirigiert werden. Beides sind Übel, die womöglich auch Arbeitskräfte demotivieren und ihre Produktivität verringern.

Die erfolgreichsten Unternehmen verbinden Größe mit Motivation. Arbeiter in einer großen Industrieanlage sind vielleicht begeistert davon, an diesem großartigen Projekt teilzuhaben. Arbeiter in den riesigen Stahlwerken von Sheffield und den riesigen Kupferminen von Sambia waren stolz auf das, was sie vollbrachten – sie waren keine bedeutungslosen Rädchen, sondern ein starkes Glied in einer Kette zweckorientierter Aktivitäten.* Es geht auch ohne ein demotivierendes, profitgieriges Management: Arbeiter fühlen sich ermächtigt, wenn man ihnen Verantwortlichkeiten überträgt, die es ihnen erlauben, ihr überlegenes praktisches Know-how zu nutzen. Ein spektakuläres Beispiel ist das langjährige Ringen zwischen Toyota und General Motors (GM) auf dem amerikanischen Automarkt. General Motors, einstmals das ertragsstärkste Unternehmen der Welt, ging im Jahr 2009 pleite: Es war Opfer einer Innovation von Toyota, der es nichts Vergleichbares entgegensetzen konnte. Die Innovation war keine technische Hexerei, sondern Inklusion. Die Manager von Toyota zogen sich wie die einfachen Mitarbeiter an, aßen in derselben Kantine und verzichteten darauf, sich selbst mit hohen Boni zu belohnen. Topmanager konnten daher glaubhaft »wir« zur Belegschaft von Toyota sagen. Sie nutzten ihre Position als »oberste Kommunikatoren«, um dem gesamten Unternehmen ein gemeinsames Ziel zu setzen – den Durchbruch auf dem US-Markt schaffen. Flankiert wurde dies von einer klaren Strategie: Der Wettbewerbsvorsprung von Toyota am Markt sollten mangelfreie Autos sein. Und zu diesem Zweck musste das Topmanagement den Arbeitern freie Hand geben. Es fasste sie am Fließband zu Teams zusammen – »Qualitätszirkeln«, die dafür verantwortlich waren, Fehler zu entdecken, sobald sie auftraten. Indem er an einer Reißleine zog, konnte jeder Arbeiter das gesamte Fließband zum Stillstand bringen und die Techniker alarmieren, damit diese die Ursache des Fehlers beseitigten – wie etwa die Fehlprogrammierung eines Roboters. Aber das Fließband anzuhalten, kostete 10 000 Dollar pro Minute. Dadurch, dass die Manager den Arbeitern die Möglichkeit gaben, an der Reißleine zu ziehen, zeigten sie, dass sie ihnen vertrauten. Es funktionierte: Der Gruppendruck innerhalb

---

* Fiona Hill, deren Vater ein Bergmann war, der aufgrund von Zechenstilllegungen entlassen wurde, schreibt auf anrührende Weise darüber, wie er nach der Schließung der Mine seine Selbstachtung verlor und keinen rechten Sinn mehr in seinem Leben sah. Vgl. *There's Nothing for You Here* (2022).

dieser Teams sorgte für die gründliche Überwachung des Prozesses, der Toyota mit der Zeit einen wertvollen Reputationsvorteil einbrachte. Selbst als der CEO von General Motors verstand, wie sich Toyota diesen Vorteil verschafft hatte, konnte er dem nichts Vergleichbares entgegensetzen. Nachdem sich das GM-Management über Jahrzehnte hinweg mit Firmenjets und saftigen Boni selbst belohnt und zugleich einen konfrontativen, dirigistischen Führungsstil gegenüber den Mitarbeitern gepflegt hatte, hätten viele Arbeiter am Fließband nur allzu gern an der Reißleine gezogen und die Produktion bei GM zum Stillstand gebracht.* Der CEO von Toyota vollbrachte in der Geschäftswelt das, was die Strategie der dänischen Ministerpräsidentin Mette Frederiksen im Umgang mit der Corona-Pandemie auf staatlicher Ebene erreichte: Menschen scharten sich um ein neues gemeinsames Ziel, das ihnen erstrebenswert erschien. Toyota konnte die Suche nach Fehlern aus dem gleichen Grund delegieren, aus dem Mette Frederiksen die Aufgabe, die Pandemie einzudämmen, an die Bürger delegierte: Sie hatten einen inklusiven Führungsstil gepflegt, der Vertrauen schuf.

Der größte Vorteil der Massenproduktion dürfte darin bestehen, dass sie *Spezialisierungsgewinne* erlaubt. So ist das chinesische Cluster der Knopfhersteller groß genug, um hoch spezialisierte Firmen zu unterstützen, die die Industrie mit maßgeschneiderten Produkten beliefern. In ähnlicher Weise können innerhalb eines Großunternehmens wie Toyota die Tausende Fließbandarbeiter durch kleine Teams von hochgradig spezialisierten Facharbeitern ergänzt werden. Übung ermöglicht Learning by Doing: Die besten Augenchirurgen zur Behandlung von grauem Star findet man in Indien, weil die

---

* Der CEO ordnete schließlich an, Reißleinen zu installieren. Da die Bandleiter ahnten, was passieren würde, und selbst erpicht auf Boni waren, verknoteten sie die Leinen, was eine sichtbare Misstrauensbekundung war. Ich danke Rebecca Henderson, Professorin an der Harvard Business School, für dieses anschauliche Beispiel.

Operationen dort nach dem Fließbandprinzip organisiert sind, sodass die dortigen Chirurgen viel mehr praktische Erfahrungen sammeln können als ihre Kollegen andernorts. Learning by Doing gilt nicht nur für individuelle Fähigkeiten, sondern auch für ganze Unternehmen, die auf die Herstellung eines Produktes spezialisiert sind. Erstmals wurde die Methode übrigens während des Zweiten Weltkriegs bei der Flugzeugherstellung erprobt. Wie die Massenfertigung hat auch die Spezialisierung eine Schattenseite. Es kann ermüdend werden, acht Stunden pro Tag immer die gleiche, eng umschriebene Aufgabe auszuführen. Es kann auch zu Selbstüberschätzung oder »Kompetenz-Silos« führen. Selbstüberschätzung ist eine Gefahr in hoch qualifizierten Berufen: Versicherungsmathematiker vertrauten allzu sehr auf ein Modell der Langlebigkeit, das das Corona-Virus nicht berücksichtigte. Noch im Jahr 2020, als sich die Pandemie von China aus rasch Richtung Westen ausbreitete, sagte ihr Modell konsequent einen Anstieg der Lebenserwartung voraus. Entsprechend war der versicherungsmathematische Rat, den sie Pensionsfonds gaben, völlig verfehlt. Kompetenz-Silos entstehen oft innerhalb von Organisationen: Jede Kompetenz wird als eine gesonderte Abteilung organisiert, die mit anderen um das Budget konkurriert, das vom Topmanagement bewilligt wurde.[*] Wenn sich ganze Unternehmen spezialisieren, aber Geschäfte miteinander machen müssen, können Kompetenz-Silos auch die Beziehungen zwischen ihnen zu Transaktionen verkümmern lassen, die sich nur noch nach dem Wortlaut der vertraglichen Vereinbarungen zwischen ihnen richten.

Die US-Pharmaindustrie kennt sowohl schwarze Schafe wie Purdue als auch Vorzeigeunternehmen wie Johnson & Johnson. Purdue bezahlte Ärzte dafür, stark suchterzeugende Medikamente wie etwa Schmerzmittel zu verschreiben, während ein

---

[*] Jedenfalls arbeitete die Weltbank so, als ich ihre Forschungsabteilung leitete.

billiges, nicht abhängig machendes Generikum viel sicherer gewesen wäre. Als dies publik wurde, ging Purdue pleite, aber die Eigentümer des Unternehmens, die Familie Sackler, konnten die 10 Milliarden Dollar behalten, die sie in ihre Tasche gewirtschaftet hatten. Sie begünstigende Interpretationen von Verträgen, für die Anwälte warben, die üppig dafür honoriert wurden, dass sie sich überzeugend anhörten, bewahrten sie vor Sammelklagen, mit denen Suchtkranke Schadensersatz hätten fordern können. Dagegen verfolgte Johnson & Johnson als erstes Unternehmen eine Politik, wonach der CEO ein erstrebenswertes gemeinsames Ziel festlegt, Befugnisse delegiert und Mitarbeiter ermächtigt, dieses Ziel selbstständig zu erreichen. Das Unternehmen ist eines von einer Handvoll, die seit 100 Jahren als Topfirmen überdauern.

Den erfolgreichsten Unternehmen gelingt es, die Gewinne der Spezialisierung einzufahren und sich zugleich vor den damit verbundenen Schattenseiten zu schützen. Eine der positiven Nebenwirkungen von COVID-19 war es, dass die Tätigkeiten von schlecht bezahlten, aber unentbehrlichen Arbeitnehmern mit geringem sozialem Ansehen zügig neu bewertet wurden. Reinigungs- und Krankenpflegekräfte erledigen Routinearbeiten, die langweilig sein können, aber der Wert ihrer Arbeit wurde jetzt weithin anerkannt, und sie erhielten die verdiente soziale Bestätigung. In ähnlicher Weise können Angehörige akademischer Berufe und Organisationen jene Selbstüberschätzung vermeiden, die ihren geistigen Horizont stark verengt. Man muss es dem Berufsstand der Versicherungsmathematiker hoch anrechnen, dass der Präsident ihrer internationalen Vereinigung, Tan Suee Chieh, im Jahr 2021 eine Kritik ihres Modellierungsansatzes aus der Feder meines Kollegen Sir John Kay las. Dies führte dazu, dass wir beide im Lauf des folgenden Jahres Vorträge vor ihren Mitgliedern hielten und so halfen, einen neuen Konsens zu schaffen. Eine große Mehrheit erkannte, dass der besondere Zweck ihrer beruflichen Tätigkeit darin besteht, sicherzustellen, dass Strategien sowohl öffentlicher Institutionen als auch privater Unternehmen trotz nicht zu beseitigender Ungewissheiten nachhaltig sind. Dies wiederum gab Anlass zu Veränderungen der Vorhersagemethoden, in die bei einer Reihe plausibler Szenarien wie etwa einer neuen Pandemie Resilienz eingebaut wurde. In von Ungewissheit geprägten Situationen ist es hilfreich, zu testen, wie eine Strategie in einer Reihe unterschiedlicher denkbarer Szenarien wirkt.

In dem Maße, wie sich Firmen spezialisieren, werden sie als Lieferanten oder Abnehmer voneinander abhängig. Die Nachteile der Spezialisierung und der Notwendigkeit, große Stückzahlen zu produzieren, lassen sich dadurch mindern, dass man vertrauensvolle Beziehungen aufbaut: Europäische Flugzeughersteller schlossen sich zu Airbus zusammen. Dies versetzte Firmen mit kleinen nationalen Märkten in die Lage, mit US-Unternehmen zu konkurrieren. Wenn Firmen voneinander abhängig werden, brauchen sie eine bessere Konnektivität: Straßen, Lkws und Logistikunternehmen, Häfen, Schiffe und Reedereien sowie Flughäfen, Flugzeuge und Fluggesellschaften.* Sie benötigen Finanzierungen, sodass ein eigener darauf spezialisierter Sektor entsteht. Aber mehr als alle anderen Produktivitätserfordernisse ist der Finanzsektor mit Risiken verbunden, die heute unter dem Oberbegriff der Finanzialisierung zusammengefasst werden.

---

* Für Leserinnen und Leser, die sich für die komplexen Details von Finanzierungen interessieren, ergeben sich aus dieser einfachen Liste drei Folgerungen. Straßen, Häfen und Flughäfen sind unglaublich teure, langlebige Infrastruktureinrichtungen, die im Normalfall am besten vom Staat bereitgestellt werden. Dagegen sind der Schiffstransport und Fluggesellschaften komplexe Dienstleistungen mit intensiven tagtäglichen Entscheidungsprozessen. Ihre Ausrüstung kann in der Regel geleast werden, sodass sie einen geringeren Finanzmittelbedarf haben. Diese Merkmale sorgen dafür, dass die meisten der Aktivitäten sich besser für den Privatsektor eignen. Lkws, Schiffe und Flugzeuge, welche die Transportdienstleister leasen, fallen zwischen diese Extreme. Sie haben eine viel kürzere Nutzungsdauer als die Infrastruktur, aber bei der Menge, die für eine gut vernetzte Volkswirtschaft benötigt wird, handelt es sich noch immer um eine gewaltige Investition.

Die Gefahren der Finanzialisierung

Im besten Fall ist der Finanzsektor ein Diener der Unternehmen, die Dienstleistungen und Güter produzieren, die in einer modernen Gesellschaft benötigt werden; im schlimmsten Fall wird er zu einem Frankenstein'schen Monster, das Unternehmen ausweidet. Finanzdienstleister können Unheil anrichten, wenn ihr Profitstreben der Gesellschaft Kosten auferlegt. Wenn ein Finanzier eine ausreichend große Zahl von Aktien eines Unternehmens aufkauft, um eine Mehrheitsbeteiligung zu erwerben, kann er den Gewinn steigern, indem er dem Management des Unternehmens mit Boni, die an die Gewinnhöhe gekoppelt sind, Anreize gibt. Die Manager bekommen ihre Boni, wenn sie die Instandhaltungs- und Investitionsausgaben kürzen; derartige Entscheidungen sind leicht in den Büchern des Unternehmens zu verstecken. Die Kürzungen lassen sich nicht sehr lange durchhalten, aber bevor der Trick herauskommt, verkauft der Finanzier das Unternehmen noch schnell mit Gewinn an einen Pensionsfonds, der irrigerweise davon ausgeht, das Unternehmen habe tatsächlich in kurzer Zeit seine Ertragskraft gesteigert. Diese Praktik nützt Finanziers, schadet aber dem Unternehmen und dem Pensionsfonds, der sich in das Unternehmen einkauft.*

Ein aufgeblähter Finanzsektor verleitet Unternehmen, aber auch Staaten zu Irreführung und nicht nachhaltigem Wirtschaften. Da die Rückzahlung der Schulden eines Staates durch seine Befugnis, Steuern zu erheben, abgesichert ist, können Staaten Kredite fast immer billiger aufnehmen als Unternehmen und Haushalte. Aber die öffentliche Verschuldung ist eine viel beachtete Zahl, die Staaten gern unterhalb einer verkündeten Schwelle

---

* Es zeichnet sich jetzt ab, dass dies das grundlegende Problem der im letzten Kapitel vorgestellten Silicon Valley Bank gewesen ist. Der Finanzvorstand, Mr. Beck, hatte Anspruch auf Bonuszahlungen; der Vorstandsvorsitzende, Mr. Becker, hatte Anspruch auf noch höhere Bonuszahlungen; beide wurden dafür belohnt, dass sie höhere Risiken eingingen. Mit diesen Anreizen holten Beck und Becker das Optimum für sich heraus, wodurch sie die SVB in den Bankrott trieben.

halten. Private Finanzierungen können öffentliche Schulden mithilfe von komplexen Vereinbarungen wie etwa öffentlich-privaten Partnerschaften verschleiern, die oft kostspieliger sind, aber Verbindlichkeiten aus den Büchern der öffentlichen Hand verschwinden lassen. Dies ist ein Trick, der für Staaten kurzfristig bequem ist, aber die Wähler täuscht und ihnen schadet.*

Der Finanzsektor ist nicht an einen Ort gebunden, und daher wetteifern Regierungen darum, die hoch bezahlten Arbeitsplätze und Steuereinnahmen, die er generiert, anzulocken. Die USA und Großbritannien haben ihre Finanzsektoren aufgebläht und Steuersysteme voller Schlupflöcher geschaffen, welche die Superreichen nutzen, um ihre Steuerlast zu minimieren. Die Reichen unterstützen Politiker, damit diese eine Politik machen, die ihnen genehm ist.[1] Da sowohl in den USA als auch in Großbritannien die Finanzindustrie der Sektor ist, der die meisten Milliardäre hervorgebracht hat, ist hier ein weiteres potenziell schädliches Ungleichgewicht entstanden.** Vermögen wie die 12 Milliarden Dollar des US-amerikanischen Hedgefondsgründers David Tepper und die 8 Milliarden Pfund seines britischen Pendants Michael Platt gelten gemeinhin als vollkommen überzogene Belohnungen für Aktivitäten, die oftmals Vermögen von zukünftigen Rentnern auf diese Personen umverteilen. Dieses Ungleichgewicht diskreditiert die morali-

---

* Hier ein Beispiel: Wie alle Polizeibehörden benötigt auch die britische Polizei Fahrzeuge, die insgesamt viele Millionen Pfund kosten. Es gibt keine veröffentlichten Daten, aber nach meiner groben Schätzung beläuft sich der Wert der gesamten Fahrzeugflotte der britischen Polizei auf rund eine Milliarde Pfund. Zweifellos wäre die billigste Finanzierungsmethode die Ausgabe von Staatsanleihen mit einem Kupon zwischen 3 und 5 Prozent, und die meisten Regierungen finanzieren den Fahrzeugpark ihrer Polizei auch auf diese Weise. Aber die britische Polizei least den größten Teil ihrer Ausrüstung von Finanzierungsgesellschaften, und die wahren Kosten dürften bei über 12 Prozent liegen. Es gibt hier keine Effizienzeinsparungen, und die Finanzierungskosten sind dreimal so hoch. Aber die Verbindlichkeiten werden nicht mehr als Staatsschulden verbucht: Die Regierung kann so tun, als würde sie ihr Schuldenziel erreichen.

** Laut dem Magazin *Forbes*, das jedes Jahr eine Liste der reichsten Menschen der Welt erstellt (Stand 2023).

schen Grundlagen der Praktiken, die für eine hohe Produktivität sorgen. Zwischen Regierungen, die dazu verleitet werden, den Status quo erhalten zu wollen, und populistischen Gegenspielern, die dafür plädieren, den Finanzsektor drastisch zu verkleinern, verschärft sich die politische Polarisierung.

Dies steht in scharfem Gegensatz zu den nordischen Ländern, in denen der Finanzsektor so klein ist, dass er eine nützliche Rolle spielen kann. Sie haben mit die höchste Steuerbelastung weltweit; Dänemark schöpft 53 Prozent seines Volkseinkommens in Form von Steuern ab, weit mehr als die USA oder Großbritannien, die sich beide um die 35 Prozent bewegen. Folglich haben dänische Milliardäre wahrscheinlich einen wirklich wertvollen Beitrag zu ihrer Gesellschaft geleistet. Sie gelten daher auch nicht als verachtungswürdige, ausbeuterische Raffkes, vielmehr werden ihre Leistungen anerkannt und gebührend gewürdigt. Dies wirkt sich sogar auf die Einstellungen zur Vererbung aus. Im Hochsteuerland Schweden ist man der Meinung, dass diejenigen, die Vermögen angehäuft haben, ihren Verpflichtungen gegenüber der Gesellschaft nachgekommen sind: Daher können sie ihr Vermögen steuerfrei vererben.

Wir brauchen einen starken, inklusiven Staat

Inklusiver Wohlstand ist heute für alle modernen Volkswirtschaften erreichbar. Aber um dahin zu kommen, braucht es einen Staat, der sich ein großes Stück vom Kuchen des Einkommens der Nation abschneidet: den *starken* Staat. Es gibt viele Länder mit *schwachem* Staat und einige wenige, in denen der Staat vollkommen verschwunden ist. Aber keines davon hat es zu Wohlstand gebracht.* Es gibt auch viele Länder mit auf-

---

* Das ist die zentrale Schlussfolgerung von *Pillars of Prosperity* von Tim Besley und Torsten Persson (2011). Im Jahr 2023 würdigte die British Academy ihre Arbeit als einen herausragenden Beitrag zu den Sozialwissenschaften.

geblähter Staatsbürokratie (*großem* Staat), deren Staat aber nicht stark ist. Der Staat ist in dem Sinne groß, dass er durch gesellschaftlich nutzlose Aktivitäten aufgebläht ist, wie etwa durch einen Verwaltungsapparat, der seine Bediensteten mit sinnlosen Arbeiten beschäftigt. Eine pervertierte Variante des starken Staates ist der *ausbeuterische* Staat. Dieser wird von einem kleinen »Selektariat« kontrolliert, das die gewaltige Macht des starken Staates dazu nutzt, Bürger zum eigenen Vorteil auszunehmen und zugleich alle Prozesse, die auf politische Veränderungen abzielen, zu sabotieren, um die Kontrolle zu behalten. Schwache Staaten und aufgeblähte Staaten sind nutzlos, ausbeuterische noch schlimmer. Wir brauchen starke Staaten wie Dänemark. Dieser verwendet seine hohen Einnahmen dafür, inklusiv zu sein. Solche Staaten sichern ihre Erfolge langfristig ab, indem sie zwei sich wechselseitig verstärkende Prozesse kombinieren. Das ist zum einen die positive Dynamik, die dadurch in Gang gesetzt wird, dass vergangene Erfolge einer Gesellschaft aufgrund des hohen sozialen Zusammenhalts die Erwartung erzeugen, dass auch die Zukunft Erfolge bringen wird, sodass die Bürger dem Staat und den von ihm definierten Zielen vertrauen. Zweitens macht die Chancengleichheit den erfolgreichsten Menschen in einer Gesellschaft bewusst, dass ihre Kinder oder Enkel Gefahr laufen, in die ärmere Hälfte der Einkommensverteilung zu fallen. Da sie sich wie jeder normale Mensch um die Zukunftsperspektiven ihrer Kinder und Enkel sorgen, unterstützen sie folglich die Hochsteuerpolitik, die für die Angleichung der Lebenschancen notwendig ist. Wenn ihre Nachkommen »fallen« sollten, werden sie so jedenfalls nicht sehr tief fallen.[2] Großbritannien und die USA haben starke Staaten, die ihr Potenzial zur Inklusivität vergeuden. Daher wissen die Erfolgreichen, dass ihre Kinder und Enkel durch Privilegien geschützt werden. Diese unfairen Privilegien ererbten Erfolgs verleiten sie zu Verachtung und Vernachlässigung von Gemeinschaften, die unter ererbter Benachteiligung leiden. In den USA profitieren heute zwei klar definierte Gruppen von ererbtem Erfolg: die wohlha-

benden Erben von familiären Vermögen, die über das gesamte
Land verstreut sind, und die Bildungselite, die sich um die Städte
mit Eliteuniversitäten konzentriert. Das selbstgefällige moralische Gehabe dieser beiden Gemeinschaften ererbten Erfolgs ist
das unerkannte Gegenstück zu dem von Verzweiflung geprägten Syndrom ererbten Scheiterns.

Beispiele für ausbeuterische Staaten, die von partikularen Interessen kontrolliert werden und nicht nach inklusivem
Wohlstand streben, sind die vormals kommunistischen Länder. Dort mischte sich der Staat stark in sämtliche Aspekte des
Alltagslebens ein, und obwohl er alle Erwartungen seiner Bürger enttäuschte, hielten sich die kommunistischen Regime jahrzehntelang an der Macht. Nordkorea und Russland unter Putin
sind nachhallende Vermächtnisse dieses gigantischen und tragi-
schen Experiments im 20. Jahrhundert.

Heute sind Gesellschaften mit großem, ineffizientem Staatsapparat, der nicht dem Gemeinwohl verpflichtet ist, häufiger
anzutreffen als ausbeuterische Staaten. Nigeria ist eine von mehreren ölreichen Demokratien, die ihre Öleinnahmen für einen
aufgeblähten Verwaltungsapparat ausgeben, der von einer kleinen politischen Elite aus allerdings miteinander rivalisierenden
Gruppierungen dazu genutzt wird, ihren klientelistischen Netzwerken Privilegien zuzuschustern. Diese verschiedenen Faktio-
nen verwenden den größten Teil ihrer Energie darauf, miteinander um die Kontrolle über die Öleinnahmen zu konkurrieren.
Nur in einer Sache sind sie sich einig: die Steuern niedrig halten. Während der Zeit, in der sie an der Macht sind, verlagern
sie ihr Vermögen ins Ausland, wo es sicher vor dem Zugriff des
nächsten Regimes ist; dadurch entziehen sie ihrem Land Privat-
investitionen. In Argentinien, einer weiteren Demokratie mit
aufgeblähtem Staatsapparat, wechseln sich ebenfalls rivalisierende populistische Führungsfiguren an der Regierungsspitze ab.
Da das Land über keine Ölvorkommen verfügt, treiben sie die
öffentlichen Gelder, die sie für die Unterstützung ihrer klientelistischen Netzwerke benötigen, dadurch auf, dass sie eine Hypo-

thek auf die Zukunft aufnehmen. Der argentinische Staat steht mit gigantischen Summen beim IWF, der Weltbank und ausländischen Privatbanken in der Kreide: Diese Schulden sind eine gewaltige Hypothek für die nächste Generation. Die Lage in Südafrika ist ganz ähnlich: Wie Argentinien ist es eine gefährdete Demokratie, die sich fest im Griff populistischer Führungsfiguren befindet, die sich auf klientelistische Netzwerke stützen. Auch sie haben die Strategie verfolgt, die Zukunft ihres Landes zu ruinieren, aber nicht durch Verschuldung, sondern durch Vernachlässigung öffentlicher Investitionen.

Ein zentraler Unterschied zwischen dem Modell des hochfunktionalen starken Staates der nordischen Länder und diesen dysfunktionalen Staaten – von denen einige ausbeuterisch, andere bloß aufgebläht und ineffizient sind – besteht darin, dass in den nordischen Staaten die Politik nicht von Partikularinteressen vereinnahmt wurde. Die dortigen Regierungen sind bestrebt, Aufgaben zu erledigen, die ihre Bürger als wichtig erachten. So weit wie möglich erfolgt dies in Partnerschaft mit der Zivilgesellschaft, und die Aufgaben werden an die niedrigste Staatsebene delegiert, die in der Lage ist, sie zu erledigen. Wie bei Toyota überwachen sich die Beschäftigten bei der Erfüllung der ihnen anvertrauten Aufgaben größtenteils selbst. Motiviert werden sie durch die Identifikation mit einem Ziel, das ihnen allen viel bedeutet. Dies versetzt den Staat in die Lage, ein sehr breites Spektrum von Leistungen auf effektive Weise zu erbringen. Der Staat weitet seinen Einfluss aus gutem Grund aus: Es stärkt die Wechselseitigkeit, wenn viele Aufgaben dem öffentlichen Sektor zugewiesen werden.

Die Vorteile eines solchen weitreichenden Staates zeigten sich nur allzu deutlich, als einige Länder, die dem nordischen Modell folgten, begannen, den Staat *zu verkleinern*. Die Ideologie des schlanken Staates wurde erstmals Ende der 1970er-Jahre in Neuseeland praktisch umgesetzt. Dessen Landwirte hatten ihren Zugang zum britischen Markt verloren, als Großbritannien der Europäischen Gemeinschaft beitrat und die Gemeinsame Agrarpolitik (GAP) einführte. Die neuseeländische Regierung nahm daraufhin vor lauter Panik Budgetkürzungen vor, bei denen Inklusionsmaßnahmen im Namen der von Milton Friedman inspirierten modischen Auffassung, der Markt wisse es am besten, geopfert wurden. Gestärkt durch dieses Beispiel eines englischsprachigen Landes und durch aufgeblähte Vorhersagen ihrer segensreichen Wirkungen, breitete sich die neue Ideologie in den 1980er-Jahren in der gesamten Anglosphäre aus. Es entsprach dem damaligen Zeitgeist, viele staatliche Aufgaben zu privatisieren.* Ein Großteil dieser Maßnahmen erwies sich insbesondere in Verbindung mit der Finanzialisierung als kontraproduktiv. Die gerade privatisierten staatlichen Dienste hatten keinen großen Anreiz, dem Gemeinwohl zu dienen. Um das Problem zu beheben, wurde eine Reihe neuer Regulierungsbehörden geschaffen. Die Fähigkeit des Staates, diese Aktivitäten zu regulieren, wurde maßlos überschätzt. Die Unternehmen waren weit besser informiert als die Behörden, und sie fanden Mittel und Wege, um die Regeln auszutricksen: Partikularinteressen schlichen sich in englischsprachigen Demokratien an die Macht. Diese Interessenkonflikte hätten nur vermieden werden können, wenn der Staat dort weiterhin das Sagen gehabt hätte.[3]

Eine arme Gesellschaft mit inklusivem Staat: Somaliland

Somaliland stellt eine wenig bekannte Ausnahme von der Regel dar. Die ehemalige britische Kolonie, damals nördlicher Nachbar von Italienisch-Somaliland, liegt am Horn von Afrika, im Nordosten des Kontinents. Bei der Entlassung in die Unabhängigkeit

---

* Neuseeland wurde von einer Polykrise im Kleinen getroffen, als der Staat die umfassende soziale Absicherung – ohne Steuererhöhungen – nicht länger finanzieren konnte. Unglücklicherweise fiel der Schock mit dem Aufkommen einer neuen, kleinen Partei zusammen, die bei der Regierungsbildung zum Zünglein an der Waage wurde. Dadurch ließen sich die Steuererhöhungen politisch nicht länger durchsetzen.

wurden beide getrennt voneinander von den Vereinten Nationen anerkannt. Britisch-Somalia wurde Somaliland, während
Italienisch-Somalia Somalia wurde. Ihre jeweiligen Anführer
beschlossen jedoch schon bald, die beiden Ländern zu vereinen,
und so erkannten die Vereinten Nationen sie als einen Staat
namens Somalia an.* Aber der Zusammenschluss erwies sich
als Fehlschlag. Ein repressiver Autokrat aus Italienisch-Somalia
riss die Macht in dem vereinigten Staat an sich und versuchte,
alle Fäden der Macht in der weit südlich von Somaliland gelegenen Hauptstadt Mogadischu zu zentralisieren. Infolge der schei-
ternden Inklusion entstand in Somaliland eine separatistische
Bewegung. Nach dem Sturz des Autokraten im Jahr 1995 brach
in Somalia ein Bürgerkrieg aus, in dem sich verschiedene Lager
bekämpften, und Somaliland ergriff die Chance, um sich *de facto*
abzuspalten. Da es völkerrechtlich weiterhin als Teil Somalias
galt, erhielt es keine eigenen Hilfslieferungen. Die Regierungen anderer Staaten konnten nur über die Regierung von Somalia mit Somaliland in Verbindung treten, ebenso die Weltbank,
der IWF, die Afrikanische Entwicklungsbank sowie UN-Insti-
tutionen wie die Ernährungs- und Landwirtschaftsorganisation
(FAO) oder das Kinderhilfswerk (UNICEF). Obwohl es eines
der ärmsten Länder der Welt ist, erhält es keine Entwicklungshilfe. Aber diese extreme Vernachlässigung bedeutet auch, dass
es keiner ausländischen Einmischung ausgesetzt ist.

Währenddessen zerfiel Somalia in fünf verschiedene Teile,
die immer wieder von schweren Kämpfen und Hungersnöten
erschüttert werden. Dagegen herrscht in Somaliland Frieden,
das gesamte Staatsgebiet wird von der Regierung kontrolliert,
und obwohl der Staat sehr arm ist, ist er inklusiv geworden. Es
ist der seltene Fall, in dem ein Staat zwar das Wunder der Inklusion, nicht aber das Wunder des Wohlstandes vollbracht hat.

---

* Genau der gleiche Prozess einer Vereinigung zwischen einer ehemaligen italienischen und einer vormaligen britischen Kolonie fand auf der anderen Seite des Roten
Meeres statt; daraus ging der Staat hervor, der heute Jemen heißt.

Es ist denkbar, dass der Unterschied zwischen Somaliland und dem übrigen Somalia auf das je unterschiedliche koloniale Erbe zurückzuführen ist – und dass die Briten ein »besseres« Vermächtnis hinterließen als die Italiener. Allerdings ist eher anzunehmen, dass dieser Erfolg den Einwohnern, ihren Anführern und der Freiheit von äußerer Einmischung zu verdanken ist.

Die Entwicklung zu einem inklusiven Staat begann im Jahr 2000 mit einem Verfassungsentwurf, der von den Ältesten der größten Clans erarbeitet wurde. Anschließend wurde er im Zuge eines ausführlichen Prozesses der Bürgerkonsultation zur Diskussion gestellt. Bei dem folgenden Referendum wurde der Entwurf – bei einer hohen Wahlbeteiligung – mit überwältigender Mehrheit angenommen. Die Verfassung sieht zwei Gesetzgebungsorgane vor – eine Kammer, bestehend aus den Ältesten, die in jedem Clan gewählt werden, und eine zweite Kammer, die direkt von allen Bürgern gewählt wird. Ein Gesetzentwurf tritt nur dann in Kraft, wenn er von beiden Kammern verabschiedet und von dem direkt gewählten Präsidenten unterstützt wird. Dies stellt sicher, dass eine stabile inklusive Politik betrieben wird: eine auf Machtbeteiligung beruhende Koalition der größten Clans mit starken gegenseitigen Kontrollrechten, die eine klientelistische Politik verhindern sollen. Nachdem ein System effektiver Machtbeteiligung etabliert worden war, hatte die Gewährleistung der Sicherheit im Alltag oberste Priorität. Ohne Geber, die sich in die Verwendung der Budgetmittel einmischten, *wurde die Hälfte des Haushalts dafür ausgegeben, die Clanmilizen zu leistungsfähigen nationalen Streitkräften zusammenzulegen.* Wenn ausländische Geber Einfluss auf die Budgetprioritäten gehabt hätten, dann hätten sie ihr Veto gegen eine solche Verwendung eingelegt, obgleich diese unter den gegebenen Umständen sehr sinnvoll war.

Somaliland ähnelt den nordischen Ländern nicht nur bezüglich der aktiven Bürgerbeteiligung, sondern auch in der sehr hohen Einkommensgleichheit, auch wenn diese nicht Ausdruck eines leistungsfähigen Staates ist, der über die nötigen Mittel verfügte, um Inklusion zu erreichen, sondern einer Volkswirtschaft, die so rudimentär ist, dass es praktisch keine Gelegenheiten gibt, hohe Einkommen zu erzielen. Es war auch klug, den Weg zu einer Mehrparteiendemokratie in kleinen Schritten zu gehen. Die potenziell spaltende Wirkung politischer Parteien wurde damit in die Zukunft verschoben, in der die staatlichen Strukturen so stabil sein würden, dass sie dadurch nicht mehr zu erschüttern wären. Die Parteien durften sich erst bilden, nachdem die Verfassung angenommen, der Präsident, die Ältesten und Abgeordneten beider Kammern gewählt und die nationale Armee aufgestellt worden war. Nur drei Parteien wurden zugelassen, weil man die gleichen Befürchtungen hegte wie Julius Nyerere 50 Jahre zuvor. Diese Beschränkung sollte Parteien dazu zwingen, sich auf der Basis von Ideen und Strategien statt nach Clans zu organisieren, von denen es viele gab. Da der größte Teil des Budgets vom Militär beansprucht wurde und die Wirtschaft kaum entwickelt war, einigten sich die Parteien auf praktische Maßnahmen der Wirtschaftsförderung. So spielt in Somaliland die traditionelle Weidewirtschaft eine entscheidende Rolle, und dort gezüchtetes Vieh wird in die Golfstaaten exportiert. Da war eine zentrale öffentliche Einrichtung nützlich, die bestätigen konnte, dass für den Export bestimmtes Vieh krankheitsfrei ist. Durch Zulassung miteinander konkurrierender Telekommunikationsanbieter sanken nicht nur die Gebühren, sondern Handys und mobile Geldgeschäfte erleichterten auch Transaktionen und Rücküberweisungen seitens der großen Diaspora Somalilands.[4]

Da Somaliland noch immer bitterarm ist, bietet es keinen Beleg für die Richtigkeit der von politisch rechtsstehenden Libertären gegen Entwicklungshilfe vorgebrachten Argumente. Aber es ist ein Fallbeispiel, das mit dem Argument vereinbar ist, dass sowohl Entwicklungshilfe als auch Demokratisierung so lange aufgeschoben werden sollten, bis eine Gesellschaft aus sich heraus die Kraft gefunden hat, sich hinter einer gemeinsamen Strategie zu versammeln. Bei der Ölsuche vor der Küste von Somaliland wurden offenbar Vorkommen entdeckt, deren

Erschließung ökonomisch rentabel ist. In Botsuana, wo Seretse Khama ein nationales Identitätsbewusstsein geschaffen hatte, sorgte die Entdeckung von Diamanten für den an keine Auflagen gebundenen Zustrom von Einnahmen, der die schnelle wirtschaftliche Transformation ermöglichte. Da sich die Einwohner von Somaliland ebenfalls hinter einem gemeinsamen Ziel versammelten, könnte sich dort heute etwas Ähnliches ereignen.

Small *ist nicht immer* beautiful: *Malawi*

Wie in Somaliland ist der Staat auch im ostafrikanischen Malawi zu schwach, um etwas zu bewirken. Aber anders als in Somaliland wurde er ungeachtet seiner Schwäche von partikularen politischen Interessen gekapert, die die begrenzten Einnahmen, die er kontrolliert, plündern. Im Jahr 1994 stürzten die Malawier ihren betagten autokratischen Herrscher, der 28 Jahre lang an der Macht gewesen war. Das Land wurde zu einer Mehrparteiendemokratie; als eine der ärmsten neuen Demokratien in der Welt erhielt es immer mehr Entwicklungshilfe. Der neue Präsident Bakili Muluzi ernannte einige bewundernswerte Minister, aber er versprach zu viel und hielt zu wenig. Wie mir ein resignierter ehemaliger Leiter des öffentlichen Dienstes in Malawi erklärte, kam mit der Demokratie eine scheinbar unbedeutende Änderung der Rechenschaftspflichten. Die Spitzenbeamten in jedem Ministerium – die beamteten Staatssekretäre, die Ausgabebeschlüsse genehmigen – hatten bis dahin ihrem Pendant im Finanzministerium berichtet. Jetzt waren sie nur noch ihrem eigenen Minister verantwortlich. Die Änderung der Rechenschaftspflicht hatte weitreichende Folgen: Ein Minister, der es darauf anlegte, konnte nun das Budget des Ministeriums plündern, ohne dass das Finanzministerium oder sonst jemand etwas davon mitbekam – mit absehbaren Folgen. Sobald einige Minister begannen, sich aus ihren Budgets zu bedienen und ein noch luxuriöseres Leben zu führen, wurden ehrliche Amtskollegen von ihren Familien unter Druck gesetzt, es genauso zu machen. Nur

ein willens- und führungsstarker Präsident im Stil von Lee Kuan
Yew hätte redliches Verhalten durchsetzen können. Aber an dieser Führungsstärke mangelte es: Nach einem enttäuschenden
Jahrzehnt gab er das Amt an seinen designierten Nachfolger ab.
Als Präsident folgte ihm somit Bingu wa Mutharika nach,
der mithilfe seiner Familie ein klientelistisches Netzwerk aufbaute. Sein Regime bediente sich so ungeniert aus der Staatskasse, dass es unter den Gebern in Verruf geriet, die mittlerweile einen erheblichen Teil des Staatshaushalts finanzierten.
Als Aushängeschild für eine angebliche Politik der Inklusion
diente ihm eine Frau, Joyce Banda, die er zur Vizepräsidentin
ernannte, nur um sie gleich darauf kaltzustellen. Aller Einfluss-
möglichkeiten beraubt und zunehmend angefeindet, wandte sie
sich mit der Bitte um Hilfe an mich – so lernte ich sie kennen.
Als Mutharika im Jahr 2012 im Amt verstarb, kam die Achilles-
ferse seines familiären Patronage-Systems ans Licht: Laut Verfassung sollte Banda automatisch seine Nachfolgerin werden.
Aber Peter Mutharika, Bruder des verstorbenen Präsidenten
und Minister, scherte sich nicht um die Verfassung und unternahm einen Putschversuch. Mit großem Mut fuhr Vizepräsidentin Banda zur Residenz des Präsidenten, beanspruchte das
Amt für sich und wurde sofort zum Darling der internationalen Gemeinschaft. Hilfsgelder strömten herein, und im Jahr
darauf lud mich Präsidentin Banda ein, sie zu beraten. Mittlerweile war mir klar geworden, dass sie, um zu einer Topkom-
munikatorin zu werden, skeptische Bürger durch eine Aktion,
mit der sie ein persönliches Opfer brachte, von ihren guten
Absichten überzeugen musste. Da ihr Vorgänger wegen seiner
familiären Patronage verschrien war, riet ich ihr, genau diese
Befürchtung zu zerstreuen. Sie könnte sich zum Beispiel am
nordischen Modell orientieren. So ist es in den skandinavischen
Ländern üblich, dass Schlüsselminister ihre Vermögensverhält-
nisse offenlegen. Als Präsidentin Banda diesen Vorschlag brüsk
vom Tisch wischte, stutzte ich ein wenig. Ich bin kein Super-
detektiv, aber ein paar Nachforschungen förderten schon bald

unangenehme Wahrheiten zutage. Ich zog mich in aller Stille
zurück, die Bürger waren nach wie vor nicht von ihrer Vertrau-
enswürdigkeit überzeugt, und sie verlor die nächste Wahl gegen
Peter Mutharika.

Nachdem ich zu dem Schluss gekommen war, dass ich erst
nach einem tiefgreifenden Wandel in Malawi einen positiven
Beitrag leisten könnte, beschloss ich, nicht in das Land zurück-
zukehren. Aber manchmal mildern Hoffnungen harte Urteile.
Nachdem ein Schlüsselberater des neuen Präsidenten meine frühen Arbeiten über die Frage, wie sich abgehängte Regionen aus
eigener Kraft revitalisieren können, gelesen hatte, überredete er
Peter Mutharika, mich erneut nach Malawi einzuladen. Es war
geplant, dass ich vor einem öffentlichen Publikum einen Vor-
trag über die Frage, wie eine Gesellschaft Veränderungsprozesse
in Gang setzen könne, halten und dann in regelmäßigen Abständen nach Malawi zurückkehren sollte. Zunächst schien der Prozess erfolgreich zu verlaufen. Eine neue Kommission wurde ein-
gerichtet, besetzt mit einer Gruppe hoch qualifizierter junger
Malawier. Auch der Bildungsminister war eine eindrucksvolle
Persönlichkeit, sehr daran interessiert, neue, weniger »von oben
verordnete« Unterrichtsmethoden auszuprobieren und von dem
zu lernen, was sich bewährte. Unter den geeigneten Rahmenbedingungen können unvoreingenommene neue Ideen und
empirische Befunde den Wandel beschleunigen, wenn sie entweder von einem Präsidenten, der zu einem persönlichen Opfer
bereit ist, oder einer breiteren Bürgerbewegung aufgegriffen werden. Im Rückblick ist klar, dass diese Voraussetzungen zu keinem Zeitpunkt gegeben waren, und vielleicht beruhte meine
Rückkehr auf einer Fehleinschätzung. Sobald ich spürte, dass
auch dieser Präsident nicht bereit war, eigennützige Interessen
zu opfern, zog ich mich zurück, um zu verhindern, dass meine
Mitwirkung als Unterstützung missdeutet würde. Peter Mutharika verlor die nächsten Wahlen, seine Gegner hatten eine Ein-
heitsfront geschmiedet, um ihn aus dem Amt zu drängen.

Die neue parteiübergreifende Allianz aus einem betagten Präsidenten und einem dynamischen jungen Vizepräsidenten schien endlich die Transformation anzustoßen, die Malawi schon seit Langem benötigt. Die Gebergemeinschaft wollte unbedingt, dass ich zurückkehrte. Also tat ich ihr den Gefallen, aber das, was meine Frau und ich dort sahen, war entmutigend. Die neuen Politiker waren keinen Deut besser als ihre Vorgänger. Das militärische Beschaffungswesen wurde zum neuen zentralen Quell der Plünderung des Staatshaushalts, denn hier konnte ein Mantel der Verschwiegenheit gegenüber Gebern mit den fadenscheinigen Argumenten nationaler Sicherheit gerechtfertigt werden. Aber während dies die Regierung davor bewahrte, von Gebern und Bürgern gründlich unter die Lupe genommen zu werden, beschränkte sich die Ausplünderung nicht auf das Verteidigungsministerium. Im Jahr 2022 hatten ungeachtet demokratischer Wahlen Vertreter von Partikularinteressen die Macht an sich gerissen: Korruption grassierte auf den obersten Ebenen der Politik und des Staatsdienstes. Die traurige Lehre aus den Vorgängen in Malawi ist, dass die regelmäßige Abwahl amtierender Präsidenten nichts an der politischen Patronage geändert hat: Demokratische Wahlen sind keine hinreichende Bedingung für einen inklusiven Staat. Und auch keine notwendige: Die vielversprechendste Strategie für Malawier, die Veränderungen wollen, besteht darin, einen Bottom-up-Prozess, ähnlich dem des Youth Policy Forum in Bangladesch, in Gang zu setzen.[*]

Dänemark als Vorbild

In keiner dieser sehr unterschiedlichen Situationen besaß der Staat die Kompetenzen, die er sich in den nordischen Ländern erworben hat. Die ausbeuterischen Staaten und Malawi unter-

---

[*] Als ich das Manuskript dieses Buches Ende 2023 abschloss, richtete die Gebergemeinschaft in Malawi immer dringlichere Bitten an mich, mich dort erneut einzubringen. Die Leserinnen und Leser werden vielleicht später erfahren, ob wieder einmal die Hoffnung über das Urteilsvermögen triumphierte.

scheiden sich zwar in vielerlei Hinsicht grundlegend voneinander, haben jedoch alle das Problem, dass hohe Staatsbeamte den Wandel behindern, weil sie vom Plündern der Staatskasse profitieren. Teile der Staatsverwaltung stellen eine Gefahr dar und müssten verschlankt werden. Wenn man in solche Staaten öffentliche Gelder pumpt, verschärft dies nur das Problem: Die Vertreter von Partikularinteressen können dann ein noch größeres Stück vom Kuchen an sich reißen.

In den nordischen Ländern erfüllt der Staat heute eine breite Palette von Aufgaben, aber das war nicht immer so. Dänemark betrieb nicht von jeher eine inklusive Politik; in der Mitte des 19. Jahrhunderts wurde eine verarmte Gesellschaft von einer brutalen und egoistischen Aristokratie regiert. Eine ausbeuterische Elite lebte in Luxus, während arme Bauern an Bäumen aufgeknüpft und ihre Leichen zur Abschreckung hängen gelassen wurden. Der Übergang von dieser Ordnung zum modernen Dänemark vollzog sich unter großen Spannungen. Die Dänen selbst haben dies größtenteils vergessen: Wenn dänische Hilfsorganisationen Malawi oder Peru beraten, sprechen sie nicht über ihre eigene Transition im späten 19. Jahrhundert. Und das sollten sie auch nicht – es wäre nicht angemessen, weil die Welt der Abgehängten im 21. Jahrhundert sich grundlegend von der Welt der nordischen Staaten im 19. Jahrhundert unterscheidet.

DANIDA, die dänische Agentur für Entwicklungszusammenarbeit, orientiert sich bei ihren Ratschlägen unweigerlich am Maßstab dessen, was der moderne dänische Staat alles leistet. Aber das kann sehr irreführend sein. So verlockend eine Eins-zu-eins-Übertragung auch sein mag, ist es doch so, dass die meisten Aufgaben, die ein starker Staat, der sich um inklusive Politikgestaltung bemüht, gut erfüllt, unter den völlig anderen Bedingungen, die in Malawi gegeben sind, schlecht erfüllt würden. Die Transitionen von Russland und Malawi zu inklusiven, effizienten Staaten wären komplex und selbstverständlich sehr unterschiedlich, allerdings könnte keines der beiden Länder dabei viel vom zeitgenössischen Dänemark lernen. Selbst

die Regierung von Somaliland, die einen leistungsfähigen Staat
von null an aufbauen will, wird mehr von einem Land lernen,
das vor zehn oder zwanzig Jahren in einer ähnlichen Lage war
und in dem das Gerüst für den Staatsaufbau noch nicht wieder abgebaut wurde.
Das Ziel eines inklusiven Wohlstands für alle ist heute technisch machbar: Die Wunder sind keine Rätsel mehr.
Aber ein Land wird Jahrzehnte brauchen, um die politischen und sozialen Voraussetzungen für eine erfolgreiche Transition zu schaffen – so, wie Dänemark Jahrzehnte brauchte, um zu einer wohlhabenden und inklusiven Gesellschaft zu werden. Sofortige Entwicklungssprünge sind unrealistisch, und internationaler Druck, solche Sprünge zu machen, ist bestenfalls naiv.

Ich werde jetzt den praktischen Details dieser Transformationen auf den Grund gehen und beginne mit den politischen Herausforderungen und Gadgets der häufigsten und sozial disruptivsten Veränderung, die arme Gesellschaften durchmachen: Urbanisierung. Kein Land in der Welt konnte jemals ohne sie seine Produktivkräfte entfesseln. Aber nicht alle Länder, in denen sich eine Verstädterung vollzieht, sind wirtschaftlich stark gewachsen. Und kein armes Land, das ein Urbanisierungsprogramm auf den Weg bringt, sollte versuchen, Kopenhagen nachzuahmen. Es ist eine schöne Stadt, aber sie funktioniert nur deshalb so gut, weil so viele andere Faktoren einer wohlhabenden und inklusiven Gesellschaft bereits vorhanden sind.

8.
Urbanisierung: Oase oder Todesfalle?

Die meisten Menschen in Hocheinkommensländern leben in gut funktionierenden Städten. Wir betrachten sie als etwas Selbstverständliches, jammern über ihre Schattenseiten und träumen manchmal von ländlicher Glückseligkeit. Aber unsere Städte bezeugen, dass Urbanisierung wiederholt erfolgreich verlaufen ist. Die meisten der heute abgehängten Länder sind noch immer überwiegend ländlich geprägt, aber zugleich vollzieht sich in ihnen eine zügige Urbanisierung. Bis 2050 werden sich Afrika und Zentralasien – die beiden ärmsten Regionen der Welt – fast unabhängig davon, welche Politik ihre Regierungen betreiben, urbanisiert haben; die städtische Bevölkerung Afrikas wird sich laut Projektionen verdreifachen. Ökonomisch betrachtet ist dies eine unerlässliche strukturelle Transformation und damit eine sehr gute Neuigkeit: Kleine, isolierte Gemeinschaften sind zur Armut verdammt, und eine erfolgreiche Urbanisierung ist durchaus möglich.

Eine gut umgesetzte, zügige Urbanisierung steigert die Produktivität von Menschen, sie sorgt für jene leichte Vernetzbarkeit, die Massenproduktion und Spezialisierung fördert. Keine Gesellschaft hat es jemals geschafft, die Produktivität ihrer Bevölkerung ohne Urbanisierung auf ein ausreichendes Niveau zu heben. Das am wenigsten urbanisierte Land der Welt, Papua-Neuguinea, hat einen »extrem hohen Entwicklungsbedarf«.[*] Eine zügige Urbanisierung ist kein Nebenschauplatz, auf dem

---

[*] Laut der Einstufung durch die Weltbank auf Basis der Daten von 2020.

sich einige politische Streber profilieren könnten, sie ist eine existenzielle Notwendigkeit für viele Millionen Menschen, an denen das globale Wachstum spurlos vorüberging. Sie ist entweder ein Katalysator inklusiven Wohlstands oder ein Sammelbecken enttäuschter Lebenshoffnungen. Urbanisierung kann auch soziales Kapital stärken, da sie die vielfältigen lokalen Identitäten eines Landes, wie Clans oder Stämme, zusammenbringt. Die verschiedenen Gemeinschaften Papua-Neuguineas haben so wenig Kontakt miteinander, dass es in dem Land über 1000 verschiedene Sprachen und eine lange Geschichte interkommunaler Gewalt gibt.

Eine der großen Leistungen von Lee Kuan Yew bestand darin, dass er die kognitiven Gadgets und die Strategien inklusiver, guter Regierungsführung, die eine Stadt produktiv und lebenswert machen, sehr gut beherrschte und auf diese Weise die Zahl der Einwohner von Singapur auf 6 Millionen vervierfachte. Aber auch wenn es viele Beispiele erfolgreicher Städte gibt, so sind einige doch extrem schnell gewachsen, ohne produktiv oder lebenswert zu werden. Die Zahl der Einwohner der tansanischen Hafenstadt Daressalam ist sogar noch schneller gewachsen als die von Singapur; die Stadt hat heute über 7 Millionen Einwohner, aber die meisten von ihnen leben verarmt in Wellblechhütten. Erfolgreiche Urbanisierung ist machbar, aber der Übergang aus einer ländlich geprägten Gesellschaft ist kein Selbstläufer. Wie andere Aspekte wirtschaftlicher Entwicklung ist er mit gewaltigen Koordinierungsproblemen verbunden, die Märkte allein nicht bewältigen können.

So gibt es unter anderem ein ganz klares Marktversagen, das dazu führt, dass urbanes Wachstum oft mit Überlastung der Infrastruktur einhergeht. Wenn Menschen in eine Stadt strömen, kann sie schon bald überfüllt sein, wenn die Verkehrsinfrastruktur nicht mit dem Zustrom Schritt hält. In dem Maße, wie sich die Überlastung verschlimmert, werden die meisten Kosten von den vorhandenen Einwohnern getragen, nicht von den Neuankömmlingen, die sie verursachen. Aber solange die

Stadt bessere Chancen bietet als die ländlichen Regionen, werden Menschen weiterhin zuwandern. Dass sie die Produktivität auf das Niveau ländlicher Regionen herunterziehen, ist ein nicht auszuschließendes Albtraumszenario. Eine der dysfunktionalsten Städte, die ich kenne, ist Freetown, die Hauptstadt von Sierra Leone. Ihre Infrastruktur ist ursprünglich für die 35 000 Menschen ausgelegt, die vor der Entlassung in die Unabhängigkeit in der Stadt lebten. Daran hat sich bis heute nichts geändert, obwohl ihre Einwohnerzahl während eines Bürgerkriegs, in dem weder die nationale noch die lokale Regierung die Infrastruktur ausbauen konnte, auf eine Million Menschen anschwoll. Sierra Leone ist heute eine friedliche Demokratie, und die Regierung steht vor der enormen Herausforderung, die Infrastruktur entsprechend den Bedürfnissen einer viel einwohnerstärkeren Stadt, durch die nur einige wenige schmale Straßen führen, zu sanieren.* Aufgrund politischer und finanzieller Hindernisse wurde die Sanierung jedoch gestoppt. Der Verkehrsminister benannte das politische Problem: eine Koalition der Mächtigen, die Reformen blockiert. Höchst einflussreiche Personen haben ausgerechnet dort Häuser gebaut, wo heute Straßen benötigt würden, daher kann man sie unmöglich abreißen. Und ich selbst kannte das finanzielle Hindernis: Die Kosten der Sanierung bestehender Infrastruktur belaufen sich im Schnitt auf das Dreifache der Kosten eines Neubaus.

Marktkräfte können das nationale Muster der Urbanisierung auch zugunsten der wichtigsten Stadt verzerren, sodass andere Städte zurückfallen. Dies geschah in Kolumbien: Die vielversprechendste Stadt, um unwiderrufliche private Investitionen zu tätigen, scheint immer die Hauptstadt Bogotá zu sein. Sie ist schon heute die größte Stadt, und sie wächst schnell. Im

---

* Zu der Zeit, als ich das Manuskript dieses Buches fertigstellte, versuchten einige Armeeoffiziere in Sierra Leone, an die Macht zu kommen. Der Putsch wurde schnell niedergeschlagen, aber der Vorfall ist bezeichnend für die wachsende Fragilität in Westafrika und im Sahel, die ausführlicher in Kapitel 10 diskutiert wird.

Jahr 2023 hatte ich Gelegenheit, mit der Bürgermeisterin über die Zukunft der Metropole zu sprechen. Sie befürchtete, dass Bogotá unregierbar werden würde, sollte die Politik auf nationaler Ebene nicht umsteuern und andere Städte ebenfalls fördern. Diese Befürchtungen haben sich in Mexico City mit ihren mehr als 30 Millionen Einwohnern bereits bewahrheitet. Auch Tokio hat über 30 Millionen Einwohner und wächst weiterhin, obwohl die japanische Bevölkerung insgesamt schrumpft. Aber Japan wurde reich, bevor Tokio zu einer Megacity wurde: Es konnte die gewaltigen Kosten der Infrastruktur finanzieren, sodass diese, selbst nachdem die Stadt stark erweitert worden war und auf die 30 Millionen Einwohner anwuchs, nach wie vor verlässlich funktioniert, auch wenn die Menschen viel Zeit mit Pendeln verbringen und in beengten Wohnverhältnissen leben. Dagegen wurde Mexico City groß, bevor das Land es sich leisten konnte, eine ausreichende Infrastruktur bereitzustellen: Heute steht die Stadt vor dem Problem, dass die Sanierung der vorhandenen Einrichtungen so kostspielig ist, dass sie kaum zu schultern ist.*

Aber nicht nur Marktkräfte haben offensichtliche Schwächen, auch die zentrale Planung durch ein nationales Urbanisierungsministerium stößt an Grenzen: Die Fülle der Aufgaben überfordert die Regierung, die nicht genügend Informationen hat, um die beste Lösung zu finden. Selbst im Zentrum von Moskau, wo die Stadtplanungsbehörde ihren Sitz hat, ist der Verkehrsfluss dauerhaft dysfunktional. Und was die Städte im Rest des Landes betrifft, so ist ein solches Ministerium viel zu weit weg, um die Verhältnisse vor Ort zu kennen. Die in Moskau geplanten Städte in Sibirien sind heute Tragödien. Es ist eine Herausforderung, die Urbanisierung gut hinzubekommen. Eine Stadt ist sowohl ein Ort zum Arbeiten als auch ein Ort

---

* Japanische Regierungen räumen ein, dass das anhaltende Wachstum Tokios dadurch, dass es anderen Städten Arbeitskräfte entzieht, ein akutes Problem mit abgehängten Regionen geschaffen hat, das hätte vermieden werden sollen.

zum Leben. Sie sollte Arbeitnehmer befähigen, produktiv zu sein, ohne dafür Lebensqualität zu opfern.

Städte produktiv und lebenswert machen

Eine produktive Stadt muss ihren Erwerbstätigen die Vorteile einer guten Konnektivität bieten. Arbeitnehmer müssen zu ihren Arbeitsplätzen kommen; Unternehmen müssen ihre Produkte zu den Verbrauchern bringen, und weil sich Unternehmen spezialisieren müssen, müssen sie sich vernetzen. Eine lebenswerte Stadt muss ihren Bewohnern bedarfsgerechten und erschwinglichen Wohnraum zur Verfügung stellen. Die Technologien der Konnektivität und des Wohnraumangebots können je nach Anspruchsniveau in eine hierarchische Rangfolge gebracht werden: Während beide die Stufen dieser Hierarchien emporsteigen, müssen sie miteinander Schritt halten.

An der Basis der Konnektivitätstechnologien befindet sich die Fortbewegung zu Fuß; die einzige erforderliche Infrastruktur dafür sind Gehwege. Wenn die Urbanisierung schiefläuft, wie es im kenianischen Nairobi geschah, wird die Nutzung der eigenen Füße für Arbeitnehmer zur häufigsten Methode, um an ihren Arbeitsplatz zu gelangen. Sie ist das billigste »Verkehrsmittel«, aber dabei werden jeden Tag viele Stunden vergeudet. Wenn sie lange Wege zu Fuß zurücklegen müssen, machen viele Menschen Abstriche bei der Lebensqualität, um die Entfernung zum Arbeitsplatz zu verkürzen: Sie drängen sich in Unterkünften in der Nähe des Stadtzentrums. Wie beengt die Menschen in diesen Häusern leben, hängt wiederum von der Wohnungsbautechnologie ab. Das billigste Wohngebäude ist die Hütte: Da sie eingeschossig ist, benötigt sie kein Fundament. Aber ein eingeschossiges Gebäude in der Nähe eines Stadtzentrums ist ein enorm verschwenderischer Umgang mit Land: Muss das Land gekauft werden, um ein Grundstück zu bekommen, sind

Hütten, gemessen an der kleinen Fläche, die sie bieten, unglaublich teuer. Die Frage, ob das Land gekauft werden muss, bringt uns zurück zu dem Problem, ob die Grundbesitzverhältnisse eindeutig geklärt sind. In der ruandischen Hauptstadt Kigali wurden sämtliche Grundstücke in einem Grundbuch erfasst, während dies in den Nachbarstädten Daressalam und Nairobi nicht der Fall ist. Wenn Landrechte unklar sind, besteht die billigste Methode, Land zu erwerben, darin, sich ohne Rechtstitel darauf niederzulassen und zu hoffen, nicht zwangsgeräumt zu werden.

Im Herzen von Nairobi befindet sich der riesige Kibera-Slum. Obwohl er sich nur über eine Fläche von 2,6 Quadratkilometern erstreckt, wird oft behauptet, er sei das am dichtesten besiedelte Slum Afrikas. Dort leben schätzungsweise 250 000 Menschen. Da er in der Innenstadt liegt, könnte er Teil des zentralen Geschäftsviertels werden, was seinen volkswirtschaftlichen Wert steigern würde. Wenn seine gegenwärtige, unproduktive Nutzung fortgeführt wird, entgeht der Volkswirtschaft laut einer seriösen Schätzung eine zukünftige Wertschöpfung von rund 2 Milliarden Dollar. Aber politisch herrscht absoluter Stillstand, weil die Grundstücksrechte strittig sind. Rechtlicher Eigentümer des Landes in Kibera ist eine kleine Gruppe sehr gut vernetzter Personen: Generäle, Spitzenbeamte und Politiker. Aber sie leben nicht dort, und ihre Eigentumsansprüche stammen aus jüngster Zeit und verdanken sich ihrer privilegierten Position in einem staatlichen Grundstücksregister. Die Familien, die dort leben, sind illegale Siedler, von denen viele schon seit mehreren Generationen dieselbe Parzelle besetzen. Der Versuch der gut vernetzten Personen, deren Namen im Grundbuch stehen, sie gewaltsam zu vertreiben, würde verständlicherweise zu Ausschreitungen im Stadtzentrum führen. Und da Präsidenten Krawalle in der Nähe ihres Amtssitzes fürchten, sind massenhafte Zwangsräumungen undenkbar geworden. Im Ergebnis ist die Situation so festgefahren, dass eine andere Nutzung des Landes unmöglich geworden ist. Die Bewohner zahlen den registrierten Eigentümern gerade so viel Pacht, wie sie sich leisten können. Es gibt keinen Marktmechanismus, um das Wertschöpfungspotenzial von 2 Milliarden Dollar zu heben, und der politische Prozess, um eine beiderseitig vorteilhafte Vereinbarung zu schließen, erfordert glaubwürdige praktische Maßnahmen inklusiver, guter Regierungsführung, an denen es lange Zeit mangelte.

Die naheliegende Lösung für das Problem illegaler Besiedlung besteht darin, den Menschen, die das Land besetzen, die Eigentumsrechte daran zu übertragen, wie es in Kigali geschah. Aber wenn dieser Prozess schlecht gemanagt wird, schafft er ein klassisches Problem des sogenannten Moral Hazard – der Ermunterung zu unverantwortlichem Verhalten –, bei dem illegale Landbesetzung opportunistisch ausgenutzt wird. Um etwa in Kampala, der Hauptstadt Ugandas, eine dringend notwendige Verbesserung der Verkehrsinfrastruktur zu erreichen, musste die lange, schmale Straße zum Flughafen in Entebbe, die ständig total verstopft war, verbreitert werden. Damit die finanzielle Belastung durch das Straßenprojekt verringert wurde, beantragte die Regierung einen Kredit bei der Weltbank: Tatsächlich ist die Förderung von Infrastrukturmaßnahmen der Hauptzweck, für den die Weltbank gegründet wurde. Als sich herumsprach, dass die Regierung einen Kredit beantragt hatte, kauften begüterte Personen mit guten Beziehungen, aber bar jeglichen Gewissens, Grundstücke auf, die für die Verbreiterung benötigt wurden. Viele ärmere Menschen verhielten sich nun ihrerseits opportunistisch, sobald sie dies mitbekamen. Sie strömten auf das Land, das an die Straße angrenzte, und ließen sich dort nieder. Da traten wohlmeinende internationale NGOs auf den Plan und gerierten sich als Kämpfer für Menschenrechte; sie forderten, die Rechte der illegalen Landbesetzer sollten umfassend geschützt werden. Die vermögenden neuen Eigentümer wiederum engagierten Anwälte und stellten aberwitzig hohe Schadensersatzforderungen wegen des Verlusts von Grundstücken, die sie gerade erst gekauft hatten. Die Weltbank

ließ sich von den NGOs einschüchtern und gab klein bei. Die
Straße wurde verbessert, aber pro Kilometer ist sie die teuerste
Straße der Welt geworden.[1]

Aus diesen Beispielen lässt sich die Lehre ziehen, dass die
rechtliche und physische Infrastruktur für Siedlungen vorhanden sein sollte, bevor sich Menschen dort niederlassen. Die
erschwinglichste Technologie, die eine Stadt befähigt, Sied-
lungsaktivitäten in verlässliche Bahnen zu lenken – das Gadget –, fokussiert die Aktivitäten der kommunalen Verwaltung
auf die Bereitstellung von Baugrundstücken und zugehörigen
Dienstleistungen: Jüngste Forschungsergebnisse zeigen, dass
sich dies bewährt hat.

Das vergessene Gadget:
Baugrundstücke und Dienstleistungen

Sobald die Stadtverwaltung Bebauungspläne erstellt hat, kann
sie jenseits des gegenwärtigen ökonomischen Fußabdrucks der
Stadt landwirtschaftliche Flächen billig aufkaufen. Anschließend kann sie das Land in kleine Grundstücke aufteilen und
jedes davon in das Grundbuch aufnehmen. Die städtischen
Behörden können diese Rechte dann an diejenigen verkaufen,
die neu in die Stadt kommen, und ebenso an diejenigen, die
in Slums leben und umgesiedelt werden müssten. Dann kann
ein Netz von Straßen geplant werden, unter denen Strom-
leitungen, Wasserrohre und Abwasserkanäle verlegt werden,
die eine unabdingbare Infrastruktur für angenehme Wohnverhältnisse sind. Wenn die Grundstücksflächen klein gehalten werden, belaufen sich die Kosten für einen Bauplatz auf
rund 3000 Dollar. Viele Migrantenhaushalte und Slumbewohner vermögen eine solche bescheidene Summe mithilfe ihres
familiären Netzwerkes aufzubringen. An diesem Ort können
sie dann nach und nach – in dem Maße, wie sie Ersparnisse
bilden – ein bescheidenes Haus errichten. In den 1980er-Jah-
ren erprobte die Weltbank diese Strategie in einigen Städten,

wie etwa Lusaka, der Hauptstadt Sambias. Aber unter dem politischen Druck, die Bedürfnisse der gegenwärtigen Einwohner zu befriedigen, stellte die Bank dann von dieser präventiven Strategie auf die reaktive Nachbesserung um, das heißt auf die Sanierung der Infrastruktur in bestehenden Slums. Die langfristigen Auswirkungen der alternativen Strategien wurden jüngst erforscht. Obwohl die Strategie der vorherigen Erschließung aufgegeben worden war, hat sie sich nachweislich bewährt. Jahrzehnte später stellten die erschlossenen Gebiete in Lusaka qualitativ hochwertige Häuser bereit; diese waren von Familien in Abhängigkeit von ihren verfügbaren Finanzmitteln schrittweise verbessert und ausgebaut worden. Das im Zuge der Erschließung angelegte Straßennetz war noch intakt, und die ursprüngliche Infrastruktur erfüllte weiterhin ihren Zweck. Dagegen waren die erst später sanierten Slumgebiete schon wieder ununterscheidbar von angrenzenden Slums, die nicht saniert worden waren. Die Sanierung hat sich als eine verfehlte Strategie erwiesen.

Sobald Bewohner nach der Erschließung einen Rechtstitel auf ihr Grundstück erworben haben, verfügen sie über einen Anreiz, ihren Grund effizient zu nutzen und nach und nach ein zwei- oder dreistöckiges Gebäude zu errichten. Dadurch werden eine höhere Belegungsdichte und zugleich weniger beengte Wohnverhältnisse erreicht. Bei dieser Belegungsdichte wird es auch wirtschaftlich rentabel, eine höhere Stufe auf der Leiter der Verkehrstechnik hinaufzusteigen.

Bus Rapid Transit (BRT) ist ein nützliches Gadget für eine große, finanzschwache Stadt – eine kostengünstige Version eines städtischen Bahnsystems mit Bussen statt Zügen und Straßen oder Busspuren, die an die Stelle von Bahngleisen treten. Es braucht eine höhere Bevölkerungsdichte als in Slumgebieten, weil die Busse aus Geschwindigkeitsgründen nicht überall halten können; sie benötigen ein paar ausgewiesene Haltestellen mit einer ausreichenden Zahl von Menschen, die in der Nähe leben.

Das Problem der letzten Meile

Weite Strecken zur Arbeit zu Fuß zurückzulegen, wie dies viele Menschen in Nairobi tun, ist unvereinbar mit einer hohen Lebensqualität. Busse auf Busfahrspuren oder die zweckgebundenen Straßen des BRT bringen Menschen zügig vom Zentrum in die Vorstädte, wo mehr Grund und Boden vorhanden ist, aber dann stehen Pendler vor dem Problem der letzten Meile: Wie kommen sie nach Hause? Eine kostengünstige und effektive Verbindung von Technologien meistert dieses Problem. Die Busse können zügig zu Knotenpunkten in den Vorstädten fahren, wo Minibusse und Mopedtaxis für den letzten Abschnitt des Nachhausewegs bereitstehen. Ein fahrplanmäßiger Dienst ist wichtig, weil ein nicht regulierter Busdienst, wie viele andere Märkte auch, nicht gut funktioniert. Ein Buseigner hat den Anreiz, so lange im Zentrum zu verweilen, bis der Bus voll ist. Busfahrspuren sind notwendig, um die anderen Autos davon abzuhalten, die Busse auf Schneckentempo abzubremsen. Aber wenngleich dies für eine arme Stadt, technologisch gesehen, eine gute Strategie zur Verbesserung des Verkehrssystems ist, wird sie oft auf politischer Ebene blockiert.

Als der Verkehr im nigerianischen Lagos durch Staus vollkommen lahmgelegt wurde, verringerte der Gouverneur die Verstopfungen der Straßen auf einen Schlag, indem er die Kraftfahrzeugnutzung gemäß dem ersten Buchstaben auf dem Nummernschild einschränkte: Autos mit A bis K durften die Straßen nur montags, mittwochs und freitags benutzen, L bis Z an den übrigen Tagen. Dies führte dazu, dass die Hälfte der Investitionen der Stadtbewohner in private Kraftfahrzeuge verloren war: Es wäre viel billiger gewesen, sie gar nicht erst zu kaufen. Aber es war die Lösung, die wegen der Verteilung von Gewinnern und Verlierern politisch bevorzugt wurde: Busfahrgäste gewannen, Autobesitzer verloren, *aber nicht alle*. Die Reichen kauften sich einfach zwei Autos: Da die Straßen freier waren, profitierten sie ebenfalls. Der Gouverneur hatte diese

Übereinstimmung der Interessen zwischen den beiden Gruppen erkannt, die für ihn am wichtigsten waren, die Wähler und die vermögende Elite. Er hatte eine Gewinnerkoalition für den Wandel geschmiedet, allerdings eine, die das Geld des Landes vergeudete. Es war besser, als überhaupt nichts zu verändern, aber man hätte es weitaus besser machen können.* Busfahrspuren haben nicht die gleiche politische Anziehungskraft. Gewöhnliche Wähler gewinnen mehr, aber *alle* Autobesitzer verlieren, sodass mächtige Eliten die Einführung der Spuren oft blockieren. Soziale Gewohnheiten können ebenfalls ein Hemmnis sein. Damit Busfahrspuren funktionieren, müssen sich Autofahrer von ihnen fernhalten; damit Busfahrpläne funktionieren, müssen sich Buseigner daran halten. Keine Regelbefolgung ohne effektive Regeldurchsetzung, und diese hängt davon ab, dass eine ganze Kette kommunaler Verwaltungsdienste gut funktioniert.** Nützliche Gadgets wie Busspu-

---

* Dies ist ein triviales Beispiel für eine wichtige Erkenntnis. Politik ist »die Kunst des Möglichen« – man schmiedet Koalitionen auf der Basis gemeinsamer Interessen, die jenen Gruppen, die über hinreichend Macht verfügen, um gesamtgesellschaftlich nützliche Veränderungen zu blockieren, die ihren Interessen zuwiderlaufen, das Wasser abgraben oder sie zerschlagen. Alle der in Kapitel 5 besprochenen Anführer haben solche Koalitionen aufgebaut. Der wichtigste Vertreter dieses wirtschaftspolitischen Ansatzes ist mein Kollege Stefan Dercon: vgl. *Gambling on Development: Why Some Countries Win and Others Lose* (2022).

** Vgl. zur Bedeutung der Regeldurchsetzung das in Kapitel 2 beschriebene experimentelle Spiel. Die Kette der Regeldurchsetzung sieht folgendermaßen aus: Wenn eine Polizistin ein Auto anhält, weil der Fahrer die Busspur benutzt hat, hat sie eine Wahl. Sie kann den Gesetzesverstoß den städtischen Behörden melden oder mit dem Fahrer ein Bestechungsgeld aushandeln. Wenn sie den Verstoß meldet, müssen die Behörden in der Lage sein, den Namen der Person in einem verlässlichen Register der Fahrzeughalter aufzufinden und ihr eine Adresse zuzuordnen. Wenn ein Strafbefehl verschickt wird, müssen die Gerichte ein zügiges, effektives Verfahren der Zahlungserzwingung bereitstellen. Bei der Einführung von Busfahrplänen tritt ein ähnliches Problem auf. Der Buseigner will so lange im zentralen Busbahnhof warten, bis der Bus voll ist. Wenn eine Vorschrift dies verbietet, stellt sich die Frage, ob er versuchen wird, den Amtsträger, der für ihre Durchsetzung zuständig ist, zu bestechen. Wird der Amtsträger das Bestechungsgeld ablehnen? Die Fahrer insgesamt werden öffentlich gegen die Fahrplanpolitik protestieren und vielleicht »Fake News« in Umlauf bringen und behaupten, sie werde zu Kosten- und Fahrpreiserhöhungen führen.

ren und Busfahrpläne werden so lange blockiert, bis die Künste der Governance tatkräftige Koalitionen aufbauen, die Anreize setzen, um sie einzuführen. Neue Gadgets können nützlich sein – viele Etappen im Prozess der Regeldurchsetzung lassen sich mithilfe von E-Technologien automatisieren, was die Korruptionsmöglichkeiten verringert. Gewöhnliche Bürger können ermuntert werden, an der Durchsetzung mitzuwirken: Ein geniales Gadget, das in Kenia zum Einsatz kam, war ein Schild im Innern von Minibussen, das die Fahrgäste fragte: »Fährt der Fahrer sicher?« Es war auch eine Site angegeben, an die man die Antwort schicken konnte. Sobald die Fahrer erkannten, dass ihre Fahrgäste diese Macht hatten, verringerten sich tödliche Unfälle mit Minibussen um 85 Prozent, und das zu Kosten, die vernachlässigt werden konnten.[2]

Verführerische Sackgassen

Die Technologien der Konnektivität und der Lebensqualität sind miteinander verflochten und müssen gleichzeitig verbessert werden. Eine modische Verkehrstechnik wie etwa ein städtisches Bahnnetz in einer Stadt, in der Menschen in Hütten leben, wird scheitern. Einige der Technologien, die in Hocheinkommensländern funktionieren und Präsidenten, Minister und Bürgermeister aus einkommensschwachen Ländern bei ihrem Besuch beeindrucken, sind verlockende Sackgassen, die sie zu kostspieligen und nicht nachhaltigen Investitionen verleiten.

Das Modell Los Angeles

Die kalifornische Metropole ist eine hoch produktive Stadt, die denen, die sich ein Auto leisten können, ein hohes Maß an Konnektivität bietet. Die Transporttechnik, auf die Los Angeles setzt, sind mehrspurige Schnellstraßen, die auf die Struktur der dortigen Wohnverhältnisse zugeschnitten sind: Von Rasenflächen umgebene Einfamilienhäuser dominieren, die über ein riesiges Gebiet von geringer Besiedlungsdichte verstreut sind.

Es gibt praktisch kein zentrales Geschäftsviertel – Los Angeles ist eine Stadt aus lauter Vororten, von denen jeder sein eigenes Zentrum hat und die alle durch Schnellstraßen miteinander verbunden sind. Viele Einwohner kommen gut damit zurecht, weil ihnen ihre hohen Einkommen erlauben, sich die Autos und Häuser zu kaufen, die ihre Lebensqualität ausmachen.* Aber die Stadt ist kein Modell für ein Niedrigeinkommensland, weil die Kapitalkosten der Schnellstraßen, Häuser und Autos untragbar hoch sind. Ghana, das erste afrikanische Land, das – 1957 – in die Unabhängigkeit entlassen wurde, gab seine Goldreserven für den Bau mehrspuriger Schnellstraßen aus, aber diese Investition kam in Anbetracht der damals geringen Zahl von Autobesitzern im Land viel zu früh: Die Schnellstraßen blieben leer, und es war kein Geld mehr übrig, um viel dringlichere Projekte anzupacken.

Das Modell New York

Der Gegenpol zu der zersiedelten, reichen Stadt Los Angeles ist die stark verdichtete Hochhausstadt New York. Die Bevölkerungsdichte ist so hoch, dass sich ein U-Bahn-System finanziell rentiert. Präsidenten armer Länder sehen dieses Modell jedes Mal, wenn sie nach New York kommen, um an der Generalversammlung der Vereinten Nationen teilzunehmen. Anders als das Modell Los Angeles wurde das Modell New York in einem Land nachgeahmt, das zum damaligen Zeitpunkt arm war – China. Wuhan ist das spektakulärste Beispiel für eine Stadt, in der die Bevölkerungsdichte durch Urbanisierung in kürzester Zeit stark angestiegen ist. Regierungen anderer Länder stellen

---

* Zugleich ist es eine Stadt von frappierender Ungleichheit: Die Armen haben aufgrund sehr beengter Wohnverhältnisse und eines unzulänglichen Busverkehrssystems hier nur eine geringe Lebensqualität.

sich nun vielleicht die Frage: Wenn China einen Sprung in die Moderne machen kann, warum nicht wir? Leider war die Ausgangslage in China in drei Aspekten außergewöhnlich, und jeder einzelne trug dazu bei, dass die Strategie der Sprungentwicklung umgesetzt werden konnte. Ich habe bereits erwähnt, dass die Chinesen bereit waren, sich eine ganze Generation lang mit einer erstaunlich hohen Quote des erzwungenen Sparens abzufinden. Aber dies war nur der erste Aspekt der chinesischen Sonderstellung. China hatte die größte Bevölkerung weltweit, sodass die hohe Sparquote pro Kopf mit einer Milliarde multipliziert wurde: Der Staat besaß eine enorme Finanzkraft. Und er schuf Städte wie Wuhan auch nicht überall – viele chinesische Städte sind öde, funktionale Orte, die nichts von dem schillernden Glanz Wuhans haben. Der chinesische Staat konnte es sich erlauben, Wuhan und einigen anderen urbanen Vorzeigeprojekten Priorität einzuräumen, ohne einen nicht zu kontrollierenden Unwillen in anderen Gegenden zu schüren.

Aber es war nicht nur so, dass der Staat eine außergewöhnlich hohe Finanzkraft besaß, die es ihm erlaubte, in das New-York-Modell zu investieren, hinzu kam, dass die Landbevölkerung außergewöhnlich langsam in die Städte zog. Das Bevölkerungswachstum war infolge der drakonischen »Ein Kind«-Politik zum Stillstand gekommen. Außerdem dämpften andere sehr strikte Maßnahmen die Anreize zum Wohnortswechsel. Haushalte, die bereits in Städten ansässig waren, erhielten Zugang zu sich schnell verbessernden öffentlichen Dienstleistungen, während Zuwanderern Nutzungsrechte dauerhaft verwehrt wurden. Neuankömmlinge mussten in Wohnheimen neben der Fabrik, in der sie arbeiteten, schlafen.[3] Mithilfe all dieser Maßnahmen gelang es dem Staat, genügend Wohnhochhäuser zu bauen, um mit dem Zustrom von Landbewohnern Schritt zu halten. Auf diese Weise verhinderte er, dass an den Stadträndern Elendsquartiere wucherten. Kein anderes armes Land erfüllt diese außergewöhnlichen Voraussetzungen: Das Modell New York ist eine weitere verlockende Sackgasse.

Angola oder das Schlechteste beider Modelle in einem Land

Die meisten Angolaner leben in tiefer Armut, und ungeachtet hoher Einnahmen aus dem Export küstennah geförderten Rohöls ist das Pro-Kopf-Einkommen niedrig. Das politische System ist hoch zentralisiert, und Wahlmanipulationen, die de facto eine Einparteienherrschaft zementieren, sind äußerst leicht. Die Öleinnahmen ermöglichen den Aufbau eines aufgeblähten Staatsapparats, aber abgesehen davon, dass dieser den angolanischen Herrschern erlaubt, sich an der Macht zu halten, ist er ähnlich ineffektiv wie sein nigerianisches Pendant. Folglich sind die Einkommen und die Lebenschancen sehr ungleich verteilt. Mächtige Politiker nutzen die Öleinnahmen, um ihre eigenen Kinder zu begünstigen, nicht die der Millionen Abgehängten. Als es die Sprösslinge dieser Elite nach komfortablem Wohnraum verlangte, erbot sich ein chinesisches Firmenkonsortium, diesen im Gegenzug für Erdöllieferungen zu bauen; das Bauunternehmen des Konsortiums war mit den glitzernden Appartements in Wuhan vertraut. Das Gebiet, das die Regierung ausgewählt hatte, war Kilamba, ein Neubaugelände auf der grünen Wiese, rund 40 Kilometer von Luanda entfernt. Doch selbst bei billigen Grundstücken sind die Baukosten von Hochhäusern enorm, und so kostete jedes Appartement rund 150 000 Dollar, was für den durchschnittlichen Angolaner vollkommen unerschwinglich, aber für den Nachwuchs der Mächtigen leicht zu schultern war. Wuhan ist eine gut funktionierende Vorzeigestadt mit Wohnhochhäusern *und* produktiven Unternehmen, die Arbeitsplätze bieten. Für Kilamba gilt dies nicht: Die angolanische Regierung hatte nur um Wohnungen gebeten, und die bekam sie in Form eines Satellitenvororts mit Hochhäusern. Die gut bezahlten Jobs, welche die Mächtigen ihren Kindern zuschanzten, befanden sich 40 Kilometer weit weg, in Luanda, und an die Frage, wie man von einem Ort zum anderen gelangte, war offenbar kein Gedanke verschwendet worden.

In Angola gab es keine der öffentlichen Dienstleistungen, die der chinesische Staat eingeführt hatte, bevor er in Wuhan investierte. Und so kam es in Angola schließlich zu einem absurden Gemisch aus New Yorker Hochhäusern, langen Wegstrecken wie in Los Angeles und mangelhaften Straßen à la Sierra Leone. Um Kilamba herum gab es reichlich Land, sodass es völlig unnötig gewesen war, Hochhäuser zu bauen. Es wäre besser und billiger gewesen, wenn man sich beim Wohnungsbau an Los Angeles mit seiner starken suburbanen Zersiedelung orientiert hätte. In Anbetracht der großen Entfernung zwischen Wohnung und Arbeitsplatz wäre BRT die geeignete Verkehrstechnik gewesen. Stattdessen mussten Pendler Autos kaufen, nur um sich dann auf verstopften Straßen wiederzufinden. Verlockende Sackgassen können zu unglaublich kostspieligen Fehlern werden.

Städte des Konsums: von Washington, D. C., über Brasilia nach Abuja

Da die Regierung ein bedeutender Arbeitgeber ist, buhlen die Großstädte eines Landes darum, zur nationalen Hauptstadt zu werden. Manchmal verständigen sich rivalisierende Städte auf einen Standort, der für keinen von ihnen zu einer Bedrohung werden kann. In den USA etwa wetteiferten Boston und Philadelphia lange Zeit um den Status der Hauptstadt, bis sie sich auf Washington, D. C., einigten; in Australien war Canberra ein Kompromiss zwischen Sydney und Melbourne, und Brasilia war einer zwischen Rio de Janeiro und São Paulo. Solche Hauptstädte sind Zentren von Politikern und Bürokraten, in denen nur einer einzigen Aktivität nachgegangen wird. Sie können leicht zu Städten des Konsums werden, in denen sich Politiker und Bürokraten verschwören, um ihre Macht zu missbrauchen, wobei sie ihre Stadt gegenüber anderen, die sich auf Produktion konzentrieren, begünstigen. In den USA geschieht dies mitunter auch auf Ebene der Bundesstaaten: Albany, Hartford, Tallahassee.[4]

Abuja, die Hauptstadt von Nigeria, ist ebenfalls ein solcher Ort, das Ergebnis einer Absprache zwischen den drei politisch bedeutsamen regionalen Hauptstädten: dem nördlichen Kano, dem südwestlichen Lagos und dem südöstlichen Enugu. Sie ist zu einer Stadt geworden, in der ein Großteil der Öleinnahmen des Landes ausgegeben wird, und so ist Klientelismus zu ihrem Lebenselixier geworden. Die wenigen produktiven Aktivitäten, die dort stattfinden, wie etwa der Betrieb von Restaurants und Hotels, dienen lediglich dem Konsum der Mächtigen. Abuja ist groß, lebt aber auf Kosten anderer Regionen, und die Mächtigen sind raffgierig. Elektrizität ist eine unabdingbare Voraussetzung für Produktivität, aber trotz der reichen Ölvorkommen waren nigerianische Regierungen außerstande, irgendwo im Land eine verlässliche Stromversorgung sicherzustellen. Als Sitz der Regierung ist Abuja der Ort, der unmittelbar für dieses Versagen verantwortlich ist. Aber die Mächtigen dort haben die Engpässe bei der örtlichen Stromversorgung auf Kosten anderer Städte behoben. Öffentliche Gelder wurden in eine Hochspannungsleitung investiert, die Elektrizität von Lagos abzweigt. Wenn die Leitung eingeschaltet wird, saugt sie also ein Zehntel der nationalen Stromerzeugung von der größten und produktivsten Stadt des Landes ab, damit die Stadt des Konsums nicht unter den Folgen ihres eigenen Versagens leidet.

Das Potenzial der Urbanisierung heben

Die Lebensqualität einer Stadt trägt zu ihrer Produktivität bei. Arbeitskräfte kommen lieber in eine lebenswerte Stadt als in eine, die nicht lebenswert ist, und bei guten Lebensbedingungen sind Arbeitskräfte gesünder und verursachen weniger Kosten. Dadurch, dass sich städtische Behörden um eine gute urbane Lebensqualität bemühen, erleichtern sie es der Stadt, auf Exportmärkten wettbewerbsfähig zu werden. Weil Weltmärkte riesengroß sind, wird exponentielles Wachstum gezündet, wenn die Stadt in diesen Märkten Fuß fassen kann. Zwar gibt es in Hocheinkommensländern viele solche Städte, aber Städte in abgehängten Regionen und Ländern müssen ihren Einwohnern erst noch solche transformativen Gelegenheiten zur Verfügung stellen. Bürgermeister und Minister beherrschen noch nicht die geeigneten Gadgets und haben die Künste der Governance noch nicht eingesetzt, um Gewinnerkoalitionen zu schmieden, die diese erfolgreich implementierten.

Die Strategie der umfassenden Erschließung ist ein Beispiel für ein nützliches Gadget, das wenig bekannt ist und in noch geringerem Umfang angewendet wird. Sie könnte die Kosten dafür, Städte produktiver und lebenswerter zu machen, senken, aber hierfür bedarf es großer öffentlicher Investitionen. Gegenwärtig sind viele Stadtverwaltungen von Transferzahlungen eines überforderten Finanzministeriums abhängig. Um Investitionen in einer angemessenen Größenordnung zu finanzieren, müssen Bürgermeister die Einnahmen auf kommunaler Ebene steigern. Aber sie sind auf der Hut: Wäre die Erhöhung der Kommunalsteuern nicht gleichbedeutend mit einer sicheren Niederlage bei den nächsten Wahlen?

Mit den Künsten guter Governance die städtischen Steuereinnahmen steigern

Lagos, wie gesagt die größte Stadt Nigerias, ist ein Beispiel dafür, wie sich die Einnahmen steigern lassen, sobald Kommunen das Recht gewährt wird, eigene Steuern zu erheben. Lagos hat das Glück, dass die Verfassung viele Befugnisse zur Steuererhebung auf die 36 Bundesstaatsgouverneure Nigerias übertragen hat. Und die Stadt Lagos ist Teil der größeren Körperschaft Lagos State. Seit der Rückkehr Nigerias zur Demokratie im Jahr 1998 haben aufeinanderfolgende Gouverneure mithilfe von Gadgets, die in ihrer Macht lagen, Neuerungen eingeführt, und einige davon haben zu einer deutlichen Steigerung der kommunalen Einnahmen geführt. Ein Gadget, das im lokalen Kontext funktionierte, verdankte sich der unerfreulichen Tatsache, dass der Wartesaal für Besucher des Gouverneurs immer voller Vorstandschefs lokaler Unternehmen war, die um einen Gefallen baten. Sie waren reich, hinterzogen aber sehr wahrscheinlich bundesstaatliche Steuern; das geeignete kognitive Gadget, auf das bislang noch niemand gekommen war, bestand in einer genauen Überprüfung, wie sie auch schon die Minibusfahrer in Nairobi dazu gebracht hatte, sicherer zu fahren. Der Gouverneur entschied, dass er in diesem Fall die Überprüfung persönlich vornehmen wollte. Aber dafür benötigte er eine Steuererklärung, sofern der Vorstandschef sich überhaupt die Mühe gemacht hatte, eine auszufüllen. Zu diesem Zweck griff er auf eines der anderen Instrumente guter Governance zurück: Er verkündete eine neue *überprüfbare Vorschrift*. Er würde einen CEO, der ihn um einen Gefallen bitten wollte, nur noch empfangen, wenn dieser ihm seine ausgefüllte Steuererklärung und einen Zahlungsbeleg vorlegte. Kein Beleg, keine Audienz. Da es eine öffentliche Vorschrift war, entfaltete sie eine positive Wirkung über den Kreis der CEOs von Großunternehmen hinaus. Sie signalisierte anderen Unternehmen, dass die Reichsten jetzt ihr Verhalten änderten: Kleinere Firmen verloren ihre bevorzugte Ausrede dafür, dass sie es selbst nicht taten, und sogar kleine Betriebe begannen, mehr Steuern zu zahlen.[*]

Steigende Steuereinnahmen kamen bei den Wählern gut an, was zur Folge hatte, dass aufeinanderfolgende Gouverneure ihre Mehrheiten ausbauen konnten. Der wichtigste Schritt bestand darin, mit einem ökonomischen Dogma zu brechen, das besagt, dass man nicht im Vorhinein Steuereinnahmen öffentlich bestimmten Ausgabenposten zuweisen sollte. Und so verknüpften die Gouverneure spezifische Steuererhöhungen mit konkreten Plänen zur Verbesserung der Infrastruktur und von

---

[*] Besagter Gouverneur, Bola Tinubu, ist heute Präsident von Nigeria. Seine ersten Maßnahmen zeigen den gleichen klugen und pragmatischen politischen Fokus, den er schon in Lagos an den Tag legte.

Dienstleistungen, die sichtbar und populär sein würden. Als die Wähler sahen, dass diese Pläne umgesetzt wurden, fassten sie mehr und mehr Vertrauen in die Kompetenz der Gouverneure, sodass die Strategie der »Besteuerung für Verbesserungen« bei den Wählern auf große Zustimmung stieß.*

Die Gouverneure in Lagos State zeigten, was möglich ist, aber sie hatten einen gewichtigen Vorteil gegenüber vielen Bürgermeistern: Das Gebiet, für das sie zuständig waren, ist größer als die Stadt, und so konnten sie eine Strategie für die Erweiterung der Stadt formulieren. Dagegen ist Daressalam weit über die ursprünglichen, gesetzlich festgelegten Grenzen des Stadtgebietes hinaus gewachsen. Obgleich die Präsidenten Tansanias kraft ihres Amtes die Erweiterung der Stadtgrenzen hätten verfügen können, unterließen sie es. Und so umspannt der ökonomische Fußabdruck der Stadt heute die Amtsbezirke von fünf verschiedenen Bürgermeistern. Diese wetteifern miteinander um die Gunst der Zentralregierung und vertrauen einander nicht hinreichend, um bei den integrierten Verbesserungen der Verkehrsinfrastruktur, welche die lokale Wirtschaft dringend bräuchte, zu kooperieren.

Tansania hat nun endlich eine Präsidentin und einen Finanzminister, die gemeinsam und einmütig danach streben, die Wirtschaft des Landes entscheidend voranzubringen, und die pragmatisch genug sind, um auf die jüngsten Forschungsergebnisse zu hören. Sie haben die Chance, ihre Herrschaftsgewalt über das nationale »Ermächtigungsumfeld« zu nutzen, um Daressalam unter einem Oberbürgermeister mit ähnlichen Kompetenzen wie die Gouverneure von Lagos zu einem einheitlichen Verwaltungsdistrikt zu machen und diesem Amtsträger Steuererhebungsbefugnisse zu übertragen. Sobald Bürgermeister lokale Steuern erheben, haben sie einen stärkeren Anreiz, das Wachstum der städtischen Wirtschaft anzukurbeln, da sie einen Teil dieses Wachstums in Form zusätzlicher Einnahmen

---

* Diese Praktik wird auch »zweckgebundene Besteuerung« genannt.

abschöpfen. Dies erhöht auch das Ansehen der Präsidentin und des Finanzministers bei den Wählern: Bürgermeister können Defizite bei lokalen Dienstleistungen nicht länger der unzureichenden Finanzierung durch die Zentralregierung anlasten.

Grundsteuern

Eine nach Auffassung von Wirtschaftswissenschaftlern sowohl effiziente als auch faire Quelle von Steuereinnahmen ist eine Steuer auf die Wertsteigerung von Grundstücken. In dem Maße, wie eine Stadt wächst und die Infrastruktur ausgebaut wird, steigt die Produktivität. Dies wiederum steigert den Wert von Grundstücken. Oftmals profitiert davon nur der Grundeigentümer, wer aber *sollte* profitieren? Anders als diejenigen, die in der Stadt arbeiten, haben Grundeigentümer nicht unbedingt etwas zur gestiegenen Produktivität beigesteuert. Daher lassen sich Grundsteuern im Rahmen einer zügigen Urbanisierung ethisch sehr gut begründen. Trotzdem wurden sie nur von wenigen Städten eingeführt: Die Verantwortlichen spüren, dass es politischer Selbstmord wäre, weil vermögende Grundeigentümer Gegenkampagnen finanzieren würden, um die Politik und die Entscheidungsträger zu diskreditieren.[5]

Eine mustergültige Ausnahme ist Singapur unter Lee Kuan Yew. Im Jahr 1973 trieb seine Wirtschaftspolitik die Produktivität und die Grundstückpreise in die Höhe, und er beschloss, diesen Wertzuwachs für den Staat abzuschöpfen. Seine gesellschaftspolitische Strategie war genial. Er verkündete eine neue gesetzliche *Regel*: Der Preis, den der Staat in Zukunft für enteigneten Grund zahlte, würde auf dem Niveau von 1973 eingefroren werden. Zunächst stieß die neue Regel nicht auf viel Widerstand, weil es *keine direkten Verlierer* gab: Die wenigen Grundeigentümer, die enteignet wurden, erhielten den aktuellen Verkehrswert des Grundstücks erstattet. Im Lauf der nächsten Jahre stieg der Bodenwert, sodass sich die Grundeigentümer, die gezwungen waren, zu Preisen zu verkaufen, die ein wenig unter dem

Verkehrswert lagen, wohl beklagten, aber es waren nur wenige. Abgesehen davon war ihr Land nach wie vor viel mehr wert als zu der Zeit, bevor Lee Kuan Yew Premierminister geworden war. Er hatte eine verkappte, schleichende Grundsteuer eingeführt. Nachdem seine Regierung das Land weit unter Marktpreisen gekauft hatte, verkaufte sie es später zu viel höheren Preisen an Bauunternehmer. Mit dem Gewinn verbesserte sie die ökonomische Infrastruktur und baute Sozialwohnungen. Wie die Gouverneure von Lagos verstieß er gegen ökonomische Grundsätze und verknüpfte den sozialen Wohnungsbau, der zu einem riesigen Programm wurde, mit der Bodenpolitik. Es gab viel mehr Nutznießer des sozialen Wohnungsbaus als Verlierer. Lee hatte sich eine Wählerbasis aufgebaut, der die spät aufgewachten Grundeigentümer nichts entgegensetzen konnten. Bis 2020 waren rund zwei Drittel der gesamten Stadtfläche von der Regierung zu Preisen von 1973 aufgekauft und entweder zu Marktpreisen an Erschließungsfirmen verkauft oder als Standorte für Sozialwohnungen genutzt worden.*

In China war die politische Ökonomie ähnlich. Zwar respektierte der Staat die meisten Formen von Privateigentum, aber Grund und Boden blieben in seinem Eigentum. Die anfänglichen Eigentumsrechte an urbanen Grundstücken wurden auf städtische Behörden übertragen. Diese konnten ungenutzten Grund einziehen und an Erschließungsfirmen verkaufen, die dadurch das uneingeschränkte Eigentums- und Veräußerungsrecht erwarben. Wie in Singapur wurden die Einnahmen zur Finanzierung des sozialen Wohnungsbaus genutzt, der politische Unterstützung sicherte, sowie der Infrastruktur, die Städte vor dem Syndrom der Überlastung bewahrte.

Aber obwohl Grundsteuern effizient und fair sind, wird oft erfolgreich Widerstand dagegen geleistet. So tüchtig die ruan-

---

* Die Niedrigsteuer-Lobby in der Konservativen Partei Großbritanniens, die sich für ein »Singapur an der Themse« starkmacht, scheint nicht verstanden zu haben, was für eine Entwicklungsstrategie Lee Kuan Yew tatsächlich verfolgte.

dische Regierung in anderen Aspekten der Transformation ist, so lässt die Einführung effektiver Grundsteuern noch immer auf sich warten. Der Präsident und der Finanzminister machten sich die Mühe, zu verstehen, was das Gadget der Ermächtigung von Stadtverwaltungen, Wertsteigerungen von Grundstücken zu besteuern, bringen würde.* Sie fanden es aus den oben dargelegten Gründen politisch attraktiv: Auf diese Weise würden mehr Finanzmittel für die wirtschaftliche Entwicklung bereitgestellt werden, während die Bürgermeister für die neue Steuer verantwortlich wären. Aber Präsident und Minister wurden im Parlament von einer Koalition blockiert, die eine Grundsteuer ablehnte. Die Abgeordneten mussten einem neuen Gesetz, das zur Erhebung der Steuer ermächtigte, zustimmen, und wie in Nairobi, den USA und vielen anderen Teilen der Welt hatten die Wohlhabenden vielen Abgeordneten geholfen, gewählt zu werden. Die Wohlhabenden besitzen auch einen unverhältnismäßig großen Teil des Bodens.

---

* Ich weiß, dass Präsident Kagame die Grundbesteuerung als ein kognitives Gadget verstand: Im Jahr 2016 erschien ihm der Verlauf der Urbanisierung in Ostafrika als so problematisch, dass er die Analyse von »Cities that Work« (einer Initiative des britischen Wirtschaftsforschungszentrum IGC) las und mich einlud, mit ihm darüber zu diskutieren. Er fragte mich eingehend über die sich daraus ergebenden Folgen aus und ernannte mich zum Pro-bono-Vorsitzenden eines Komitees internationaler – überwiegend afrikanischer – Architekten, die den Bürgermeister von Kigali beraten sollten. Wir empfahlen ihm, vor allem die Fehler zu vermeiden, die sich in den anderen Großstädten der Region deutlich zeigten. Kigali war bereits zu einer gepflegten, sicheren und weitgehend staufreien Stadt geworden. Aber ein Teil des Preises für den Erfolg des Luxustourismus war eine befremdliche internationale Architektur der Hochmoderne. Unser Komitee, dessen Mitglieder schnell voneinander lernten, empfahl einhellig eine verstärkte Nutzung lokaler Bauweisen, lokaler Materialien, lokaler Fertigkeiten und die Orientierung am Konzept des organischen Wachstums, das auf die kanadische Urbanistin Jane Jacobs zurückgeht. Drei Jahre später weitete ein neuer Minister unsere Empfehlungen für Kigali auf alle ruandischen Städte aus: Wir nahmen in bescheidenem Umfang Einfluss auf das »Ermächtigungsumfeld« für die Urbanisierung in Ruanda. Wir rieten auch, ökonomische Chancen gleichmäßiger über das ganze Land zu verteilen: Kigali sollte nicht allzu dominant werden. Uns ging es vor allem auch darum, die Entstehung von abgehängten Regionen in Ruanda zu verhindern.

Mit den Künsten guter Governance die Erschließungsstrategie unterstützen

Durch »Cities that Work« sind etliche Bürgermeister und Minister mit dem Gadget der Neuerschließung vertraut geworden, das dafür sorgt, dass Grundstücke für die Neuansiedlung vorbereitet werden. Aber obwohl die Forschungsergebnisse seine Nützlichkeit belegen, stößt dieses Vorgehen auf erheblichen politischen Widerstand. Selbst in Sambia – dem Land, für das die überzeugendsten Studienergebnisse vorliegen – ist die Regierung vorsichtig. Das Hindernis ist wieder einmal die politische Ökonomie. Stadtbewohnern ist es lieber, wenn die Infrastruktur an den Orten, an denen sie wohnen, saniert wird – ein kostspieliger Prozess der schrittweisen Renovierung, der keine dauerhafte Verbesserung bringt. Äthiopische Regierungen haben Wege gefunden, um Stadtbewohner für ein Programm zu gewinnen, das die Erschließungsstrategie mit der Besteuerung des Wertzuwachses von Grundstücken verbindet.

Zunächst einmal hat die äthiopische Regierung den ökonomischen Nutzen einer Reihe von Gadgets erkannt, die hilfreich sein könnten; dazu zählten nicht nur die Erschließung neuer Siedlungsgebiete, sondern auch die Besteuerung der Wertsteigerung von Grund und Boden, Stadtbahnsysteme, die Staus verringern können, und mehrgeschossige Wohnblocks, die die Dichte der Landnutzung steigern.* Anschließend fand die Regierung nützliche Innovationen, die einzelne Aspekte jedes Gadgets, die unter den lokalen Rahmenbedingungen etwas Positives bewirken könnten, miteinander kombinierten.

Die Regierung machte einen Unterschied zwischen einem Recht auf Privateigentum und dem Recht auf Grundeigen-

---

* Vier- bis sechsgeschossige Wohnblocks sind oft eine effiziente Lösung für den Wohnungsbau in einem Land, das sich auf dem Einkommensniveau von Äthiopien befindet, denn sie sind aufgrund ihrer Höhe flächensparend, und zugleich werden die Baukosten niedrig gehalten, weil sie nicht so hoch sind, dass kostspielige Aufzüge eingebaut werden müssten.

tum: Städtischer Grund und Boden war Eigentum des Staates. Die Regierung nutzte ihre Macht, um eine unsichtbare Grundsteuer einzuführen. Die äthiopische Hauptstadt Addis Abeba war auf eine so planlose Weise gewachsen, dass man für den Bau von Wohnblocks nicht auf Flächen am Stadtrand ausweichen musste, vielmehr gab es innerhalb der Stadtgrenzen genügend Inseln öffentlicher Grundstücke sowie Wellblechhütten-Slums, ähnlich wie Kibera in Nairobi, die dafür genutzt werden konnten. Um Hüttensiedlungen zu modernisieren, ohne dass die hohen Kosten einer Sanierung anfallen, müsste eine neue Infrastruktur errichtet werden, nachdem das ganze Areal planiert worden ist, sodass der Wiederaufbau im großen Maßstab auf einer unbebauten Fläche durchgeführt werden könnte. Die politisch-ökonomische Herausforderung bestand darin, eine ganze Nachbarschaftsgemeinschaft dazu zu bewegen, wegzuziehen, damit das Gelände für die Wiederbebauung eingeebnet werden konnte. Die Lösung dieses Problems erkannte zunächst einmal an, dass die Bürger der Regierung nicht ausreichend vertrauten, um deren Versprechungen zu glauben, es werde ihnen in Zukunft besser gehen, sodass sie eine Folge von Schritten konzipierte, die kein Vertrauen erforderten. Zunächst verwendete die Regierung ihre begrenzten Einnahmen dafür, schlichte Wohnblocks auf jenen verstreuten unbebauten Flächen zu errichten, die in der Nähe des expandierenden Stadtbahnsystems lagen. Sie nutzte diese öffentlichen Investitionen in das Schienennetz, um die Erwartung zu verankern, dass der Wert der neuen Wohnungen steigen würde. Die Baukosten wurden so niedrig wie möglich gehalten: Die Wohnungen waren einfach, mit Möglichkeiten für Verbesserungen in späteren Jahren, und Standardisierung ermöglichte die großen Stückzahlen, die die Kosten auf durchschnittlich nur rund 20 000 Dollar je Einheit drückten. Da das Land die Regierung nichts kostete, beschloss sie, diese Kostenersparnis an potenzielle Käufer weiterzugeben: Sie erhielten den Grund unentgeltlich. Anschließend wählte die Regierung ein Wohnviertel aus; dabei orientierte sie sich an sozialen Indikatoren, aus denen hervorging, dass seine Bewohner besonders schlecht untergebracht waren. Innerhalb des Viertels führte sie eine Lotterie durch, die darüber entschied, in welcher Reihenfolge die Haushalte eine Einladung zum Kauf einer der neuen Wohnungen zu dem attraktiven Preis von nur 20 000 Dollar erhielten. Das Angebot war zeitlich befristet; wenn es bis zu einem bestimmten Datum nicht angenommen wurde, würde es verfallen und auf einen anderen Haushalt übergehen. Dies war eine *neue Regel*, die zudem der Öffentlichkeit gut kommuniziert wurde. Zugleich war es eine clevere Marketingmethode, die eine Antwort auf die Frage »Warum jetzt?« gab. Es stellte sich heraus, dass selbst in einem sehr armen Land wie Äthiopien die meisten Haushalte auf familiäre Netzwerke zurückgreifen konnten, um das Geld zu beschaffen. Als die Menschen in die neuen Wohnungen zogen, wurden ihre früheren Heimatbezirke für die weitere Entwicklung eingeebnet. Dabei wurden auch Fehler gemacht, aber dank dieser Strategie wurde die Stadt lebenswerter und produktiver.

Baustandards

Baustandards sind wichtig – sie basieren auf einer Regel, die den Standard festlegt, und einer Institution, die sie durchsetzt. Die Länder, die nach 1947 von Großbritannien unabhängig wurden, erbten Baustandards, die für ihre Verhältnisse ungeeignet waren. So wie sie administrative Grenzen von Städten erbten, die viel zu eng gezogen waren, so waren die Baustandards zu hoch. Der »Schuldige«, der Town and Country Planning Act, war mit guten Absichten beschlossen worden. Dies verhinderte allerdings nicht, dass er schreckliche Schäden anrichtete, als er Orten auferlegt wurde, von denen die britischen Parlamentarier in London keine Ahnung hatten. Baustandards und die Mindestgrößen von Baugrundstücken wurden so überzogen angesetzt, dass sie selbst in Großbritannien im Verhältnis zu den Einkommensniveaus viel zu hoch waren und auch 30 Jahre später immer noch zu hoch waren. Daher waren sie völlig unangemessen für gerade unabhängig gewordene Schwellenländer, wo es sich lediglich eine verschwindend kleine Minderheit leisten konnte, Häuser gemäß den Standards zu bauen, die den neuen Vorschriften entsprachen. Wenn die stark wachsende städtische Bevölkerung nicht auf den Straßen schlafen sollte, müssten fast alle privaten Immobilien an den öffentlichen Genehmigungsverfahren vorbei gebaut werden. Dies hatte zwei schädliche Konsequenzen: Unmittelbar hatte es zur Folge, dass praktisch alle Häuser gebaut wurden, ohne dass auch nur ansatzweise überprüft wurde, ob bindende Bauvorschriften eingehalten worden waren.* Außerdem führte es schleichend dazu, dass die Missachtung staatlicher Vorschriften schnell zu etwas Normalem wurde.

Die tansanische Regierung machte sich die Mühe, mithilfe von »Cities that Work« das zweckdienliche kognitive Gadget für angemessene Baustandards zu finden. Aber ungeachtet eindeutiger Forschungsergebnisse beschloss sie, die Baustandards und die Mindestgröße von Baugrundstücken nicht abzusenken. Psychologisch gesehen hätte dies als ein Schritt »rückwärts« gegolten. Vielmehr wurde die Mindestgröße eines Baugrundstücks, die bereits absurd hoch war, noch weiter *erhöht*.

Sobald diese Befugnisse auf Gebietskörperschaften übertragen werden, wird die politische Umsetzung leichter. In Indien praktizieren jene Gebietskörperschaften, denen es gelang, ein gewisses Maß von Vertrauen bei ihren Bürgern aufzubauen, eine Variante des äthiopischen Prozesses der Umsiedlung von Gemeinschaften. Der gesamten Gemeinschaft wird angeboten, dauerhaft wieder in die Gegend zurückzuziehen, in der sie gegenwärtig lebt, wenn sie vorübergehend umzieht, während das Areal eingeebnet und Infrastruktur verlegt wird. Im Gegen-

---

* In Gebieten, die durch Erdbeben, Hurrikans und Überflutungen gefährdet sind, ist die Durchsetzung *angemessener* Baustandards eine Frage von Leben und Tod.

zug für ein kostenloses neues Haus mit verbesserter Infrastruktur wird das Baugrundstück für einen Haushalt um 40 Prozent seiner gegenwärtigen Fläche verkleinert. Um das potenzielle Problem zu umgehen, dass eine einzelne widerspenstige Person, die nicht wegziehen will, die Sanierung des Areals verhindert und die Vereinbarung scheitern lässt, wird ein Referendum über die Frage abgehalten, ob die Stadtverwaltung das Recht erhalten sollte, solche Blockierer (bzw. Stressoren) zu exmittieren, wenn mindestens 80 Prozent der Menschen umziehen wollen. Die Vereinbarung ist nur dann gültig, wenn die Gemeinschaft dieses Recht gewährt. Nach dem Wiederaufbau fallen 60 Prozent des Landes der Gemeinde zu. Ein Teil davon wird für den Bau eines angemessenen Straßennetzes verwendet, das die Konnektivität verbessert, und der Rest wird zu Marktpreisen an neue Bewohner verkauft. Dank dieser Käufe finanziert sich das Programm selbst, obwohl die neuen Häuser kostenlos an alteingesessene Bewohner vergeben wurden.

Urbanisierung – richtig angepackt

Bei einer erfolgreichen Urbanisierung, wie etwa in Singapur und bei der gelungenen Umsiedlung indischer Slum-Gemeinschaften, wird die Handlungsmacht auf die unterste Ebene übertragen, auf der ein Ziel erreicht werden kann. Auf dieser Ebene ermuntert sie Unternehmen, Behörden und die Zivilgesellschaft, gemeinsame Interessen zu finden: Das ist das deutsche Modell. In unserer vernetzten Welt hat jeder von uns Einfluss. Gerade Diasporagemeinschaften, die sich mit den Grundsätzen erfolgreicher Urbanisierung identifizieren und entsprechend ihren Verwandten bei Umzügen oder Sanierungen finanziell unter die Arme greifen, oder auch NGOs, die neue Strategien erproben, können nachhaltig positive Wirkungen entfalten. Sich gegen die Maßnahmen zu wehren, die notwendig sind, um einen Urbanisierungsplan erfolgreich umzusetzen, würde Menschen nicht davon abhalten, in Städte abzuwandern, sondern ihre Bewohner lediglich zu einem unproduktiven und nicht wirklich lebenswerten Leben verdammen.

Das Schicksal abgehängter Länder wird noch von einer weiteren Dynamik beeinflusst, die wie die Urbanisierung zu zwei grundverschiedenen Ergebnissen führen kann. Und sie ist viel mächtiger als die Urbanisierung: Einige Länder haben enorm davon profitiert, während andere katastrophal abgestürzt sind. Sie ist kontrovers und moralisch umstritten: willkommen im Casino der Gewinnung von Bodenschätzen.

9.
Der goldene Käfig

Jahrtausendelang lagen das Öl, das Gas und die Minerale, die wir heute nutzen, unentdeckt in der Erde. In vielen abgehängten Ländern ruhen sie nach wie vor im Verborgenen, und daher beginnt der Prozess der effizienten Nutzung von Bodenschätzen mit ihrer Entdeckung. Sobald Vorkommen gefunden werden, fließen sämtliche Gewinne den Unternehmen zu, die sie verkaufen, sodass die Bürger nur dann profitieren, wenn diese Firmen besteuert werden. Während die Unternehmen gewinnen, laufen die Menschen, die in der Nähe der schmutzigen Förderstellen leben, Gefahr, zu verlieren, weil ihr Land ausgeplündert wird. Irgendein öffentliches Verfahren muss ihnen eine Stimme geben und ihre Interessen schützen. Schließlich müssen Steuereinnahmen zum Wohl der Allgemeinheit verwendet werden. Dies ist oftmals die nervenaufreibendste Phase in der langen Handlungskette, die dazu führt, dass ehedem unter der Erde verborgene Bodenschätze schließlich das Leben der Menschen von Grund auf verändern.

Um diese breite Palette von Aufgaben in angemessener Weise zu erledigen, benötigt der Staat spezifische neue Fähigkeiten, die aufgebaut werden und deren institutionelle Träger dann zusammenarbeiten müssen. Wie sich noch zeigen wird, benötigt die betreffende Gesellschaft in einer frühen Phase des Entdeckungsprozesses wahrscheinlich ein starkes Militär, um die Sicherheit zu gewährleisten. Kommunen müssen über ausreichende Befugnisse und einen hinreichend effizienten Verwaltungsapparat verfügen, um wichtige öffentliche Dienstleistungen zu erbringen. Eine neue staatliche Agentur muss geologische Erkenntnisse zusammentragen und teilen;

die Steuerverwaltung benötigt eine Spezialabteilung, und es braucht ein Team von Finanzexperten, das ein Portfolio ausländischer Vermögenswerte verwaltet.

Dies ist eine anspruchsvolle Aufgabe: Sie wurde schon oft gemeistert, aber es ist kein Spaziergang, weil es einen starken Gegendruck gibt. Dies macht die Entdeckung eines Rohstoffvorkommens zu einem zweischneidigen Schwert. Im besten Falle generiert es erhebliche, sichere und bedingungslose Einnahmenströme, mit denen eine Regierung Chancen für alle schaffen kann. Das geschah in Botsuana und vielen anderen Ländern. Aber es besteht auch ein erhebliches Risiko, dass aus dem Segen ein Fluch wird. Der Abbau bedeutet vielleicht, dass das Land einer ausgegrenzten Gemeinschaft ausgeplündert wird, während zugleich kriminelle Gangs angelockt werden, die sich die Ressourcen aneignen. Im schlimmsten Fall entfachen die Einnahmen, die dem Staat zufließen, einen gewaltsamen Streit um dessen Kontrolle durch Korruption. Diamanten waren für Botsuana ein Segen, aber für Sierra Leone ein Fluch. Die blutrünstige Revolutionary United Front stürzte das westafrikanische Land auf die unterste Stufe des von den UN erstellten globalen Index des Wohlergehens.*

---

* Als mir die Diskrepanz zwischen dem transformativen Potenzial des Rohstoffabbaus und der oftmals tristen Realität immer deutlicher bewusst wurde, konzipierte ich eine Vorlesungsreihe zu dem Thema »Natürliche Ressourcen für die nationale Entwicklung nutzen«. Sie richtet sich an hohe Staatsbeamte, Topmanager und einflussreiche Personen der Zivilgesellschaft und wurde erstmals im Jahr 2012 in Partnerschaft mit der NGO Natural Resource Governance Institute an der Blavatnik School of Government der Universität Oxford abgehalten. Eine Gruppe internationaler Wissenschaftler und Praktiker beteiligen sich an dem Unterricht, größtenteils pro bono. Mittlerweile haben Hunderte Menschen aus der ganzen Welt diesen Kurs besucht. Ich verdanke ihnen viele neue Erkenntnisse, die in dieses Kapitel eingegangen sind.

Die eigenen Ressourcen entdecken

Gemeinhin wird angenommen, Afrika sei reich an Rohstoffen. Doch vor dem Jahr 2000 hatten die meisten Länder auf ihren Territorien keine nennenswerten Rohstoffvorkommen entdeckt. Pro Quadratmeile wurde auf dem Kontinent nur rund ein Fünftel der Menge an Bodenschätzen entdeckt, die in Nordamerika und Europa zusammengenommen gefunden worden war. Das elementare statistische Gesetz der großen Zahlen sagt uns, dass ein zufallsabhängiger geologischer Prozess – wie zum Beispiel die gesamten Rohstoffvorkommen eines Landes – sich der gleichen Zahl nähert, wenn er über zwei hinreichend große Areale wie etwa Kontinente gemittelt wird. Afrika und Nordamerika-plus-Europa sind riesige, ungefähr gleich große Gebiete, sodass sich weitgehend gleiche Mengen an Bodenschätzen unter der Erde befinden sollten. In Afrika ist nur deshalb so viel weniger entdeckt worden, weil viel weniger in die Exploration investiert wurde. Bei einer ähnlich intensiven Erkundung *könnte Afrika fünfmal mehr Rohstoffvorkommen* entdecken, und während des Rohstoffbooms zwischen 2003 und 2013 begann diese auch. Der Übergang von der Erkundung zum kommerziellen Abbau ist ein langwieriger Prozess, sodass im Jahr 2023 viele arme Länder endlich an der Schwelle zur potenziellen Transformation standen. Sollten sie diese Schwelle übertreten, oder sollten die Rohstoffe im Boden bleiben?

Extinction Rebellion und andere Klimaaktivisten sind zu Recht in Sorge, dass unser Planet in großen Schwierigkeiten wäre, wenn alle bereits entdeckten Energieträger auf Kohlenstoffbasis verbrannt würden. Die Kohlenstoffemissionen würden dann weit über das Niveau ansteigen, das mit ökologischer Nachhaltigkeit vereinbar ist. Aber aus diesem unbestreitbaren Fakt wird unvermittelt die leidenschaftliche Forderung nach einer Politik abgeleitet, die zutiefst unethisch ist: dass sämtliche bislang noch nicht abgebauten Lagerstätten fossiler Brennstoffe unangetastet bleiben sollten. Dies mag sich zunächst recht vernünftig anhören, tatsächlich aber wäre es in grotesker Weise unfair. Die Vorkommen an kohlenstoffhaltigen Brennstoffen, die noch nicht erschlossen sind, gehören hauptsächlich armen Ländern; diejenigen, die bereits abgebaut werden, gehören größtenteils den reichen Ländern. Wenn man unerschlossene Lagerstätten von Bodenschätzen unangetastet lässt, treffen die größten Verluste diejenigen, die sie am wenigsten tragen können. Die Frage, die Klimaaktivisten stellen sollten, lautet: *Wessen* fossile Brennstoffe wie Öl und Kohle sollten im Erdboden bleiben? Sollten es die der Reichen oder die der Armen sein? Die Frage beantwortet sich quasi von selbst: An der Spitze der Liste sollten die Kohlenstoffemittenten der reichsten Länder wie die amerikanische Öl-, die deutsche Kohle- und die katarische Gasindustrie stehen. In dem Maße, wie Öl und Gas nach wie vor benötigt werden, sollten sie aus den rohstoffreichen ärmeren Ländern kommen, die in der Lage sind, sie sinnvoll zu nutzen.

Paradoxerweise ist der politisch heikelste fossile Energieträger zugleich der geringwertigste: Kohle. Für Ökonomen versteht es sich von selbst, dass zuerst die Kohleförderung, dann die Ölgewinnung und schließlich die Gasförderung eingestellt werden sollten.[1] Aber die Schließung würde einige abgehängte Gebiete sehr hart treffen. Der Bergbau stellt gut bezahlte Arbeitsplätze in Regionen bereit, wo solche Jobs Mangelware sind. Damit die Umwelt von der Schließung von Kohlezechen profitiert, ohne dass benachteiligte Gemeinden zugrunde gerichtet werden, müssen neue, ebenfalls gut bezahlte Arbeitsplätze die alten ersetzen. Sie zu schaffen, ist machbar, aber kostspielig. Eine Möglichkeit besteht darin, die Steuern zu erhöhen, wie es Bundeskanzler Kohl tat, aber unseren Politikern fehlt der Mut, Wähler zu überzeugen. Eine andere Möglichkeit wäre es, dass Umweltschützer im Gegenzug für den großen Umweltnutzen, den die Schließung der Kohleindustrie bringt, eine erhöhte Gasproduktion akzeptieren, während Gasproduzenten die Schaffung neuer Arbeitsplätze als Gegenleistung dafür finanzieren, dass sie zusätzliches Gas fördern dürfen. Dogmati-

sche Umweltschützer und gierige Kohle- und Gasproduzenten
verhindern diese Lösung, da beide Gruppen eine Eskalation hin
zum »Entscheidungsduell« vorziehen.

Abgehängte Länder in Afrika mit wertvollen, aber unerschlossenen Lagerstätten fossiler Brennstoffe sehen sich einer ähnlichen Blockade gegenüber. Die Tatsache, dass Afrika vor dem
Jahr 2000 nur einen geringen Teil seiner Vorkommen an Bodenschätzen entdeckt hatte, hat auch Konsequenzen für die Regierungsführung. *Der Prozess der Prospektion selbst muss erhebliche
Mängel aufgewiesen haben.* Einer davon ist das sogenannte Problem der zeitlichen Konsistenz.

Angenommen, der Präsident eines afrikanischen Landes
braucht dringend Einnahmen. Er lädt Mega-Oil ein, in den
noch nicht explorierten Gebieten des Landes nach Lagerstätten
zu suchen: Diese sind, geologisch gesehen, Terra incognita. Die
Wahrscheinlichkeit, ein Vorkommen zu entdecken, das eine so
reiche Ausbeute verspricht, dass dies die immensen Kosten der
Suche und Förderung rechtfertigen würde, ist folglich vernachlässigbar niedrig. Selbst mit den besten geologischen Informationen,
die man kaufen kann, beträgt die Wahrscheinlichkeit, eine wirtschaftlich rentable Lagerstätte aufzufinden, nur 1:9; auf Gebieten,
über die keine Informationen erhältlich sind, ist sie sogar noch
viel niedriger. Weiterhin angenommen, die Wahrscheinlichkeit,
ein Ölfeld zu finden, das eine Milliarde Dollar wert ist, beläuft
sich nach der besten überschlägigen Schätzung von Mega-Oil
auf 1:100. Machen wir ferner die weniger plausible Annahme,
Mega-Oil würde für die Rechte an dieser profitablen Lagerstätte
ein mathematisch faires Angebot von 10 Millionen Dollar abge-
ben. Der CEO von Mega-Oil sollte daraufhin von seinem Auf-
sichtsrat entlassen werden, weil er auf gefährliche Weise naiv ist.

Um Ihnen das Problem so klar wie möglich vor Augen zu
führen, gehe ich von nur zwei möglichen Ergebnissen aus: Entweder Mega-Oil findet nichts; in diesem Fall hat das Unternehmen nicht nur 10 Millionen Dollar, sondern auch die viel
höheren Ausgaben für die Suche vergeudet. Oder aber es landet

einen Glückstreffer und findet Öl im Wert von einer Milliarde Dollar. Was würde dann wohl geschehen? Es kommt jetzt heraus, dass der Präsident dieses verarmten Landes Bodenschätze im Wert von einer Milliarde Dollar für nur 10 Millionen Dollar hergegeben hat. In diesem Fall wird jemand dies öffentlich anprangern. Wenn weder der Präsident noch Mega-Oil nennenswertes Vertrauen in der Bevölkerung genießen, wird der Verdacht kursieren, Mega-Oil habe im Voraus gewusst, dass es fündig werden würde, und den Präsidenten durch Bestechung dazu bewogen, den Vertrag mit dem Konzern zu unterschreiben. Um sich gegen die Verleumdungen zu wehren, wirft der Präsident Mega-Oil arglistige Täuschung vor. Der Konzern erhebt seinerseits Gegenbeschuldigungen, und der Vertrag, der so schlecht konzipiert war, lässt sich nicht erfüllen. Was genau geschieht hier? Aufgrund der soziopolitischen Ideen von Gerechtigkeit und Fairness kann sich für solche risikoreichen Investitionen in die Exploration kein Markt herausbilden.

Das Problem lässt sich leicht durch zweckdienliche staatliche Maßnahmen lösen. Der Präsident sollte etwas Geld für die Beschaffung geologischer Informationen ausgeben. In dem Maße, wie sich die Hinweise auf abbauwürdige, aber versteckte Ressourcen verdichten, werden die Preise, die Unternehmen anbieten, beträchtlich steigen, sodass Verträge fairer und damit langfristig tragfähig werden können. Genau das hat die Regierung der ostkanadischen Provinz Nova Scotia getan: Indem sie lediglich 15 Millionen Dollar für ein modernes geologisches Gutachten ausgab, entfesselte sie eine Welle gewerblicher Investitionen in die Prospektion. Diese enthüllten die Existenz riesiger Öl- und Gasfelder, deren Erschließung die Einkommen und die Beschäftigungschancen der ortsansässigen Bevölkerung erheblich verbessert hat.[*]

---

[*] Im Jahr 2011 überredete ich die Weltbank dazu, afrikanischen Regierungen, die ein Bodengutachten finanzieren wollen, billige Kredite zu gewähren. Angesichts der gegenwärtigen Prioritäten und des Einflusses der großen westlichen Länder ist es heute unvorstellbar, dass die Bank derartige Gutachten finanzieren würde.

Eine weitere häufige Schwäche des Explorationsprozesses ist fehlende Regulierung. Angenommen, die Regierung erhält ausreichend vielversprechende, allerdings rudimentäre geologische Informationen, sodass Mega-Oil, Global Petroleum und Oil-is-Us die Prospektionsrechte für jeweils ein höffiges Gebiet kaufen. Der neue CEO von Mega-Oil ist ein gerissener Bursche. Die Prospektionsrechte waren billig, weil die geologischen Daten noch immer vage sind. Aber er schlägt vor, das Unternehmen solle warten, bevor es die viel größere Summe ausgibt, die eine Erkundungsbohrung kostet. Global Petroleum und Oil-is-Us haben die Erkundungsrechte für die anderen Gebiete gekauft. Wenn eines der Unternehmen eine Probebohrung durchführt und etwas findet, dann sollte Mega-Oil ebenfalls bohren: Wenn keines der beiden etwas entdeckt, dann sollte Mega-Oil nicht sein Geld verschleudern. Aber der neue CEO ist nicht so clever, wie er denkt: Global Petroleum und Oil-is-Us kommen zu dem gleichen Schluss, sodass gar keine Erkundungsbohrung stattfindet. Der Verlierer ist das Land: Durch den Verkauf der Rechte hat die Regierung unabsichtlich den Erkundungsprozess gestoppt.

Doch auch dieses Problem kann sie leicht lösen: Unternehmen, die Prospektionsrechte erwerben, müssen reguliert werden. Man sollte sie dazu verpflichten, die Erkundungsbohrungen nach einem vereinbarten Zeitplan durchzuführen und die dabei gewonnenen neuen geologischen Erkenntnisse mit der Regierung zu teilen. Aber die magere Erfolgsbilanz staatlicher Regulierung zeigt klar deren Grenzen auf: Staaten mit geringen regulatorischen Kapazitäten sollten sie wesentlichen Dingen wie dieser vorbehalten.

Auktionen sind ein weiteres mächtiges Werkzeug in den Händen einer Regierung. Die Unternehmen, die sich auf den Abbau von Bodenschätzen spezialisiert haben, kennen den wahren Wert eines höffigen Gebiets viel besser als die Regierung. Dadurch, dass sie bei einer Auktion gegeneinander antreten, verrät diese der Regierung, wie sie den Wert eines solchen Gebiets einschätzen. Auktionen lassen sich auch so gestalten, dass der Prozess der Prospektierung schrittweise durchgeführt wird. Dabei werden zuerst nur ein paar Erkundungsrechte an ordnungsgemäß regulierte Erstprospektoren verkauft. In dem Maße, wie ihre Explorationen neue geologische Erkenntnisse zutage fördern, steigen die Preise, die in nachfolgenden Auktionsrunden geboten werden.

Ökonomische Renten besteuern

Wenn Mega-Oil nach einer sorgfältig regulierten Auktion auf ein Ölfeld gestoßen ist, dann gilt: so weit, so gut. Aber von da an werden alle anderen nur dann profitieren, wenn Mega-Oil angemessen besteuert wird. Die Besteuerung ist Sache der Regierung, aber diese sieht sich drei Hürden gegenüber: Sie muss die Steuersätze festlegen; sie ist auf genügend Informationen von den Unternehmen angewiesen; und sie muss sich gegen Korruption absichern.

Wie Norwegen Großbritannien übertraf

Ein Vergleich zwischen Großbritannien und Norwegen verdeutlicht auf dramatische Weise, wie wichtig und zugleich schwierig es ist, Steuern optimal zu gestalten. Die beiden Länder teilen sich die Öl- und Gasförderrechte in der Nordsee, und zufälligerweise sind die Fördermengen annähernd gleich. Allerdings belaufen sich die Steuereinnahmen im langjährigen Mittel auf 33 Dollar pro Barrel in Norwegen, aber nur auf 11 Dollar in Großbritannien.[*] Eigentlich wollte ich den Mantel des Schweigens über diese erstaunliche Inkompetenz legen, aber meine ungläubigen Lektoren haben darauf bestanden, dass ich dieses peinliche Detail erwähne. Es bringt uns zurück zu den drei definierenden Merkmalen des britischen Schatzam-

---

[*]   Ich beziehe mich hier auf Daten, die von 1971 bis 2017 reichen.

tes: seine zwanghafte Kurzfristorientierung, die Tatsache, dass es vor allem auf unerfahrene Nachwuchskräfte setzt, die frisch von der Universität kommen, und seine tiefe Abneigung gegen Expertise. In dem verzweifelten Bemühen, jedes Jahr höhere Einnahmen zu erzielen, weisen leitende Beamte untergeordnete Kollegen an, Ölunternehmen steuerlich stärker zu belasten, und so werden die Steuerschrauben vordergründig angezogen. Im Schnitt wurde das Steuersystem über die letzten 50 Jahre alle zwei Jahre geändert, was es zu einem der wenigsten stabilen weltweit macht. Die Ölkonzerne reagieren auf diese hektischen Änderungen, indem sie ganze Armeen hoch spezialisierter Steueranwälte mobilisieren, die die Vorstöße der wenig sachkundigen jungen Treasury-Amateure mühelos parieren. Dagegen hat Norwegen ein engagiertes, stabiles und ebenfalls hoch spezialisiertes Team von 40 Fachkräften. Außerdem hat das Land, anders als Großbritannien, eine nationale Ölgesellschaft gegründet, die mit internationalen Ölkonzernen konkurriert und deren Erfahrungen dazu genutzt werden, die Branche von innen heraus zu verstehen.

Für arme Länder mit wertvollen natürlichen Ressourcen sollte das sehr ermutigend sein. Wie sie war Norwegen bis zur Vereinigung mit Schweden Anfang des 19. Jahrhunderts eine – dänische – Kolonie. Es ist ein kleines Land, und bis zur Entdeckung der Ölfelder war es recht arm. Im Vergleich zum britischen Treasury war das norwegische Finanzministerium ein kleiner Fisch. Jedes Land, das über natürliche Ressourcen verfügt, kann es sich leisten, ein Team aus 40 Staatsbediensteten aufzubauen, die sich eingehend mit der Ressource beschäftigen, die sie besteuern wollen.

Unzuverlässige Buchführung

Fehlendes branchenspezifisches Wissen, wie es unter anderen beim britischen Treasury anzutreffen ist, stellt ein kleines Beispiel für das umfassendere Problem der Informationsungleichheit dar. Diesem liegt die Tatsache zugrunde, dass das einschlägige ökonomische Konzept – der Überschuss, den der Wert einer natürlichen Ressource in Gegenüberstellung zu den bei ihrer Förderung anfallenden Kosten erbringt – eines ist, das von Buchprüfern nicht anerkannt wird. Die Details der Rechnungslegung sind knifflig. Verwirrung entsteht deshalb, weil der Mehrwert, die *Ressourcenrente*, von dem Gewinn unterschieden werden muss. Sobald ein Erdölfeld entdeckt wurde, lässt sich das Öl für etwa 2 Dollar pro Barrel fördern. Aber eine Erdölgesellschaft, die langfristig rentabel wirtschaften will, muss auch die Erkundungskosten wieder hereinholen; und dazu gehört auch die Beschaffung von risikotragendem Kapital, um die Kosten der acht nicht fündigen Bohrungen abzudecken, die das Unternehmen normalerweise – auch mit den besten geologischen Informationen – durchführen muss, um eine Lagerstätte aufzufinden, deren Abbau sich wirtschaftlich lohnt. Sobald sich das Öl im Besitz des Unternehmens befindet, kann es dieses auf dem Markt verkaufen – Ende 2023 betrug der Preis um die 90 Dollar pro Barrel. Da sich die operativen Förderkosten auf 2 Dollar und die eigentlichen Erkundungskosten auf 20 Dollar belaufen, bleiben 68 Dollar als *Ressourcenrente*. Aber Buchhalter, die den Jahresbericht über die Finanzlage des Unternehmens erstellen, weisen 2 Dollar als Betriebskosten, Erlöse von 90 Dollar und einen Gewinn von 88 Dollar aus. Die beiden verschiedenen Konzepte sorgen für Verwirrung bezüglich der Frage, wer was bekommen sollte. Die Ressourcenrente stünde eigentlich dem Staat als Sachwalter seiner Bürger zu. Der angemessene Ertrag für das Unternehmen sollten die 22 Dollar sein, die attraktiv genug sind, um es dazu zu bringen, nach Öl zu suchen und dieses zu fördern. Stattdessen verhandeln Unternehmen über die »faire« Aufteilung der 88 Dollar, wie wenn 44 Dollar der angemessene Richtwert wären. Sie halten es wirklich für fair, das Doppelte dessen, was ihnen eigentlich zustünde, für sich zu behalten.

So schlimm das ist, wird es dadurch noch verschlimmert,

dass der Wettbewerb viele Unternehmen habgierig macht: Es zeigt sich, dass der Gewinn erstaunlich elastisch ist, wenn ihn deren Buchhalter dehnen. Das Bild trübt sich noch weiter zugunsten der Rohstofffirmen ein, denn das Unternehmen, das steuerlich veranlagt wird, ist in der Regel die lokale Tochtergesellschaft, wie zum Beispiel Mega-Oil Tschad. Diese Tochter verkauft ihr Rohöl entweder an die Muttergesellschaft oder an eine andere Tochter wie Mega-Oil Antillen. Mega-Oil Antillen zahlt Mega-Oil Tschad einen intern vereinbarten »Verrechnungspreis«. Je niedriger der Verrechnungspreis ist, umso mehr Gewinn kann aus dem Tschad auf die Antillen transferiert werden. In ähnlicher Weise kann Mega-Oil Tschad vollkommen legal Dienstleistungen von seiner Muttergesellschaft oder auch von einer anderen Tochter kaufen und Kredite bei ihnen aufnehmen, und auch diese Transaktionen werden bepreist.* Am Ende läuft es darauf hinaus, dass Gewinne von Hochsteuer- in Niedrigsteuerländer transferiert werden können, sodass die Unternehmen sogar mehr als 44 Dollar pro Barrel kassieren. Da die Gewinne aus dem Abbau von Rohstoffen diese Ressourcenrente mit einschließen, müssen sie viel stärker besteuert werden als die Gewinne von anderen Unternehmenstypen. Der Tschad müsste also hohe Gewinnsteuern einführen, aber dies wäre ein Anreiz für die Verlagerung von Gewinnen, und Ölgesellschaften verstehen sich sehr gut darauf. So parkte der US-Ölkonzern Chevron die riesigen Gewinne seiner angolanischen Tochtergesellschaft jahrelang in einer Steueroase und wartete auf einen Präsidenten, der es dem Unternehmen erlau-

---

* Internationale Unternehmen, die sich auf Rohstoffabbau spezialisiert haben, sind nicht per se ein Übel. Im Gegenteil, sie sind an sich nützlich: Sie entwickeln komplexe spezielle Fähigkeiten, die an Orten, wo es daran mangelt, nützlich sind. Die großen unter ihnen haben ihre Aktivitäten diversifiziert, was es ihnen erlaubt, die immensen Kosten, die im Vorfeld der eigentlichen Förderung anfallen, trotz hoher Risiken billig zu finanzieren. Arme Länder können massiv von ihren Aktivitäten vor Ort profitieren, und viele ihrer Mitarbeiter sind hoch motiviert, ihren Beitrag dazu zu leisten. Aber Unternehmen sind großen Versuchungen ausgesetzt und erliegen ihnen manchmal.

ben würde, das Geld steuerfrei in die USA zu transferieren: Präsident Trump erfüllte ihm diesen Traum.* Um dies zu bekämpfen, könnte man die Kompetenz der Mitarbeiter der Steuerverwaltung verbessern, indem man ihnen »Lernen am Erfolg« ermöglicht. Die OECD betreibt bereits ein nützliches Programm namens »Steuerprüfer ohne Grenzen«. Dabei werden Steuerprüfer aus OECD-Ländern befristet in Finanzämter armer Länder entsandt. Noch besser wäre es, die Vereinbarung reziprok zu machen und sie auf *Teams* von Prüfern statt lediglich Einzelpersonen auszudehnen. Ghanaische Beamte, die für die Besteuerung von Ölfirmen zuständig sind, könnten regelmäßig ihre Stellen mit ihren norwegischen Kolleginnen tauschen.

Korruption und was man dagegen tun kann

Einige große Rohstoffkonzerne sind nur allzu bereit, sich auf Korruption einzulassen. Beny Steinmetz, der Eigentümer eines großen Bergbaukonzerns und ein Steuerflüchtling aus Israel, der in der Schweiz lebt, wurde zu drei Jahren Gefängnis verurteilt, nachdem ihn ein Schweizer Gericht schuldig gesprochen hatte. Sein Unternehmen hatte die Ehefrau eines afrikanischen Präsidenten bestochen, die ihren im Sterben liegenden Ehemann dazu gebracht hatte, nur Tage vor seinem Ableben einen einseitig begünstigenden Vertrag zu unterzeichnen,

---

* Gewinnverlagerung beschränkt sich nicht auf die Rohstoffförderung. Ein anderes, abschreckendes Beispiel ist das beliebteste Kaffeeunternehmen der Welt: Zehn Jahre lang verkaufte Starbucks Milliarden von Bechern Kaffee in Großbritannien, ohne einen Cent steuerpflichtigen Gewinn zu machen. Es schien eine Wohltätigkeitsorganisation zu sein, die einer dankbaren Kundschaft Kaffee zum Selbstkostenpreis anbot. Aber Dankbarkeit wäre fehl am Platz gewesen: Starbucks (Großbritannien) hatte seinen gesamten Gewinn auf Starbucks (Niederländische Antillen) verlagert. Als dies herauskam, verwies das Unternehmen empört darauf, dass es sämtliche auf den Niederländischen Antillen geschuldeten Steuern gezahlt habe. Irgendwie vergaß es dabei zu erwähnen, dass der Körperschaftsteuersatz dort null betrug. Eine derartige Gewinnverlagerung lässt sich durch effektive gesetzliche Maßnahmen vollständig verhindern.

der den Unternehmen von Steinmetz wirtschaftlich wertvolle Rechte zum Abbau von Eisenerz einräumte. Im Gegenzug für ein paar Millionen Dollar Bestechungsgeld bekam Steinmetz »den Deal des Jahrhunderts«, wie eine verwunderte Presse den Vertrag nannte. Er legte Berufung gegen seine Verurteilung ein, die jedoch bestätigt wurde, und hat auch gegen dieses Urteil Rechtsmittel eingelegt.

Sobald Politiker kontrollieren, wie Rohstoffeinnahmen ausgegeben werden, gewinnt ihre Patronage an Wert: Korrupte Unternehmen bieten Bestechungsgelder an. Sobald Ganoven erkennen, wie einträglich ein politisches Amt geworden ist, nutzen sie ihre Ressourcen, um sich wählen zu lassen, was den Wahlprozess untergräbt.[2] Außerdem verlocken die hohen Einnahmen aus der Besteuerung des Abbaus von Bodenschätzen Politiker dazu, die Steuern für Wähler zu senken, die dann ihrerseits einen geringeren Anreiz haben, genau zu prüfen, wie die Regierung ihr Geld ausgibt. Auf diese Weise gefährden Rohstoffeinnahmen gute Regierungsführung gleich doppelt. Aber die Gefahr lässt sich leicht abwenden; obgleich Norwegen eine ölreiche Demokratie ist, akzeptieren die Wähler Steuern, die mit zu den höchsten weltweit gehören. Dies wiederum hat dafür gesorgt, dass die Verwendung aller öffentlichen Gelder noch genauer unter die Lupe genommen wird. Die öffentliche Akzeptanz wurde durch intelligente Kommunikation der Regierung gefördert.

Die Schlüsselaufgabe bestand darin, die Wähler davon zu überzeugen, dass es ratsam wäre, einen Großteil der Einnahmen aus der Ölförderung langfristig in einem nationalen Fonds anzulegen, weil die Ölreserven irgendwann erschöpft sein werden. Der Fonds wurde 1990 aufgelegt, löste zunächst aber starken öffentlichen Druck aus, die Einnahmen schneller auszugeben. Die Regierung erkannte, dass sie effektiver kommunizieren musste, und stieß auf eine überzeugende Analogie. Die langfristige Sparentscheidung, mit der der typische Wähler am vertrautesten ist, sind die Beiträge zu einer Rentenversicherung. Sobald die Regierung begann, die angesammelten Ölgelder »nationalen Pensionsfonds« zu nennen, verstanden die Bürger, warum es klug war, sie auf die hohe Kante zu legen.

Der norwegische Ölfonds wurde wie der Diamantenfonds Botsuanas auf dem Fundament effektiver Kommunikation in Verbindung mit Regeln und Institutionen errichtet. Die Regeln sagen Beamten, wie mit Einnahmen normalerweise umgegangen werden sollte. Die Institutionen bestehen aus spezialisierten Beamtenteams, die mit einem Mandat ermächtigt wurden und durch ein wichtiges öffentliches Anliegen motiviert werden. Gemeinsam stellen sie einen effektiven Kontroll- und Schutzmechanismus gegen Korruption bereit. Da Rohstoffeinnahmen die Anfälligkeit für Bestechung erhöhen, sind solche Schutzmechanismen unerlässlich. Wenn Beamte bestochen werden, wehren sie sich gegen Kontrollmechanismen. In Norwegen und Botsuana wurden diese Kontroll- und Schutzmechanismen so zügig nach der Entdeckung der Bodenschätze eingeführt, dass sich kein Zeitfenster für die Bestechung von Beamten auftat. Aber wenn man sämtliche Länder betrachtet, in denen seit 1970 Bodenschätze entdeckt wurden, dann muss man erkennen, dass im Verlauf der folgenden 30 Jahre die Kontrollmechanismen in vielen Fällen untergraben wurden.[3] Gute Regierungsführung ist ein Kampf, den jede einzelne Gesellschaft gewinnen muss. Ohne sie *verringert* Reichtum an Bodenschätzen das langfristige Wachstum.[4]

Fairer Umgang mit den Einheimischen

Der Abbau von Bodenschätzen bringt lokalen Gemeinschaften direkt wahrscheinlich keinen großen Nutzen. Aber er dürfte ihnen Kosten auferlegen. Am vulnerabelsten sind dabei geografisch randständige Gemeinschaften. Die unterirdischen Lagerstätten natürlicher Ressourcen eines Landes können überall liegen, und die meisten sind weit von Großstädten entfernt.

Folglich haben Öl- und Bergbauunternehmen gelernt, autarke Produktionsstätten zu betreiben, die keine Kontakte zu den Einwohnern vor Ort pflegen – *Enklaven*. Öl- und Gasförderung haben nie viele Arbeitsplätze geschaffen, und nach der Einführung neuer Techniken tut das auch der Bergbau nicht mehr. Es handelt sich um fachlich anspruchsvolle Tätigkeiten, und die Ortsansässigen sind dafür nicht qualifiziert.

Dennoch gibt es zahllose Möglichkeiten, um lokale Gemeinschaften, Gebietskörperschaften, Bürger und Unternehmen profitieren zu lassen. Insbesondere in entlegenen Regionen müssen Abbaufirmen selbst Elektrizität für ihre Betriebsstätten erzeugen. Indem sie mehr Strom produzieren, als sie selbst benötigen, können sie ein lokales Stromnetz betreiben und den Strom zu einem Preis, der die dafür anfallenden geringen zusätzlichen Kosten abdeckt, an die örtliche Gemeinschaft verkaufen. Dies kann der lokalen Wirtschaft eine Fülle neuer Chancen eröffnen und das Wohlergehen der Ortsansässigen verbessern – zum Beispiel dadurch, dass Haushalte, Kliniken und lokale Firmen Kühlschränke und -räume betreiben können, und Kühlmöglichkeiten wiederum verschaffen lokalen Landwirten vollkommen neue Gelegenheiten, frische Nahrungsmittel auf Märkte zu bringen. Ebenso brauchen Rohstoffunternehmen Straßen- und vielleicht auch Bahnanschlüsse. Wenn diese so geplant werden, dass sie auch der lokalen Gemeinschaft dienen, tun sich ihr neue Chancen auf. Die Kommune kann von den neuen Steuereinnahmen, die ihr das Unternehmen einbringt, und dem Wachstum der lokalen Wirtschaft profitieren. Auf nationaler Ebene können über die zusätzlichen Steuereinnahmen weitere positive Effekte auftreten, möglicherweise werden lokale Firmen durch Höherqualifizierung zu Lieferanten. In Nigeria arbeitete ein globaler Ölkonzern jahrelang mit einer lokalen Firma zusammen und half ihr, Rohre herzustellen, die internationalen Standards entsprachen. Jetzt beliefert diese Firma nicht nur den Ölkonzern, sondern exportiert ihre Rohre auch ins Ausland. Manchmal ist es möglich, den abgebauten Rohstoff wertsteigernd zu

be- oder verarbeiten, bevor er ausgeführt wird. In Indonesien
gelang es der Regierung, die Wirtschaft zu diversifizieren: Sie
förderte die Entwicklung einer bedeutenden Sperrholzindust-
rie, indem sie die Holzeinschlagunternehmen dazu verpflich-
tete, ihr Holz vor Ort zu verkaufen.

Lokale Schäden und wie man sie vermeidet

Solche positiven Effekte sind unverzichtbar, weil es sowohl auf
lokaler als auch auf nationaler Ebene Kosten gibt. Auf lokaler
Ebene hat der Rohstoffabbau negative Auswirkungen: Ölrohre
sind undicht, Bergwerke erzeugen Abfälle, und Lkw-Flotten
bringen Beeinträchtigungen und Infektionskrankheiten mit
sich, die von Sexarbeiterinnen verbreitet werden. Die örtliche
Bevölkerung ist oftmals nicht in der Lage, viel gegen diese negativen Begleiterscheinungen zu unternehmen, und nimmt sie
daher einfach hin.

Im April 2010 explodierte die Ölbohrinsel Deepwater Horizon, worauf sich große Mengen Öl in den Golf von Mexiko
ergossen. BP, das verantwortliche Unternehmen, gab 500 Millionen Dollar für unabhängige Studien aus, die herausfinden
sollten, wer geschädigt worden war und auf welche Summen
sich die Schäden beliefen. Die Verantwortlichen des Unternehmens erkannten, dass das beste Ergebnis, auf das BP vor
US-Gerichten hoffen durfte, die Anerkennung der Haftpflicht
(nur) für die tatsächlichen Schadenskosten wäre. Sie befürchteten, dass amerikanische Anwälte andernfalls einen Anreiz hätten, den Schaden zu überzeichnen – angetrieben von reinen
Erfolgshonoraren, bei denen sie die Hälfte der zugesproche-
nen Summe erhielten. Auf der anderen Seite des Atlantiks, im
Golf von Guinea, gab es mehrfach schwere Ölkatastrophen,
aber die Unternehmen reagierten recht unterschiedlich darauf.
Viele Jahre lang wies ein großer Ölkonzern seine PR-Abtei-
lung an, die Folgen der Unfälle herunterzuspielen. Statt sich zu
bemühen, Ölverschmutzungen einzudämmen, versuchte der

Konzern, Einfluss auf die Presseberichterstattung über die Vorfälle zu nehmen. Es dauerte Jahrzehnte, in denen die Wut der Betroffenen vor Ort immer weiter wuchs, bis das Management seine Politik, die Verantwortung zu leugnen, aufgab.* Da keine Entschädigung geleistet wurde, schlug Wut verständlicherweise in Rachegelüste um. Lokale Gangs bildeten sich, kidnappten Ölarbeiter und ließen sie nur gegen Lösegeld frei. Außerdem bestachen sie lokale Politiker. Die Banden wüteten immer schlimmer und richteten schwere Schäden an, so jagten sie etwa Pipelines in die Luft. Ihre Nachlässigkeit kam die Unternehmen schließlich teuer zu stehen. Dies hätte vermieden werden können, wenn sie den gleichen Anstand gezeigt hätten, zu dem fast alle von uns in unserem Alltagsleben fähig sind. Es sollte nicht der Drohung mit Klagen bedürfen, um Manager dazu zu bringen, Mittel zur Verhütung von Ölunfällen bereitzustellen. Und das Gleiche gilt für die Einführung eines effektiven Verfahrens, um Betroffene für die unvermeidlichen Unfälle zu entschädigen. Lokale Gemeinschaften, die unter den Folgen von Ölteppichen im Golf von Guinea litten, mangelte es an klaren rechtlichen Mitteln, um ihre Interessen zu schützen. Sowohl die Unternehmen als auch ihre eigene Regierung ließen sie im Stich.**

Da die lokale Gemeinschaft nicht die einzige gesellschaftliche Gruppe mit legitimen Interessen an der Rohstoffförderung ist, muss der Staat ein Forum des Interessenausgleichs bereitstellen. Örtliche Gemeinschaften, auf deren Land Bodenschätze gefunden werden, haben starke Ansprüche auf Ersetzung jedes erlittenen Schadens und auf Beteiligung an den Erträgen. Aber es gibt keine feste Formel dafür. Der erfolgreiche Abbau von Rohstoffen hängt davon ab, dass sich im Vorfeld Gemeinschaften hinter einem gemeinsamen Ziel sammeln. Aber selbst in geeinten Gesellschaften kann es vorkommen, dass lokale Gemeinschaf-

---

* Ich hatte das Glück, an diese hochwertigen Informationen zu gelangen. Aber der Preis dafür ist Vertraulichkeit hinsichtlich meiner Quelle.

** Ich halte das US-Rechtssystem für keine Lösung, weil es unglaublich kostspielig ist und zahlreiche schädliche Anreize einführt.

ten Ressourcen für sich allein beanspruchen. Im Jahr 2012 wurden vor der Küste Tansanias Gasfelder entdeckt, und die Regierung lud mich als Berater ein. Ich warnte vor diesen Gefahren, aber meine Gastgeber erinnerten mich an das wertvollste Vermächtnis von Julius Nyerere:»Er lehrte uns, dass wir uns als Tansanier verstehen sollten. Da die Felder vor der Küste liegen, versteht es sich von selbst, dass das Gas uns allen gehört.« Aber nach nur sechs Monaten begannen Jugendliche in der Region, die der Fundstätte am nächsten lag, zu randalieren und die Parole »Es ist das Gas der Mtwara!« zu skandieren. Vier von ihnen starben, als die Polizei die Ausschreitungen gewaltsam beendete. In der friedlichen Gesellschaft Tansanias war dies ein beispielloser Vorgang. Im Rückblick sah der Leiter des öffentlichen Dienstes in seinem Versagen, dieses Risiko vorherzusehen und geeignete Maßnahmen dagegen zu ergreifen, den größten Fehler, den die Regierung begangen hat.[*]

Der Fluch der Erwartung, durch Ressourcenfunde reich zu werden

Heute sagt man, dass Regionen wie Mtwara unter dem *Fluch der Ressourcenreichtumserwartung* leiden. Sobald ein Fund bekannt wird, steigen die Erwartungen der Bevölkerung bezüglich der Wohlstandsmehrung weit über das Maß des unmittelbar

---

[*]   Aus meiner britischen Sicht gibt es Parallelen zu den Ölfeldern, die 1966 in der Nordsee entdeckt wurden. Wie in Tansania lagen sie vor der Küste – und zwar der eines Landes, das Vereinigtes Königreich heißt, weil es eine 300 Jahre alte Union von Schottland mit England und Wales ist. Eine kleine nationalistische schottische Partei, die SNP, machte sich – wie früher bereits ausgeführt – den klugen Slogan »Es ist das Öl Schottlands« zu eigen und wurde im Lauf der folgenden Jahrzehnte zur stärksten Partei Schottlands. Jüngste statistische Studien haben einen kausalen Zusammenhang zwischen Änderungen des Weltmarktpreises von Öl und Änderungen des Stimmenanteils der SNP festgestellt. Da der Ölpreis zwischen 1966 und 2000 von 3 auf über 100 Dollar gestiegen ist, schwankte der Preis um einen stark ansteigenden Trend. Während die Kohlevorkommen in Yorkshire zum Nutzen aller Briten verstaatlicht worden waren, fragte niemand, warum nur ein Zehntel der Bevölkerung von den küstennahen Ölfeldern profitieren sollte.

Realisierbaren hinaus. Das Gasfeld, das 2012 vor der ostafrikanischen Küste entdeckt wurde, erstreckte sich bis in kenianische
Gewässer. Kurz nachdem die Kenianer davon erfahren hatten,
traf ich ihren Finanzminister. Aber er wirkte keineswegs hoffnungsvoll, sondern sehr besorgt: Binnen weniger Wochen forderte eine euphorische Gewerkschaft für den öffentlichen Dienst
eine große Lohnerhöhung. Bei vielen Feldern stellt sich allerdings
heraus, dass ihr Abbau sich wirtschaftlich nicht lohnt: Bei den Feldern, die durch von skrupellosen Geschäftemachern kontrollierte
Unternehmen entdeckt werden, wird das Potenzial oftmals über-
zeichnet. Ein solcher Finanzjongleur will nur den Aktienkurs in
die Höhe treiben und seine Aktien dann in aller Stille abstoßen.
Er macht einen Reibach, die Regierung bekommt Kopfschmer-
zen, und die Wähler, die selbst nicht profitieren, kommen zu
dem Schluss, dass ihre Regierung den nicht existierenden unver-
hofften Gewinn veruntreut hat. Am erstaunlichsten ist, dass der
IWF diese Euphorie teilt. Nach der Entdeckung von Rohstoffvorkommen hebt er regelmäßig seine Wachstumsprognosen auf ein
unrealistisches Niveau an. Aufgrund seines Ansehens vertrauen
die Regierung und die Kapitalmärkte auf diese Vorhersagen – die
Märkte gewähren bereitwilliger Kredite, und die Regierung leiht
sich große Summen, nur um bald überschuldet zu sein.[5]
     Der kleine, im Golf von Guinea gelegene afrikanische Staat
São Tomé und Príncipe verdeutlicht auf plastische Weise, wie
lokale Gier und der Fluch der Ressourcenreichtumserwartung
zusammenwirken können. Er besteht aus den beiden namens-
gebenden Inseln, wobei 96 Prozent der Bevölkerung auf São
Tomé leben. Im Jahr 1997 gab es anfängliche Hinweise auf Öl-
und Gasvorkommen vor der Küste, und der IWF war besorgt
wegen eines möglichen Wechselkurs-Missmanagements.[*] Zwar

---

[*] Das IWF-Team lud mich großzügigerweise ein, mich seiner Mission anzuschlie-
     ßen. Nachdem ich die Lage eingehend analysiert hatte, gelangte ich zu dem Schluss,
     dass das Risiko einer Wechselkursaufwertung im Vergleich zu den Problemen,
     denen sich die Regierung gegenübersehen würde, nebensächlich wäre, und lehnte
     die Einladung daher ab.

wurden dann keinerlei Öl- oder Gasfelder entdeckt, aber die
Aussicht darauf hatte genügt, um bei einem Teil der Bevölkerung die Habgier anzustacheln. Erste Indizien hatten darauf
hingedeutet, dass das Feld vor der Küste, aber näher an Príncipe
liegen würde – daraufhin beanspruchten dessen Bewohner die
erwarteten Öleinnahmen für sich. Ein Ergebnis, bei dem 4000
Insulaner mühelos reich geworden wären, während 130 000
ihrer Mitbürger auf der Nachbarinsel arm geblieben wären,
wäre ein Hohn auf die Gerechtigkeit gewesen, kein Triumph
lokaler Rechte. Als Nächstes verkaufte die Regierung Prospek-
tierungsrechte, die ihr rund 60 Millionen Dollar einbrachten.
Da man seither nicht fündig wurde, war diese einmalige Zah-
lung, die sich auf nur 440 Dollar pro Bürger belief, die Gesamt-
summe des unvermittelten Geldregens, den man sich erhofft
hatte – sie gewährleistete wohl kaum eine Zukunft anstren-
gungslosen Wohlstands. Aber die Nachricht, dass die Regierung die fantastische Summe von 60 Millionen Dollar erhalten hatte, war zusammen mit der verlockenden Aussicht auf
die Entdeckung der Vorkommen für die örtliche Bevölkerung
genug, um vollends dem Fluch der Ressourcenreichtumserwartung zu erliegen. Die Wähler erwarteten große Wohlstandszuwächse, bekamen aber nur Brosamen ab, also sagten sie sich,
die Diskrepanz sei auf staatliche Korruption zurückzuführen.
Damit lagen sie nicht völlig falsch – Pedro Vicente, ein brillanter junger Forscher in meinem Team, hat eindeutige Belege
dafür zusammengetragen, dass sich Beamte von der Euphorie und dem verbreiteten Verdacht, andere Amtsträger würden
die Staatskasse ausplündern, hatten anstecken lassen. Da sie
sich durch diese eingebildete Räuberei zu eigenem Fehlverhal-
ten ermächtigt fühlten, waren viele von ihnen tatsächlich anfäl-
liger für Korruption geworden.[6]

Gier schadet

Die Gefahren der Gewalttätigkeit und Korruption aufgrund lokaler Ressentiments und des Fluchs der Erwartung, durch Ressourcenfunde reich zu werden, verschlimmern sich sogar durch die noch stärkere Kraft ausbeuterischer Gier. Sobald wertvolle Ressourcen abgebaut werden, ändert sich die Lage von Grund auf. Im Anschluss an Entdeckungen bilden sich Gangs, die wirtschaftliche Aktivitäten durch Plündern oder Erpressen ausschlachten. Mit einem Teil des erbeuteten Geldes kaufen sie Waffen und rekrutieren Kämpfer; sie schaffen sogar No-go-Areas, in denen der Staat nicht länger die öffentliche Sicherheit gewährleisten kann.[7] Dies lässt sich vermeiden, aber auch dazu bedarf es Maßnahmen weit im Vorfeld des Abbaubeginns.

Im Jahr 2012 überwies die Regierung Kolumbiens einen Teil der Öleinnahmen an die Kommunen, auf deren Land Öl gefördert wurde. Wo die Strukturen der Kommunalverwaltung bereits schwach waren, stiegen Drogengangs auch noch in das Geschäft mit der Erpressung von Politikern ein. Diejenigen, die nicht zu Handlangern der Banden werden wollten, wurden ermordet und durch gefügige Alternativen ersetzt. Es erwies sich als verheerend, hohe Summen an schwache Kommunen zu transferieren.[8] Dagegen wurden die neuen Gelder dort, wo die Kommunalverwaltung bereits gut funktionierte, besser genutzt, als wenn Entscheidungen im fernen Bogotá getroffen worden wären: Sie wurden von Beamten ausgegeben, die vor Ort lebten, besser informiert und gegenüber lokalen Wählern rechenschaftspflichtig waren.

Bei einem Besuch in Myanmar wurde ich zu einem faszinierenden Mittagessen mit einem bekennenden ehemaligen Guerillaführer eingeladen, der mir sein »Geschäftsmodell« erläutern wollte. Seine Gang kontrollierte ein Waldgebiet und verdiente ihr Geld damit, dass sie Bäume fällte und über die Grenze nach Thailand schmuggelte; von den Dollars kaufte sie sich dann

Kalaschnikows, mit denen sie ein noch größeres Waldgebiet kontrollieren konnte. Er nannte mir die genaue Formel der Baumanbaufläche pro 100 Kalaschnikows. Man muss es ihm hoch anrechnen, dass er ausstieg, nachdem er erkannt hatte, dass die Gewalt und die Umweltzerstörung, die mit seinen Aktivitäten verbunden waren, zum Gegenteil ihrer angeblichen Ziele geworden waren.

Wenn der Abbau von Rohstoffen ein Risiko für ein Land bedeutet, kann das Hinauszögern der Prospektierung ihm jene Zeit verschaffen, die notwendig ist, um effektive Schutzmechanismen aufzubauen. Dies war die kluge Politik von Meles Zenawi, der von 1991 bis zu seinem Tod 2012 an der Spitze der Regierung Äthiopiens stand. Er erkannte, dass Äthiopien ein extrem fragiles, für gewaltsame Konflikte anfälliges Land ist und die Entdeckung eines Rohstoffvorkommens wahrscheinlich spaltend wirken würde. Seine Strategie bestand darin, vor dem Beginn der Suche nach Bodenschätzen zuerst einmal nach und nach staatliche Strukturen aufzubauen: Es wäre besser, einen Schleier der Unwissenheit darüber auszubreiten, welche Regionen über Vorkommen an Bodenschätzen verfügten. Erst kurz vor seinem Tod begann er sich für die Frage zu interessieren, wie der Abbau von Bodenschätzen als eine Einnahmequelle genutzt werden könnte. Zu diesem Zeitpunkt hatte er ein ehrgeiziges nationales Programm zum Ausbau der wirtschaftlichen Infrastruktur aufgelegt, die das Land mit den Weltmärkten verbinden sollte, damit die Rohstoffeinnahmen produktiv genutzt werden könnten.

Einnahmen sinnvoll verwenden

Norwegen ist heute so klug, einen Teil seiner Rohstoffeinnahmen in ausländischen Vermögenswerten anzulegen, die in einem Staatsfonds verwaltet werden. Aber das Land wartete 20 Jahre, bevor es damit anfing. Während dieser Jahrzehnte wurden die Einnahmen in die Infrastruktur und das Bildungswesen investiert, das, wenngleich mitunter etwas verschwenderisch, einer grundlegenden Erneuerung den Weg ebnete.* Die Regierung von Botsuana hat ebenfalls einen Staatsfonds, aber in den ersten Jahrzehnten die Rohstoffeinnahmen in die Infrastruktur und das Bildungswesen investiert. Diese Abfolge – zuerst im Inland investieren, dann Ersparnisse über einen Staatsfonds im Ausland investieren – war angesichts der Umstände in Norwegen und Botsuana sinnvoll: Beide Länder stießen an Grenzen, was die produktive Verwendung ihrer hohen Einnahmen durch ihre kleine Erwerbsbevölkerung anbelangte. Dagegen sind die meisten Vorkommen von Bodenschätzen in Niedrig- und Mitteleinkommensländern im Verhältnis zu ihrer großen Erwerbsbevölkerung eher klein, sodass die Einnahmen daraus am besten im Inland investiert werden.

Viele Jahre lang bevorzugte der IWF selbst bei kleinen Rohstoffvorkommen, die in armen Ländern mit großer Erwerbsbevölkerung und immensem Nachholbedarf entdeckt wurden, die Einzahlung der Einnahmen in einen Staatsfonds. Er rechtfertigte die Anlage der Gelder im Ausland damit, dass arme Länder nur eine geringe »Aufnahmekapazität« hätten. Damit waren im Jargon dieser internationalen Organisation drei Fähigkeiten gemeint, an denen es oft fehlen sollte. So sei die Regierung nicht in der Lage, ein erweitertes öffentliches Investitionsprogramm zu managen; der Finanzsektor sei nicht in der Lage, ein erweitertes privates Investitionsprogramm zu managen; und der Unternehmenssektor sei aufgrund des Mangels an professionell geführten und ordnungsgemäß registrierten Firmen nicht in der Lage, hohe Wachstumsraten zu managen. Diese Bedenken des IWF sind oft begründet, aber man sollte ihnen dadurch begegnen, dass man entsprechende Fähigkeiten

---

* Eine unerwartete, aber wertvolle Frucht dieser großzügigen Berufsausbildung ist das Werk von Karl Ove Knausgård, dessen zunächst staatlich subventionierten Bücher zu globalen Bestsellern wurden.

aufbaut.* Solange ein abgehängtes Land (oder eine abgehängte Region) dies nicht tut, vermag es sich nicht grundlegend zu erneuern. Regierungen können sich durch Experimente und dadurch, dass sie von anderen lernen, jenes Wissen aneignen, das sie brauchen, um öffentliche Investitionen erfolgreich zu managen. Zentralbanken, oft die kompetenteste öffentliche Institution eines Landes, können lernen, wie der Finanzsektor durch sie zu stärken ist. Und inländische Firmen können von gezielt angelockten ausländischen Unternehmen neue Fähigkeiten erlernen.[9]

Der Aufbau dieser Fähigkeiten braucht Zeit, sie sind nicht über Nacht zu erwerben. Solange sie noch nicht entwickelt sind, sollten die Rohstoffeinnahmen tatsächlich im Ausland geparkt und erst dann zurückgebracht werden, wenn diese Fähigkeiten so stark sind, dass die Gelder sinnvoll genutzt werden können. Der IWF entwickelt, wenn auch reichlich spät, objektive, öffentlich zugängliche Maße für diese Fähigkeiten, um Regierungen und Bürgern zu helfen, einzuschätzen, wann sie ausreichend vorhanden sind. Für rohstoffreiche Länder wird die Beurteilung dadurch erschwert, dass die Preise ihrer Rohstoffe kurzfristig schwanken. Die Finanzministerin eines solchen Landes muss drei verschiedene Zeitrahmen im Auge behalten; wie auf einem Armaturenbrett benötigt sie drei Messanzeiger, die verschiedene relevante Größen abbilden. Einer erfasst den Preis des Rohstoffs. So ist zum Beispiel der Ölpreis bekanntlich sehr volatil: In den letzten Jahren schwankte er zwischen 10 und 140 Dollar pro Barrel, was zu heftigen Ausschlägen bei den Einnahmen führte. Wenn die öffentlichen Ausgaben in einem ölreichen Land die Einnahmeschwankungen widerspiegeln, dann

---

* Ökonomische Modellierer befürworteten ebenfalls die IWF-Strategie, wobei sie sich auf ein Theorem beriefen, das eine strikte Trennung zwischen der Spar- und der Investitionsentscheidung postuliert. Dies beruht auf den Annahmen, dass ein armes Land beliebig hohe Summen zum »Weltzinssatz« aufnehmen oder ausleihen könne und ausländische Investoren die gleichen Risiken tragen müssten wie der Staat und Privatinvestoren. Keine der beiden Annahmen ist stichhaltig.

kommt es zu einem chaotischen Auf und Ab. Tatsächlich kann
es schlimmer als chaotisch sein.

Wenn die Einnahmen hoch sind, geht die Regierung vielleicht Ausgabenverpflichtungen wie höhere Löhne für öffentliche Bedienstete ein (oder sie nimmt viele Neueinstellungen
vor), die nicht zügig rückgängig gemacht werden können,
sobald der Ölpreis fällt. Dann müssen andere Ausgaben gekürzt
werden, und die Politiker werden sich um solche Kürzungen
bemühen, die möglichst wenig Protest hervorrufen – das werden Investitionsprogramme in die wirtschaftliche Infrastruktur sein. Aufgrund des Auf und Abs der Einnahmen kommt
es folglich zu einem Sperrklinkeneffekt, dem zufolge steigende
öffentliche Ausgaben für Staatsbedienstete durch sinkende Inf-
rastrukturinvestitionen kompensiert werden. Einmal kam es in
Nigeria dazu, dass aufgrund dieser Sperrklinke die Personalkos-
ten im öffentlichen Dienst so stark gestiegen waren, dass sie die
gesamten Einnahmen aufzehrten. Das ist keineswegs außergewöhnlich. Erstaunlicherweise sind die öffentlichen Investitionen in ressourcenreichen Ländern im Schnitt auf längere Sicht
niedriger als in Ländern ohne Bodenschätze.[10]

Chile ist bei der Bewältigung solcher heftigen Ausschläge
bei den Rohstoffeinnahmen weltweit führend. Das ist das Verdienst von Andrés Velasco, dem Finanzminister, der die neue
Politik einführte, und von Eric Parrado, der den Staatsfonds als
zentrale neue Institution auflegte. Die Grundidee ist einfach:
Wenn die Rohstoffpreise volatil sind, schätzt man einen langfristigen Durchschnittspreis ab. In Chile ist der wichtigste Rohstoff Kupfer. Wenn die Kupferpreise nun über dem langfristigen
Durchschnittspreis liegen, werden sämtliche Einnahmen ober-
halb dieses Preises im Ausland in einem Stabilisierungsfonds
gespart und erst dann wieder zurückgebracht, um in Chile ausgegeben zu werden, wenn die Kupferpreise und damit auch die
Einnahmen sinken. Da zunächst einmal Kapital in den Fonds
eingezahlt werden musste, bevor man ihn anzapfen konnte,
war es Velasco als Finanzminister klar, dass die Umsetzung des

Plans beginnen musste, wenn die Kupferpreise außergewöhnlich hoch waren. Auf kurze Sicht hatte das verheerende politische Konsequenzen für ihn: Er wurde als herzlos und brutal
abgestempelt. Wenn es einen akuten Finanzbedarf für soziale
Zwecke gab, warum wurden dann Summen aus dem Geldsegen
hoher Kupferpreise im Ausland angelegt? Gegner erhoben hef-
tige Vorwürfe, es kam zu Massendemonstrationen, und Velasco
musste seinen kleinen Kindern erklären, warum Transparente
mit seinem Konterfei auf den Straßen verbrannt wurden.

Unterdessen legte Parrado den Fonds auf, wobei er nur Kapi-
talanlagen kaufte, die ihren Wert behalten würden, wenn die
Kupferpreise abstürzten. Ob Velasco unter normalen Umständen die Kritik an ihm in seinem Amt überlebt hätte, wissen
wir nicht, weil die Weltkupferpreise einbrachen und er beinahe
über Nacht zu einem nationalen Helden wurde. Er erklärte dem
Parlament, dass die Ausgabenpläne weiterhin ungekürzt umgesetzt werden könnten, weil man die im Ausland gehaltenen Vermögenswerte jetzt verkaufen werde.

Volatilität lässt sich also gut beherrschen, allerdings bedarf
es hierfür politischen Muts und Glücks. Ngozi Okonjo-Iweala,
gegenwärtig Generaldirektorin der Welthandelsorganisation,
war zweimal nigerianische Finanzministerin. Bei ihrer ersten
Ernennung im Jahr 2003 machte sie die Lösung des Volatili-
tätsproblems umgehend zu einer ihrer Prioritäten und führte
eine Variante des Ansatzes von Velasco ein, worauf auch sie zum
Ziel wütender Anfeindungen wurde. Als brillante Kommunika-
torin warb sie mit der Formel »Wir sollten etwas für schlechte
Zeiten zurücklegen« für ihre Politik. Es passte auf die nigerianischen Verhältnisse, und das Beste, was ihre politischen Wider-
sacher dagegen aufbieten konnten, war der Slogan: »Wir leben
in schlechten Zeiten!« Den Kampf um die stärkere Überzeu-
gungskraft konnte sie für sich entscheiden.

In ihrer zweiten Amtszeit als Finanzministerin priorisierte
Okonjo-Iweala eine nachhaltigere Bewirtschaftung der Ölres-
sourcen und effizientere Umstellung auf eine klimaneutrale

Wirtschaft. Bei Bodenschätzen wie Erdöl ist die Erschöpfung der Vorkommen unvermeidlich: Irgendwann versiegt eine Quelle. Für eine nachhaltige Steigerung des Lebensstandards sollte ein Großteil dieser nicht nachhaltigen Einnahmen in einem staatlichen Wertpapiervermögen angelegt werden. Ngozi erbte ein Budget, in dem dies nicht der Fall war: Die Einnahmen wurden für die Subventionierung von Benzin ausgegeben. Im Widerstand gegen sie kamen Gruppen zusammen, die eigentlich nichts miteinander gemein hatten, um die Preiserhöhung zu verhindern. Subventioniertes Benzin war ein Geschenk an diejenigen gewesen, die die Ressourcen der Nation ausplünderten. Kleine Ganoven kauften subventioniertes Benzin und schmuggelten es außer Landes; Megaganoven machten das große Geld mit fiktionalen Geschäften. Hätten die Nigerianer verstanden, was da vor sich ging, dann hätten sie sich damit abgefunden, dass ihnen die kleinen Vorteile, die ihn das subventionierte Benzin einbrachte, im Gegenzug zu den größeren Vorteilen in einer Form, die weniger anfällig für die Ausplünderung durch Ganoven war, gestrichen würden. Weil die Benzinsubventionen den Spielraum für öffentliche Investitionen eingeengt hatten, gab es einen akuten Mangel an produktiven Arbeitsplätzen für junge Nigerianer. Die Abschaffung der Subventionen hätte keine Proteste auslösen sollen, aber auch wenn Okonjo-Iweala persönlich das Vertrauen der Bürger gewonnen hatte, galt dies nicht für die Regierung. Die Oberganoven und ihre dortigen Verbündeten verhinderten, dass ein politisches Programm verabschiedet wurde, bei dem die meisten mehr gewonnen als verloren hätten. Die Preissteigerung wurde angekündigt, aber nicht von Okonjo-Iweala. Während sie im Ausland weilte, verkündeten ihre Gegner innerhalb der Regierung, die Subventionen würden ersatzlos gestrichen. Im Zuge einer wahrscheinlich sorgfältig geplanten Kampagne brachten Scharfmacher unzufriedene junge Leute auf die Straßen. Der Präsident ordnete an nachzugeben, und Okonjo-Iweala verlor die Schlacht.

Aber es war ein Kampf, der gewonnen werden musste. In seiner Antrittsrede im Mai 2023 biss der neu gewählte Präsident Nigerias, Bola Tinubu, ein weiteres Mal in den sauren Apfel und kündigte die Streichung der Benzinsubventionen an. Als einer der erfolgreichen ehemaligen Gouverneure von Lagos hatte er verstanden, dass es von entscheidender Bedeutung war, Einnahmen für öffentliche Investitionen freizumachen. Die erstaunten Medienvertreter kritisierten, dass er, als er die unverzügliche Abschaffung der Benzinsubventionen bekannt gegeben habe, von dem schriftlichen Redemanuskript abgewichen sei, wie wenn es sich um einen spontanen Einfall in letzter Minute gehandelt hätte. Ich vermute, dass der Präsident wusste, dass die Ankündigung vorzeitig an die Öffentlichkeit gelangt wäre, wenn er den schriftlichen Text im Voraus verteilt hätte. Und diejenigen, die von der Beibehaltung der Subvention profitiert hätten, hätten Proteste organisiert, um das Vorhaben zu blockieren, wie es schon einmal geschehen war. Der beste Zeitpunkt, um sich zu einer Strategie für eine bessere Zukunft zu bekennen, ist der Beginn der Amtszeit eines neu gewählten Präsidenten.

In Sambia wurde die Schlacht um die Investition der Einnahmen aus dem Kupferbergbau in den 1970er-Jahren ausgetragen und verloren. Stattdessen hatte die Regierung städtische Verbraucher subventioniert: Lusaka war zu einer Stadt des Konsums geworden. Ein sambischer Freund meinte nachdenklich: »Wenn kein Kupfer mehr da ist, was werden unsere Kinder dann über uns sagen?«

Die Notwendigkeit, zu investieren, um die Erschöpfung von Lagerstätten zu kompensieren, wird durch die Gefahr der Obsoleszenz noch verstärkt. In Chile gilt es als normal, sich Meinungen von anderen anzuhören, und so wurde ich im Jahr 2015 eingeladen, die Regierung bezüglich der bestmöglichen Bewirtschaftung der natürlichen Ressourcen zu beraten. Da Chile meines Erachtens bereits eine hervorragende Strategie zur Bewältigung der Volatilität der Rohstoffpreise hatte, konzentrierte ich mich auf die langfristige Perspektive. Die Erschöpfung von Vorkommen schien kein Thema zu sein: Chile saß auf riesigen Mengen an Kupfer, sodass ich mich auf Obsoleszenz konzentrierte. Die weltweite Kupfernachfrage war von einer Sache abhängig: stromleitenden Kupferdrähten. Ich hielt es für unwahrscheinlich, dass unsere Autos und Computer auch in 100 Jahren noch Kupferdrähte benötigten: Falls ich richtigläge, würde Kupfer obsoleszent werden. Wann dies geschähe, könnte man nicht vorhersagen, aber sobald es einträte, würde Kupfer dauerhaft einen Großteil seines Wertes verlieren. Daher müsste Chile einen Teil seiner Kupfereinnahmen in produktive Wirtschaftsgüter umwandeln.[11] Mein Koreferent veranschaulichte mein Argument anhand von Beispielen aus der Geschichte des Landes. Im späten 19. Jahrhundert war Chile der weltweit führende Produzent von Guano gewesen, und es baute dieses natürliche Nitrat in solchen Mengen ab, dass die Hälfte der gesamten Staatseinnahmen aus Steuern auf Nitratexporte stammte. Aber Anfang des 20. Jahrhunderts entwickelten die deutschen Chemiker Fritz Haber und Carl Bosch ein Verfahren zur Ammoniaksynthese, worauf der Weltmarktpreis für Guano zusammenbrach und sich nie mehr erholte – eine Katastrophe für die chilenische Staatskasse. Die Botschaft war: »Wir hätten unsere eigene Geschichte nicht vergessen dürfen. Wir müssen diesen Rat befolgen.« Erschöpfung von Vorkommen und Obsoleszenz ermahnen uns, Ressourceneinnahmen sinnvoll zu investieren; und es gibt eine Handlungsregel, die politische Machbarkeit mit ethischem Verhalten in Einklang bringen könnte: bescheiden anfangen, aber dann nach und nach den Anteil der investierten Einnahmen erhöhen. »Gott, läutere mich, aber nicht sofort« wird abgelöst durch »Gott, mach mich jeden Tag zu einem etwas besseren Menschen« – eine ethische Maxime, der viele Wähler zustimmen dürften.*

---

* Die Regel, den Anteil der Einnahmen, der investiert wird, sukzessive zu erhöhen, ist aus zwei Gründen ethisch. Die Verwendung eines größeren Teils der Einnahmen für den gegenwärtigen Konsum lässt sich zum Teil damit rechtfertigen, dass die nächste Generation wahrscheinlich einen höheren Wohlstand genießt als die gegenwärtige: Sie wird von dem steilen Anstieg der Rohstoffeinnahmen profitie-

Der letzte Zeitrahmen, über den zuständige Minister Fortschritte verfolgen sollten, betrifft die Stärkung der Investitionsfähigkeit: den Prozess des Investierens ins Investieren. Er befähigt ein abgehängtes Land, das so reich an Rohstoffen wie Nigeria ist, seine Abwärtsspirale umzukehren. Sobald diese Fähigkeiten objektiv gemessen werden, haben sowohl die jeweiligen Minister als auch die Zivilgesellschaft einen verlässlichen Maßstab, um von nun an Fort- bzw. Rückschritte eindeutig zu erkennen. Dies erleichtert Verbesserungen. Durch internationale Standardisierung dieses Maßes kann jede Gesellschaft sich zudem mit ihren Nachbarn vergleichen und manchmal von ihnen lernen. Aus diesem Grund ist das jüngste Public Investment Management Assessment (PIMA) des IWF ein nützlicher Beitrag. Es misst vier verschiedene Aspekte des öffentlichen Investitionsmanagements und sollte bekannter werden.*

Viele Länder, die heute reich sind, begannen ihren historischen Aufstieg aus der Armut damit, dass sie den Prozess der Gewinnung eines Rohstoffs erfolgreich managten. Auf eine frühe Phase ressourcengetriebenen Wachstums folgte die Diversifizierung in eine moderne multisektorale Volkswirtschaft, sodass viele heute den Ursprung ihres Wohlstandes vergessen haben. Der Abbau von Kohle und Eisenerz stand am Anfang des modernen Großbritanniens, die Gewinnung von Gold am Anfang des modernen Kaliforniens und Australiens und das Abschöpfen der Ressourcenrenten auf Erdöl am Anfang des modernen New Yorks.

Der Abbau von Rohstoffen ist eine komplexe Herausforde-

---

ren. Zum Zweiten gilt: In dem Maße, wie die Aufnahmefähigkeiten für sinnvolle Investitionen der Einnahmen wachsen, ist es sinnvoll, einen kleineren Teil der Einnahmen für den laufenden Konsum zu verwenden.

*   Das PIMA bewertet die Fähigkeiten zur Konzipierung, Auswahl, Implementierung und Evaluation öffentlicher Projekte. Es wurde von einem Afroamerikaner mit Afrikaexpertise entwickelt. Die Fähigkeiten westafrikanischer Regierungen unterscheiden sich so stark voneinander, dass sie zwar alle insgesamt schlecht abschneiden, aber zu den besten in der Welt zählten, wenn jede Regierung von derjenigen lernen würde, die bei der jeweiligen Fähigkeit am besten abschneidet.

rung, die man jedoch annehmen sollte, weil die Mühen sich wirklich lohnen. So wie Botsuana mit Diamanten zur am schnellsten wachsenden Volkswirtschaft der Erde wurde, so könnten viele abgehängte Regionen dank ihres verborgenen Reichtums an Bodenschätzen innerhalb nur einer Generation zum Rest der Menschheit aufschließen. Neue geologische Informationen über die Minerale, die für Batterien benötigt werden, deuten darauf hin, dass Tansania und Malawi auf ungehobenen Schätzen sitzen. Uganda hat Erdöl, dessen Gewinnung zwar kostspielig ist, sich aber bei den gegenwärtigen Weltmarktpreisen durchaus lohnt. Südsudan hat große Ölfelder, und Mauretanien hat sowohl Erdöl als auch Minerale. All diese Gesellschaften stecken gegenwärtig in tiefer Armut, dabei könnten die unerschlossenen Ressourcen transformativ sein, wenn sie ökonomisch klug genutzt würden. Es gibt zahlreiche potenziell nützliche, spezifische Gadgets wie etwa den Aufbau von Institutionen, die geologische Daten zusammentragen, die Förderung von Rohstoffen besteuern und Staatsfonds verwalten. Aber nur wenn sie durch genauso fein justierte soziale und politische Gadgets ergänzt werden, werden sie Erfolg haben. Die geologische Institution benötigt ausreichende Finanzmittel und Durchsetzungsmacht, die Steuerbehörde benötigt motivierte Spezialisten, und der Staatsfonds muss davor geschützt werden, von einer späteren Regierung ausgeplündert zu werden. Und sie alle wiederum sind, bis zu einem gewissen Grad, auf die Unterstützung und Geduld der Bürger angewiesen. Bei begrenzten Fähigkeiten lassen sich diese Gadgets nicht alle gleichzeitig entwickeln. Das ist auch nicht nötig, weil sich das, worauf es ankommt, im Lauf der Zeit verändert: Aus diesem Grund sind die drei Messanzeiger nützlich.

In rohstoffreichen armen Ländern kennt sich der Staat für gewöhnlich weder mit den technokratischen noch den komplementären sozialen und politischen Gadgets aus. Einige der technokratischen Gadgets bringen die beiden mächtigen auswärtigen Akteure mit, die der Entdeckung von Rohstoffvorkommen auf dem Fuße folgen – der IWF und Unternehmen. Die Mitarbeiter des IWF sind Ökonomen, die sich gut mit den Komplexitäten der makroökonomischen Modellierung auskennen, weil ihnen dies beigebracht wurde. Die Mitarbeiter der Konzerne sind überwiegend Geologen. Aber weder die einen noch die anderen beherrschen die komplementären sozialen und politischen Gadgets, ohne welche die technokratischen oft nichts bewirken.

Soll der Wert der Rohstoffe eines Landes gehoben werden, sollte zunächst unbedingt die Reihenfolge geklärt werden, in der fehlende essenzielle staatliche Fähigkeiten und Strukturen benötigt werden. Diese Reihenfolge muss den Zielen und dem jeweiligen Kontext der betreffenden Gesellschaft gerecht werden und daher auch von dieser festgelegt werden. Nachdem die Reihenfolge feststeht, müssen die Fähigkeiten und Strukturen so schnell wie möglich entwickelt werden. Wir sind jetzt bei den »tragenden Säulen« des Staates angekommen. Deren Aufbau obliegt den Schlüsselakteuren jedes armen, aber rohstoffreichen Landes: dem Präsidenten und seinem Team, den Beamten, der Unternehmerschaft und den Organisationen der Zivilgesellschaft.

10.
Die tragenden Säulen des Staates aufbauen

Keine Gesellschaft kann ohne Staat prosperieren. Es gibt einen harten Kern von Aufgaben, die die Regierung erfüllen muss – sowohl auf nationaler Ebene für ganze Länder, die abgehängt wurden, als auch auf lokaler Ebene für abgehängte Regionen. Nur dann kann eine Gesellschaft ihre Produktivkräfte entfesseln.*

Zu Beginn eines wirtschaftlichen Aufholprozesses sind die für eine gute Regierungsführung notwendigen Fähigkeiten vielleicht verkümmert, sofern sie überhaupt existierten. Die ersten Schritte sollten daher anspruchslos sein – nicht auf die fehlenden Fähigkeiten angewiesen sein. Dennoch sollten sie produktive Energien freisetzen und beginnen, jene Fähigkeiten zu stärken, die dringend benötigt werden. Vorrangig sollten jene Funktionen aufgebaut werden, die *nur* der Staat erbringen kann: Sie können weder importiert noch von der Privatwirtschaft oder NGOs bereitgestellt werden. Man hat übersehen, wie wichtig es ist, die wenigen Fähigkeiten, die diese Kriterien erfüllen – die »tragenden Säulen« des Staates – zu identifizieren.** Ich werde mich hier

---

* Aus diesem Grund wurden in dem in Kapitel 2 geschilderten Treffen der Milliardäre in Las Vegas deren Fluchtvisionen *Fantasien* genannt. Im Fall eines globalen Chaos gibt es keinen Vertrag, durch den ein Milliardär, der auf einer Jacht lebt, seinem Sicherheitspersonal Anreize geben könnte, ihn zu beschützen und darauf zu verzichten, sich die Jacht selbst anzueignen.

** Leser und Leserinnen, die mit der Methode des kritischen Pfades (CPA) vertraut sind, können sich das Problem als eine geschrumpfte Version dieser Methode vorstellen, die für den Fall radikaler Ungewissheit modifiziert wurde. Der kritische Pfad wird nicht bis zum Ende durchgeplant, sondern nur für die ersten Schritte. Übergänge sind zu ungewiss, als dass man weitreichende Pläne für 30 Jahre entwerfen könnte.

auf zwei Säulen konzentrieren, die in dem Maße, wie sie aufgebaut werden, in der Regel die Aufwärtsdynamik beschleunigen. Grundlegend ist die Fähigkeit zur Besteuerung, denn solange eine Regierung sich keine eigenen Einnahmen verschafft, ist sie in ihrer Handlungsfreiheit eingeschränkt, da Gelder aus allen anderen Quellen mit Auflagen verbunden sind. Die wunderbar inklusive Regierung von Somaliland hätte nicht die Hälfte ihres Budgets für Sicherheit ausgeben können, wenn sie von Gebern abhängig gewesen wäre. Dabei war eine nationale Sicherheitstruppe eine dringende Notwendigkeit, und Sicherheit ist in der Regel die zweite der tragenden Säulen und eine Voraussetzung, um den potenziellen Reichtum an natürlichen Ressourcen überhaupt erschließen zu können.

Besteuerung und Sicherheit bilden meines Erachtens das Fundament des Staates. Ohne Steuererhebung ist der Staat machtlos, und es ist seit Langem anerkannt, dass der Staat durch ein »Gewaltmonopol« seine Bürger schützen sollte. Viele andere staatliche Funktionen sind wünschenswert, und einige können parallel aufgebaut werden. Aber viele abgehängte Länder und Regionen stellen nicht einmal diese beiden unverzichtbaren Leistungen bereit. Beispiele von ähnlichen Regionen, die dies bereits vollbringen, können Gesellschaften dazu anregen, den Pfad der Erneuerung zu beschreiten, und ihnen zeigen, wie sie dabei vorgehen könnten.

Steuererhebung

In Uganda beliefen sich die Staatseinnahmen aus Steuern auf gerade einmal 6 Prozent des Volkseinkommens, ein Niveau, auf dem kein Staat seine Aufgaben ordnungsgemäß erfüllen kann. Yoweri Museveni war gerade mithilfe einer gut organisierten Rebellenbewegung an die Macht gekommen, aber anfänglich fehlte ihm der breite Rückhalt in der Bevölkerung, der seiner Herrschaft Legitimität verliehen hätte. Viele Menschen in Kampala identifizierten sich mehr mit dem präkolonialen Königreich Buganda, dessen König, der Kabaka, von Idi Amin ins Exil geschickt worden war. Um die Zerwürfnisse zu heilen, erlaubte Präsident Museveni klugerweise dem König die Rückkehr. Um sich ein standesgemäßes Einkommen zu sichern, schickte der Kabaka seine eigenen, nicht staatlich autorisierten Steuereintreiber auf die Straßenmärkte, wo sie mit den amtlichen Steuereinziehern der neuen Regierung von Präsident Museveni konkurrierten. Händler zahlten bereitwillig an den Kabaka, während sie ihre Einkünfte vor den amtlichen Steuereinziehern verschleierten.

Neuere Forschungen über Besteuerung verdeutlichen, warum der Kabaka Steuern einziehen konnte, ohne auf einen gesetzlichen Durchsetzungsmechanismus zurückgreifen zu müssen: eine Erklärung mit weitreichenden Folgen. Leander Heldring von der Northwestern University, der mit Jim Robinson von der Universität Chicago zusammenarbeitet, hat freundlicherweise ihre jüngsten gemeinsamen Forschungsergebnisse über Ruanda zusammengefasst: Sie sind in hohem Maße relevant für die vergleichbar tiefen historischen Wurzeln der praktischen Legitimität des Kabaka.* Die formale Befugnis des ruandischen Staates war nicht so wichtig wie erwartet. Entscheidend war vielmehr, ob Menschen gelernt hatten, mit anderen zu kooperieren, um gemeinsame Ziele zu erreichen, und ob sie, darauf aufbauend, fähig gewesen waren, den weiteren Schritt zu machen – bei der Erreichung von Zielen zu kooperieren, die von der Regierung verkündet wurden. Der ruandische Staat war im Lauf seiner Geschichte nach und nach von einem Kerngebiet aus expandiert. Leander stieß auf eine hohe Korrelation zwischen engagierten freiwilligen Anstrengungen für öffentliche Belange – Manifestationen bereitwilliger Regelbefolgung – und der Länge der Zeit, in der ein Ort

---

* Ich hatte auch mehrfach Gelegenheit zum erhellenden persönlichen Gedankenaustausch mit Jim Robinson, zuletzt Ende 2023 in Oxford.

unter der Herrschaft des ruandischen Staates gestanden hatte.
Menschen, die im ursprünglichen Kerngebiet des präkolonialen Staates gelebt hatten, zeigten sich besonders willfährig
gegenüber staatlichen Forderungen, während die Regelbefolgung in anderen Gebieten umso stärker zurückging, je kürzer
sie zu Ruanda gehörten. Robinson und Heldring führen auch
die erfolgreiche landwirtschaftliche Transformation mit schnell
steigenden Erträgen in Ruanda auf freiwillige Anstrengungen
zurück, die vor allem in den Gebieten des Landes stattfanden, die bereits präkolonial zu Ruanda gehört hatten. Die gleiche willfährige Bereitschaft, staatliche Forderungen zu erfüllen, hatten sich die Hutu-Extremisten, die den Staat kurzzeitig
kontrolliert hatten, zunutze gemacht, um Menschen zum Völkermord aufzuhetzen.[1]

Händler zahlten also womöglich deshalb so bereitwillig Steuern an den Kabaka, weil sich wie bei den Menschen im Kerngebiet des ruandischen Staates über längere historische Zeiträume
hinweg nach und nach Gewohnheiten willfähriger Regelbefolgung herausgebildet hatten. Wenn unsere Zukunft von unserer
Vergangenheit bestimmt wird – oder von unseren Erinnerungen daran –, dann folgt daraus für abgehängte Regionen vielleicht, dass man gelegentlich gezwungen sein könnte, »seine
Geschichte umzuschreiben«. Aber diese Schlussfolgerung wäre
verfrüht: Können abgehängte Regionen vielleicht schneller
Gewohnheiten bereitwilliger Regelbefolgung entwickeln?

Wie Uganda seine Steuereinnahmen erhöhte

Im Uganda der 1980er-Jahre mangelte es Präsident Museveni
offenkundig an praktischer Legitimität. Außerdem überschätzte
er seine Fähigkeiten jenseits militärischer Befehlsgewalt; so wies
er seine Beamten an, der Inflation durch Währungsaufwertung
Einhalt zu gebieten. Emmanuel Tumusiimi-Mutebile, der Tech-
nokrat, der diese Anweisung umsetzen sollte, obwohl er wusste,
dass es ein schwerer wirtschaftspolitischer Fehler war, gehorchte,

fügte aber hinzu: »Erlauben Sie mir, Mr. President, dass ich Sie, wenn Sie diese Maßnahme rückgängig machen müssen, daran erinnern werde, dass ich Ihnen davon abriet.«[*] Tatsächlich musste der Präsident die Maßnahme rückgängig machen, und ähnliche Fehler setzten sich in den folgenden sechs Jahren fort, bevor er erkannte, dass Tumusiimi-Mutebile – und nicht seine engen persönlichen Freunde – für Finanzen und Planung zuständig sein sollte. Sobald er die Vollmachten besaß, schuf Tumusiimi-Mutebile eine neue Steuerbehörde und baute dort ein Team loyaler Mitarbeiter auf, die sich seine moralischen und Workaholic-Maßstäbe zum Vorbild nahmen. Im Jahr 2010 wünschte sich Präsident Museveni eine weitere deutliche Erhöhung der staatlichen Einnahmen, vor allem aus Kampala, der boomenden Hauptstadt. Das Parlament richtete eine neue Behörde ein, die Kampala Capital City Authority (KCCA), und verlagerte die Befugnisse vom Bürgermeister, einem klientelistischen Politiker, auf Jennifer Musisi, die Exekutivdirektorin der KCCA. Als ein hoch motivierter und fachlich sehr versierter Protegé von Tumusiimi-Mutebile verschickte sie als Erstes Kündigungsschreiben an alle städtischen Steuereinzieher, denn deren Leistung war insgesamt alles andere als eindrucksvoll. Dafür richtete sie innerhalb der KCCA ein unabhängiges Direktorat für Steuererhebung ein und stellte jene Steuereinnehmer wieder ein, die in Bezug auf Kompetenz und Integrität einen vergleichsweise soliden Ruf genossen. Sie erkannte, dass die Erwartungen der Mitarbeiter bezüglich der Arbeitsmethoden neu ausgerichtet werden mussten, und so änderte sie sämtliche Stellenbeschreibungen – niemand kehrte auf seinen früheren Arbeitsplatz zurück. Rund 100 Personen arbeiten in dieser Dienststelle, sie alle sind mit der Zeit zu Spezialisten geworden, die bei monatlichen betrieblichen Weiterbildungen

---

[*] Ich war 30 Jahre lang eng mit Tumusiimi-Mutebile befreundet, und dies ist eine persönliche Geschichte. Er starb im Januar 2022 in Ausübung seines Amtes als Gouverneur der Zentralbank von Uganda. Mein Nachruf auf ihn erschien in der *Financial Times* vom 5. Januar 2022.

ihre Kompetenzen verbessern. Es vollzog sich ein tiefgreifender Kulturwandel, als die Mitarbeiter stolz darauf wurden, einer sinnerfüllten Tätigkeit für die Gemeinschaft nachzugehen. Diese organisatorischen Veränderungen wurden ergänzt durch eine Breitenbildungskampagne in der Stadt, die das Bezahlen von Steuern als eine Pflicht gegenüber dem Gemeinwesen hinstellte: Man warb bei den Einwohnern mit einem moralischen Argument, indem man das Entrichten von Steuern mit einem glaubwürdigen, zukunftsgerichteten gemeinsamen Ziel verknüpfte: Du zahlst Steuern, um eine bessere Stadt für uns alle aufzubauen. Es dauerte nicht lange, und die Steuereinnahmen in Kampala verdoppelten sich.

Eine effiziente Steuerverwaltung aufbauen

Wir wissen heute aus neueren Studien, warum das Steueraufkommen in Uganda so schnell anstieg. Zum Teil hing es damit zusammen, dass die genannten scharfsinnigen Praktiker einige vielversprechende kognitive Gadgets entdeckt hatten. Im Wesentlichen tat Tumusiimi-Mutebile nichts anderes, als ein kleines, aber engagiertes Team aus hart arbeitenden Menschen, die von einer Mission beseelt waren, aufzubauen – vergleichbar dem, was Vater José im Baskenland getan hatte. Dort hatte es 14 Jahre gedauert, um ein umfassend ausgebildetes und engagiertes Team von fünf Topleuten zusammenzustellen; nach 18 Jahren verfügte Tumusiimi-Mutebile über eine etwas größere Gruppe und wählte aus diesem Pool wie geschildert Jennifer Musisi aus, die er damit beauftragte, die neue Steuerabteilung in der KCCA aufzubauen. Hoch motivierte Teams probieren so lange Neues aus, bis sie einen Weg finden, ihre Ziele zu erreichen. Ausgeklügelte neuere Studien, die in der benachbarten Demokratischen Republik Kongo durchgeführt wurden, wiesen zweifelsfrei nach, dass sich dort zwei grundlegendere Neuerungen – nur die Topmitarbeiter zu behalten und sie in einer Einheit für Hochsteuerzahler zu konzentrieren – bewährt hatten, wie es auch bei der KCCA der Fall gewesen war. Wenn man ausschließlich gute Steuereinzieher zu einer Gruppe zusammenstellt, führt man teambasierte Normen ein, die festlegen, wie man sich im Team Anerkennung verschafft, und sorgt zugleich dafür, dass alle sich noch mehr anstrengen.[2]

Die Demokratische Republik Kongo liefert noch ein weiteres Beispiel, das belegt, warum es sinnvoll ist, Entscheidungen an Personen mit lokalem Wissen zu delegieren. Bei dieser Studie wurde verglichen, ob staatliche Steuereinzieher die Gelder erfolgreicher eintrieben als lokale Anführer, die besser über örtlichen *gossip*, den sozialen Informationsaustausch über Mitglieder einer Gruppe, unterrichtet waren und besseren Zugang zu ähnlichen Informationsquellen hatten. Die lokalen Anführer steigerten die Einnahmen um über 40 Prozent. Dies gelang ihnen nicht deshalb, weil sie eine größere Legitimität besessen hätten – die es dem Kabaka ermöglicht hatte, die Steuern zu erhöhen –, sondern dadurch, dass sie die Steuereinzieher gezielt zu den Personen lenkten, die zahlungswillig waren, und die Besuche auf die Zeiten legten, zu denen die Betreffenden am ehesten ein wenig Geld bei sich hatten.[3] Die zentrale Schlussfolgerung aus dieser Studie lautet, dass einige kognitive Gadgets in einem Niedrigeinkommensland, das die ersten Schritte beim Aufbau einer leistungsfähigen Steuerverwaltung macht, sich grundlegend von jenen unterscheiden, die sich für gut funktionierende Steuerverwaltungen eignen. Ein weiteres derartiges Gadget aus demselben Team betraf die Steuersätze, die auf Grundeigentum erhoben wurden. Die Steuermoral war bestürzend gering: Weniger als 6 Prozent der Grundstückseigner, die einen Steuerbescheid erhielten, bezahlten diesen. Durch Absenken des Steuersatzes erhöhte sich die Zahlungsrate so weit, dass die Einnahmen stiegen. Der niedrigere Satz erhöhte die Wahrscheinlichkeit, dass der Bargeldbestand des Grundstückseigners ausreichen würde, um den Steuereinzieher zu bezahlen; die ausgeklügelte Studie bestätigte im Wesentlichen, dass man auf die Kooperationsbereitschaft und Zahlungswilligkeit der Steuerpflichtigen angewiesen ist und mit Zwang nichts erreicht.[4]

Auch neue E-Technologien können helfen, in der Frühphase des Aufbaus effizienter Strukturen der Steuererhebung die Einnahmen zu erhöhen, und zwar einfach dadurch, dass man GPS-Daten mit Grundstückseigentum verknüpft. Bei einer Studie in Ghana zeigte sich, dass dies Steuereinzieher in die Lage versetzte, herauszufinden, wo die hohe Steuerzahlungen leistenden Grundeigentümer wohnten, sodass sie ihre Bemühungen entsprechend konzentrieren konnten.[5] Die Methode, Steuereinnehmern in Abhängigkeit von der vereinnahmten Summe eine Prämie zu zahlen, käme in entwickelten Volkswirtschaften zweifellos nicht zur Anwendung. Aber zumindest kurzfristig hat sich dies in Pakistan als erfolgreich erwiesen.[6] Wir wissen auch, dass sich Steuerhinterziehung durch Unternehmen dadurch verringern lässt, dass man die gründliche Überprüfung verbessert, indem man Dritte verpflichtet, Geschäftsvorgänge zu melden.[7] Keines dieser Gadgets führt eine grundlegende Wende herbei, aber sie alle helfen, Geld zu beschaffen, das in Staaten dringend benötigt wird, die andernfalls endgültig den Anschluss verlieren würden.

Die Demokratische Republik Kongo verdeutlicht, wie sich durch das Entrichten einer kommunalen Grundsteuer die Einstellung derer verändert, die sie zahlen. Im Zuge einer Steuerkampagne wurden Grundeigner lediglich registriert und aufgefordert, Steuern zu zahlen. Vor der Registrierung kam dem nur einer von 1000 Eigentümern nach – durch die Registrierungskampagne stieg die Zahl auf 116, noch immer sehr niedrig, aber eine dramatische Steigerung bei einem geringen Aufwand. Wichtiger und ermutigender waren jedoch die indirekten Auswirkungen der Kampagne. Plötzlich begannen sich die neuen Steuerzahler dafür zu interessieren, was ihre Kommune mit ihrem Geld tat. Sie informierten sich aktiv darüber und nahmen viel häufiger an Bürgerversammlungen und Bewertungen der kommunalen Leistungen teil – aufwendige Handlungen politischer Partizipation, die *Homo oeconomicus* nicht in den Sinn kämen. Die kongolesischen Steuerzahler hingegen begannen, sich wie *Staatsbürger* zu verhalten. Die Effekte waren erstaunlich groß – die politische Partizipation erhöhte sich um ein Drittel. Die Menschen interagierten nicht nur mehr mit der Kommunalverwaltung, auch ihre Einstellung zu dieser wurde positiver. Die bloße Tatsache, dass sie mit ihnen in Kontakt trat, wurde als Beleg für ihre Kompetenz gedeutet. Die Bürger forderten die Verwaltung auch auf, mehr zu tun und besser zu werden: Es gab erste Anzeichen dafür, dass die Menschen einen politischen Deal haben wollten – mehr Steuern im Gegenzug für bessere Dienstleistungen, wie es in Lagos erreicht worden war.[8] Daraus lassen sich drei ermutigende Schlüsse ziehen. Erstens: Es ist möglich, Einstellungen schnell in Richtung einer besseren Steuerzahlungsmoral zu verändern. Zweitens: Die politischen Folgen für die lokalen Politiker sind positiv, denn ihnen stehen nicht nur mehr Einnahmen zur Verfügung, vielmehr beurteilen die Wähler ihre Leistungen auch besser. Drittens: Obgleich die kognitiven Gadgets nur zu geringen Mehreinnahmen führen, kann man dadurch, dass man sich statt nur auf die zusätzlichen Einnahmen auch auf diejenigen konzentriert, die den Anteil der steuerzahlenden Bürger erhöhen – ihre *Inzidenz* –, frühzeitige Fortschritte in Richtung inklusiver guter Governance erheblich beschleunigen.

Es gibt auch noch eine grundlegendere positive Wechselwirkung zwischen leistungsfähiger Steuerverwaltung und inklusivem Wohlstand, die durch den Prozess der ökonomischen Transformation hindurch anhält, von den frühsten Schritten in Gesellschaften mit schwachem Staat, wie Uganda nach dem Zusammenbruch von 1986, über ungleiche Mitteleinkommensländer wie Kolumbien bis hin zu dem inklusiven Wohlstand Dänemarks mit seinem starken Staat. In dem Maße, wie sich eine Volkswirtschaft entwickelt, ändert sich ihre Struktur in einer Weise, welche die Steuererhebung leichter macht. Um von Größen- und Spezialisierungsvorteilen zu profitieren, werden Unternehmen größer und formeller. Die Erwerbstätigen wenden sich von beruflicher Selbstständigkeit und Kleinsunternehmertum ab, um als Lohnarbeiter in diesen formellen Firmen zu arbeiten. Die dokumentierten Lohnzahlungen lassen sich viel leichter besteuern als die nicht dokumentierten Barzahlungen des informellen Sektors. Das Uganda von 1986 hatte Mühe, die Steuern, die sich auf 6 Prozent des Volkseinkommens beliefen, zu erhöhen. Selbst wenn die Steuerverwaltung viel effektiver gewesen wäre, wäre es unmöglich gewesen, die Steuern auf die 53 Prozent des modernen Dänemarks zu steigern, weil die ugandische Wirtschaft damals fast vollständig informell war. Erst ab den 1990er-Jahren entkamen die Ugander dieser tödlichen Kombination aus einem schwachen Staat und einer stagnierenden Wirtschaft.[9] Bereitwillige Regelbefolgung hat einen positiven Effekt, der sich bei dem alltäglichen Problem der Durchsetzung von Busfahrspuren zeigte. Wenn die meisten Autofahrer diese respektieren, sind die Kosten der Durchsetzung gegenüber der widerspenstigen Minderheit niedrig und verkraftbar. Brechen hingegen die meisten Menschen die Regeln, wie sie es im Uganda des Jahres 1986 taten, sind die Kosten untragbar.

Neuere Forschungsergebnisse weisen auf einige nützliche Gadgets hin, die sich für die Anfangsphasen des Aufholprozesses eignen. Sie deuten auch darauf hin, dass es positive Rückkopplungen zwischen höherer Steuerehrlichkeit und höherer Steuerabschöpfung gibt. Beide vermögen die politische Partizipation innerhalb eines Staates zu verstärken. Inklusive Regierungsführung, Steuerehrlichkeit und Steueraufkommen können sich von einem zunächst sehr niedrigen Niveau aus gemeinsam in die Höhe schrauben, da sie sich wechselseitig verstärken. Keines der Gadgets hat, für sich genommen, spektakuläre Effekte. Aber gemeinsam können sie dadurch, dass sie die Einnahmen steigern, eine Aufwärtsdynamik anstoßen. Im Kontext von abgehängten Regionen sollten Ökonomen bei Fragen, die die Gestaltung des Steuerrechts betreffen, über eng begrenzte technische Aspekte hinaus denken und bei ihren Analysen und Ratschlägen kulturelle und politische Faktoren sowie teambildende Maßnahmen berücksichtigen.

Wie der Staat Sicherheitsstrukturen aufbauen kann

Die physische Sicherheit der Bürger eines Landes kann nicht ohne Risiken an einen kommerziellen Anbieter ausgelagert werden.[10] Aber in einigen armen Ländern ist der Staat trotz massiver internationaler Unterstützung gegenwärtig zu schwach, um seine Bürger zu schützen. Andere arme Länder dagegen haben es trotz aller Schwierigkeiten geschafft. Politische Entscheidungsträger in schwachen Staaten, die Mühe haben, sich selbst zu schützen, und die Verantwortlichen in Hocheinkommensländern, die sie unterstützen, können von solchen Misserfolgen und Erfolgen lernen.

Lernen von Erfolgen I: Wiederherstellung der Sicherheit in Nordmosambik

Zwischen 2017 und 2021 verschlechterte sich die Sicherheitslage im Norden Mosambiks im Anschluss an die Entdeckung eines Gasfeldes vor der Küste immer weiter. Das Feld erstreckte sich bis in die Küstengewässer Südtansanias, wo es die Mtwara-Unruhen ausgelöst hatte, wie wir in Kapitel 9 sahen.* Aber in Nordmosambik war die Lage weit schlimmer: Die Bewohner der Region hatten lange Zeit die politische Opposition RENAMO unterstützt, und zur Bestrafung hatte die Regierung der Region den Geldhahn zugedreht. Aufgrund dieser Diskriminierung gärte es dort, und die Lage verschärfte sich nach der Entdeckung des Gasfeldes. Die Terrororganisation ISIL, ein Ableger von al-Qaida, ergriff die Gelegenheit, um ein Netzwerk der Unterstützung aufzubauen. Sie übernahm rasch die Kontrolle über das Gebiet, wo sie abscheuliche Gräueltaten beging,

---

* Dazu kam es, obwohl sich Nyerere erfolgreich darum bemüht hatte, ein nationales Identitätsbewusstsein aufzubauen: Offenkundig untergräbt der sensationelle Fund eines wertvollen Rohstoffvorkommens nachhaltig frühere Loyalitäten.

denen Tausende zum Opfer fielen, und 800 000 Menschen wurden vertrieben. Als die Gewalt eskalierte, stoppte das Unternehmen mit den Rechten für die Erschließung des Feldes, TOTAL, das küstennahe Investitionsprojekt im Volumen von 20 Milliarden Dollar. Da diese riesige Summe auf dem Spiel stand, wies die Regierung die Streitkräfte an, die Region wieder unter ihre Kontrolle zu bringen.

Aber die Armee scheiterte auf ganzer Linie. Sie verlor nicht nur die Kontrolle über die ländlichen Gebiete, vielmehr konnte ISIL die wichtige Küstenstadt Mocímboa da Praia erobern und dort ihr Hauptquartier aufschlagen. Der Präsident schluckte daraufhin seinen Stolz hinunter und bat seinen regionalen Nachbarn, Präsident Kagame, ihm zu helfen und Truppen zu entsenden. Kagame erklärte sich bereit, eine Interventionsstreitmacht von 1000 ruandischen Soldaten bereitzustellen, und um zu verdeutlichen, dass er dies aus Solidarität tat, lehnte er eine finanzielle Kompensation ab. Innerhalb der Afrikanischen Union hatte er sich schon seit Langem dafür ausgesprochen, dass die Afrikaner ihre Probleme selbst lösen sollten. Er war überzeugt davon, dass es Ruanda gelungen war, eine schlagkräftige Armee aufzubauen, und dass eine Gelegenheit, dies zu demonstrieren, nützlich sein könnte. Zum allgemeinen Erstaunen war die kleine ruandische Streitmacht so erfolgreich, dass die ISIL-Kämpfer innerhalb von drei Monaten nicht nur besiegt waren, sondern auch kapitulierten. Wie war dies gelungen?[11]

Einem der wenigen Journalisten vor Ort, der einen der ISIL-Kämpfer, die sich ergeben hatten, interviewen konnte, verdanken wir wertvolle Informationen. Der ISIL-Angehörige sagte, er habe kapituliert, weil »wir bei den Kämpfen nicht standhalten konnten, sie haben bessere Waffen. Wir konnten nichts ausrichten.« Tatsächlich waren die ruandischen Soldaten mit modernen leichten Waffen ausgerüstet, die denen der ISIL-Kämpfer überlegen waren, die einen Großteil ihrer Ausrüstung von Mosambiks zwar gut finanzierter, aber schlecht ausgerüsteter Armee gestohlen hatten. Doch diese überlegene Bewaffnung war nicht darauf zurückzuführen, dass die ruandische Armee ein großes Budget gehabt hätte. Im Gegenteil: Ruanda gab nur 1,4 Prozent seines Volkseinkommens für Verteidigung aus. In Anbetracht der Tatsache, dass während des Bürgerkriegs und Genozids ein Zustand totaler Unsicherheit geherrscht hatte, waren diese Ausgaben bemerkenswert niedrig: Die durch den Bürgerkrieg angerichteten Schäden sind so groß, dass hohe Militärausgaben durchaus gerechtfertigt wären, wenn sie ihren Zweck erfüllen.[12] Die NATO-Mitgliedstaaten haben sich verpflichtet, 2 Prozent ihres BIP für Verteidigungszwecke auszugeben, und die alliierten Streitkräfte in Afghanistan hielten es für angemessen, die gigantische Summe von 3 Billionen Dollar auszugeben – das 200-Fache des Volkseinkommens von Afghanistan.

Der Kämpfer sagte des Weiteren: »Wir waren überwältigt von ihrer Zahl; außerdem waren sie sehr wild.« Da die ruandische Streitmacht nur 1000 Soldaten zählte, deutet die Äußerung darauf hin, dass die viel größere mosambikanische Armee direkten Nahgefechten mit ISIL aus dem Weg ging und diese daher nicht »überwältigen« konnte. Aber was genau ist mit »sehr wild« gemeint? Haben die ruandischen Soldaten wie die Berserker gewütet? Glücklicherweise verfügen wir über weitere ungewöhnlich hochwertige Informationen, diesmal von Louisa Lombard, einer Anthropologin der Yale University, die die ruandischen Friedenstruppen erforschte. Laut ihrer Beschreibung gehören die ruandischen Soldaten zu den diszipliniertesten und am wenigsten korrupten von allen afrikanischen Soldaten in Auslandseinsätzen. Wie gelang es der ruandischen Armee, eine so hohe Disziplin bei ihren Soldaten zu erreichen? Paul Kagames große Stärke bestand darin, dass er sich hervorragend darauf verstand, eine rechenschaftspflichtige militärische Hierarchie aufzubauen.* Jede Befehlsebene in der gesamten

---

* Ich weiß aus eigener Erfahrung, wie Präsident Kagame vorging, um die hierarchi-

Hierarchie verstand, dass sie für das Verhalten der ihrem direkten Befehl unterstehenden Soldaten in jedem Moment verantwortlich war. Jeder Soldat wusste, dass der Feldwebel, der den Zug anführte, nicht nur Feigheit, sondern auch Misshandlung von Zivilisten bestrafte. Er wusste es, weil dieser Feldwebel seinerseits von seinem Leutnant bestraft würde, wenn Zivilisten, für die er verantwortlich war, zu Schaden kämen.

Als es darum ging, das Vertrauen der örtlichen Bevölkerung zu gewinnen, war der Verzicht auf den Einsatz der Luftwaffe eine weitere hilfreiche Selbstbeschränkung der Ruander. In der Praxis können Flugzeuge oder Hubschrauber nicht zwischen Zivilisten und Rebellen unterscheiden. Das ist insbesondere bei Bombenangriffen der Fall. Wenn Zivilisten bombardiert werden, dann führt dies unweigerlich dazu, dass sie die dafür verantwortlichen Militärs nicht mehr als Schutzmacht betrachten. Aber selbst Disziplin und der Verzicht auf Bombardements genügen nicht; die örtliche Bevölkerung muss darauf vertrauen, dass die Beschützer die Terroristen *dauerhaft* besiegen. Aus diesem Grund hatte die ruandische Armee den Auftrag, das Al-Qaida-Nest auszulöschen und die Kämpfer nicht nur zu vertreiben. Es zeigte sich, dass die ISIL-Kämpfer Feiglinge und Maulhelden waren – mutig genug, um wehrlose Einheimische zu terrorisieren und abzuschlachten, aber nicht, um gegen Männer zu kämpfen, die darauf vorbereitet waren, sich ihnen entgegenzustellen. Sobald sie in die Enge getrieben worden waren, ergaben sie sich, und die ganze Gruppe zerfiel sehr schnell. Das Vertrauen der örtlichen Bevölkerung zu gewinnen, hat den großen Vorteil, dass sie den Soldaten dann bereitwillig

---

sche Rechenschaftspflicht durchzusetzen, da er sie von der Armee auf alle wichtigen öffentlichen Institutionen ausdehnte. Jedes Jahr beordert er ihre 200 obersten Entscheidungsträger für drei Tage in ein Militärcamp. Dort muss jeder Teilnehmer im Kreis der anderen seine persönliche Leistungsbilanz, gemessen an einem im Voraus vereinbarten Referenzwert, erläutern. Als sein Gast hat es mich beeindruckt, dass wir alle die gleichen militärischen Rationen aßen und in denselben Armeezelten schliefen: Kagame hatte sich augenscheinlich das Recht verdient, »wir« zu seinen Soldaten zu sagen.

gibt, was diese am dringendsten brauchen, wenn sie gegen irreguläre Kräfte kämpfen: Informationen über den Feind.

Mosambik mag weiterhin in der Falle einer klientelistischen Politik feststecken, die jene Kaskade der militärischen Rechenschaftspflicht verhindert. Aber das Land könnte jederzeit das Ruder herumreißen, sobald sich ein Anführer oder eine soziale Bewegung entschließen sollte, den Weg der Rechenschaftspflicht zu beschreiten.

Lernen von Erfolgen II:
Der Aufbau einer schlagkräftigen Luftwaffe

Ruanda hat gezeigt, dass eine Luftwaffe in vielen Situationen ein unnötig kostspieliger Luxus ist. Ich beziehe das folgende Beispiel nur ein, weil es zwei Grundsätze verdeutlicht, die für alle Streitkräfte von großer Bedeutung sind: Motivation und Delegierung. Die israelische Luftwaffe gilt weithin als eine der besten der Welt. Ihre Schlagkraft verdankt sich zum Teil der außergewöhnlichen Motivation ihres Personals, da die Luftwaffe als wichtigster Garant der Sicherheit Israels ein hohes Ansehen genießt. Dieser Status bedeutet, dass die Auslese von Personal für die Luftwaffe ähnlich streng ist wie die Rekrutierung von Provinzgouverneuren unter Deng Xiaoping: Alle israelischen Schüler im Teenageralter, die sich auf Mathematik und Naturwissenschaften spezialisiert haben, werden auf ihre Tauglichkeit getestet. In Anbetracht des hohen Ansehens der Luftwaffe bewerben sich viele der Fähigsten. Die ungewöhnliche Delegierung spiegelt sich in einer ganz besonderen Einsatzregel wider. Wie alle Streitkräfte ist auch die israelische Luftwaffe hierarchisch organisiert: Bei allen Patrouillenflügen wird eine Staffel israelischer Flugzeuge von einem Staffelkommandanten befehligt. Aber bei Kontakt mit einer feindlichen Patrouille und hoher Wahrscheinlichkeit von Kampfhandlungen geht die Kommandogewalt an den Piloten über, der in der besten Position ist, um sich einen Überblick über die Gesamtlage zu verschaffen. Deshalb werden alle Piloten trainiert, nicht nur ihr Flugzeug zu fliegen, sondern auch die strategische Befehlsgewalt zu beanspruchen und zu übernehmen, ausgehend von ihrer Einschätzung, dass sie am besten positioniert sind, um sich einen Überblick über die Lage zu verschaffen.

Lehren aus Misserfolgen

Wir können von überraschenden Misserfolgen fast genauso viel lernen wie von überraschenden Erfolgen. An beiden herrscht kein Mangel.

Das offensichtliche Scheitern der Bemühungen, eine schlagkräftige inländische Sicherheitstruppe in Afghanistan aufzubauen, wirft zwei Fragen auf. Erstens: Warum ist es afghanischen Regierungen – wie denen von Mosambik – nicht gelungen, starke Streitkräfte aufzubauen, obwohl sie genügend Zeit, Finanzmittel und auch Motivation hatten? Zweitens: Warum ist es den US-geführten Alliierten nicht gelungen, trotz immenser Ressourcen, 20 Jahren Zeit und starker politischer Anreize, dem afghanischen Militär auch nur ein Mindestmaß an eigenen Fähigkeiten beizubringen? Noch erstaunlicher ist die Tatsache, dass sie nicht einmal bemerkten, dass sie die Fähigkeiten nicht vermittelt hatten.[13]

Die afghanischen Regierungen verfügten über weit mehr finanzielle Ressourcen als die Taliban, und da sie demokratisch gewählt worden waren, hätte man erwarten können, dass sie einen relativ großen Rückhalt in der Bevölkerung haben. Aber die Tatsache, dass die Finanzen von ausländischen Gebern stammten, untergrub das Vertrauen der Bürger in die gewählten Regierungen: Sie galten als korrupte Marionetten der Alliierten. In dieser Hinsicht lagen die Afghanen größtenteils richtig. Die alliierten Gelder korrumpierten Politiker und Beamte auf allen Ebenen: Der Staat wurde von denen ausgeplündert, die gewählt worden waren, ihren Bürgern zu dienen, was regelmäßig bei Skandalen von grotesken Ausmaßen ans Tageslicht kam. Und die Regierungen von Afghanistan hatten auch keinen großen Anreiz, ihren Bürgern zu dienen. Ihre von westlichen Gebern finanzierten hohen Einnahmen entbanden sie von der Notwendigkeit, ihre Bürger zu besteuern. Die anhaltende Präsenz großer ausländischer Truppenverbände lieferte ihnen einen Vorwand, um den Aufbau schlagkräftiger afghanischer Streitkräfte hinauszuschieben. Ihr vorrangiges Interesse bestand darin, die Alliierten durch Täuschung dazu zu bringen, sowohl die finanzielle Unterstützung als auch die militärische Präsenz, von der sie annahmen, sie garantiere ihre Sicherheit, fortzusetzen. Dieses raffinierte Täuschungsmanöver ist ihnen auf ganzer Linie gelungen. Unterdessen stritten sie sich untereinander. Während seiner gesamten Regierungszeit lag Präsident Ghani mit seinem Vizepräsidenten in Streit und konnte seine Bürger nicht davon überzeugen, dass er bereit war, sein persönliches Interesse für das Gemeinwohl zu opfern. Ihr Argwohn wurde im Jahr 2022 auf spektakuläre Weise bestätigt, als Ghani außer Landes floh, um sich in Sicherheit zu bringen, während seine Truppen kämpfen und für ihr Vaterland sterben sollten.

Die Täuschung der Alliierten wurde erheblich dadurch erleichtert, dass sie diese Täuschungsmanöver bewusst übersahen. Die Wahrheit über das, was da geschah, wäre den alliierten Regierungen auf eine so schmerzliche Weise ungelegen gekommen, dass kognitive Dissonanz die Realität verschleierte. Es war wie bei den späteren peinlichen militärischen Niederlagen Russlands in der Ukraine, die mutmaßlich vor Präsident Putin geheim gehalten wurden. In Afghanistan waren Militärs aller Ebenen eifrig damit beschäftigt, schlechte Nachrichten zu beschönigen. Die untergeordneten Offiziere an der Frontlinie beschrieben Fehlschläge als »noch nicht vollständig erreichte Ziele«, während sie die wenigen Erfolge überzogen euphorisch herausposaunten. Die höheren Offiziere, die diese Informationen zusammentrugen, machten viel Aufhebens von den Erfolgen und behaupteten, die Misserfolge seien eine Mahnung, die gegenwärtigen Anstrengungen zu verdoppeln. Die noch höherrangigen Offiziere, die direkt den Generalstabschefs berichteten, verstärkten die Fehlinterpretationen, und Letztere wiederum führten die Schlüsselpolitiker, die sie informierten, in die Irre.[14] Die Politiker griffen verzweifelt nach jedem Strohhalm, weil sie gegenüber den Wählern und ihrer Partei rechenschaftspflichtig waren. Wähler, die in ihrer Familie Soldaten hatten, wollten »schönere« Opferstatistiken. Die Mitglieder jener politischen Parteien, die in den alliierten Regierungen vertreten waren, wollten, dass ihre ideologischen Standpunkte respektiert wurden – dazu gehörten in der Regel auch eine verstärkte Rechenschaftspflicht für die Verwendung der Hilfsgelder und das Bekenntnis der Afghanen zu den moralischen Normen, die Parteimitglieder begeisterten. Daher waren afghanische Politiker allenfalls den Wählern und Ideologen der alliierten Demokratien, nicht ihren eigenen Bürgern rechenschaftspflichtig.*

Daraus lässt sich die äußerst wichtige, aber unangenehme Lehre ziehen, dass die Regierungen von Ländern, die mit externen Ressourcen unterstützt werden, die klare operative Verantwortung dafür tragen müssen. Folglich müssen der Regierungschef oder die Präsidentin und ihre Schlüsselminister tiefe persönliche Erfahrungen an vorderster Linie sammeln.

Zu diesem übergreifenden Versagen kamen in Afghanistan operative Fehler. Auch wenn ausländische Truppen von der örtlichen Bevölkerung zunächst willkommen geheißen werden, so schwindet diese wohlgesinnte Haltung doch schon bald. Als Faustregel kann man sagen, dass sieben Jahre die Grenze sind.[15] Während dieses Zeitfensters hätten die Fähigkeiten des afghanischen Militärs aufgebaut werden müssen. Dies wiederum wäre von einer öffentlichen Zusage der USA, danach definitiv abzuziehen, abhängig gewesen; sie hätte afghanische Politiker von

---

* Der Versuch, tiefgreifende Veränderungen moralischer Normen aufzuzwingen, läuft den mühsam gewonnenen Erkenntnissen des »Brahimi Report« der Vereinten Nationen zuwider, der empfohlen hatte, dass Streitkräfte unter UN-Befehl einen »leichten Fußabdruck« hinterlassen sollten. Im nächsten Kapitel wird eine grundlegendere Kritik an dieser arroganten Gleichgültigkeit abgehobener Politiker in rückständigen Regionen gegenüber den Anliegen ihrer Wähler geübt.

ihrem Glauben daran abgebracht, die USA würden dauerhaft für Sicherheit in Afghanistan sorgen. Aber diese Zusage gab es nicht. Hinzu kam der übermäßige Einsatz von Bomben, der die örtlichen Bevölkerungen gegen die Alliierten aufbrachte. Die zum Scheitern verurteilte britische Strategie, die von Offizieren mittlerer Dienstgrade bezeichnenderweise »Grasmähen« genannt wurde, stand im Gegensatz zu der ruandischen Strategie in Mosambik. An anderer Stelle wurde eine Brigade für zermürbende sechs Monate in eine Ortschaft entsandt, um von dort aus Vorstöße zu unternehmen und Taliban-Kämpfer aus dem Gebiet zu vertreiben. Aber sobald die Brigade abgezogen war, kehrten die Taliban zurück. Die Einheimischen hatten dies schnell durchschaut, sodass diejenigen, die andernfalls den Soldaten vielleicht mit Informationen geholfen hätten, dies nicht riskieren konnten. Die ruandische Strategie, so lange dazubleiben, bis sich die feindlichen Kämpfer ergaben, und den Ortsansässigen auf diese Weise das Vertrauen einzuflößen, das nötig war, damit sie Informationen teilten, ist eine letzte wertvolle Lektion.

Alles in allem ist das Scheitern der Alliierten in Afghanistan zwar umfassend, aber nicht rätselhaft.

Wie sich die Sicherheitslage in Mali drastisch verschlechterte

Mali ist ein verarmtes, abgehängtes Land in der Mitte der Sahelzone, eines riesigen Wüstengürtels, der sich von Mauretanien im Westen bis nach Somalia im Osten erstreckt. Aufgrund wachsender Befürchtungen bezüglich der Instabilität gewisser Länder erstellten internationale Organisationen drei verschiedene Listen von Ländern, in denen der Staat als fragil betrachtet wurde. Im Jahr 2010 stand Mali auf keiner dieser Listen: Es galt als eine friedliche Demokratie, auch wenn es in vielerlei Hinsicht ein geschickt verschleierter Ausbeuterstaat war; seine kleine Armee war in die Ausplünderung des von Gebern finanzierten Staatshaushalts verstrickt und nicht für Kampfeinsätze ausgebildet. Etwas weiter nordöstlich von Mali geriet Muammar Gaddafi, der tyrannische Herrscher über das ölreiche Libyen, unter wachsenden inländischen und internationalen Druck. Daraufhin kaufte er ein riesiges Waffenarsenal zusammen und bezahlte Söldner aus dem Sahel großzügig dafür, dass sie ihn beschützten. Söldner haben jedoch nur selten eine hohe Kampfmoral – als Gaddafis Regime 2011 zusammenbrach, plünderten sie sein Arsenal und kehrten im Januar 2012 wieder in den Sahel zurück. Plötzlich war Mali mit großen, gut bewaffneten Gangs konfrontiert, die regelrechte Raubzüge unternahmen. Als sich ihnen die schlecht ausgerüstete malische Armee entgegenstellte, wurden deren Soldaten in kürzester Zeit abgeschlachtet: Angeblich wurde an einem einzigen Tag ein Drittel der gesamten Armee getötet. In ihrer Verzweiflung bat die Regierung die einstige Kolonialmacht des Landes um Schutz. Bald darauf entsandte Frankreich 5000 Soldaten der Luftwaffe und des Heeres nach Mali, und französische Kampfflugzeuge bombardierten die Gangs. Aber mit steigenden eigenen Verlusten wandte sich die öffentliche Meinung in Frankreich gegen den Einsatz: Im Jahr 2021 ordnete Präsident Macron den Abzug der Hälfte der stationierten Truppen an. Wie in Afghanistan hatten sich diese ausländischen Truppen auch in Mali bei der einheimischen Bevölkerung unbeliebt gemacht. Im Anschluss an zwei Militärputsche in schneller Folge machte die nicht anerkannte Militärregierung Stimmung gegen Frankreich und verwies die französischen Truppen des Landes, ebenso wie gerade eingetroffene britische und dänische Unterstützungskräfte. Aus reiner Verzweiflung ersuchten Malis neue Herrscher daraufhin Russland um Hilfe, insbesondere die von Jewgeni Prigoschin geleitete Gruppe Wagner – das früher schon erwähnte private Söldnerunternehmen –, und schon bald waren sie nicht mehr als Prigoschins Satrapen.

Während die inländischen Sicherheitsstrukturen zusammengebrochen sind, beherbergt Mali weiterhin eine große UN-Friedenstruppe, MIMUSMA. Da sie bereits seit 2013 dort stationiert ist, hat sie mittlerweile wahrscheinlich, wie die Alliierten in Afghanistan, die Gastfreundschaft der Einheimischen überbeansprucht. Sie ist offensichtlich wirkungslos. Dabei ist ihr Einsatz extrem teuer – die jährlichen Kosten belaufen sich auf 1,3 Milliarden Dollar. Trotz dieser hohen und weiter steigenden Ausgaben in Höhe von insgesamt über 10 Milliarden Dollar ist es nicht gelungen, die Ganggewalt zu unterbinden, dabei hätte das Geld einen entscheidenden Einfluss ausüben können. Mali ist ein abgehängtes Land par excellence, in dem eine rasch wachsende jugendliche Bevölkerung dringend Arbeitsplätze braucht. Ohne diese können die Gangs unter den vielen unzufriedenen, notleidenden Gemeinschaften im ganzen Land, wie etwa den Berbern im Norden, leicht Nachwuchs rekrutieren. Das grundlegende Versagen besteht hier im Silo-Denken der Regierungen von Hocheinkommensländern. Das Ziel, die Sicherheitslage deutlich zu verbessern, wird in der Regel an ein Verteidigungsministerium delegiert, das über ein großes Budget und einen eng definierten Auftrag verfügt; das Ziel der wirtschaftlichen Entwicklung obliegt in denselben Ländern in der Regel einem Ministerium, das für die Entwicklungshilfe verantwortlich ist und ein kleines Budget und breit gefächerte Aufgaben hat.

Die Gründe des internationalen Scheiterns

Steuererhebung und Sicherheit sind Kernaufgaben jedes Staates. Nachgewiesenermaßen sind sie erreichbar: Bei beiden gibt es inspirierende Erfolgsbeispiele und Gadgets, die in manchen Situationen und Phasen vielleicht nützlich sind. Doch trotz massiver internationaler Anstrengungen und manchmal – ungewollt – wegen ihnen sind nach wie vor keineswegs alle Staaten in der Lage, ein Mindestmaß an Steuern zu erheben und Sicherheit zu gewährleisten. Wenn Regierungen von Hocheinkommensländern abgehängten Ländern Ratschläge erteilen oder Forderungen erheben, dann sind sie in manchen Angelegenheiten zu präskriptiv und in anderen zu lax.

Sie machen ihnen zu strenge Vorschriften, wenn sie selbst in Krisenzeiten auf Steuererhöhungen bestehen, obwohl dies den Regierungen politisch schaden würde, weil die Wähler das nicht akzeptieren würden. In Sicherheitsbelangen machen sie zu strenge Vorgaben, wenn sie darauf bestehen, dass Regierungen, die Hilfe erhalten, sich den moralischen Normen der Geberländer unterwerfen. Das ist mitunter aber unmöglich, unangemessen, oder es wird von der örtlichen Bevölkerung als ein unverschämter Versuch angesehen, sie dazu zu zwingen, gegen ihre eigenen moralischen Normen zu verstoßen. Infolge dieser Forderungen entfremden sich Regierungen abgehängter Länder manchmal von den Werten ihrer eigenen Bürger.

Dagegen sind westliche Geberländer zu lax, wenn sie nicht verhindern, dass ihre Finanzhilfen von Politikern und Beamten geplündert werden. Sie sind zu lax, wenn sie sich nicht zu einem frühzeitigen Abzug ihrer Truppen verpflichten. Dies würde Regierungen abgehängter Nationen klarmachen, dass sie für die Zeit zu planen haben, zu der sie diese Verantwortung übernehmen müssen. Da manche Geber weiche Knie haben, haben sich einige Regierungen nicht der Aufgabe gestellt, das Vertrauen ihrer Bürger zu gewinnen.

Im Zentrum dieses Versagens stehen moralische Doppelstandards. Geberregierungen handeln ihrer eigenen Einschätzung nach moralisch richtig, während sie zugleich wiederholt gegen zentrale Regeln moralischen Handelns verstoßen haben. Es ist Zeit, mit diesen Doppelstandards aufzuräumen.

11.
Moralische Normen
und Gemeinwohl

Moralische Normen sind wichtig: Wenn Unklarheit darüber besteht oder sie infrage gestellt werden, können Gesellschaften mit ehedem starkem Zusammenhalt zersplittern. Im Sommer 2023 kam es in den USA, Großbritannien, Frankreich und den Niederlanden zu innenpolitischen Krisen. Der Oberste Gerichtshof der USA entschied, dass die Bevorzugung schwarzer Studienbewerber und -bewerberinnen nicht länger mit dem Prinzip der Diversitätsförderung gerechtfertigt werden könne. Daraufhin kritisierten Ex-Präsident Obama und Präsident Biden diese Entscheidung in Fernsehansprachen.* In Großbritannien enthüllten neue internationale Daten über Langlebigkeit, dass erfolgreiche Bevölkerungsgruppen im Schnitt eine um acht Jahre höhere Lebenserwartung haben als sozial schwache. Obwohl das staatliche britische Gesundheitssystem (NHS) allen Bürgern scheinbar den gleichen Zugang zur medizinischen Versorgung gewährt, ist diese Kluft in Großbritannien viel größer als in irgendeinem anderen europäischen Land. Daraufhin

---

* Die jüngsten Ansprachen von Präsident Biden greifen die Argumentation aus seiner Rede zur Lage der Nation auf, in der er die Politik der zurückliegenden Jahrzehnte geißelte. Sie habe in fahrlässiger Weise verursacht, dass soziale Benachteiligungen über Generationen hinweg weitergegeben würden. Vgl. seine Rede über »Bidenomics« am 3. Juli 2023 in Chicago, wo er sich von einer Wirtschaftspolitik distanzierte, die »40 Jahre lang die Reichen begünstigte, mit dem Argument, deren Zugewinne sickerten zu den Armen durch«. Man beachte, dass die 40 Jahre auch die Amtszeiten der Präsidenten Clinton und Obama umfassen. Siehe auch die noch unmissverständlichere Darlegung des gleichen Arguments durch Bidens Nationalen Sicherheitsberater.

hielt Premierminister Rishi Sunak eine Fernsehansprache, in der er neue 15-Jahre-Ziele für Behandlungszeiten ankündigte. In Frankreich kam es im Anschluss an die Erschießung eines jungen Mannes arabischer Abstammung in zahlreichen Städten zu eskalierenden gewaltsamen Ausschreitungen. Präsident Macron reiste vorzeitig von einem Treffen des Europäischen Rats in Brüssel ab und sagte einen Staatsbesuch in Deutschland ab. Bei seiner Rückkehr nach Paris verurteilte er sowohl die Tötung des Mannes als auch das Chaos. In den Niederlanden zerbrach eine Koalitionsregierung, sodass es aufgrund des Streits zwischen der konservativen Volkspartei für Freiheit und Demokratie und der linksliberalen Partei Democraten 66 darüber, ob es moralisch verantwortbar sei, die Zunahme der Zahl von Asylbewerbern zu bremsen, zu Neuwahlen kam. Beide verloren Stimmen an eine Anti-Islam-Partei.

Der gemeinsame auslösende Faktor all dieser Ereignisse ist die Entstehung ganzer Gemeinschaften, deren soziale Benachteiligung transgenerational weitergegeben wird: Afroamerikaner, englische Kinder, die bei Eltern mit niedrigem Bildungsniveau in abgehängten Regionen aufwachsen, französische Teenager, die ethnische Araber sind, und kulturell entwurzelte Asyl-Einwanderer in den Niederlanden, die sich der hoch integrierten Mehrheitsgesellschaft nicht zugehörig fühlen. Derartige Gemeinschaften entstehen im Lauf von Jahrzehnten – oder auch Jahrhunderten im Fall der Afroamerikaner – aufgrund einer Politik, welche die meisten Wähler bislang als fair ansahen.

Diese Krisen enthüllen einen tiefen Riss zwischen dem, was wütende Mitglieder benachteiligter Gemeinschaften als moralisch richtig ansehen, und dem, was die meisten anderen Wähler nach wie vor als moralisch richtig erachten.

Fortschritte in der Moralphilosophie:
von Rawls zu Sandel

Im 20. Jahrhundert kam es in den ersten Jahrzehnten nach Ende des Zweiten Weltkriegs zu großen praktischen Fortschritten im moralischen Verhalten, sowohl bei Führungsfiguren als auch bei gewöhnlichen Personen, aber dahinter stand Pragmatismus und nicht etwa ein neues moralisches Verständnis.* Eleanor Roosevelt gab als First Lady der Vereinigten Staaten den Anstoß zur Verabschiedung der Allgemeinen Erklärung der Menschenrechte durch die neu gegründeten Vereinten Nationen. Offizielle Delegierte behandelten die Erklärung, als wäre sie lediglich Bestandteil eines Theaterstücks, das sie mit einhelligem Applaus bedachten, und nicht als eine ernsthafte Selbstverpflichtung ihrer Regierungen. Andernfalls hätten Stalins Sowjetunion, das Südafrika der Apartheid und Papa Docs Haiti nicht Beifall geklatscht. Alles in allem war es kein echtes politisches Engagement für moralischen Fortschritt. Tatsächlich war die Erklärung abgekoppelt von jeglichem Mechanismus, mit dem die gerade erst darin einzeln aufgeführten Menschenrechte hätten verwirklicht werden können, und auch von jeder moralphilosophischen Grundlegung. Im besten Falle bewirkte sie, was Eleanor Roosevelt beabsichtigt hatte: Sie inspirierte Gemeinschaften wie die der Afroamerikaner, sich für eine bessere Behandlung zu engagieren. Schlimmstenfalls öffnete sie bedeutungslosen Gesten Tür und Tor: Regierungen erkannten den politischen Nutzen, vollmundige Bekenntnisse zu hehren Zielen abzulegen, die wahrscheinlich nie verwirklicht werden würden. Indem sie ihre Bürger in der Illusion wiegten, es würde etwas getan, konnten sie den Eindruck der Entschlossenheit vermitteln, ohne die Folgen wirklich durchgreifender Maßnahmen finanzieren zu müssen.

---

* ˙Vgl. Kapitel 2 über die beiden bescheidenen politischen Anführer Truman und Attlee, die sich in den Jahren unmittelbar nach Ende des Zweiten Weltkriegs den ernsten Herausforderungen der Zeit stellten.

Ein bedeutender philosophischer Meilenstein war die Veröffentlichung von John Rawls' *Eine Theorie der Gerechtigkeit* im Jahr 1970. Sie postulierte, dass jene politische Maßnahme, die den Lebensstandard der Bevölkerungsgruppe, die am schlechtesten gestellt sei, auf das höchste erreichbare Niveau hebe, als *gerecht* anzusehen sei: Das ist der Grundsatz der Maximierung des Minimums. Ungleichheiten sind demnach nur dann zulässig, wenn sie es ermöglichen, den Lebensstandard der ärmsten Gruppe zu heben.* Rawls' Theorie sollte als Grundlegung einer moralischen Verfassung dienen, die dem Mehrheitsprozess in einer Demokratie Beschränkungen auferlegt. Diese seien notwendig, weil eine Demokratie, der keine Beschränkungen auferlegt würden, dem Selbstinteresse der Mehrheit Rechnung trüge, während aus Gründen der Gerechtigkeit eigentlich von ihr verlangt werde, sich altruistisch gegenüber den Schutzbedürftigsten zu verhalten. Obgleich sein Werk einen großen intellektuellen Einfluss hatte, blieb seine Wirkung auf die praktische Politik vernachlässigbar, da es weder politischen Führungspersönlichkeiten noch Mitgliedern politischer Parteien hinreichend verdeutlichte, *warum genau* die einschränkenden Prinzipien eingeführt werden sollten.** Rawls hielt seine Prinzipien

---

* Wenn zum Beispiel Vorstandschefs durch zusätzliche materielle Anreize wie etwa eine Erhöhung der Boni dazu veranlasst würden, dafür auch härter zu arbeiten, wäre dies gerechtfertigt, wenn es indirekt benachteiligten Bevölkerungsgruppen zugutekäme.

** Vgl. Jonathan Wolff im *Times Literary Supplement*, 6268, 19. Mai 2023, und der anschließende Briefwechsel. Die Spannungen mit der politischen Demokratie entstanden deshalb, weil es keinen Grund für die Annahme gab, dass eine Mehrheit von Wählern so risikoscheu sei, dass sie das Minimum maximieren wollten, und auch nicht dafür, dass sie sich mit einer Verfassung abfänden, die jene Beschränkungen von Mehrheitspräferenzen verlangen würde, die Rawls vorschlug. Laut Professor Christopher Hookway – dem ehemaligen Präsidenten der Pierce Society, die der pragmatischen Denkschule folgt – hat Rawls seine Normen nie als einen globalen Moralkodex aufgefasst, sondern als etwas, das durch Dialog innerhalb jeder Gesellschaft gemäß ihren eigenen Normen kontextuell festgelegt werden sollte. Demgemäß war der Kontext, der *Eine Theorie der Gerechtigkeit* beeinflusste, äußerst ungewöhnlich: das kurze Zeitfenster des technologischen Optimismus der britischen Labour Party Mitte der 1960er-Jahre, wie Professor Wolff überzeugend darlegt.

einer »eingeschränkten« Demokratie für die einzige Alternative zum Utilitarismus. Da sie aber nicht auf Resonanz stießen, bestand die hauptsächliche Wirkung seiner Ideen darin, unabsichtlich den Utilitarismus zu rehabilitieren, über den er eigentlich hinausgehen wollte. Dies gefiel den Ökonomen: So blieb *Homo oeconomicus* der unangefochtene Akteur in ihren Modellen – durch und durch amoralisch und unfähig zu irgendetwas jenseits von Eigennutz. Die Modelle sagten dann die unschönen Reaktionen auf politische Maßnahmen wie etwa steuerrechtliche Änderungen voraus. Schließlich rauschte der Utilitarismus heran, um Kosten und Nutzen der Maßnahme gegeneinander aufzurechnen. Obgleich die moderne Volkswirtschaftslehre viel differenzierter ist als dieses grob vereinfachende Bild, hat sie den grundlegenden begrifflichen Bezugsrahmen nicht durch etwas anderes ersetzt.

Unterdessen ließen Moralphilosophen Rawls hinter sich und bekannten sich zu dem Utilitarismus, den er verständlicherweise fürchtete. Der berühmteste von ihnen war Derek Parfit, der sein gesamtes Berufsleben am All Souls College in Oxford verbrachte und sich mit Fragen abquälte wie:»Sollte ich bereit sein, heute drei Menschen zu töten, wenn ich dadurch das Leben von vier Menschen irgendwo auf dem Planeten im 25. Jahrhundert retten kann?« Solche absurden Reflexionen führten die Moralphilosophie in die verwickelten und fruchtlosen Dimensionen hypothetischer zukünftiger Selbste, die nichts mit den praktischen moralischen Entscheidungen im Alltagsleben der Menschen zu tun hatten.[*]

---

[*] Derek Parfit (1942–2017) war der atheistische Sohn von Missionaren. Während er den Glauben seiner Eltern ablehnte, wollte er die extremste Spielart der christlichen Moral aus den Axiomen moralischer Notwendigkeit ableiten. Insbesondere sollten wir uns um alle zukünftigen Menschen, die irgendwo auf der Erde geboren werden, genauso kümmern wie um unsere eigenen Kinder. Zu diesem Zweck dekonstruierte er den Begriff der individuellen Handlungsmacht: Jeder von uns ist lediglich eine unendliche Folge von Momenten, jeder mit seinen eigenen Interessen – ich, jetzt! Nur wenn wir uns um jeden Moment jeder möglichen Zukunft des Lebens einer Person kümmern, kann es überhaupt eine Basis für Moral geben. Tatsächlich

Michael Sandel und kontributive Gerechtigkeit

Die Moralphilosophie wurde durch Michael Sandels Konzept der kontributiven Gerechtigkeit, die das Thema wieder auf die Frage zurückführte, wie ich meine Handlungsfähigkeit nutzen sollte, aus dieser Verwirrung gerettet.[1] Die Idee wurde bereits in Kapitel 2 als eine der jüngsten intellektuellen Revolutionen eingeführt, aber bevor wir uns mit ihrer praktischen Anwendung befassen, ist es vielleicht angemessen, dass wir uns noch einmal vor Augen führen, was damit gemeint ist. Die kontributive Gerechtigkeit fordert moralische Normen, die vollkommen im Einklang stehen mit den neuesten Erkenntnissen auf dem Gebiet der menschlichen Evolutionsbiologie, der Sozialpsychologie und der Anthropologie. Anders als Rawls und die Utilitaristen verlangt die kontributive Gerechtigkeit nicht, dass wir uns altruistisch verhalten, aber sie behauptet, dass wir die Pflicht haben, einen Beitrag zu unserer Gemeinschaft zu leisten, solange andere dies ebenfalls tun.

Jüngste Fortschritte auf dem Gebiet der menschlichen Evolutionsbiologie sagen uns, dass wir von der Evolution zwar nicht zu altruistischem Verhalten programmiert wurden – also dazu, unser Leben für andere zu opfern, die nichts mit uns zu tun

entsprach seine Interpretation des Utilitarismus einer Lehre für einen wohlmeinenden zentralen Planer menschlichen Verhaltens – ein allwissender, wohlmeinender Autokrat trat an die Stelle des Gottes seiner Eltern. Individuelle moralische Handlungsfähigkeit löste sich auf. Nur so konnten absurde Fragen wie die oben zitierte zu Planungsdilemmata werden, weil der bemerkenswerteste Punkt der Frage – dass von mir, Paul Collier, und Ihnen, den Leserinnen und Lesern, erwartet wird, dass wir unsere Handlungsfähigkeit nutzen, um unschuldige Menschen zu ermorden – nicht in das Dilemma selbst einbezogen ist. Obgleich er großen Einfluss auf die Erneuerung der utilitaristischen Ethik hatte, räumte er gegen Ende seines Lebens ein, dass er wie Rawls gescheitert war. Vgl. »A philosopher's philosopher«, von Sarah Richmond, *Times Literary Supplement*, 6266 (2023), und die beeindruckende Kritik am »Kleine Welt«-Reduktionismus durch Nancy Cartwright, *A Philosopher Looks at Science* (2023). Andere bekannte utilitaristische Philosophen sind Peter Singer und Joshua Greene. Die *reductio ad absurdum* dieser Philosophie war Sam Bankman-Fried.

haben –, aber ungewöhnlich prosoziale Säugetiere sind. Es gab einen starken evolutionären Druck auf Menschen, einen Beitrag zum Nutzen der ganzen Gruppe zu leisten: Wir kooperierten, um in Konkurrenz mit Tieren zu überleben, die schneller und stärker waren und sich besser wehren konnten – aber weniger kooperativ. Die Individuen innerhalb einer Gruppe lernten, sich gegenüber anderen Gruppenmitgliedern gut zu benehmen, wenn diese das Gleiche taten. In den Gruppen, in denen sich mehr als 3 Prozent weigerten, war die Kooperation zwischen den anderen nicht tragfähig, sodass die ganze Gruppe ausgelöscht wurde. Wahrscheinlich sind wir genetisch dazu prädisponiert, mit anderen zu kooperieren, und wir lernen von dem offenbar erfolgreichen kooperativen Verhalten anderer. Aus diesem Grund ist *Homo sapiens* das sozialste aller Säugetiere.[2] Obgleich wir egoistisch sein können, drängt uns unsere Natur dazu, uns auf der Basis von Gegenseitigkeit um die anderen Mitglieder unserer Gemeinschaft zu kümmern. Die neuen Erkenntnisse der Evolutionsbiologie decken sich mit älteren Erkenntnissen der Sozialpsychologie und der Anthropologie, wonach wir ein starkes Bedürfnis haben, zu einer Gruppe zu gehören und durch enge Verbundenheit mit anderen unsere Fähigkeiten zu entfalten, während wir früh sterben, wenn wir isoliert sind.[3] Je öfter wir eine Handlung wiederholen, umso mehr verfestigt sie sich zu einer Gewohnheit. Wenn wir in unserer Arbeit Demütigungen ausgesetzt sind und in unserer Nachbarschaft Gleichgültigkeit oder Schlimmerem, keine Gelegenheiten haben, gutes Verhalten zu üben, werden wir tendenziell egoistischer. Werden wir dagegen wiederholt Situationen ausgesetzt, in denen wir Erfahrungen von Wechselseitigkeit machen, sodass wir zahlreiche Gelegenheiten haben, unsere Großzügigkeit zu zeigen, dann sind wir eher bereit, einen Beitrag zu gemeinsamen Zielen zu leisten.

Kontributive Gerechtigkeit steht aber nicht nur in Einklang mit den Erkenntnissen der Evolutionsbiologie und der Sozialpsychologie, sie stimmt auch mit den Erfordernissen einer praxisnahen Wachstumsstrategie überein. Sie sagt uns, warum wir uns mit anderen zusammentun sollten, um nach einer besseren Zukunft für unsere Gemeinschaft und unsere Gesellschaft zu streben. Menschen brauchen eine »gemeinsame Orientierung und geteilten Optimismus«, wie es die Wirtschaftswissenschaftlerin und Public-Policy-Expertin Diane Coyle formulierte. Dieses Gemeinschaftsgefühl geht aus geteilter *Handlungsmacht (agency)* hervor, wobei der wichtigste intellektuelle Fortschritt darin bestand, den Wert der Wechselseitigkeit zu erkennen.

Handlungsmacht und Benachteiligung

Ein grundlegender Unterschied zwischen distributiver und kontributiver Gerechtigkeit betrifft die Frage, wer Handlungsfähigkeit besitzt. Distributive Gerechtigkeit erlegt den Handlungen mächtiger Personen Beschränkungen auf, *belässt die Handlungsmacht aber bei diesen.* Sie sagt ihnen, dass sie sich nur dann selbst als tugendhaft ansehen können, wenn sie den Schwächsten helfen. Dagegen zwingt die kontributive Gerechtigkeit die Mächtigen, ihre Handlungsmacht mit den Schwächsten zu teilen, und sie wendet eine Checkliste an, um zu überprüfen, ob dies auch tatsächlich geschieht. Haben die Schwachen die gleichen Mitspracherechte bei der Festlegung der gemeinsamen Ziele, nach denen ihre Gesellschaft streben sollte? Wird ihnen bei dieser Diskussion der Ziele der gleiche Respekt erwiesen? Verdienen sie genug, um einen nennenswerten Beitrag zu den gemeinsamen Zielen leisten zu können?

Ein nützliches Gadget bei der Anwendung dieser Checkliste ist eine einfache Methode aus der Politikwissenschaft, das sogenannte *Process Tracing*, das in den volks- und betriebswirtschaftlichen Fakultäten unbekannt ist. Diese Prozessanalyse ist einfach, aber effektiv, und erfasst sehr gut einen wesentlichen Aspekt, wenn es darum geht, die Abwärtsspirale in abgehängten Regionen umzukehren. Damit Letzteres gelingt, müssen sich manche Handlungsweisen ändern – einige Menschen müssen sich anders verhalten. Beim *Process Tracing* wird die Abfolge von Schlüsselentscheidungen, die eine versuchte Veränderung in Gang setzten, in Verbindung mit den Schlüsselpersonen, die sie autorisierten und umsetzten, rekonstruiert. Dabei geht es darum, eine Antwort auf die Frage zu finden, warum und wie sie dies taten. Das Verfahren ist methodisch simpel, verlangt von Ökonomen aber, ihre Komfortzone der *Kräfte* wie etwa Skaleneffekte zu verlassen und die Bedeutung von *Menschen*, ihren Strategien und Motivationen anzuerkennen.*

Mithilfe von *Process Tracing* lassen sich zwei zentrale Fragen über Agency beantworten. Wer hat wem was getan? Wer war wem gegenüber rechenschaftspflichtig? Wir können diese Fragen auf abgehängte Regionen überall anwenden – ob Sheffield, Barranquilla oder Sambia. Wir können sie in Bezug auf ökonomische Themen wie Beschäftigungswachstum und politische Themen wie Beeinflussung stellen. Aber angesichts der drei Krisen, mit denen ich dieses Kapitel eröffnete, werde ich sie auf einen ganz spezifischen Aspekt moralischer Kontroversen anwenden: Bildungschancen sowohl an Eliteuniversitäten wie Harvard, Oxford und Sciences Po in Paris als auch bei der schulischen Bildung in früheren Jahren. Was verraten uns die Kriterien der kontributiven Gerechtigkeit über dieses politische Feld?

Während der Jahrhunderte der Sklaverei litten Afroamerikaner unter einem extremen Mangel an Mitspracherechten und sozialer Anerkennung sowie an der Unfähigkeit, einen Beitrag zu gemeinsamen Zielen zu leisten. Diese tief verwurzelten Hemmnisse sind noch immer nicht beseitigt, wie man an der sehr niedrigen Repräsentation von Afroamerikanern unter Schülern in Privatschulen, bei Studierenden an Topuniversitäten und hoch bezahlten Stellen in Unternehmen bzw. gut dotierter Arbeit in den freien Berufen ablesen kann. Kom-

---

* Insofern es einen wichtigen Vorteil von randomisierten kontrollierten Studien (RKS) ergänzt: Beide zwingen Ökonomen zu Feldstudien über lokale Kontexte – ein bedeutender Vorteil, auf den der Nobelpreisträger Michael Kremer mit Bezug auf RKS hinwies.

pensierende Selektionskriterien von US-amerikanischen Topuniversitäten wären eine sehr kleine Geste gewesen, um diese
Ungleichheiten in den Lebenschancen von Afroamerikanern
zu korrigieren, aber diese wären voll und ganz gerechtfertigt
gewesen. Doch stattdessen bieten US-Universitäten diesen Aus-
wahlvorteil weitgehend nicht Afroamerikanern, sondern den
am meisten Begünstigten aus einem Pool von einer Milliarde
Menschen schwarzer Hautfarbe weltweit.

Weltweit gibt es heute Tausende schwarzer Teenager, die
intelligent, privilegiert und gut geschult sind. Einige von ihnen
sind Kinder afrikanischer Politiker, andere Kinder erfolgreicher
Unternehmer. Sie könnten auch ohne das zusätzliche Privileg
einer bevorzugten Zulassung Studienplätze an Eliteuniversitäten bekommen. In Anbetracht der empfundenen Notwendigkeit, eine bestimmte Quote an schwarzen Studierenden zu
erfüllen, präferieren amerikanische Topuniversitäten oftmals
diese privilegierten schwarzen Studierenden gegenüber Afroamerikanern, die, belastet durch jahrhundertelange Vorurteile
und Diskriminierungen, tatsächlich eine bevorzugte Zulassung verdienen würden. Wären für die Erfüllung der Quo-
ten nur Afro*amerikaner* berücksichtigt worden, dann wäre das
weit hergeholte Argument, mit dem der Oberste Gerichtshof
Fördermaßnahmen zugunsten benachteiligter Gruppen *(affir-
mative action)* für verfassungswidrig erklärte, keine Option
gewesen, da diese Maßnahmen nicht mit der Rassenzugehö-
rigkeit, sondern mit nachweisbaren, anhaltenden Benachteiligungen begründet worden wären. Anders als die Minderheit
privilegierter Teenager haben die meisten nicht amerikanischen
Schwarzen weltweit tatsächlich historische Benachteiligungen
erlitten. Aber im Gegensatz zu den Afroamerikanern ist dies
nicht auf fest verwurzeltes schlechtes Regierungshandeln in
den USA zurückzuführen. Die Schuldigen waren die ehemaligen europäischen Kolonialmächte. In amerikanischen Elite-
Colleges stützen sich die Verantwortlichen auf die Nachwirkungen dieser europäischen Ausbeutungsgeschichte, um sich

ihren gegenwärtigen Verpflichtungen gegenüber ihren Landsleuten zu entziehen.

In Großbritannien haben die marginalisierten Gemeinschaften in Bradford und Sheffield, Glasgow und den Welsh Valleys keine mit den Afroamerikanern vergleichbare jahrhundertelange Benachteiligung erlebt, aber auch sie sehen sich wachsender Bildungsbenachteiligung ausgesetzt. In den letzten Jahrzehnten sind ihre Chancen, von einer britischen Eliteuniversität zum Studium zugelassen zu werden, im Vergleich zu Kindern aus wohlhabenderen Elternhäusern deutlich gesunken.[4] Die Politik müsste dringend handeln, um für mehr Gerechtigkeit zu sorgen. Aber bislang ist hier nichts Durchgreifendes passiert. Die politische Rechte in Großbritannien neigt dazu, die Verantwortung für geringe Leistungsmotivation bei den Eltern abzuladen; außerdem ist sie der Meinung, überzogene Sozialleistungen beförderten eine generationenübergreifende Kultur des Lebens ohne Arbeit. Auf der Linken wird zwar die Notwendigkeit eines Einstellungswandels anerkannt, allerdings mit dem Unterschied, dass es die Bildung allein richten solle. Keir Starmer, der aktuelle Vorsitzende der Labour Party, hat dieses Thema in Reden aufgegriffen, in denen er »Bildung, Bildung, Bildung« forderte, was stark an seinen politischen Mentor Tony Blair erinnert. Er möchte begabte Schüler aus armen Gemeinschaften dazu ermuntern, ein Studium aufzunehmen: das Gegenteil dessen, was selbst während Tony Blairs Regierungszeit geschah. Aber er hat unabsichtlich zwei verschiedene Probleme miteinander vermengt: ungleiche Chancen und ungleiche soziale Anerkennung. Seine ausschließliche Betonung von Chancen hat die unerfreuliche Konsequenz, dass die Hälfte der Bevölkerung, die nicht studiert, als Versager gilt, einschließlich einer großen Mehrheit derer, die unter transgenerationaler Benachteiligung leiden. Die implizite Botschaft lautet, dass jeder danach streben sollte zu studieren – was falsch und entmutigend ist. Die Agenda für die Angleichung der (sozialen) Anerkennung sollte den gleichen Stellenwert erhalten wie die

Agenda für die Angleichung der Bildungschancen. In praktischer Hinsicht hängen beide von der Angleichung der Lebenschancen ab, die mit der Vorschulerziehung beginnt, sich über die schulische Bildung fortsetzt und schließlich in Beschäftigung und Verdienst mündet. Gegenwärtig widmet sich weder die Rechte noch die Linke in Großbritannien in ihren Parteiprogrammen den Themen Anerkennung oder Lebenschancen.

In Frankreich sind Bürger arabischer Abstammung in allen Phasen ihres Lebens ähnlichen Benachteiligungen ausgesetzt, von der Vorschule über Schule und Universität bis zur Beschäftigung. Sie haben auch viel weniger Mitspracherechte bei der Festlegung gemeinsamer Ziele, der wenige Einfluss, den sie haben, wird weniger respektiert, und ihre Fähigkeit, einen Beitrag zu den gemeinsamen Zielen zu leisten, mit denen sie einverstanden sind, ist äußerst gering. Allerdings verfügen wir über sehr viel weniger quantitative Belege für diese Benachteiligungen, weil es in Frankreich verboten ist, Informationen über die ethnische oder Religionszugehörigkeit zu sammeln. Dies hängt mit dem spezifischen, in der französischen Verfassung verankerten Bekenntnis zu einem säkularen Staat zusammen, aus dem folgt, dass für die Staatsbürgerschaft ethnische und Religionszugehörigkeit keine Rolle spielen darf. Aber wie bei der Entscheidung des Obersten Gerichtshofs der USA über die positive Diskriminierung und bei der Bedeutung eines Hochschulstudiums in Großbritannien erweist das Bestehen auf einem Prinzip, *wenn es von der Wirklichkeit Lügen gestraft wird*, benachteiligten Gemeinschaften einen Bärendienst.

Die kontributive Gerechtigkeit verbindet die Agenda einer Angleichung der Lebenschancen mit der grundlegenderen, die darauf abzielt, die enge Verknüpfung zwischen (sozialer) Anerkennung und Erfolg aufzubrechen. Sie verweist auch auf spezifische praktische Veränderungen, welche die Voraussetzungen schaffen würden, unter denen abgehängte Regionen aufholen könnten. Sie fordert gleiche Mitspracherechte statt Ausschließung, Wertschätzung statt Geringschätzung und Stärkung der Erwerbskraft, damit die Abgehängten in die Lage versetzt werden, einen Beitrag zu leisten. Sie zeigt, dass bei allen drei Aspekten gegenwärtig eine erhebliche Ungleichheit vorhanden ist, und sie weist einen Weg, wie sich diese Ziele am besten erreichen lassen. Um weitere Fortschritte zu erzielen, sind zwei komplementäre Ideen nützlich: *Scaffolding* und *Begrenztheit*.

Die moralischen Implikationen des Scaffolding

Abgehängte Gemeinschaften können mehr von denen lernen, die ihnen ein wenig voraus sind, als von Gesellschaften, die den Übergang zu inklusivem Wohlstand abgeschlossen haben. Ähnlich wie ein Baugerüst *(scaffolding)* werden die während des Aufstiegs genutzten Techniken oft ausgemustert und vergessen, sobald der Übergang vollendet ist. Dies wirkt sich in subtiler Weise auf die moralischen Standards aus, die erfolgreiche Bevölkerungsgruppen legitimerweise heranziehen, wenn sie die Handlungen derer beurteilen, die sich gegenwärtig noch im Übergang befinden. Offensichtlich enthält das Menü von Techniken, die für die Abgehängten nützlich sind, wenn es darum geht, eine Abwärtsspirale umzukehren, potenziell auch all jene, die erfolgreiche Gruppen bei ihren eigenen Übergängen angewandt haben. Aus diesem Prinzip ergeben sich Folgen für die Zulassung zum Studium an US-Eliteuniversitäten.

Bis vor Kurzem haben Harvard und die meisten anderen privaten Universitäten ganz offen die Verwandten von Spendern bevorzugt. An Harvard waren deren Zulassungschancen siebenmal höher als die von ansonsten gleich qualifizierten Bewerbern. Erst im Jahr 2023 eröffnete das US-Bildungsministerium ein förmliches Verfahren zur Untersuchung dieser skandalösen Praxis.[5] Nachdem sie die nicht zu rechtfertigende Gelegenheit für bevorzugte Zulassungen jahrzehntelang ausgenutzt hatten, konnten weder Spender noch ihre begünstigten Kinder stichhaltige Einwände gegen bevorzugte Zugangsmöglichkeiten für Bewerber aus abgehängten Gemeinschaften wie Afroamerikaner erheben. *Nachdem sie die Technik für einen unwürdigen Zweck legitimiert hatten, konnten sie kaum beanstanden, wenn sie für einen erstrebenswerten Zweck genutzt werden sollte.* Historisch gesehen bildete die Anerkennung dieses Grundsatzes die moralische Basis für die GI Bill von 1944, die nach Ansicht von Historikern die amerikanische Nachkriegsgesellschaft tiefgreifend erneuerte. Sie gab denjenigen, die aktiv im US-Militär gedient hatten, für die kommenden zwölf Jahre privilegierten Zugang zu kostenloser Bildung. Präsident Roosevelt war durch bewegende Berichte der Amtsträgerin und Politikberaterin Anna Rosenberg überzeugt worden: Sie hatte durch Hunderte Interviews dienenden Soldaten eine Stimme gegeben und festgestellt, dass diejenigen, deren Bildungsweg unterbrochen worden war, befürchteten, von jüngeren, nachkommenden Studienplatzbewerbern ausgestochen zu werden, deren Biografien keinen Knick durch den Kriegsdienst bekommen hatten. Die GIs hatten einen Beitrag zu einem äußerst wichtigen gemeinsamen Ziel geleistet, ihre Ansichten fanden Gehör, und die Gesellschaft revanchierte sich bei ihnen mit Leistungen, die auf ihre Bedürfnisse zugeschnitten waren: *Die GI Bill war praktisch umgesetzte kontributive Gerechtigkeit.* Während der zwölfjährigen Geltungsdauer der Bill blieb dieses »Gerüst« der erfolgreichen Angleichung der Lebenschancen von Amerikanern stehen. Als inspirierendes Modell wirkte es ein weiteres Jahrzehnt fort; Martin Luther King wandte es auf die Inklusion von Afroamerikanern an und Präsident Johnson auf sein Programm der Great Society. Die Auswirkungen der GI Bill auf Harvard wurden von Wissenschaftlern erforscht, die diese Kohorte der GI-Studienanfänger verfolgten. Ihr Befund, dass ein Harvard-Studium die Lebenschancen von Menschen aus abgehängten sozialen Milieus grundlegend verbessern konnte, macht die anschließende Verzerrung in der Studienplatzvergabe noch unhaltbarer.[6]

Die moralischen Implikationen der Begrenztheit

Elinor Ostrom war eine Anthropologin, die für ihre Entdeckung, dass indigene Gemeinschaften ihren natürlichen Lebensraum für gewöhnlich dadurch schützen, dass sie eine Lösung für das Problem der Trittbrettfahrer finden – jener Egoisten, die mehr als ihren fairen Anteil an Brennholz fällen –, mit dem Nobelpreis für Wirtschaftswissenschaften ausgezeichnet wurde. Den Gemeinschaften gelang dies, indem sie in einem Netz sich selbst durchsetzender wechselseitiger Verpflichtungen zusammenkamen, das exakt der kontributiven Gerechtigkeit entspricht. Ostroms wesentlicher Beitrag bestand darin, zu zeigen, *wie* durch Einhaltung der Grundsätze der *Begrenztheit* Gegenseitigkeit aufgebaut wird. Die Mitgliedschaft in der »auf Gegenseitigkeit beruhenden Gemeinschaft« musste wohldefiniert sein: Jeder musste wissen, wer sonst noch dazugehörte und wer nicht. All diejenigen, die sich entschieden, Mitglieder zu werden, mussten sich dazu verpflichten, einen Beitrag zur Gemeinschaft zu leisten, und nur dadurch, dass sie etwas beisteuerten, hatten sie Anspruch auf die Vorteile, die die Gemeinschaft erbrachte. Ausgehend von dem Kriterium der Begrenztheit sollte die Abhilfe des bevorzugten Zugangs zum Hochschulstudium auf jene Bürger beschränkt werden, deren Lebenschancen durch das Vermächtnis der Sklaverei zerstört wurden, weil sie Amerikaner sind, die von Sklaven abstammen, und nicht einfach deshalb, weil sie Nichtweiße sind.

Eines der von Elinor Ostrom aufgestellten Prinzipien für den Aufbau von Beziehungen auf Gegenseitigkeit lautete, dass diejenigen, die wechselseitige Verpflichtungen akzeptieren, das Recht haben müssen, sowohl die Zusammensetzung der Gruppe als auch das Tempo des Zugangs zu ihr zu kontrollieren. In diesem Fallbeispiel besteht die Gruppe aus US-Staatsbürgern, und dieses Prinzip würde den Nachkommen von Sklaven ein bedeutendes Recht gewähren. Als Bürger mit noch immer kläglich unzureichenden Verwirklichungschancen würden sie dadurch

ermächtigt werden, die Ausweitung einer bevorzugten Hoch-
schulzulassung auf Nicht-US-Staatsbürger so lange hinauszuschieben, bis ihre eigenen Zugangschancen denen anderer US-
Bürger entsprechen würden.

Wenn man kontributive Gerechtigkeit und die Prinzipien
von Elinor Ostrom zusammenführt, erhellt dies ein Problem,
das vielfach als ein Dilemma angesehen wird. Viele erfolgreiche Menschen aus abgehängten Regionen wollen Stipendien
für Medizinstudierende aus ihrer Heimatregion finanzieren. Sie
wollen dadurch einerseits intelligenten jungen Menschen aus
ihrer Heimat behilflich sein und andererseits ihrer Heimat gut
ausgebildete Mediziner »spendieren«. Aber sobald man einen
Abschluss an einer medizinischen Spitzenhochschule gemacht
hat, locken hoch bezahlte Stellen an glamourösen Orten. Hat
der Spender das Recht, die Rückkehr in die Heimatregion zu
einer Bedingung für die Vergabe des Stipendiums zu machen,
oder ist dies eine unzumutbare Freiheitsbeschränkung? Ich
glaube, wenn Ostrom und Sandel diese Frage erörtert hätten,
dann wären sie zu dem Schluss gekommen, dass die Bedingung
fair ist. Diese verlockenden Stellenangebote sind Versuchungen zum Trittbrettfahren: Man reißt sich ein Stipendium unter
den Nagel, das eigentlich für diejenigen gedacht ist, die ihrer
Heimatregion helfen wollen. Solange die Bewerber ausdrücklich auf die Bedingung hingewiesen werden, steht es denen, die
nicht damit einverstanden sind, frei, sich auf anderen Wegen
zu bewerben.

Die ursprüngliche GI Bill war zeitlich befristet: Die aus
dem Krieg zurückkehrenden GIs hatten zwölf Jahre Zeit, um
von ihrem Privileg eines kostenlosen Studiums Gebrauch zu
machen. Der Fristablauf im Jahr 1956 war doppelt nützlich. Er
gab den Veteranen unmittelbar die Möglichkeit, ihr Leben selbst
in die Hand zu nehmen, allerdings würden sie ihre Zukunftschancen nur dann verbessern, wenn sie eine Ausbildung machten. Indirekt bekräftigte er ein Schlüsselprinzip. Die Bill war
zeitlich befristet, weil der Zweck der Privilegierung die Anglei-

chung ihrer Lebenschancen an diejenigen jüngerer Nichtkombattanten war. Sie sollte diese Benachteiligung beseitigen, sie aber nicht für ihre gesamte Lebenszeit kompensieren. Dies ist ein allgemeines Prinzip der kontributiven Gerechtigkeit. In Situationen, in denen sich die transgenerationale Benachteiligung einer ganzen Gemeinschaft verfestigt hat, wie es bei den Afroamerikanern der Fall ist, kann es zwei oder drei Generationen dauern, diese zu überwinden, aber das ist ein legitimes politisches Ziel. Fördermaßnahmen für benachteiligte Minderheiten lassen sich nicht als eine rein symbolische apologetische Kompensation für vergangenes Unrecht rechtfertigen. Sie haben genauso viel Berechtigung für Bürger, die aufgrund des Pechs, am »falschen« Ort zu leben, generationenübergreifend benachteiligt werden. Das bringt uns zurück zum eigentlichen Thema dieses Buches: Regionen, die aufgrund eines Schocks, der sich ihrer Kontrolle entzog, den Anschluss verloren haben.[7]

Die moralischen Implikationen für abgehängte Regionen

Der Aufholprozess braucht Zeit. Während der ersten Schritte an der Schwelle zur Revitalisierung ist die Fähigkeit zu Veränderungen auf ihrem Tiefstpunkt. Dies hat sowohl moralische als auch technische Implikationen. Moralisch gesehen, können die Handlungen, die für die ersten Schritte notwendig sind, nicht nach den gleichen Normen beurteilt werden, die in demokratischen Hocheinkommensländern gelten. In ihnen allen wurden diese Normen gebrochen, während sie zu Wohlstandsländern wurden. Vermutlich war das darauf zurückzuführen, dass es in ihrer Ausgangslage meistens keinen gangbaren Weg aufwärts gab, der mit ihren damaligen Normen vereinbar gewesen wäre. Schon der Aufbau grundlegender Strukturen für die Erhebung von Steuern, die Bekämpfung krimineller Gangs, die effiziente Bewirtschaftung natürlicher Ressourcen und die Errichtung funktionierender Städte stellte die heute wohlhabenden Demokratien vor gewaltige Herausforderungen und tut dies noch immer. Der schamloseste Verstoß gegen zeitgenössische Normen war die Ausbeutung anderer Gesellschaften durch den Kolonialismus, wobei Belgien der schaurigste Vertreter einer üblen Runde europäischer Kolonialreiche war. Überall in Europa eigneten sich diejenigen, die an den Schaltstellen der politischen Macht saßen, einen Großteil des imperialen Reichtums an. Sie verschleuderten einen Gutteil davon für ein müßiggängerisches Leben im Luxus, aber zum Glück ist wirtschaftliche Entwicklung möglich, ohne dass man, wie sie, andere Gesellschaften ausbeutet.

Ungeachtet dieses Aufstiegs, der nicht leicht war, gibt es in den drei demokratischen Hocheinkommensländern USA, Großbritannien und Frankreich auch heute noch Gemeinschaften, die seit Generationen sozial benachteiligt sind und bleiben. Daher sollten alle von ihrem hohen moralischen Ross herunterkommen: Sie haben wiederholt gegen ihre selbst erklärten meritokratischen Standards verstoßen und daher kein Recht, die zu verdammen, die Mühe haben, sich von verfestigten Benachteiligungen zu befreien.

Was wir über Aufholprozesse wissen

Wir wissen, dass die ersten Schritte die schwersten sind, weil abgehängte Orte – ob Länder oder Regionen – kaum in der Lage sind, sich aus eigener Kraft zu verändern. Wenn also nur ein paar Maßnahmen mit Aussicht auf Erfolg ergriffen werden können, was sollte dann als Erstes angepackt werden? Wir wissen, dass in überwiegend agrarisch geprägten Ländern wie Äthiopien viele Menschen ihre Heimatorte verlassen und in Städte umziehen müssen, weil sie dort bessere Arbeitsplätze finden. Dagegen verstärkt Abwanderung in bereits urbanisierten Regionen wie *fly-over countries* (die dezentralen US-Bundesstaaten zwischen Ost- und Westküste, die die meisten nur vom

Überfliegen kennen) den Niedergang: Die Arbeitsplätze sollten zu ihnen kommen – selbstverständlich sollten sich die Prioritäten in Abhängigkeit vom Kontext ändern. Es gibt eine einfache Technik zur Festlegung von Prioritäten, die sich unabhängig von den jeweiligen Rahmenbedingungen bewährt hat: die Methode des kritischen Pfades (CPA). Sie wurde in den 1960er-Jahren eingeführt, um Großprojekte zu steuern, bei denen Hunderte einzelne Vorgänge koordiniert werden müssen.* Nehmen wir eine Herausforderung, der sich Frankreich gegenübersieht: die Eindämmung des islamistischen Extremismus. Mithilfe von CPA lassen sich potenzielle Methoden der Bekämpfung zu einer erfolgversprechenden Sequenz zusammenstellen. Wenn sie mit neueren Fortschritten auf verschiedenen Fachgebieten kombiniert wird, kann sie weniger anspruchsvoll und noch effektiver werden.

In Frankreich wollen die meisten Wähler einen säkularen Staat und eine »konfessionsblinde« Identifikation der Bürger. Aber gegenwärtig verwendet eine Gemeinschaft, die generationenübergreifend benachteiligt wird – die der französischen Muslime –, die Konfession als Kriterium der Zugehörigkeit. Um den islamistischen Extremismus erfolgreich zu bekämpfen, müssen die Verwirklichungschancen der Mitglieder dieser Gemeinschaft nachhaltig verbessert werden. Dies wiederum erfordert ergänzende Maßnahmen des Staates und der Zivilgesellschaft. So kann der Staat zum Beispiel für bevorzugten Zugang zu beruflicher Bildung und Arbeitsplätzen sorgen, wie dies die GI Bill getan hat. Soziale Bewegungen können muslimische Familien nach Anliegen fragen, die ihnen wichtig sind und so möglicherweise zu sozialen Zielen werden, ähnlich wie Anna Rosenberg übersehene Prioritäten entdeckte. Vielleicht wird man herausfinden, dass viele muslimische Eltern sich Sorgen machen wegen der mangelnden Stellenangebote und der fehlenden sozialen Einrichtungen für ihre Teenager und der

---

* Wer auf Fußnoten achtet, wird sie bereits in Kapitel 10 entdeckt haben.

damit für ihren Nachwuchs verbundenen Risiken, Ärger mit der Obrigkeit zu bekommen. Was sagt uns die CPA darüber, welches dieser Probleme als Erstes angegangen werden sollte? Sie wird uns darauf hinweisen, dass die Mitglieder der Gemeinschaft zunächst einmal identifizierbar sein müssen. Daher müssen die laizistischen Verbote, die das Sammeln von Daten über die religiöse Identität verhindern, aufgehoben werden, bis das Ziel der Angleichung der Lebenschancen erreicht wurde. Dies hat den gleichen Nutzen wie die zeitlich befristete Privilegierung, die in der GI Bill verankert war. Es bekräftigt nochmals, dass der säkulare Staat ein zentraler Wert der französischen Gesellschaft ist, während es zugleich ermöglicht, die transgenerationale Benachteiligung zu beheben.

Die CPA sagt uns, dass als Nächstes muslimische Familien nach ihren Zielen gefragt werden sollten, damit diejenigen, die sie mit vielen anderen Gemeinschaften teilen, identifiziert werden können und danach zu streben ein gemeinschaftsübergreifendes Unterfangen wird. Die CPA muss anerkennen, dass ab einem gewissen Punkt radikale Ungewissheit herrscht: Statt zu versuchen, einen Masterplan für eine Generation zu erstellen, sollte man sich mit einem Plan begnügen, der nicht allzu weit in die Zukunft reicht. Jenseits eines Horizonts von etwa zehn Jahren vermehren sich viele Ungewissheiten exponentiell. Verpflichtungen, die vorgeben, sich weit in die Zukunft zu erstrecken, wie etwa die populäre Regierungszusage, bis 2050 Klimaneutralität zu erreichen, kommen theatralen Täuschungen gefährlich nahe: Man erweckt den Eindruck, entschlossen zu handeln, während man es in Wirklichkeit nicht tut. Keine französische, deutsche, britische oder US-Regierung kann ihre Nachfolger zu Maßnahmen verpflichten, die über das Ende ihrer eigenen Amtszeit hinausreichen. Und alle – Unternehmer, Lobbyisten, die Öffentlichkeit und die Politiker selbst – wissen es. Weit in die Zukunft reichende Versprechungen sind eine sich tugendhaft anhörende Version der Taktik, ein Problem aussitzen zu wollen.

Die Implikation radikaler Ungewissheit schützt uns vor solchen Irreführungen, aber sie wirkt auch antreibend: Wenn die Franzosen nicht wissen, wie man unzufriedene Muslime integriert, dann müssen sie es herausfinden. Sowohl der Staat als auch soziale Bewegungen müssen lernen: etwa von Unterschieden – sind einige französische Städte erfolgreicher als andere? – oder von anderen Gesellschaften, die es besser hinbekommen haben. In Singapur prägte Lee Kuan Yew einen Geist kontributiver Gerechtigkeit erfolgreich einer Gesellschaft ein, der dieser unbekannt war. Wie ihre Mitgläubigen in vielen Teilen der Welt lässt auch die muslimische Gemeinde in Singapur den Ruf zum Gebet fünfmal am Tag von ihren Moscheen aus erschallen. Aber in dem Maße, wie Menschen aus vielen verschiedenen Identitätsgruppen von dem durchmischten sozialen Wohnungsbau profitierten, lernten sie, einander Gehör zu schenken. Die vielen Nichtmuslime, die in der Nähe der Moscheen leben, gaben höflich zu bedenken, dass sie und ihre Kinder jeden Morgen sehr früh geweckt würden. Wäre Singapur eine Gesellschaft gewesen, in der Streitigkeiten immer direkt vor Gericht landen, hätte sich der kleine Disput zu einer erbitterten Feindschaft auswachsen können. Stattdessen trafen sich Vertreter aller Gemeinschaften, und die Muslime erklärten sich bereit, die Lautsprecher umzudrehen, sodass sie nach innen ausgerichtet waren, also zu den Gläubigen, die sich in den Moscheen versammelt hatten. Der Ruf zum Gebet wurde von denen gehört, die beschlossen hatten, in die Moschee zu gehen. Theologisch gesehen, war dies völlig in Ordnung, und der Ruf war nicht mehr so laut zu hören, dass auch Nichtmuslime davon aufwachten.

Die Zeitrahmen für Aufholprozesse

Die Metapher eines Armaturenbretts wurde von mir eingeführt, um im Kontext der Bewirtschaftung natürlicher Ressourcen zu veranschaulichen, wie man die Einhaltung von Zeitrahmen nachverfolgen kann. Aber diese Metapher lässt sich genauso gut auf unser gegenwärtiges Thema anwenden: die Herausforderung, benachteiligte französische Muslime umfassend zu integrieren. Kurzfristig werden sofortige Maßnahmen erfasst: Einige Entscheidungen innerhalb der französischen Gesellschaft müssen korrigiert werden. *Process Tracing* kann die Entscheidungen und die Personen, die Macht besitzen, sie zu ändern, identifizieren. Wahrscheinlich ist dies bislang deshalb noch nicht geschehen, weil es den Interessen der Mächtigen zuwiderläuft. Dies aufzuzeigen, ist der Grund für das Monitoring: Es erfasst, »welche Entscheidungen und Umsetzungshandlungen dieses Jahr korrigiert werden«. Das Monitoring wird jedes Jahr verlängert, da unbedingt der jährliche Fortschritt erfasst werden soll.

In einem längeren Horizont erfasst es die strategischen Fortschritte, und zwar mit der Frage: »Was wird infolge unserer Maßnahmen in fünf bis zehn Jahren anders sein?« Eine Strategie, die diesen Namen verdient, sollte messbare Fortschritte liefern. Indem dies klar kommuniziert wird, können sowohl die Regierung und die Zivilgesellschaft als auch die Muslime den Plan im Zuge seiner Umsetzung und an seinem Ende beurteilen. Er verlangt auch einen Realitätscheck: Wenn nichts funktioniert, muss die Integrationsstrategie einer radikalen Revision unterzogen werden; wenn sie sich teilweise bewährt hat, aber nicht so gut wie erhofft, muss sie vielleicht aufskaliert werden. Ein letzter Zeitrahmen erfasst die wachsende Fähigkeit des Staates und sozialer Bewegungen, das Problem zu bewältigen: Wenn diese Fähigkeit tatsächlich gestärkt wird, sollten Erfolge häufiger werden. Gemeinsam schützen die drei Zeitrahmen, die auf dem »Armaturenbrett« nachverfolgt wurden, alle vor Selbsttäuschung. In Anbetracht des weitverbreiteten und anhaltenden Versagens bei der Inklusion abgehängter Gemeinschaften in Frankreich, Großbritannien und den USA ist dies ganz offensichtlich nötig.

Uns selbst im Spiegel betrachten

Nicht nur in der Politik, sondern auch in unserem Alltagsleben treffen wir moralische Entscheidungen. Das Konzept der kontributiven Gerechtigkeit befreit uns von unerreichbaren Standards und ersetzt diese durch konkrete Maßnahmen, die Gesellschaften, die benachteiligte Gemeinschaften integrieren wollen, ergreifen müssen. Den Kern der kontributiven Gerechtigkeit bildet die Überzeugung, dass unsere persönliche Freiheit zwar ein hohes Gut ist, unsere sozialen Beziehungen aber Pflichten begründen. Aus der kontributiven Gerechtigkeit folgt, dass wir, wenn wir uns selbst als moralisch verantwortungsvoll Handelnde betrachten wollen, nicht die Freiheit besitzen, nur uns selbst zufriedenzustellen.

Morgens aufstehen

Können wir an einem Morgen für einen nicht eigennützigen Zweck aufstehen? Können wir uns verpflichtet fühlen, aufzustehen, um anderen zu helfen? Ganz offensichtlich ja – viele Großeltern tun es gewohnheitsmäßig, wenn sie sich um ihre Enkelkinder kümmern. Ihr Verhalten liegt nicht in ihrem eng gefassten Selbstinteresse – sie wissen, dass die Enkelkinder sie überleben werden. Bei einer rein egoistischen Betrachtungsweise käme man zu dem Schluss, dass sie ihre verbliebene Lebenszeit, da sie kürzer ist als die ihrer Enkel, nicht damit verbringen sollten, sich um Kleinkinder zu kümmern. Aber so denken wir nun einmal nicht. Nicht nur Verwandte, sondern auch viele weitere Menschen bringen kleine Opfer, um sich um andere zu kümmern. Wenn ich die vielen derartigen Gefälligkeiten gegenüber unseren eigenen Teenagern aufführen sollte, käme eine lange Liste heraus, auf der etwa Lehrerinnen in ihren früheren Schulen stünden, die ihnen nach wie vor helfen, und auch ihr Zahnarzt, der auf die Psyche hinter ihren Zähnen achtet – all diese Menschen haben uns mit ihrer

Liebenswürdigkeit überhäuft, wie es viele andere in ihrem Alltagsleben tun, wenn sie mit anderen in ihrer Gemeinschaft in
Kontakt kommen.

Diese unzähligen kleinen freundlichen Akte sind unerklär-
lich, und sie werden in den Modellen ignoriert, die von dem
habgierigen, egoistischen und individualistischen *Homo oeconomicus* bevölkert sind. Dieser verhält sich wie ein Soziopath;
dankenswerterweise infolge unserer evolutionären Notwendigkeit, miteinander zu kooperieren, weitgehend ausgemerzt, sind
heute nur noch 3 Prozent der Menschheit diesem Typ zuzuordnen. Leider wurden in den USA und Großbritannien nach 1980
Menschen mit diesen Persönlichkeitszügen bevorzugt an die
Spitze von Unternehmen berufen, sodass sie einen unverhältnismäßig starken Einfluss auf Gewohnheiten in der Arbeitswelt
hatten. Die übrigen 97 Prozent von uns haben sich infolge evo-
lutionärer Anpassungen so weiterentwickelt, dass sie dieses kurz-
sichtige Verhalten überwunden haben. Es sei denn, unglück-
liche Umstände lassen uns in die alten Muster zurückfallen.
Aber genau dies ist in vielen sozial schwachen Gemeinschaften passiert: Wiederholtes Scheitern hat die Selbstachtung ihrer
Mitglieder zerstört und sie in eine sich selbst bewahrheitende
Hoffnungslosigkeit eingeschlossen. Ungeachtet dieses Unglücks
können die Menschen in abgehängten Regionen motiviert werden, indem man ihnen klarmacht, dass eine solche Einstellung
unnatürlich ist: Wir können es besser, und unsere Selbstachtung lässt sich Schritt für Schritt wiederaufbauen. Welche moralische Verantwortung tragen nun diejenigen, die ein erfolgrei-
cheres Leben führen? Zumindest müssen sie sich selbst kritisch
fragen, welche Aspekte ihres Verhaltens zu den schädlichen Einstellungen beigetragen haben.

Einen Beitrag zu unserer Gemeinschaft leisten – am Wohnort und am Arbeitsplatz

Es gibt Umstände, unter denen wir *keinen* Beitrag zu den Zielen leisten sollten, auf die sich unsere Gemeinschaft verständigt hat, aber diese sind die Ausnahme. Aus kontributiver Gerechtigkeit und evolutionär geformtem Kooperationsbedürfnis folgt, dass wir im Normalfall nicht unser persönliches Selbstinteresse verfolgen sollten, unabhängig davon, was unsere Gemeinschaft anstrebt. In der Regel sollte ich in dem Maße, wie es meine Fähigkeiten erlauben, etwas beisteuern, was den Beiträgen anderer Menschen in meiner Gemeinschaft vergleichbar ist. Ich habe eine Verpflichtung, an wechselseitiger Großzügigkeit teilzunehmen: Es ist der Moralkodex, den Vater José einführte und der das spanische Baskenland von Grund auf erneuerte – aber auch der, der zu Toyota am Fließband führte. Wenn ich in der Ukraine im kampffähigen Alter bin, habe ich die moralische Pflicht, meiner Armee oder lokalen Miliz beizutreten oder diese zu unterstützen und mein Land zu verteidigen.

Was sind die Ausnahmen? Vielleicht widerspricht Gewaltanwendung meinem Moralkodex, wenn ich Pazifist bin. In diesem Fall verweigere ich den Kriegsdienst und diene meiner Gemeinschaft auf andere Weise. Oder ich entschließe mich, keine Verantwortung für die Ukraine mehr übernehmen zu wollen, dann kann ich mich einer anderen Gesellschaft anschließen und nach deren moralischen Standards leben. Dagegen steht es mir nicht frei, in ein angenehmeres Land umzuziehen und mich weiterhin uneingeschränkt meiner Gemeinschaft in der Ukraine zugehörig zu fühlen. Aber während es eine zwingende Pflicht ist, die gemeinsame Heimat zu verteidigen, ist es keine, die Heimat anderer Menschen anzugreifen: Wenn ich ein Russe bin, habe ich keine Pflicht, die Ukraine zu erobern. Es gibt noch weitere wichtige Vorbehalte gegenüber meiner Pflicht, einen Beitrag zu gemeinsamen Zielen zu leisten: Ich sollte von meiner Gemeinschaft mit dem gleichen Respekt wie alle anderen behandelt werden und die gleichen Mitspracherechte haben.

Die meisten von uns wurden evolutionär so programmiert, dass wir diese moralischen Entscheidungen ganz unwillkürlich treffen. Da die Mehrzahl unserer Entscheidungen maßgeblich von der kollektiven Intelligenz der Gemeinschaften, in die wir am Arbeitsplatz und am Wohnort eingebunden sind, beeinflusst sind, ist dies auch die Ebene, auf der wir unsere moralischen Entscheidungen am ehesten richtig treffen.[8] Innerhalb unserer Gemeinschaften entwickeln wir Gewohnheiten. Die Muslime Singapurs kooperierten bereits gewohnheitsmäßig mit Nichtmuslimen in ihrer Stadt, und auch die Dänen zeichneten sich bereits durch ein hohes Maß an gegenseitiger Rücksichtnahme aus, als COVID-19 zu einer gemeinsamen Herausforderung wurde. Wenn eine Gemeinschaft in eine Abwärtsspirale gerät, können solche Gewohnheiten geschwächt werden. Wenn man an einem Arbeitsplatz bei Amazon oder in einem Callcenter Tag für Tag erlebt, dass man in einer Hierarchie der Demütigung ganz unten steht, kann dies in einer Gemeinschaft den Zusammenhalt durch wechselseitige Schuldzuweisungen untergraben. Allerdings ist das keineswegs unvermeidlich: Geteilte Not kann das Beste aus Menschen herausholen. In Umkehrung der Worte von Präsident Bush: »Diejenigen, die *wenig haben*, unterstützen diejenigen, *die noch weniger haben*.« Kontributive Gerechtigkeit appelliert an die Erfolgreichen, diese Helden aus unterprivilegierten Gemeinschaften zu würdigen.

In einer diversen Nation und Arbeitswelt einen Beitrag leisten

Auf einer höheren Ebene zwischenmenschlicher Interaktion sind die moralischen Kriterien kontributiver Gerechtigkeit wahrscheinlich weniger angemessen: Die Vorbehalte dürften eine größere Rolle spielen. In einer vielfältigen Nation genieße ich eher nicht das gleiche Mitspracherecht und den gleichen

Respekt, und ich bin wohl auch nicht so gut in der Lage, einen Beitrag zu leisten. Schlimmer noch: Die erfolgreichen Mitglieder meines Gemeinwesens distanzieren sich vielleicht aktiv von der gemeinsamen Identität mit den Abgehängten und lehnen jegliche Verpflichtung zur Gegenseitigkeit ihnen gegenüber ab. Die Brexit-Abstimmung teilte Großbritannien in erfolgreiche Menschen, die überwiegend für den EU-Verbleib votierten, und Menschen in abgehängten Kommunen, die überwiegend für den Austritt stimmten. Ein bekannter Journalist verglich die Stimmung im wohlhabenden London, das anders als alle anderen englischen Regionen mit deutlicher Mehrheit für den Verbleib votiert hatte, mit dem Gefühl, »an eine Leiche gefesselt« zu sein. Der verächtliche Ausdruck war frei von jeglicher Empathie.[9] Außerdem sind Entscheidungen, die in einem multikulturellen, soziodiversen Gemeinwesen auf nationaler Ebene getroffen werden, weiter entfernt von dem Kontext, in dem viele dieser Gemeinschaften leben und arbeiten, und basieren daher auf unzureichenden Informationen über Letztere.

Verschärft werden die Schwierigkeiten der Entscheidungsfindung in multikulturellen Gesellschaften noch dadurch, dass unsere evolutionären Instinkte auf dieser Ebene weniger hilfreich für uns sind. Vielleicht leben wir einfach noch nicht lange genug in multikulturellen Gemeinschaften, oder unsere Erfahrungen darin sind noch zu oberflächlich. Erschwerend hinzu kommt die Tatsache, dass wir, wie zahlreiche Experimente zeigen, von Natur aus »gruppenbildend« sind. Wir sind evolutionär prädisponiert, rivalisierende Gruppen zu bilden, selbst wenn die Unterschiede zwischen ihnen trivial sind. Dies verheißt nichts Gutes für viele Entscheidungen auf einer hohen Ebene, wo es eine Fülle solcher Unterschiede gibt. Aber selbst hier liegt eine Reihe hoffnungsvoll stimmender gegenteiliger Befunde vor, wie etwa die Kooperation im Fernhandel seit prähistorischen Zeiten: Daraus lässt sich folgern, dass sich stark voneinander unterscheidende Völker schon seit Langem die Fähigkeit besitzen, zum beiderseitigen Nutzen zu kooperieren. Außerdem könnte es sein, dass die neue Generation von Jugendlichen, die vertraut damit ist, sich über frühere Identitätsgrenzen hinweg zu vernetzen, die Situation zum Besseren wendet. Allerdings sprechen empirische Befunde, wonach die sozialen Medien zu einer »tribalistischen« Verhärtung, Atomisierung und Isolation führen, eher für das Gegenteil.

Beiträge zu internationalen Bündnissen

Das Abschlusskommuniqué des Gipfeltreffens der G7 2023 in Japan enthält viele moralische Selbstverpflichtungen, die die meisten Menschen in reichen demokratischen Staaten ansprechen. Die Mitglieder der G7 – größtenteils ehemalige Kolonialmächte –, die sieben Hocheinkommensländer repräsentieren, stellen vermutlich das höchste Niveau internationaler Kooperation dar, das ausreichend kohäsiv ist, um gemeinschaftlich zu funktionieren. Ein Finanzminister sagte mir, dass sie untereinander Vertraulichkeiten austauschten, die, wenn sie an die Öffentlichkeit durchgestochen würden, Rücktritte erzwängen. Dieses Ausmaß an wechselseitigem Vertrauen ist möglich geworden, weil über viele Jahre hinweg Gewohnheiten eines Austauschs auf Gegenseitigkeit aufgebaut wurden.

Die moralischen Urteile im Kommuniqué dieses G7-Treffens waren so weitreichend, dass sie sich wie ein an die ganze Welt gerichtetes Plädoyer für gute Regierungsführung anhörten. Aber die Zusammensetzung der G7 ist auf so krasse Weise unrepräsentativ für die Weltbevölkerung, dass jeglicher Anspruch auf Legitimität von Nationen außerhalb der G7 als empörend angesehen würde.[10] Auch wenn die meisten Bürger in den G7-Ländern die von der G7 propagierten moralischen Werte gutheißen dürften, sollten sie deren Versuch, der Welt die Regeln guter Regierungsführung vorzugeben, nicht gutheißen. Die verantwortlichen politischen Anführer machten sich des *moralischen Imperialismus* schuldig. Werte in die erhabene Rhetorik von Menschenrechten und dem Überleben der

Menschheit zu kleiden, behebt diese mangelnde globale Legitimität nicht. Die G7 ignoriert in spektakulärer Weise Mitspracherechte der anderen Nationen, Respekt und Ermächtigung (zu Eigenverantwortung) – die Voraussetzungen kontributiver Gerechtigkeit. Während die G7 bei einigen wenigen Themen die Legitimität besitzt, ein gemeinsames Ziel für ihre Mitglieder zu formulieren, ist sie nicht legitimiert, diese Ziele anderen vorzugeben. Sie ist nicht berechtigt, ihre Wertvorstellungen Gesellschaften aufzuerlegen, die sich praktisch nicht in den Meinungsbildungsprozess der G7 einbringen können. Tatsächlich behindern Moralpredigten und Drohungen seitens mächtiger Staaten nur die internen Auseinandersetzungen und Debatten, durch die andere Gesellschaften ihre moralischen Normen einer Revision unterziehen. Ihre Normen werden sich – Nation für Nation – gemäß den gleichen internen Prozessen wandeln, nach denen sich die Normen der G7-Gesellschaften weiterentwickelten. Drohungen sind kontraproduktiv: Der Instinkt, unsere Handlungsfreiheit zu wahren, ist so stark, dass er uns dazu veranlasst, das Gegenteil dessen zu tun, was von uns verlangt wird – Psychologen nennen dieses Phänomen *Reaktanz*.

Bei dem G20-Gipfel unter indischer Präsidentschaft im September 2023 entbrannte ein Streit zwischen der G7 und dem Rest der G20 über die Unterstützung der Ukraine. Vor die Wahl gestellt, entweder den Gastgeber Indien in Verlegenheit zu bringen oder klein beizugeben, sah die G7-Minderheit ein, dass sie in einer zutiefst gespaltenen Welt nicht länger auf ihren eigenen Prioritäten bestehen konnte. Wie die meisten anderen Bürger der G7-Staaten stimmte ich in der spezifischen Frage der Ukraine-Hilfe der Minderheitsmeinung der G7 zu, aber was den übergeordneten Punkt, die entschiedene Zurückweisung des moralischen Imperialismus der G7 anbelangt, begrüße ich die Führungsstärke Indiens.

Moralischer Imperialismus war auch in der Debatte über Schwulenrechte in Ghana offensichtlich. Umfragen zeigten, dass sich die Einstellung in dem westafrikanischen Land dazu in ganz ähnlicher Weise wandelte, wie dies in Großbritannien geschehen war, wenn auch mit einer Verzögerung von mehreren Jahrzehnten. Zu Beginn des 21. Jahrhunderts hatten die meisten Menschen nichts mehr gegen schwule Partnerschaften: Die vorherrschende Norm war unvoreingenommene Akzeptanz von Anderssein. Aber dann trafen vom Ausland finanzierte NGOs ein, insbesondere evangelikale Kirchen aus den USA, die die Regierung Ghanas dazu drängten, Schwulenehen gesetzlich zu verbieten. Unter dem Druck der Evangelikalen, die in Ghana zu einer mächtigen Gruppe geworden sind, brachte die Regierung ein entsprechendes Gesetz ein. Aber der Druck aus dem Ausland endete hier nicht.

Infolge einer hohen Kreditaufnahme während der Polykrise war der ghanaische Staat im Jahr 2023 hoch verschuldet und benötigte einen Kredit vom IWF. Daraufhin stellte die US-Regierung, die in den Aufsichts- und Entscheidungsgremien des IWF das höchste Stimmgewicht hat, die Bedingung, dass die ghanaische Regierung diesen Gesetzentwurf fallen lassen und dafür einen Entwurf einbringen sollte, der Schwulenrechte anerkannte – andernfalls würde sie die Kreditvergabe blockieren. Diese opportunistische Einmischung von außen wirkte so unverhohlen imperialistisch, dass sich die öffentliche Meinung in Ghana gegen Schwulenrechte wandte: ein Beispiel für Reaktanz, um die eigene Handlungsfreiheit zurückzugewinnen. Die beiden Einmischungen von außen haben den natürlichen Prozess des gesellschaftlichen Wertewandels behindert.

Kurz bevor ich das Manuskript dieses Buches an meinen Verlag schicken wollte, veranlasste ein ähnlicher Übergriff im Namen von Schwulenrechten US-Außenminister Antony Blinken dazu, Uganda aus dem Programm des Africa Growth and Opportunity Act auszuschließen. Ich bin bei Gay-Rights-Paraden mitmarschiert, aber ein derartiger moralischer Imperialismus ist beschämend, kontraproduktiv und dem Ansehen der USA abträglich. Beschämend, weil das Programm ugandischen und anderen afrikanischen Gütern bevorzugten Zugang zum

US-Markt gewährte: Die Entscheidung wirkt sich negativ auf die Arbeitsplätze, das Kompetenzniveau und die Unternehmen einer armen Gesellschaft aus, und dies zu einer Zeit, da sich Uganda wie viele andere afrikanische Staaten in einer schwierigen wirtschaftlichen Lage befindet. Kontraproduktiv, weil es wahrscheinlich – wie in Ghana – bei den Schwulenrechten zu einem Rückschlag kommen wird. Dem Ansehen abträglich, weil es vor dem Hintergrund einer raschen Erosion der afrikanischen Unterstützung für den Westen signalisiert, dass die USA selbst gegenüber einem langjährigen Freund ein unzuverlässiger Verbündeter sind.

Die Welt der Bessergestellten kann der Welt der Abgehängten in vielerlei Hinsicht unter die Arme greifen, aber moralischer Imperialismus ist hierfür nicht der richtige Weg. Wir müssen zunächst einmal in aller Bescheidenheit anerkennen, dass die Abgehängten im Prozess des Aufholens die Freiheit haben müssen, in eigener Verantwortung zu entscheiden, genauso wie nur sie das Wissen über den lokalen Kontext besitzen, ohne das selbst gut gemeinte Unterstützung Gefahr läuft, alles nur noch schlimmer zu machen. In Partnerschaft mit Regierungen, sozialen Bewegungen und lokalen Unternehmen müssen wir Förderstrategien erarbeiten: Kapitel 12 zeigt, wie groß unsere Spielräume sind, dies besser zu machen.

12.

Unterstützer,
keine Heilsbringer

Außenstehende können etwas bewirken – ganz offensichtlich eher durch Unterstützung als durch Bestrafung. Aber diejenigen, die Unterstützung anbieten, müssen sich vor dem Irrglauben in Acht nehmen, Heilsbringer zu sein. Abgehängte Länder und Gemeinschaften können nicht durch Eingriffe der wohlhabenden gerettet werden. Die Abhängigkeit von wohlhabenden Versorgern schadet und untergräbt die eigene Handlungsfähigkeit. Diejenigen, die Unterstützung anbieten, verschlimmern dieses Problem noch dadurch, dass sie nicht verlässlich sind, was die Fragilität erhöht. Heilsbringer halten sich regelmäßig für moralisch überlegen, auch wenn sie lediglich mehr Glück hatten oder Nutznießer verachtungswürdiger historischer Raubzüge sind. Nur wenn benachteiligte Gemeinschaften ermuntert werden, sich aus eigener Kraft und in eigener Verantwortung selbst zu retten, kann man einander auf Augenhöhe begegnen.

Die legitime Rolle von Außenstehenden beginnt damit, in aller Bescheidenheit anzuerkennen, wie begrenzt sie ist: *Wir* können *sie* nicht retten, und wir sollten dies auch nicht anstreben. Wir hemmen Transformationsprozesse, wenn wir die Handlungsmacht, welche die Notleidenden brauchen, an uns reißen, oder ihre Anstrengungen, Fortschritte zu machen, gering schätzen. Idealerweise sollten wir uns ihre Wünsche anhören und dann die Unterstützung gewähren, die sie in eigener Verantwortung einsetzen – tun, was wir können, damit die Wünsche Wirklichkeit werden.

Jedes Jahr treffen sich die Notenbanker der Welt in Jackson Hole in Wyoming, um über die Folgen aktueller Ereignisse an den Finanzmärkten zu diskutieren. Im Jahr 2009 war ich eingeladen, eine Ansprache vor ihnen zu halten, und ich bemerkte, dass keine afrikanischen Länder zu dem Treffen eingeladen worden waren. Dies war ein typisches Beispiel dafür, wie die Mächtigen die Voraussetzungen für gleiche Mitspracherechte und gleichen gegenseitigen Respekt untergraben. Die afrikanischen Zentralbankgouverneure versammeln sich nun ersatzweise jährlich in Oxford; sie treffen sich mit globalen Finanzexperten ihrer Wahl und teilen ihre Erfahrungen.

Im Sommer 2023 sahen sich viele afrikanische Zentralbankgouverneure einer massiven Welle der Unzufriedenheit in ihrer jeweiligen Bevölkerung gegenüber, als ihre Regierungen aufgrund geschlossener Kapitalmärkte, sinkender Exportpreise und steigender Kosten für den Schuldendienst an ihre Grenzen gerieten. Sie erkannten, dass der gesellschaftliche Friede von der raschen Ausweitung des Angebots an Arbeitsplätzen abhing, da viele junge Menschen keine Arbeit fanden. Einige befürchteten, dass ihr Land gefährlich nahe an den äußersten Rand der Instabilität gedrängt wurde, hinter dem das unbekannte Gebiet des Zusammenbruchs lag.

Auch wenn sich Hocheinkommensländer heute bemühen, diesen Befürchtungen Rechnung zu tragen, sind ihre eigenen Erfahrungen von Situationen, die noch extremer gewesen waren, erst in jüngster Zeit ihrem kollektiven Gedächtnis entfallen. Viele Deutsche mussten in den späten 1940er-Jahren so gravierende Entscheidungen treffen, dass, wie Sie sich vielleicht erinnern, Kardinal Frings einen eigenen Moralkodex für die Tausende hungernden Menschen vorschlug. Die alliierten Mächte, die die Gefahren der Verzweiflung erkannt hatten, erlaubten deutschen Entscheidungsträgern, eine eigene wirtschaftspolitische Strategie zu entwerfen und umzusetzen. Sie erkannten, dass hungernde Menschen Arbeit brauchten; Arbeitsplätze hingen davon ab, dass lokale Unternehmen Arbeitskräfte einstellten, und damit sie das taten, mussten die Firmen Kredite bei lokalen Banken aufnehmen.* Die afrikanischen Notenbanker vertraten eine ganz ähnliche Meinung: Nur Firmen konnten für Beschäftigungswachstum sorgen, aber in ihren Ländern gab es viel zu wenige davon. Sie konnten versuchen, durch finanzielle Anreize etablierte ausländische Unternehmen in ihre Länder zu locken. Oder sie konnten das Wachstum lokaler Firmen dadurch beschleunigen, dass sie mehr Risikokapital beschafften, mit dem die besten dieser Firmen zu expandieren vermochten. Da ihre Regierungen kein Geld hatten, wie war dann die eine oder andere dieser Optionen zu finanzieren?

Falsch verstandene Hilfe

Das Problem, dass die Privatwirtschaft in abgehängten Regionen nicht über genügend Finanzmittel verfügt, um ausreichend neue Arbeitsplätze zu schaffen, ist seit Langem bekannt. Im Jahr 1960 gründete die Weltbank, die bedeutendste Entwicklungsagentur der internationalen Gemeinschaft, eine Schwesterorganisation, die diesen Bedarf decken sollte: die Internationale Finanz-Corporation (IFC). Regierungen stellten ein wenig anfängliches Risikokapital bereit und garantierten die Rückzahlung der Gelder, die die IFC an den internationalen Kapitalmärkten aufnahm. Sie versetzten die IFC so in die Lage, Kredite zu risikofreien Zinssätzen aufzunehmen und gegen einen geringen Aufschlag an Unternehmen in Entwicklungsländern weiterzureichen. Dies wurde zum Modell für viele nationale staatliche Agenturen, die in ihrer Gesamtheit als Entwicklungsfinanzierungsinstitutionen (DFIs) bezeichnet werden. Ohne sie hätten Firmen in Ländern und Regionen, die als riskant eingestuft werden, ruinös hohe Kreditkosten. Sie ermöglichten Unternehmen, die sie als gut geführt beurteilten, Investitionen

---

* Vgl. Kapitel 6.

zu moderaten Zinssätzen zu finanzieren. Im Jahr 1990 richtete Bundeskanzler Kohl die westdeutsche Entwicklungsfinanzierungsinstitution erfolgreich neu aus, indem er ihr die Aufgabe zuwies, die Entwicklung eines Privatsektors in Ostdeutschland zu beschleunigen. Im Jahr 2020 gab es rund 40 DFIs, aber wie in Deutschland im Jahr 1990 hätte man ihnen neue Aufgaben zuweisen müssen.* In vielen aufstrebenden Mitteleinkommensländern wurden sie nicht länger zur Finanzierung des Beschäftigungswachstums im privaten Sektor benötigt: Seit dem Neuen Normalzustand von 2014 haben die internationalen Kapitalmärkte diese Aufgabe übernommen. In Afrika dagegen gab es einen akuten unbefriedigten Bedarf. Bei einem zügigen Beschäftigungszuwachs werden sich die afrikanischen Gesellschaften politisch stabilisieren und Fortschritte machen. Aber ohne ihn laufen sie Gefahr, destabilisiert zu werden, wie es die afrikanischen Notenbanker befürchteten. Mitte 2023 erwiesen sich diese Sorgen als berechtigt, als es in Niger, einer gut geführten Demokratie in der Sahelzone, zu einem Putsch kam. Seine Vorgeschichte begann mit Milton Friedmans zersetzendem Einfluss auf die betriebswirtschaftliche Lehre und endet mit den Gründen, warum Sie diesen Abschnitt verstehen müssen.

Warum DFIs ineffektiv sind

Wenn die etwas planlos gewordenen DFIs ihr billiges Geld poolen würden, könnten sie sich einer äußerst wichtigen Aufgabe zuwenden – der Förderung des Beschäftigungswachstums im privaten Sektor, das Afrika braucht. Sie könnten dies auf zweierlei Weise tun. Zum einen könnten sie geschäftstüchtigen jungen Afrikanern Startkapital zur Verfügung stellen, um ihre Ideen in die Tat umzusetzen, und dann Risikokapital in die

---

* Die meisten Geberregierungen haben eine DFI – die USA haben unlängst die ihre vergrößert und in Centre for Development Finance umbenannt (es ist mit einem Kapital von 60 Milliarden Dollar ausgestattet). Großbritannien hat die älteste DFI und sie ebenfalls umbenannt, in British International Investment.

vielversprechendsten investieren, damit einige zu den »Gazellen« würden, die das Beschäftigungswachstum antreiben. Zum anderen könnten sie etablierten ausländischen Unternehmen finanzielle Anreize geben, um in dem jeweiligen Land Arbeitsplätze zu schaffen. Bislang haben sie keine der beiden Möglichkeiten genutzt. Dies ist die Geschichte jener vertanen Chancen und der Gründe dafür, warum Veränderungen von Wählern in Hocheinkommensländern abhängen. Wir können uns unseren Pflichten nicht dadurch entziehen, dass wir uns die Ohren zuhalten.

Zeitgleich mit den Zentralbankgouverneuren treffen sich mittlerweile auch Vertreter der DFIs einmal im Jahr in Oxford. Sie versammeln sich dort, weil es kein offizielles Forum gibt, wo sie alle zusammenkommen.* Das ist ein Symptom eines tieferen Problems.

Da ihre Aufgabe darin besteht, in Firmen zu investieren, arbeiten vor allem Betriebswirte in den DFIs. Es wurde in diesem Buch bereits moniert, dass seit den 1970er-Jahren allzu viele betriebswirtschaftliche Fakultäten ihren Studierenden das moralisch fragwürdige Dogma eintrichterten, die einzige Pflicht eines Unternehmens bestehe darin, Gewinn zu machen. Ein guter Betriebswirt wäre demnach jemand, der ein Geschäft vor seinen Konkurrenten an Land zieht.** Aus diesem Grund gibt es kein offizielles Forum, wo sich die DFIs treffen: Sie sehen sich in einem Nullsummenspiel, das sie gegeneinander ausfechten. Dies ist eine sehr beschränkte Sicht der Welt, der es an jener intellektuellen Geschmeidigkeit mangelt, die uns helfen würde, die Herausforderungen, vor denen die Abgehängten stehen, zu bewältigen. Sie untergräbt unabsichtlich den einzigen Weg, auf dem die DFIs ihr anspruchsvolles gemeinsames Ziel verwirklichen können – durch Zusammenarbeit.

---

* Die Treffen begannen im Jahr 2019 auf Bitte der IFC und werden fortgesetzt; das jüngste fand im April 2023 statt, etwa 30 DFIs nahmen daran teil.

** Vgl. Kapitel 7 und auch Rebecca Henderson, *Reimagining Capitalism in a World on Fire* (2020).

Außerdem sind sie ihren eigenen Anteilseignern verpflichtet, Ministern, die für die Entwicklungszusammenarbeit zuständig sind; in den USA etwa ist das der aktuelle Außenminister Antony Blinken und war das in ihrer Amtszeit Hillary Clinton. Als Politikerin will eine Regierungsministerin verständlicherweise den Wählern gefallen, von denen viele nichts über die Bedürfnisse von Menschen hören wollen, die scheinbar weit weg sind. Dazu kommt es, weil die Ministerin vor einem Dilemma steht: Weder die politische Rechte noch die Linke hat Sympathien für DFIs. Die Rechte misstraut Entwicklungshilfe instinktiv und hält sie für eine Verschwendung von Steuergeldern. Die Linke ist für Entwicklungshilfe, will aber nicht, dass damit die Privatwirtschaft gefördert wird. Während man mit einer DFI keine Stimmen gewinnt, könnte man bei den Wählern leicht an Rückhalt verlieren, wenn die DFI Kritik von großen NGOs, die wie Oxfam und World Vision Entwicklungshilfe befürworten, auf sich zieht oder wenn Investmentbanken sich wegen der »unlauteren« Konkurrenz für ihre kostspieligen Dienstleistungen beklagen. Entsprechend beschränkt die verantwortliche Ministerin deren Mandat auf kleine, risikofreie Interventionen.

Sie verlangt, dass die von der DFI finanzierten Projekte nicht mit dem Risiko eines Reputationsverlusts verbunden sein und keine einflussreiche Lobbygruppe provozieren dürfen. Die Projekte müssen also gesichert frei von Korruption sein; sie müssen grün und gendersensibel sein, Menschenrechte respektieren und profitabel sein. Jede einzelne dieser Bedingungen ist wünschenswert, aber wenn man sie auf die Länder der Sahelzone anwendet, wird es schwierig sein, viele profitable Projekte zu finden, die alle anderen Bedingungen erfüllen. Vielleicht gibt es gar keine. Diese frustrierende Realität ist das, was die DFIs, die sich in Oxford treffen, das »Pipeline-Problem« nennen. Sie sind zum Teil deshalb damit konfrontiert, weil sie ihre Ressourcen nicht gebündelt haben, um das kostspielige und langwierige Unterfangen anzupacken, in der Sahelzone geschäftstüchtige junge Leute zu fördern, die nach Arbeit suchen. Aber hinter dem Scheitern verbirgt sich das starre Korsett, das risikoscheue Politiker den DFIs auferlegen.

Angenommen, eine Regierung in der Sahelzone wie die Nigers würde mit Unterstützung ihres Zentralbankgouverneurs ein Programm zur Wachstumsbeschleunigung für lokale Firmen auflegen wollten. Zu diesem Zweck müsste sie die DFIs darum bitten, die Anschubfinanzierung für eine rudimentäre Wagniskapitalbranche für Start-ups in dem Land bereitzustellen, mit dem Risiko, dass sie ihr Geld nicht zurückerhalten. Bei dieser Form der Wagniskapitalfinanzierung wird in ein Portfolio vielversprechender Start-ups investiert: Wenn man 100 davon in einem Land wie Niger finanziert, überleben vielleicht 20. Von diesen werden vielleicht fünf das Geld einbringen, das Verluste bei den anderen ausgleicht, und eines wird vielleicht so erfolgreich sein, dass es auf nationaler Ebene für einen erheblichen Beschäftigungszuwachs sorgt. Wenn diese DFI-Strategie über Jahrzehnte hinweg in ausreichender Größenordnung verfolgt würde, wäre sie vielleicht das beste Mittel, um einen Staat wie Niger zu stabilisieren. Aber für eine westliche Ministerin, die sich kritischen Fragen nach einer verlustreichen Investition stellen muss, die auch noch eine gewisse Menge an Kohlenstoff emittiert, wird dies zu einer politischen Bürde.

Nehmen wir jetzt an, die Regierung würde ausländische Unternehmen anlocken wollen – wieder bittet sie die DFIs um Unterstützung.[*] Sie stehen vor einem anderen Problem: Kein Unternehmen will dort investieren, weil sie wissen, dass die langfristige Tragfähigkeit von Investitionen von erfolgreicher Clusterbildung abhängt. Wenn fünf ausländische Firmen in derselben Nische in Niger langfristig rentabel arbeiten könnten, bräuchten die DFIs eine Strategie, um diese zu finden, einen Teil der anfänglichen Investitionskosten zu decken

---

* Vgl. über den potenziellen Nutzen von Auslandsinvestitionen Kapitel 9, »Einnahmen sinnvoll verwenden«.

und ihre Ansiedlung vor Ort zu koordinieren. Auch hier gilt: Wenn die DFIs ihre Ressourcen bündelten und die zuständigen Minister diese Strategie genehmigten, dann könnte sie Wagniskapital ergänzen, viele neue Arbeitsplätze schaffen und das Land stabilisieren. Aber innerhalb der DFIs hat das Nullsummen-Konkurrenzdenken jede Kooperation verhindert. Wenn die Politiker es wollten, könnten sie von den DFIs verlangen, ihre Förderrichtlinien zu ändern, aber auch die Politiker haben kein Interesse daran, denn es würde sie Kritik sowohl von links wie von rechts aussetzen.

Im Jahr 2023 waren sich jene DFIs, die in Oxford zusammenkamen, dieser Probleme hinlänglich bewusst; sie hatten daher beschlossen, eine Abschlusssitzung mit den für sie zuständigen Ministern abzuhalten. Da es keine DFI wagen konnte, ihrem Minister die Wahrheit zu sagen, wurde mir die Aufgabe übertragen, die Notwendigkeit eines Richtungswechsels darzulegen. Ob nun aufgrund meiner eigenen Ungeschicklichkeit oder falscher Erwartungen meinerseits – die Sitzung war jedenfalls kein Erfolg. Die Politiker beharrten ausdrücklich darauf, dass alle Projekte sämtliche oben aufgeführten Bedingungen respektieren müssten. Diese ernüchternde Erfahrung überzeugte mich davon, dass ein Wandel nur möglich ist, wenn man genügend Wählern das Problem bewusst macht. Aus diesem Grund habe ich den vorliegenden Abschnitt in *Aufstieg der Abgehängten* aufgenommen. Die Trägheit beschreibt die Lage, in der sich die gesamte Sahelzone seit Jahrzehnten befindet – die Vernachlässigung einer ganzen Gruppe abgehängter Länder wie Niger.

Bis zum 19. Jahrhundert war die Sahelzone eine Region, die das zum Mittelmeer hin ausgerichtete Nordafrika mit den fruchtbaren Ländern im Süden verband. In ihrem Zentrum hatten die Goldminen Malis ein mächtiges, kulturell hochstehendes Königreich finanziert, bis die gesamte Region von den Kolonialmächten in ihrem territorialen Expansionsdrang überrannt wurde. Als sie sich zurückzogen, nachdem die Kolonien in die Unabhängigkeit entlassen worden waren, war die Erholung uneinheitlich und labil. Erschwert wurde dies durch reaktive westliche Kriseninterventionen, die die Lage wiederholt verschlimmerten, wie es in Mali der Fall war.*

Schließlich hatten sich westliche Politiker drei Aspekten der Realität zu stellen. Zunächst einmal mussten sie ihr eigenes Scheitern anerkennen: Ihre Art von Interventionen hatte die Lage verschlimmert. Sodann mussten sie sich ihr gemeinsames Ziel bewusst machen: Es war notwendig, dass die Sahelzone ihrer stark wachsenden jungen Bevölkerung Zukunftsperspektiven eröffnete. Schließlich mussten sie ihre eigenen Grenzen anerkennen: Die Sahelgesellschaften hätten den Wandel in eigener Verantwortung voranzutreiben. In Anbetracht dieser Gegebenheiten bestünde die Aufgabe ihrer DFIs darin, lokale Initiativen zu unterstützen, die die Beschäftigungschancen junger Menschen verbesserten, um sie in größerem Maßstab zu reproduzieren. Einige dieser Initiativen würden von Regierungen der Sahelstaaten ausgehen, andere von lokalen Gemeinschaften.

Countdown zum Zusammenbruch im Sahel

Ich beginne das Herunterzählen mit der ersten bedeutenden Gelegenheit, die sich den DFIs und ihren politischen Meistern bot, um diesen Realitäten ins Auge zu sehen. Im Jahr 2016 kam es zu einer grundlegenden Neuausrichtung der Führungsphilosophie der bedeutendsten Institution für Entwicklungsfinanzierung – der zur Weltbankgruppe gehörenden Internationalen Finanz-Corporation (IFC). Endlich war ein Regenmacher gekommen. Sein Führungsstil verhieß einen Neuanfang. Hätten sich westliche Politiker hinter diesen Ansatz gestellt, wäre es vielleicht möglich gewesen, die Sahelzone zu stabilisieren. Aber die Zeit drängte: Als sich dann die Ereignisse überschlugen, bezahlten jene Politiker innerhalb eines Jahrzehnts einen hohen Preis dafür, dass sie die Gelegenheit nicht ergriffen hatten.

---

* Vgl. Kapitel 10, »Wie sich die Sicherheitslage in Mali drastisch verschlechterte«.

Philippe Le Houérou, der Regenmacher und IFC-Vorsitzende, erkannte, dass eine grundlegende Neuausrichtung notwendig war: Die IFC sollte wirtschaftliche Entwicklungspotenziale in Regionen wie dem Sahel heben. Zunächst einmal musste Le Houérou einen Mentalitätswandel bei seinen Mitarbeitern erreichen, damit sie sich fortan auf »wirtschaftliche Transformation« konzentrierten. Dabei hatte er große Hindernisse zu überwinden.

Einige davon waren auf die Regeln der Weltbank zurückzuführen. Die IFC müsste mit Regierungen, unter anderen im Sahel, eine gemeinsame Strategie erarbeiten. Aber die Beratung von Regierungen oblag einer anderen Abteilung innerhalb der Weltbankgruppe. Bis zu Philippes Amtsantritt herrschte die Auffassung vor, es gebe in Anbetracht der Tatsache, dass die für private Unternehmen zuständige Agentur der Gruppe, die IFC, mit ihren Investitionen einen Gewinn machen wollte, einen potenziellen Interessenkonflikt zwischen der Beratung von Regierungen durch Mitarbeiter der Weltbank und dem »projektgetriebenen« Ansatz von Mitarbeitern der IFC. Aus Angst vor Kritik waren Schranken errichtet worden, um solche Interessenkonflikte zu verhindern. Philippe erkannte, dass dies lächerlich war. Die Weltbankgruppe hatte ein gemeinsames Ziel: armen Ländern zu helfen, die Massenarmut zu überwinden. Solange die Mitarbeiter sowohl der IFC als auch der Weltbank dieses Ziel verfolgten, sollte es nicht zu einem Interessenkonflikt kommen. Ein Kulturwandel setzte ein. Die Mitarbeiter beider Organisationen begannen zusammenzuarbeiten.

Die IFC könnte im Rahmen der Suche nach geeigneten Firmen für den Aufbau des neuen Clusters jetzt auch mit Agenturen aus anderen Ländern kooperieren: Die deutsche Agentur könnte versuchen, eine deutsche Firma zu finden, und ihr britisches Pendant könnte das Gleiche bei ihren Unternehmen tun. Beide würden diejenigen ergänzen, die die IFC selbst ausfindig gemacht hatte.

Philippe erkannte auch, dass seine Agentur Finanzmittel in einer gewissen Höhe bräuchte, die nicht von ihrer Fähigkeit abhängen sollten, billig Kapital aufzunehmen: Sie benötigte Geberhilfen. Die Weltbankgruppe erhielt jedes Jahr von den Regierungen der Hocheinkommensländer 20 Milliarden Dollar an Hilfsgeldern für die ärmsten Länder. Diese wurden in Dreijahrestranchen ausgehandelt und flossen in einen »International Development Association (IDA)« genannten Topf. Aber obwohl die Regierungen der Niedrigeinkommensländer diese Gelder ausgeben konnten, war es der IFC nicht erlaubt, damit ein Unternehmen zu fördern, das in einem dieser Länder eine neue Geschäftsidee umsetzen wollte. Wenn Arbeitsplätze geschaffen werden sollten, müsste die IFC Gelder aus dem IDA-Topf verwenden. Aber die interne Regel der Weltbank schrieb das genaue Gegenteil vor: Sämtliche Gewinne, welche die Agentur machte, wurden in den IDA-Topf rücküberwiesen. Dies machte es unmöglich, Gewinne zu investieren, weil die IDA sie einkassierte.

Die Aufgabe, die Regierungen westlicher Wohlstandsländer, die in den Topf einzahlten, zu überzeugen, wurde erfolgreich gemeistert mithilfe dessen, was Diplomaten »konstruktive Mehrdeutigkeit« und gewöhnliche Menschen »eine Mogelpackung« nennen. Sie führte dazu, dass 3 Prozent des IDA-Topfs auf Pilotbasis für ein »Finanzierungsfenster für den Privatsektor« reserviert wurde, das die Agentur für Projekte in sehr armen Ländern nutzen konnte.

Derweil wurden die IFC und die anderen DFIs von Politikern noch immer dazu gedrängt, »effizienter« zu werden. Sie meinten damit, dass die Organisationen mehr Kredite mit weniger Mitarbeitern vergeben sollten. Allerdings würde dies DFIs aus Regionen wie dem Sahel vertreiben, wo Projekte klein waren und Zeit und Mühe kosteten. Die hohen Kosten, die damit verbunden wären, ein Team von Agenturmitarbeitern längere Zeit in einem abgehängten Land zu unterhalten, wo es sich nach vielversprechenden Einstiegschancen umsieht, sollten als notwendige Fixkosten betrachtet werden, die aus dem IDA-Topf finanziert werden. In ähnlicher Weise sollten unvermeidliche Anlaufkosten wie etwa Qualifizierungsmaßnahmen für Arbeitskräfte mit Hilfsgeldern subventioniert werden, um nicht die sowieso schon immensen Risiken, denen ein Start-up in einer abgehängten Wirtschaft ausgesetzt ist, noch zu vergrößern.

Nachdem die IFC endlich gut geführt und neu ausgerichtet war, hatten die Minister für Entwicklungszusammenarbeit, die für die DFIs zuständig waren, eine erneuerte, leistungsfähige Institution, die als Modell dienen konnte. Sie hatten das Glück, in einem Schlüsselmoment in der Poleposition zu sein: Wenn sie die Gelegenheit ergriffen hätten, dann hätten sie den Lauf der Geschichte ändern können.

Aber das taten sie nicht. Die Minister für Entwicklungszusammenarbeit fürchteten ihre Wähler: Linksgerichteten Wählern missfiel die Vorstellung, dass Privatunternehmen von staatlicher Entwicklungshilfe profitieren; rechtsstehenden Wählern missfiel die Vorstellung, dass öffentlich finanzierte DFIs internationalen Banken Konkurrenz machten. Die Abwärtsspirale in der Sahelzone drehte sich weiter, als Regierungen stürzten und lokale Gemeinschaften von ISIS- und al-Qaida-Milizen terrorisiert wurden. Aber fünf Jahre später erhielten westliche Politiker eine zweite Chance.

Das Jahr 2021 begann mit einer großen Gelegenheit, internationale Unterstützung zu mobilisieren. Am östlichen Rand der Sahelzone war der Sudan lange Zeit ein kleptokratischer Ausbeuterstaat gewesen, der seine Öleinnahmen nutzte, um eine militarisierte Elite zu belohnen, die sich mit brutaler Gewalt an der Macht hielt. In der Folge war das Land lange Zeit ein Zentrum humanitärer Tragödien gewesen. In jüngerer Zeit war der Sudan obendrein zu einem Pariastaat geworden, da der Verdacht bestand, er beherberge Terroristen. Dank einer erstaunlichen Kombination von Mut und Cleverness ging aus der Zivilgesellschaft eine soziale Bewegung hervor, die in der Lage war, innerhalb kürzester Zeit so viele Demonstranten auf die Straßen zu bringen, dass das Zentrum der Hauptstadt Khartum lahmgelegt wurde. Das Militär reagierte mit vorhersehbarer Brutalität: Viele der Demonstranten wurden abgeschlachtet. Aber das Regime war nicht so geeint, wie es nach außen hin schien. Der Verdacht, es sei ein Pate des Terrorismus, hatte zu internationalen Reise- und Finanzsanktionen geführt. Das gewohnheitsmäßige Gemetzel fand nicht länger, unbemerkt von globalen Medien, in entlegenen Gebieten statt, es ereignete sich jetzt vor ihren Augen in den Straßen Khartums und wurde zu einer Weltnachricht. Weil westliche Wähler Bilder eines Blutbads sahen, hatten ihre Politiker keinen Grund mehr, sich vor ihnen zu fürchten: Sie zeigten sich der Situation gewachsen und verschärften die Sanktionen drastisch. Das war für die militärische Elite sehr unangenehm, und eine Gruppe innerhalb dieses Zirkels erkannte, dass der alte Tyrann zu einer Belastung geworden war: Nur mit einem glaubwürdigeren nationalen Anführer käme es vielleicht zu Sanktionserleichterungen, und sie könnten einen Teil ihrer Privilegien retten. Statt den Tyrannen beschützten sie jetzt die Straße.

Dieses neue Zusammenwirken zwischen dem Teil der Zivilgesellschaft, der nicht auf Rache an der ganzen Armee aus war, und dem Teil der Armee, der bereit war, die Seiten zu wechseln, war ein Zweckbündnis. Es war nützlich, um die Koalition der Mächtigen aufzubrechen, die den Wandel blockiert hatten. Um zu funktionieren, benötigte das Bündnis einen Anführer, bei dem jede Seite darauf vertrauen konnte, dass er ihre Kernziele schützte. Zum Glück fanden beide Seiten eine Person, auf die sie sich einigen konnten: Abdalla Hamdok, der mehrere hohe Positionen auf nationaler und internationaler Ebene bekleidet hatte. Er erkannte, dass dies eine Gelegenheit war, die Lebensbedingungen seiner Mitbürger zu verbessern, und ergriff sie. Da das Bündnis fragil war, müsste er so schnell wie möglich greifbare Ergebnisse liefern. Er suchte Rat bezüglich Wachstums- und Beschäftigungspolitik, während er zugleich

Teams zusammenstellte, die entsprechende Maßnahmen umsetzen sollten. Er kontaktierte das International Growth Centre und bat darum, vorübergehend Mitarbeiter an seinen Amtssitz zu entsenden. Auf diese Weise lernte ich ihn kennen. Im Lauf unserer Zusammenarbeit wuchs meine Wertschätzung für ihn: Er hatte das Zeug zu einem Anführer, der eine echte Wende herbeiführen könnte. Westliche Politiker hätten dadurch, dass sie die Gelegenheit ergriffen, die sie selbst mit geschaffen hatten, dem größten Land des Sahel eine echte Zukunftsperspektive geben können.

Aber sie ließen die Gelegenheit ungenutzt verstreichen. Diesmal war es Ablenkung, nicht die Furcht vor den Wählern. Als Khartums Straßen nicht länger voller Demonstranten waren, die abgeschlachtet wurden, wandten sich die internationalen Medien wieder dem Krieg in der Ukraine und dem Klimawandel zu. Die Politiker folgten ihnen. Die Sanktionen wurden einfach beibehalten; die DFIs stellten keine Gelder bereit.

Ein Jahr später hatte Abdalla Hamdok ungeachtet all seiner Bemühungen nichts vorzuweisen: Auf beiden Seiten ging die Geduld zu Ende. Die Demonstranten kehrten auf die Straßen zurück, stark beeinflusst von zwei naiven, aber lautstarken westlichen Narrativen: Alle Gesellschaften bräuchten demokratische Wahlen, und das Militär habe in der Regierung nichts verloren. Wie die Ereignisse bald zeigen sollten, traf unter den gegebenen Umständen im Sudan weder das eine noch das andere zu. Statt sich aus der Regierung zurückzuziehen, putschte die Armee und riss die Macht an sich. Hamdok, der kurzzeitig, allerdings mit beschnittenen Befugnissen, wieder an die Spitze der Regierung berufen wurde, trat schon bald resigniert zurück. Im Jahr 2023 stand der Sudan dann wieder auf den Titelseiten: Zwei Lager innerhalb des Militärs bekämpften sich gegenseitig und schlachteten Menschen in beispielloser Zahl ab, um die Überlebenden so einzuschüchtern, dass sie sich ihnen unterwarfen. Der einzige Gewinner war Putins Gruppe Wagner. Westliche Politiker rangen bestürzt die Hände.

Das Jahr 2023 war kein gutes für die Menschen im Sahel. Der Putsch, der zwei Jahre zuvor die Regierung von Mali gestürzt hatte, wiederholte sich in Niger und Gabun. Die Putschistenführer wandten sich ebenfalls an die Gruppe Wagner, die in ihren Ländern für Sicherheit sorgen sollte, nachdem der Westen daran gescheitert war. In derselben Woche gewann der Präsident der Zentralafrikanischen Republik ein Referendum, das ihm entgegen der Verfassung eine dritte Amtszeit gewährte. Wie Mali, Niger und Gabun griff auch die Zentralafrikanische Republik auf die Gruppe Wagner zurück, weil sie sich von ihr eine deutliche Verbesserung der Sicherheitslage erhoffte. Timbuktu, die geschichtsträchtige Stadt im Norden Malis, wurde derweil von mit ISIS verbundenen Milizen überrannt und terrorisiert.

Im Jahr 2021 hatte die Welt seit 30 Jahren auf den Sturz des Tyrannen im Sudan gewartet. Nachdem dort mittlerweile eine neue Gewaltherrschaft installiert wurde, kann niemand sagen, wie lange es dauern wird, bis sich wieder eine Gelegenheit auftut. Aber wenn sie kommt, muss eine kritische Anzahl westlicher Wähler bereit sein – hinlänglich auf der Höhe des Geschehens –, dass ihre Politiker nicht davor zurückschrecken, die Chance zu ergreifen.

Wie man richtig hilft

Wir wissen genug, um zu verstehen, warum die DFIs und ähnliche Interventionen von Außenstehenden gescheitert sind. Sie verstießen gegen die Grundprinzipien der kontributiven Gerechtigkeit: Es gab zu viel »Besserwisserei der Geber«, zu viel moralischen Imperialismus, der Reaktanz hervorrief, zu viel Heilsbringer-Mentalität. Aber wir lernen auch, wie wir es besser machen können.

Angewandte Moral in Somalia

Black Hawk Down, ein Hollywoodfilm, der 2002 in die Kinos kam, schildert auf fesselnde Weise den verheerenden Versuch des US-Militärs, nach dem Zusammenbruch des Staates den Frieden in Somalia wiederherzustellen. Nachdem sie den Film gesehen hatten, kamen viele Amerikaner zu dem Schluss, dass Somalia einfach gemieden werden sollte. Marcel Arnault und seine Familie hingegen, herzensgute Philanthropen aus Santa Fe in New Mexico, sahen es anders: Für sie war es eine Gesellschaft, die Hilfe brauchte.

Nach dieser Einleitung erwarten Sie vielleicht, von einem weiteren Fall zu hören, in dem wohlmeinende Naivität mehr schadete als nützte. Aber dem ist nicht so. Marcel Arnault ist ein cleverer Geschäftsmann, der ein gütiges Herz mit einem gewitzten Kopf verbindet. Seine Geschichte ist die eines außerordentlich unwahrscheinlichen Erfolgs, den zu feiern jemandem gelang, von dem niemand in Washington, London oder Paris je gehört hat – und er wurde unter äußerst ungünstigen Umständen erzielt. Er beschämt diejenigen, die für wiederholte Misserfolge verantwortlich sind. Somalia kommt dem libertären Traum einer staatenlosen Gesellschaft so nahe wie kein zweites Land auf der Welt, aber libertäre Milliardäre gehen lieber nach Neuseeland. Sie ziehen unausgesprochen einem Land, wo der Staat eine Fata Morgana ist, ein Land vor, wo der Staat sie vor Versuchen schützt, sich mit Gewalt ihr Vermögen anzueignen. Aber wie Elinor Ostrom gezeigt hat, können Gemeinschaften unter den richtigen Bedingungen auch ohne Staat prosoziales Verhalten durchsetzen. Auch ostafrikanische Gemeinschaften können diese Bedingungen erfüllen, wie die erfolgreiche Festlegung von Landrechten durch Gemeinschaften in Kigali im Gegensatz zur gescheiterten Strategie des Prozessierens in Daressalam vor Augen führt. In Somalia ist der Staat so schwach, dass er Gerichtsentscheidungen oft nicht durchsetzen kann, sodass die Vollstreckung durch die örtliche Gemeinschaft die einzige Option ist.

Moderne Volkswirtschaften basieren auf einem riesigen Netz gerichtlich durchsetzbarer Ansprüche: Für die meisten Menschen im Westen dürfte das Bemühen um ein Hypothekendarlehen für den Kauf eines Hauses das vertrauteste Beispiel dafür sein. Marcel Arnault hatte seine kleine »Erleuchtung«, als er daran dachte, wie sehr seine Eltern gerackert hatten, um das Haus zu kaufen, in dem er seine Jugend verbracht hatte. Er fragte sich, was sie dazu veranlasst hatte, die monatlichen Zahlungen aufrechtzuerhalten. In Anbetracht ihres Charakters war ihm sofort klar, dass es *nicht* die Furcht vor einem Gerichtsbeschluss war; vielmehr waren es die Schuldgefühle und die Demütigung, die sie belasten würden, wenn sie den Kredit nicht zurückzahlen könnten. Das Gleiche gilt für Firmenkredite. Banken brauchen Gerichte nur deshalb, weil sie die Rückzahlungsbereitschaft von Kreditinteressenten nicht verlässlich einschätzen können. Marcel fragte sich, ob die Menschen in Mogadischu so anders waren. Kredite für die Geschäftsausweitung ließen sich dann mit geringem Risiko vergeben, wenn man genügend Informationen über potenzielle Kreditnehmer einholen konnte, um ihre Rückzahlungsmoral abzuschätzen. Er erkannte, dass dies ihm oder auch irgendeinem anderen Amerikaner nicht möglich wäre. Er wäre auf einheimische Somalis angewiesen, und diese wiederum müssten von der Zweckhaftigkeit des Projekts überzeugt sein.

Er packte die Sache so ähnlich an wie Vater José: Zuerst stellte er nach und nach ein engagiertes Team zusammen. In Mogadischu zu arbeiten, ist kein Zuckerschlecken, aber mithilfe der somalischen Diaspora in den USA gelang es ihm, Kontakte vor Ort zu knüpfen und so ein Team von 21 Somaliern und Somalierinnen aufzubauen, denen er beibrachte, wie man die Kreditwürdigkeit beurteilt. Seine Stiftung stellte das Kapital für das Projekt bereit, aber er gab den Teammitgliedern zu verstehen, dass sie gemeinsam ein Unternehmen führten, keine Wohltätigkeitsorganisation. Wenn sie Erfolg hätten, könnte jedes Mitglied persönlich stolz darauf sein, es zum

Kreditspezialisten gebracht zu haben, und gemeinsam könnten sie stolz darauf sein, wieder eine gesellschaftlich nützliche, das Wachstum kleiner Firmen fördernde Finanzdienstleistung etabliert zu haben. Ohne dass sie voneinander wussten, hatte Marcel Arnault als Erster jenes Modell der Geschäftsausweitung eingeführt, das später von Philippe Le Houérou bei der IFC übernommen wurde, wenn auch mit völlig anderen Methoden der Durchsetzung. Marcel stellte klar, dass er das Projekt zwar anschieben würde, es sich dann – anders als eine Wohltätigkeitsorganisation – als ein Unternehmen aber selbst tragen müsste. Es würde einen Zins verlangen, anstreben, das eingesetzte Kapital zu erhalten und die Gehälter des Teams zu bezahlen: Jeder nicht zurückgezahlte Kredit ginge auf Kosten der Sicherheit der Arbeitsplätze. Innerhalb von zehn Jahren trug es sich selbst – ehrliche Unternehmer mit guten Gelegenheiten, zu expandieren, kamen an die dafür benötigten Kredite.

Nicht alle Somalier leben in so gesicherten Verhältnissen, dass man ihnen einen großen Kredit anvertrauen kann – das gilt allerdings auch für etliche Menschen in Santa Fe. Aber es ist falsch, zu unterstellen, jeder Mensch sei ein amoralischer *Homo oeconomicus*; eine solche entmutigende Auffassung hätte die Somalier dazu verdammt, sich damit abzufinden, keinen Zugang zu Krediten zu haben. Diese Hilfe war nicht nur deshalb ein Erfolg, weil sie das Potenzial der Somalier anerkannte, sondern auch deshalb, weil sie ihnen neue Handlungsmacht verlieh: Somalier halfen Somaliern, die Hilfe aus dem Ausland schob dies lediglich an.

Marcel Arnault ist ein außergewöhnlich innovativer Philanthrop. Solche Menschen werden immer rar sein. Aber es gibt große Organisationen innerhalb der Zivilgesellschaft, die Tag für Tag in instabilen, von Gewalt geprägten Situationen arbeiten und auch neue Ansätze der bürgernahen Friedensarbeit ausprobieren. Im Dezember 2023 lud ein Team des International Growth Centre aus Frustration darüber, dass mit den DFIs nichts voranging, eine zivilgesellschaftliche Gruppe ein, um gemeinsam mit ihr über Handlungsoptionen zu beraten. Im Idealfall leisten diese Organisationen in aller Stille beeindruckende Arbeit. Das Rote Kreuz, Save the Children, MercyCorp, Oxfam und ähnliche humanitäre Organisationen haben ein tiefes Wissen über die jeweiligen lokalen Verhältnisse und im Lauf der Zeit gelernt, Gefahren als Teil ihres Alltags zu akzeptieren. Save the Children erkannte, dass in Gegenden, die von Gewalt überschattet sind, Kinder Mütter brauchen, und Mütter müssen Möglichkeiten haben, ihren Lebensunterhalt zu verdienen. Die Organisation fand auch heraus, wie man Frauen befähigen kann, ungeachtet der Gewalt Kleinstbetriebe zu gründen und langfristig erfolgreich zu führen, und stellte fest, dass solche Betriebe nach und nach zu einer Stimme für den Frieden werden. Durch solche Schritte haben die Bedürfnisse verzweifelter Menschen die humanitären Hilfsorganisationen in das gleiche Geschäftsfeld gedrängt wie die DFIs: Beide Institutionen sind gemeinnützig und bedeutende, finanzstarke Akteure mit breitem Engagement: Das Jahresbudget von Save the Children beläuft sich auf 2,3 Milliarden Dollar. Hier zeigt sich, was der pragmatische, beherzte Einsatz humanitärer Hilfsorganisationen im besten Fall zu leisten vermag.

Als jemand, der große Stücke auf schnelles Lernen hält, bat ich die Organisationen, mir ein Beispiel zu nennen, wo eine von ihnen von einer anderen gelernt hätte. Sie sagten mir, warum dies undenkbar war: Sie konkurrieren um dieselben Geldtöpfe, ganz so, wie die DFIs um dieselben Projekte konkurrieren, die sämtliche Förderkriterien erfüllen. Schlimmer noch: Sie konnten nicht einmal ihre eigenen Erfolge aufskalieren. Die Geber wollten etwas Neues finanzieren, und so waren sie dazu verurteilt, kluge hoch spezialisierte Projekte zu initiieren, nur um sie alsbald wieder aufzugeben. Wie die DFIs gaben sie ohne Weiteres zu, dass sie weit hinter ihren Möglichkeiten zurückblieben.

Müssen wir uns damit abfinden, dass dies zwei unlösbare Probleme sind, oder können neue Ideen dafür sorgen, dass sie eine

Aufwärtsdynamik entfesseln? Ein Teil der Budgets der Hilfsorganisationen stammt aus kleinen Spenden: Sie wenden sich an Millionen Menschen, die durch kleine Gesten der Freundlichkeit mitmachen. Durch das gezielte Ansprechen möglicher Spender genießen die Hilfsorganisationen jenen Sympathiebonus bei den Wählern, der den DFIs in so auffälliger Weise fehlt. Die DFIs ihrerseits sind potenziell die fehlenden idealen Geber für die Hilfsorganisationen: Sie verfolgen das gleiche Ziel, verstehen, wie wichtig es ist, stabile Arbeitsmöglichkeiten in gefährlichen Umfeldern aufzubauen, und ihre eigene Finanzierung ist langfristig gesichert. Gibt es Möglichkeiten zu partnerschaftlichem Zusammenwirken, auch wenn dieses vielleicht schrittweise und Ort für Ort erfolgen müsste? Kann die neue Gemeinschaft der DFIs unter dem gemeinsamen Banner der Bekämpfung prekärer Lebensverhältnisse mit der neuen Gemeinschaft von Hilfsorganisationen verschmelzen? Wir versuchen, so etwas wie Ehevermittler zwischen Organisationen zu sein, wobei unser einziger Vorteil darin besteht, dass wir für keine von ihnen eine Bedrohung darstellen. Es ist leicht, solche Bemühungen als naiv oder Schlimmeres zu verhöhnen. Aber Zynismus hilft uns bei der Lösung dieser menschlichen Tragödien keinen Deut weiter.

Eine Strategie zur Schaffung von Arbeitsplätzen in Dschibuti

An Somalia grenzt Dschibuti an, ein politisch stabiles, demokratisches Mitteleinkommensland, das sich im Zentrum einer Region der Gewalt befindet. Obwohl klein – mit einer Hauptstadt, die den gleichen Namen trägt wie das Land, und einer 320 Kilometer langen Küstenlinie –, ist es kein Stadtstaat und hat vier direkte Nachbarn: Somalia, Eritrea und Äthiopien sind angrenzend, während der Jemen nur 32 Kilometer entfernt auf der anderen Seite des Roten Meeres liegt. Alle vier Länder versinken in Gewalt. Eritrea wird seit der Entlassung in die Unabhängigkeit von Präsident Afwerki regiert. Er klammert sich an die Macht, indem er den permanenten Kriegszustand als Rechtfertigung dafür benutzt, seine widerspenstige Jugend zum unbefristeten Wehrdienst heranzuziehen. Äthiopien wird zwar viel besser regiert, doch kam es dort 2016 zu »ethnischen Säuberungen«, an die sich ein Bürgerkrieg anschloss, der erst 2022 mit einem von der Afrikanischen Union vermittelten Friedensabkommen endete. Im Jemen flammen seit Jahrzehnten immer wieder Bürgerkriege auf, und im Jahr 2023 führte der jüngste zu einer ausgewachsenen humanitären Katastrophe. So viel zu den Nachbarn. Nur höchstens vier Flugstunden entfernt liegen zudem der nahöstliche und der zentralasiatische Schauplatz noch schlimmerer gewalttätiger Konflikte: Syrien, Irak, Iran, Afghanistan und Pakistan.

Als eine stabile Demokratie in einem Meer eskalierender Gewalt ist Dschibuti seit Langem als militärischer Stützpunkt für internationale Großmächte von strategischem Interesse. Im Jahr 2023 waren sie alle dort vertreten: die USA, China, Frankreich, Japan und andere, die das Verlangen verspürten, auf der internationalen Bühne herumzustolzieren. Die Präsenz der ausländischen Truppen garantiert den Frieden, schützt sie doch vor dem offensichtlichen Risiko, dass die Gewalt aus den angrenzenden Ländern überspringt. Aber während die Vorteile dieses Schutzes von außen unbestreitbar sind, war der wirtschaftliche Nutzen der Basen gering. Seit 2023 gehört Dschibuti zum Klub der abgehängten Länder. Das Nationaleinkommen stagnierte seit vielen Jahren, und die Jugend des Landes befand sich zwischen Skylla und Charybdis. Die jungen Leute konnten entweder untätig zu Hause herumsitzen und immer frustrierter werden. Oder sie konnten in Länder wie Katar auswandern und als schlecht bezahltes Dienstpersonal verhätschelte Luxustouristen umsorgen. Aber nicht genug damit, dass von den Basen kaum Wachstumsimpulse ausgingen; hinzu kam, dass die Regierung von Dschibuti selbst in einem starren Korsett steckte, das sie daran hinderte, vielversprechende Chancen zu nutzen. Die Verantwortlichen, die mit meinen Arbeiten vertraut waren, baten mich 2023 um unabhängige Beratung bezüglich der Frage, wie dieses starre Korsett gelockert werden könnte. Bestand die Möglichkeit, dass sich die internationalen Mächte und die Regierung von Dschibuti auf ein gemeinsames Ziel verständigten, das den Einheimischen bessere Zukunftsaussichten verhieß?

Der erste Schritt bestand darin, die Beiträge der dort stationierten bzw. sich vorübergehend dort aufhaltenden Marine- und Luftwaffeneinheiten aufzudröseln. Dschibuti-Stadt grenzt an einen modernen Tiefseehafen, aber aufgrund von Piraterie sind die Küstengewässer gefährlich. Die Seestreitkräfte sind hier, um die kommerzielle Schifffahrt zu schützen, und dank der Marinepräsenz fühlen sich die Kapitäne der kommerziellen Schiffe sicher genug, um den Hafen zu nutzen. Da er so groß ist, dass dort viel mehr Schiffe abgefertigt werden könnten, als dies gegenwärtig der Fall ist, ergänzen sich militärische und zivile Nutzung. Bei den Luftstreitkräften verhält es sich anders. Wie der Hafen grenzt auch der Flughafen an Dschibuti-Stadt an, und er wird von den Luftstreitkräften und den zivilen Airlines gemeinsam genutzt. Aber anders als bei den Schiffen sind die Luftstreitkräfte nicht da, um die Fluggesellschaften zu schützen; vielmehr konkurrieren sie um die Nutzung der Anlagen. Der Hafen bietet Platz genug für alle, der Flughafen nicht. Das Team, das ihn managt, erklärte, der entscheidende beschränkende Faktor sei nicht die Startbahn, sondern die viel größeren Flächen, die für Rollbahnen, Parkplätze und Terminals benötigt würden. Auf allen Seiten werde die Vergrößerung des Flughafens dadurch behindert, dass Nutzflächen an die Luftstreitkräfte verpachtet worden seien. Es gibt auch noch subtilere Einschränkungen. Wenn ein militärischer Notfall irgendwo innerhalb des genannten vierstündigen Flugradius eintritt, werden kommerzielle Flüge eingeschränkt, um Raum für militärische und humanitäre Flüge freizumachen, sodass Fluggesellschaften bezüglich der Planung von Zwischenstopps in Dschibuti zurückhaltend geworden sind.

Es gibt mehr als genug freie Flächen in dem Land, um einen weiteren Flughafen zu bauen, sodass die militärische von der kommerziellen Nutzung getrennt werden könnte. Aber wer sollte umziehen? Ist es für die kommerziellen Fluggesellschaften wichtiger, in der Nähe von Dschibuti-Stadt zu sein, oder für die Luftstreitkräfte? Kommerzielle Fluggesellschaften befördern Touristen, die in der Regel Hotels, Restaurants, Bars und das vielfältige Angebot einer City wollen. Die Bereitstellung der entsprechenden Infrastruktur schafft Gelegenheiten für unternehmerische Initiative und eine breite Palette von Arbeitsplätzen, von denen viele qualifiziert sind. Dagegen wurden die meisten Luftwaffenstützpunkte so geplant, dass sie autark sind und sich auf ihrem Gelände Schlaf- und Essgelegenheiten befinden. Dschibuti ist eine seltene Ausnahme, hier darf militärisches Personal den ungewöhnlichen Luxus von Fünfsternehotels genießen. Zwingende Gründe sprechen dafür, dass die Luftstreitkräfte umziehen sollten.

Ein neuer Flughafen kostet rund eine Milliarde Dollar. Wer sollte dafür zahlen? Letztlich würden die Menschen in Dschibuti davon profitieren, wenn das enge Korsett aufgeschnürt würde, aber sie sind gegenwärtig schlichtweg nicht in der Lage, die Kosten eines neuen Flughafens selbst zu tragen. Obwohl die Stützpunkte ein Wachstumshemmnis sind, haben das Pentagon und seine Pendants diese nicht in die Lage versetzt, einen Beitrag zum Wohlstand der lokalen Gesellschaft zu leisten – sie haben nicht die Kriterien der kontributiven Gerechtigkeit erfüllt. Ein gerechter Ausgleich würde daher von den stationierten Truppen verlangen, die Kosten für den Flughafen zu übernehmen. Erinnern wir uns daran, dass dies keine Entschädigung für die Vergangenheit wäre. Vielmehr wäre es im ureigenen Interesse der USA, der unzufriedenen Jugend von Dschibuti Wohlstand und Chancen zu bringen, denn das Pentagon wird bis auf Weiteres unbedingt einen Luftwaffenstützpunkt in Dschibuti unterhalten wollen. Falls sich die Unzufriedenheit infolge der hohen Jugendarbeitslosigkeit ausbreiten sollte, wäre die Zukunft dieser Luftwaffenbasis in Gefahr, wie es Frankreich im Sahel bereits erfahren hat. Dschibuti zu befähigen, wirtschaftlich aufzuholen, ist im eigenen Interesse des Pentagons, so wie es im Interesse des französischen Verteidigungsministeriums gewesen wäre, dem Sahel wirtschaftlich auf die Beine zu helfen.

Frankreich ist in der Region, in der es einen erdrückenden Einfluss behalten wollte, wahrhaft grandios gescheitert. Im Jahr 2023 wollte über die Hälfte der jungen Araber im frankophonen Nordafrika auf der Suche nach besseren Arbeitsplätzen ins Ausland emigrieren.[1] Französische Politiker hätten besser daran getan, die immensen Summen, die sie für die Entsendung ihrer Truppen in die Region ausgaben, für die Förderung von Chancen auf ein besseres Leben aufzuwenden. Ihr Widerstreben, Finanzmittel vom Militär für einen solchen Zweck umzuleiten, entspricht dem anderer politischer Entscheider in Hocheinkommensländern, die heute in ihren eigenen Grenzen abgehängte Regionen beherbergen.

Verbreitete politische Vernachlässigung benachteiligter Regionen

Entscheidungen werden maßgeblich von den politischen Interessen der Mächtigen beeinflusst. In Großbritannien wurden 10 Milliarden Pfund für den Bau von Flugzeugträgern am Clyde bereitgestellt, allerdings nicht, weil diese Schiffe für die Sicherheit Großbritanniens notwendig gewesen wären, sondern um das Risiko einer Abspaltung Schottlands vom Vereinigten Königreich zu verringern. In jüngerer Zeit wurde demselben Risiko mit der Drohung entgegengetreten, dass, falls bei einem Referendum über die Abspaltung mehrheitlich mit Ja gestimmt werden würde, die U-Boot-Flotte von ihrem nahe gelegenen Stützpunkt in Faslane abgezogen werden würde. Aber weder das Hinausschieben des Niedergangs einer todgeweihten Schiffswerft noch der Erhalt von Arbeitsplätzen für Geringqualifizierte auf einer Marinebasis ist das, was Glasgow wirklich braucht. Es ist eine große Stadt der Abgehängten: Wie in Nordafrika und im Sahel braucht seine Jugend Investitionen in eine bessere Zukunft. Obgleich Glasgow heute eine der ärmsten Städte in Westeuropa ist, war sie einst ein stolzes Zentrum des Unternehmertums, die sogenannte Zweite Stadt des Britischen Empire.

In den USA gibt es ähnliche Geschichten. Viele abgehängte Regionen sind in hohem Maße abhängig von Militärstützpunkten, deren Schließung aus politischen Gründen unmöglich geworden ist. Aber die lokalen Beschäftigungsmöglichkeiten, die die Basen anbieten, sind Mindestlohnjobs ohne Zukunft. Die US-Gebirgsdivision ist im Bundesstaat New York in Fort Drum im Nordwesten der Adirondack Mountains stationiert, einer armen Region, die ansonsten als Touristenziel für wohlhabende New Yorker bekannt ist. Ironischerweise erhielt die Division eine Belobigung für ihren Dienst in Somalia im Jahr 1995. Amerikanische Politiker sind unmittelbar für dieses doppelte Scheitern verantwortlich: ein Militärstützpunkt, der weder den Adirondacks noch Somalia eine bessere Zukunft verschafft hat. Aber in allen demokratischen Staaten bekommen Wähler die Politiker, für die sie gestimmt haben. Führungsverantwortliche müssen Bürgern die wesentlichen Tatsachen darlegen, und die Bürger wiederum haben die Verantwortung, sich angemessen über die Realitäten zu informieren.

Glasgow ist eine abgehängte Stadt in dem wohlhabenden Land Schottland; die nordwestlichen Adirondacks sind eine abgehängte Region in dem wohlhabenden Bundesstaat New York; Barranquilla ist eine abgehängte Stadt in dem wachstumsstarken Staat Kolumbien; Somalia ist ein abgehängtes Land in einer wohlhabenden Welt. Sie alle haben unnötigerweise aufgrund der gleichen tödlichen Kombination den Anschluss verloren. Ihnen wurden lokale Handlungsfreiheiten entzogen, sie wurden vernachlässigt und einem wenig sachkundigen Mikromanagement von außen unterworfen. Den Menschen wurde die Wahrheit vorenthalten, denn ihr ins Auge zu sehen, bedeutet, eine grundlegende Kritik an politischen Maßnahmen der Vergangenheit zu üben. Dabei ist es befreiend, sich der Wahrheit zu stellen. Die Vergangenheit lässt sich nicht ändern, die Zukunft sehr wohl.

Nachwort
Verlorene Zeit aufholen

Seit 1980 haben wir unter der Tyrannei der Selbstzufriedenen gelebt. Plötzlich, im dritten Jahrzehnt des 21. Jahrhunderts, zerfällt alles. Die tägliche Kost, die uns die Medien vorsetzen, besteht aus aktiven und befürchteten Kriegen, neuen Klimaextremen und disruptiven Technologien. Es ist leicht, angesichts dessen zu verzweifeln. Neben diesen Problemen, die sich uns allen gemeinsam stellen und an die wir in einem fort erinnert werden, enthüllten die Anfangskapitel dieses Buches ein weiteres weltweites Problem, das vernachlässigt wurde. Auf allen Kontinenten ist die Kluft zwischen abgehängten und erfolgreichen Gemeinschaften immer größer geworden. Die Divergenz wurde durch Schocks in Verbindung mit strukturellen Schwächen ausgelöst, aber sie besteht fort, weil die erfolgreichen Gemeinschaften moralisch versagt haben. Das Leben in ihnen hat so wenig gemein mit dem Leben in den abgehängten Gemeinschaften, dass viele der Erfolgreichen sich kaum bewusst sind, wie weit sich die Schere der Ungleichheit zwischen den beiden Gemeinschaften geöffnet hat. Eine solche Unaufmerksamkeit ist selbst eine nicht zu rechtfertigende Nachlässigkeit. Innerhalb eines Landes bedeutet sie einen Verstoß gegen staatsbürgerliche Pflichten, auf internationaler Ebene verrät sie eine unangebrachte ignorante Selbstzufriedenheit.

Manchmal schwingt in der Unaufmerksamkeit eine achselzuckende Verächtlichkeit mit – demnach hätten die Abgehängten sich ihre Schwierigkeiten selbst zuzuschreiben. Diese Verhöhnung der Wahrheit verstärkt den Schaden aufgrund von Vernachlässigung noch durch eine Beleidigung. Es ist nicht weiter verwunderlich, dass dies die Kooperation zwischen Gemein-

schaften untergräbt, die erforderlich ist, um die Probleme anzupacken, die uns alle betreffen. Dadurch, dass die erfolgreichen
Gemeinschaften das Problem ignorieren, das sich am unmit-
telbarsten auf die Abgehängten auswirkt, während sie zugleich
lautstark andere Probleme beklagen, nehmen die Abgehängten
sie als egoistisch und herzlos wahr. Gemessen an dem moralischen Bewertungsmaßstab, der in diesem Buch verwendet
wird – kontributive Gerechtigkeit –, bekommen die Erfolgreichen eine glatte Sechs. Sie verstoßen gegen den Grundsatz des
gegenseitigen Respekts, und sie verstoßen gegen den Grundsatz,
wonach die Ärmsten in der Lage sein sollten, einen Beitrag zu
gemeinsamen Zielen zu leisten.

Die Gerechtigkeit verlangt es, die Divergenz rückgängig zu
machen. Aber es ist auch ein praktischer Imperativ. Solange
der Gerechtigkeit nicht Genüge getan wurde, veranlasst die
wütende Frustration der Abgehängten viele ihrer Wähler dazu,
sich den ausdrücklich benannten Prioritäten der Erfolgreichen
zu widersetzen, unabhängig davon, welche Folgen dies für sie
selbst hat. Sie leben in den Fly-over-Städten der USA und in
den nördlichen Regionen Englands, verhalten sich aber ganz
ähnlich wie die miteinander rivalisierenden Arbeiter in der
kenianischen Blumenverpackungsfabrik und die verzweifelten
Wähler in der karibischen Küstenregion Kolumbiens. Sie verfahren nach dem Motto »Der Feind meines Feindes ist mein
Freund« und weigern sich, mit den erfolgreichen Gemeinschaften zu kooperieren – und ihre Verzweiflung ist verständlich. Sobald die gesellschaftliche Spaltung in einem Land ein
solches Ausmaß erreicht, dass es jeder Seite nur noch darum
geht, der anderen eine Niederlage beizubringen, verschärfen
sich auch die Probleme, mit denen sie gemeinsam konfrontiert sind, immer weiter. Großbritannien und die USA haben
diesen Punkt erreicht.

Die behagliche Welt ihrer erfolgreichen Gemeinschaften ist
sowohl aus sozialen als auch aus ökologischen Gründen nicht
länger tragfähig. Je länger sich die Erfolgreichen in Selbstzu-

friedenheit sonnen, umso drastischer werden die Folgen sein. In den 2020er-Jahren läuft ihre selbstgefällige Nachlässigkeit Gefahr, Wahlergebnisse zu befördern, die zu einer Katastrophe führen. Die bestürzenden Lebenserinnerungen von Stefan Zweig sind die ikonische Darstellung dieser Illusion der Dauerhaftigkeit in einer erfolgreichen Gemeinschaft. Zweig schildert die sorglose Selbstzufriedenheit der Wiener Juden vor dem Ersten Weltkrieg. In den späten 1930er-Jahren beschleunigte sich die Zeit: Wie in der Gegenwart wurde die Welt der Wiener Juden von einer Reihe von Krisen erschüttert. Ihre grotesken Folgen waren bereits offensichtlich, als Zweig im Jahr 1940 nach einer Zeit im englischen Exil über mehrere Stationen in Brasilien eintraf, wo er zwei Jahre später Suizid beging, als er in seiner Verzweiflung keinen anderen Ausweg für sich sah.[1] Die Welt, über die Stefan Zweig verzweifelte, war unermesslich beunruhigender als unsere gegenwärtigen globalen Sorgen. Aber unsere Vorfahren überwanden sie. Was taten sie, und warum sollte uns das interessieren?

Was ihr praktisches Tun anbelangt, so setzten sie die richtigen Prioritäten: Ein Krieg musste gewonnen und ein Frieden aufgebaut werden, der innerhalb und zwischen Ländern ein einträchtiges Miteinander hervorbrachte. In Großbritannien machte Churchill mit seinen »Action this Day«-Aufklebern auf Akten, die sinngemäß »unverzüglich handeln« forderten, deutlich, dass bei den Kriegsanstrengungen höchste Eile geboten war, während die tiefgreifenden sozialpolitischen Reformen, die notwendig waren, um die Einigkeit im Innern zu verwirklichen, im während des Krieges verfassten Beveridge Report aufgelistet und von 1945 an von Attlee umgesetzt wurden. Genauso tiefgreifende Reformen in den USA waren Roosevelts New Deal und Trumans »The buck stops here« (sinngemäß: »Übernimm Verantwortung!«). Auch wenn unsere gegenwärtigen Sorgen weniger beängstigend sind, können wir sowohl von Stefan Zweig als auch aus der Geschichte jenes Krieges lernen, warum wir uns interessieren sollten. Ihre einfachen Botschaften für uns lauten: Die unmittelbaren Prioritäten erkennen und entsprechend handeln, denn jede Verzögerung wäre töricht. Oberstes Ziel sollte es sein, die Spaltungen in unseren Gesellschaften zu überwinden, indem wir den Abgehängten Gerechtigkeit widerfahren lassen. Wir wissen bereits genug über die Maßnahmen, die die Divergenz rückgängig machen werden, um loszulegen. Wir verdanken dieses Wissen der Vielzahl von Fehlern, die gemacht wurden, und den Erfolgsgeschichten.

Wir kennen drei Kernelemente

Wir wissen, dass eine nachhaltige Welt drei Dinge benötigt: Gemeinschaften, Staaten und moralische Grenzen. Rund um die Welt gibt es viele Beispiele dafür, dass jedes dieser Elemente für sich wunderbar gedeiht, aber viel zu wenige, bei denen alle drei gemeinsam aufblühen. Dieses Buch hat gezeigt, dass sie – im Zusammenwirken – die Fähigkeit besitzen, Gesellschaften zu erneuern und in prosperierende und inklusive Gemeinwesen zu verwandeln, und dass es in unserer gemeinschaftlichen Macht steht, diese aufzubauen. Warum sind sie so wichtig?

Ohne Gemeinschaften funktioniert nicht viel. Von einer winzigen Minderheit von Soziopathen abgesehen, hat die Evolution uns allen das Bedürfnis eingepflanzt, zu Gemeinschaften zu gehören. Je nach Kontext wird ein Großteil unseres Verhaltens von den Gemeinschaften geprägt, in die wir an unserem Wohnort und unserem Arbeitsplatz eingebunden sind. Innerhalb dieser Gemeinschaften ist es für uns wichtig, was andere Menschen von uns denken: Das ist der Klebstoff, der uns dazu veranlasst, uns gut gegenüber anderen zu benehmen. Dieser Klebstoff ist für eine zukunftsfähige Gesellschaft unerlässlich. Eine Welt ohne ihn – eine Welt unverbundener Menschen – würde zerfallen. Sie wäre brutal und ausschließlich nutzenbasiert, weil Menschen ihre egoistischen Instinkte ungezügelt ausleben würden. In den letzten Jahrzehnten sind wir in Groß-

britannien und den USA einer solchen Gesellschaft so nahe
gekommen, dass wir ermessen können, wie abstoßend sie wäre.
Nur mit besagtem sozialem Klebstoff können wir erreichen und
langfristig sicherstellen, dass sich Menschen bereitwillig in den
Dienst gemeinsamer Ziele stellen. Solche Gemeinschaften sind
keineswegs ausreichend, um eine zukunftsfähige Welt zu errichten, und ohne moralische Grenzen können sie andere Gemeinschaften ausbeuten. Aber ohne den sozialen Kitt haben wir nur
geringe Chancen, eine langfristig tragfähige Welt aufzubauen.

Wir wissen auch, dass ohne einen Staat nicht viel funktionieren kann. Es gibt mehrere Länder, in denen der Staat so
schwach ist, dass er fast völlig ineffektiv ist. Die Zentralafrikanische Republik (ZAR) ist ein solches Land geworden, in dem
staatliche Strukturen jenseits eines Umkreises von wenigen Kilo-
metern um die Hauptstadt kaum existent sind. Die ländlichen
Regionen der ZAR und andere staatsfreie Gebiete kommen
dem Traum einiger Milliardäre an der US-Westküste sehr nahe:
einer Gesellschaft ohne Staat. Aber erinnern wir uns daran, dass
keiner der Milliardäre dorthin ausgewandert ist, denn reiche
Ausländer wären in Gefahr. Kleine, staatsfreie Gemeinschaften
können soziale Regeln durchsetzen, wie Elinor Ostrom gezeigt
hat. Aber keine von ihnen profitierte von den Größenvorteilen,
die zu höherem Wohlstand führen. Unsere fernen Vorfahren
lebten jahrtausendelang in solchen staatsfreien Gemeinschaften,
aber die Gesamtzahl der Menschen weltweit, die sie ernährten,
war sehr niedrig. Unsere gegenwärtige Welt mit mehr als 8 Milliarden Einwohnern kann nur dann langfristig bestehen, wenn
sie von den Größenvorteilen profitiert, die auf effektive staatliche Strukturen angewiesen sind. Selbst wenn dieses technologische Problem mithilfe neuer Technologien, die schon im kleinen Maßstab produktiv sind, irgendwie überwunden werden
könnte, wäre eine staatsfreie Gemeinschaft mit anderen Problemen konfrontiert. Wenn sie infolge von Umweltveränderun-
gen in Not geriete, könnte sie nicht auf ein Sicherheitsnetz der
Unterstützung durch andere Gemeinschaften zählen. Der liber-

täre Traum würde zu einem Albtraum, wenn wir in die prähistorische Welt zurückkehrten, in der zahlreiche Gemeinschaften ausstarben, bevor sie sich anpassen konnten.

Seit dem Tod von Elinor Ostrom im Jahr 2012 hat ihr Kollege David Sloan Wilson ihre Arbeit fortgesetzt. Wenn alle Menschen die gleiche Identität und die gleichen Normen teilen, können die Regeln, die den Zusammenhalt staatsfreier Gemeinschaften gewährleisten, von sehr kleinen Gruppen auf große erweitert werden. Daraus folgt, dass auch die Bürger eines Staates eine Gemeinschaft sein können. Allerdings floh Stefan Zweig aus einem Land, in dem diese Verschmelzung von Staat und Gemeinschaft gerade stattgefunden hatte.

Wir wissen auch, warum eine solche Verschmelzung ohne Wahrung der Grenzen des moralischen Anstands gefährlich ist. In Zweigs Wien von 1938 machte die Verschmelzung seines Heimatlandes Österreich mit Hitler-Deutschland die Mitglieder der Nationalsozialistischen Deutschen Arbeiterpartei Österreichs zu einer Erfolgsgemeinschaft, die mit der Macht des Staates gegen die Wiener Juden vorging und deren Vermögen aus Gier enteignete. Auch wenn dabei mit einem wahnhaften Eifer vorgegangen wurde, war das Muster normal, denn Erfolgsgemeinschaften waren von jeher darauf aus, den Staat zu kapern, und wenn ihnen dies gelang, nutzten sie die ganze Palette seiner Gewaltmittel, um staatsfreie Gesellschaften zu unterwerfen. Manchmal geschah dies in dem bescheidenen Maßstab der Zulu- und Inkareiche, manchmal getrieben von den hochfliegenden Ambitionen europäischer Imperien des 19. Jahrhunderts. Im 20. Jahrhundert eiferten Japan und Sowjetrussland diesen Vorbildern nach.

Wenn ein Staat mit einer Gemeinschaft verschmilzt, sind moralische Grenzen unverzichtbar. Ich habe in diesem Buch die Grenzen moralischer Lauterkeit, die Michael Sandel in seinem Werk herausgearbeitet hat, auf praktische Fallbeispiele angewandt. Sein Ansatz ist auch mit den Erkenntnissen darüber vereinbar, wie unser Verhaltensrepertoire evolutionär ausgeformt wurde. Obgleich Studierende auf der ganzen Welt seine

Werke kennen, sind diese noch zu neu, als dass sie das ältere Selektariat, das die Politik bestimmt, beeinflussen könnten. Vielleicht weil wir evolutionär darauf zugeschnitten sind, gibt es jedoch Näherungen in einigen Clustern kleiner Länder, in denen Staat und Gemeinschaft verschmolzen sind. Die bemerkenswertesten Beispiele sind die skandinavischen Länder wie Dänemark, die baltischen Staaten wie zum Beispiel Estland und einige in Ostasien wie etwa Singapur. In Übereinstimmung mit der Annahme, wonach moralische Grenzen maßgeblich zum Erfolg einer Gesellschaft beitragen, gehören diese Cluster zu den erfolgreichsten weltweit: Ihre Einwohner haben einen sehr hohen Standard des materiellen Wohlergehens. Aber sie sind nicht nur wohlhabend, sie sind auch politisch stabile und inklusive Gesellschaften, die keine Gefahr für die übrige Welt darstellen. Wir brauchen den engen sozialen Zusammenhalt von Gemeinschaften, aber ohne den Staat sind diese zum Scheitern verurteilt. Gemeinschaften und Staaten können verschmelzen, aber ohne moralische Normen mündet dies in eine Katastrophe. Wir brauchen alle drei, weil jedes Element einen Beitrag zum Ganzen leistet.

Gemeinschaften sind dazu da, Menschen in ein Netzwerk der engen wechselseitigen Verbundenheit zu integrieren. »Ortsgebundene« Gemeinschaften scheitern an dieser Aufgabe nur dann, wenn sie extremen Belastungen ausgesetzt sind, die sie in eine Abwärtsspirale einschließen. So kann eine solche Gemeinschaft etwa durch gegenseitige Schuldvorwürfe ihrer Mitglieder zersplittern; auch »arbeits(platz)gebundene« Gemeinschaften können kollabieren und durch aggressive Hierarchien der Demütigung ersetzt werden. Wo dies geschieht, dauert es länger, den Prozess der Divergenz umzukehren.

Moralische Normen sind nicht nur dazu da, Staaten vor dem Abdriften in den Faschismus zu bewahren, sie drosseln auch die Abwärtsspiralen innerhalb einer Gemeinschaft: Kontributive Gerechtigkeit wirkt dem Teufelskreis gegenseitiger Schuldvorwürfe entgegen, wenn eine Gemeinschaft in eine Krise gerät, und fördert stattdessen solidarische Lösungen. Beurteilt am Maßstab der kontributiven Gerechtigkeit, sind die Billigjobs, die in einer abgehängten Region geschaffen werden, um die Verzweiflung ihrer Bewohner auszunutzen, ein Verstoß gegen die Pflicht, ihnen wieder echte Chancen auf Teilhabe und Mitwirkung zu ermöglichen. Regionen, die in einer Abwärtsspirale gefangen sind, benötigen die Finanzmittel, die es ihren innovativsten lokalen Unternehmen ermöglichen zu florieren – keine neuen Hierarchien der Demütigung.

Staaten sind dazu da, Wohlstand zu schaffen und Chancengleichheit zu verwirklichen. Viele Staaten scheitern in beidem. Malawi zum Beispiel wird von einem raffgierigen Selektariat kontrolliert, das die wenigen Chancen auf ein gutes Leben sich selbst vorbehält. Diese Chancen auf ein gutes Leben sind deshalb so rar gesät, weil selbst dann, wenn das Selektariat das Wirtschaftswachstum ankurbeln wollte, der Staat zu schwach ist, um wirklich etwas auszurichten. Außenstehende können diese Lage leicht verschlimmern, während sie sie nur schwerlich verbessern können. Gute Vorsätze haben den Weg gepflastert, der zu Malawis gegenwärtiger Situation führte. Das Selektariat hat intensiv um Entwicklungshilfe geworben und diese zweckentfremdet. Malawi brauchte öffentliche Geber, die geduldig warten, bis eine bessere Regierung ins Amt kommt. Nach wiederholten Fehleinschätzungen bleibt nur ein verlässliches Kriterium: Einer neuen Regierung ist es nachweislich bereits gelungen, quer durch alle Bevölkerungsgruppen ökonomische Chancen zu generieren. Bis dahin kann Malawi mithilfe seiner sozialen Unternehmer Fortschritte erzielen. Es braucht wie Bangladesch ein Youth Policy Forum (YPF) und eine Grameen Bank und wie das spanische Baskenland eine Genossenschaft wie Mondragón. Und Malawi braucht Geber, die nicht nur über seine Regierung, sondern auch über seine sozialen Unternehmer gut im Bilde sind. Bislang sind sie westlichen Geldern nachgejagt, statt gemeinnützige Organisationen aufzubauen, die sich selbst finanzieren, wie YPF und Grameen.

Und die Geber müssen sich den Tatsachen stellen. Es ist schwer, in Ländern wie Malawi inklusive Chancen auf ein besseres Leben zu schaffen. Aber es ist möglich – Botsuana, Malaysia, Äthiopien, Singapur, Ruanda, Myanmar, Ghana und Senegal ist es gelungen (auch wenn einige gegenwärtig ins Straucheln geraten sind). Dort, wo dieser Prozess im Gang ist, sollten wir ihn nicht durch moralischen Imperialismus untergraben. Ausländischer Druck ist beim Werben für westliche Normen des 21. Jahrhunderts genauso inakzeptabel, wie er es bei dem Versuch war, die Normen des 19. Jahrhunderts aufzuoktroyieren. Beide untergraben die Handlungsfreiheit, die grundlegend für kontributive Gerechtigkeit ist. Dies bedeutet nicht, dass Auslandshilfe blind vergeben werden sollte – aber sie verlangt immer eine sachkundige Beurteilung. Man sollte sich die bisherige Erfolgsbilanz anschauen.

In Ghana haben die Rivalitäten zwischen zwei US-amerikanischen sozialen Bewegungen, den evangelikalen Kirchen und der Schwulenrechtsbewegung, offenkundig einen landesweiten Prozess des sozialen Wandels untergraben. In Äthiopien hat eine kleine US-Diaspora aus rivalisierenden Volksgruppen zunächst interethnische Konflikte im Innern des Landes angefacht, was zu 3 Millionen Vertriebenen führte, und dann damit gedroht, ein von anderen afrikanischen Staaten vermitteltes Friedensabkommen, das den Bürgerkrieg beendete, scheitern zu lassen. In Myanmar haben naive Ausländer Aung San Suu Kyi zuerst in den Status einer lebenden Heiligen erhoben, um sie anschließend der Verdammnis preiszugeben. Ich kenne sie: Sie war eine Politikerin, die sich größte Mühe gab, ihrem Land durch geschickte Schachzüge zu helfen, indem sie sich den innenpolitischen Rückhalt für Reformen unter instabilen Rahmenbedingungen zu sichern suchte, die ihr sehr wenig Spielraum ließen. In dieser Hinsicht befand sie sich in der gleichen Lage wie Abdalla Hamdok im Sudan. Sowohl in Myanmar als auch im Sudan hat unangemessener ausländischer Druck zu einer drastischen Verschlechterung der Lage geführt.

Dies zeigt, dass Druck von außen mehr schadet als nützt. Perfektion stand in keiner dieser Situationen auf der Liste realisierbarer Optionen. Mehr als die meisten anderen sollten US-Amerikaner und Briten anerkennen, dass unsere eigene Politik alles andere als perfekt ist. Unser Verlangen, ärmeren Gesellschaften wegen ihrer Unzulänglichkeiten auf die Finger zu hauen, scheint im gleichen Maße wie unsere eigenen Unzulänglichkeiten zugenommen zu haben. Bislang ist es uns nicht gelungen, unsere eigenen Häuser in Ordnung zu bringen, und daher sollten wir den Enthusiasmus zügeln, mit dem wir Gesellschaften in komplexen Situationen, über die wir wenig wissen, die Erleuchtung bringen wollen. Nachdem wir aus Misserfolgen gelernt haben, können wir Veränderungsprozesse verstärken, die innerhalb der betreffenden Gesellschaft selbst angestoßen wurden und sichtlich auf gutem Weg sind.

Einige nützliche kognitive Gadgets

Kontributive Gerechtigkeit ist ein sehr wichtiges Konzept, das sich unter jungen Menschen sehr schnell verbreitet.[*] Ich greife noch auf zwei weitere Konzepte zurück, die weniger bekannt sind: kollektive Intelligenz und kognitive Gadgets. Sie helfen bei der Suche nach praktischen Maßnahmen, die den Ausblick in einer von Sorgen umgetriebenen Welt aufhellen können. In unserem Alltagsleben lassen wir uns von der kollektiven Intelligenz unserer Gemeinschaft leiten: Was tun andere normalerweise

---

[*] Michael Sandels Onlinekurs haben sich zig Millionen Menschen auf der ganzen Welt angesehen, aber seine Bekanntheit ist je nach Altersgruppe und Politisierung sehr unterschiedlich. Die unter 35-Jährigen sind das Onlinelernen gewöhnt, und daher kennen ihn in dieser Gruppe viel mehr als bei den über 50-Jährigen. Letztere haben die Welt, wie sie heute ist, aufgebaut; Erstere werden uns aus ihr herausführen. Die leidenschaftlichen Anhänger der Linken wie der Rechten wollen diesen politischen Kampf gewinnen; obgleich sie eine kleine Minderheit darstellen, sind sie in den Medien überrepräsentiert und stellen jeden Vertreter der Mitte, der sich ihnen widersetzt, so dar, als wäre er nicht von ihrem Feind zu unterscheiden.

in der Situation, in der ich mich befinde? Kognitive Gadgets sind spezifische, mühsam errungene Antworten auf komplexe Probleme, die eine Gemeinschaft früher einmal gefunden hat und an die sie sich erinnert, weil sie sich bewährt haben. Da es entscheidend auf den Kontext ankommt, sind in der ersten Phase der Umkehr der Abwärtsspirale womöglich andere Gadgets nützlich als in der Phase, in der es um die Beschleunigung von Erneuerungsprozessen geht, die bereits im Gang sind.

Das Gadget, das die Abwärtsspirale zum Stillstand bringt, kommt immer aus der Gesellschaft selbst. Es ist ein unerwarteter Verzicht seitens derer, die erfolgreich sind: die Anerkennung der Pflichten, die sich aus der gemeinsamen Staatsangehörigkeit ergeben. In einem abgehängten Land ist es ein Verzicht seitens des Selektariats, das die Macht hat. In abgehängten Regionen von Mittel- und Hocheinkommensländern muss das Opfer von den erfolgreichen Regionen kommen. Da dieses nicht zu der verbitterten Feindseligkeit passt, welche die Abgehängten gegenüber den Erfolgreichen empfinden, fällt es den Abgehängten auf, und ihre positive Überraschung ist die Basis, auf der sie eine weniger resignierte Sicht ihrer eigenen Zukunft entwickeln können. Helmut Kohl gelang es im Jahr 1992, den Westdeutschen ein unerwartetes Opfer für die Überwindung der Teilung abzuverlangen: eine immens kostspielige moralische Pflicht, die von allen politische Parteien akzeptiert wurde und den Lebensstandard der Ostdeutschen erheblich verbesserte. Dagegen sind im wahrsten Sinne des Wortes billige Gesten der Unterstützung, die zu klein sind, als dass sie etwas bewirken würden, beschämend. Dadurch, dass sie falsche Hoffnungen wecken, die sich schon bald zerschlagen, legt ein solches Täuschungsmanöver die Messlatte höher: Um eine positive Erwartungshaltung zu erzeugen, muss ein späteres Opfer größer sein.

Das Gadget, das die Erneuerung beschleunigt, sobald sie im Gange ist, heißt schnelles Lernen. Man sollte seinen Stolz hinunterschlucken und von anderen lernen: Whitehall, wo man sich aus Arroganz dagegen sperrt, ist eher eine Ausnahme. Man sollte experimentieren und aus der Bewertung der Ergebnisse lernen. Selbst wenn man dadurch, dass man zugibt, lernen zu müssen, an Prestige einbüßt, verhindert dies die größere Verlegenheit, selbstbewusste Versprechungen zu machen, die man nicht halten kann. Deng Xiaoping verstieß gegen viele der Dogmen des westlichen Demokratiemodells im 21. Jahrhundert, aber dadurch, dass er sich schnelles Lernen zur Maxime machte, wendete er die Lebensverhältnisse von mehr Menschen zum Besseren als jeder andere Anführer in der Menschheitsgeschichte.

Das Gadget, das die verschiedenen Maßnahmen zu einem kohärenten Ganzen fügt, ist das Armaturenbrett, das die Zielerreichung in drei Zeitrahmen erfasst. Churchills »Unverzüglich handeln« und Trumans »Übernimm Verantwortung!« haben auf prägnante Weise verdeutlicht, dass dringend etwas getan werden muss. Beide Maximen wirken dem »Gott, läutere mich, aber lass dir noch ein bisschen Zeit damit!« entgegen, der weitverbreiteten menschlichen Reaktion auf eine unangenehme Wahrheit. Um echte Erfolge zu erzielen, müssen wir damit anfangen, unser Verhalten zu ändern. So wie es Scheingesten des Verzichts gibt, so gibt es Pseudogesten entschlossenen Vorgehens: etwa die Selbstverpflichtung Großbritanniens, bis 2050 klimaneutral zu werden, und das Bekenntnis Frankreichs, der Sahelzone umfassend zu helfen, die beide keinerlei Mechanismen zur Durchsetzung vorsahen bzw. vorsehen. Der dritte Zeitrahmen erfasst, ob fehlende Fähigkeiten aufgebaut werden. Gibt es ein Team, das lernt, wie man Steuern einzieht? Gibt es in einem abgehängten Land wie Sambia ein Team, das lernt, wie man die Bergbauunternehmen besteuert, ohne sie zu vertreiben? In den armen Regionen überzentralisierter Staaten wie Kolumbien und Großbritannien sorgt die Umstellung von nationaler auf lokale Besteuerung in Verbindung mit fiskalischen Umverteilungen dafür, dass arme Regionen selbstständig über die Verwendung von Einnahmen entscheiden können und Wohlstandszuwächse erzielen. Gibt es ein Team, das lernt, wie die Sicherheit aufrechterhalten werden kann? Verbessert die Polizei ihr Ansehen und ihre Arbeit in jenen englischen Regionen, die durch »Landkreisgrenzen« bedroht sind, und in US-Städten, in denen die Polizei das Vertrauen benachteiligter Gemeinschaften verloren hat? Bringt die Bevölkerung in Mosambik, das vom Islamischen Staat infiltriert wurde, der Armee wachsendes Vertrauen entgegen?

Wir wissen, dass wir nicht allwissend sind

Manchmal haben die Abgehängten so viele und so eng miteinander verzahnte Sorgen, dass wir nicht mehr in der Lage sind, die kausalen Zusammenhänge exakt aufzudröseln: Die Verflechtungen sind zu komplex. Zum Glück müssen Abhilfen nicht spezifisch auf Ursachen bezogen sein: Auch wenn die Ursachen unbekannt sind, können wir Abhilfemaßnahmen finden. In diesem Buch wurde ein Mittelweg zwischen den beiden Methoden beschritten, die in den Wirtschaftswissenschaften um die Vorherrschaft wetteifern. Mikroökonomen bemühen sich, jede einzelne Ursache im Labyrinth der Armut zu identifizieren. Makroökonomen versuchen, die eine große Ursache zu finden. Der Mittelweg besteht darin, sich auf einige wenige Prozesse zu fokussieren, mit deren Hilfe die Abgehängten den Rückstand aufholen können, wie zum Beispiel gute Führung und soziale Bewegungen, Urbanisierung und Ressourcenmanagement, Besteuerung und Sicherheit. Sie alle haben von jüngsten Forschungsergebnissen nicht nur in den Wirtschaftswissenschaften, sondern in sämtlichen Humanwissenschaften profitiert. Ich habe mich bemüht, die Armutsforschung auf die am meisten vernachlässigten »Regionen der Hoffnungslosigkeit« zu fokussieren und sie für Erkenntnisse aus einem breiten Spektrum anderer Wissenschaften zu öffnen. Ich begann dieses Buch mit einer Agenda, und ich beende es nicht mit endgültigen Antworten, sondern mit dieser neuen Agenda. Es ist an

Teams jüngerer Forscher aus verschiedenen Fachgebieten, diese Arbeit durch Kooperation voranzubringen. Viele werden selbst aus den Reihen der Abgehängten stammen, und immer mehr werden selbst in solchen Regionen leben und arbeiten. Es gibt genug Arbeit für eine neue Generation, die meine Beiträge weit hinter sich lassen wird.

Bilder, die Komplexität einfangen

Die Prozesse, die sich auf die Abgehängten auswirken, sind komplex. Unser Gehirn wurde evolutionär dazu ausgelegt, Komplexität am leichtesten mithilfe von Bildern zu begreifen: Wissenschaftler haben auf solche Metaphern zurückgegriffen, um ihre Ideen zu veranschaulichen und sie anderen verständlich zu machen. Milton Friedman wollte mit dem Bild der gezupften Harfe verdeutlichen, wie Marktkräfte eine Region, die durch einen Schock schwer in Mitleidenschaft gezogen wurde, seines Erachtens wieder auf den Pfad der Erholung setzen. Dem habe ich das Bild von Segelbooten, die bei stürmischem Wind segeln, entgegengesetzt und dann die empirischen Befunde dargelegt, die für dieses Gegennarrativ sprechen. Den entscheidenden Prozess der Erneuerung habe ich in dem Bild des Hinaufsteigens einer Wendeltreppe eingefangen. Wenn man die Treppe hinaufsteigt, enthüllt sich eine vertraute Szenerie aus einer neuen Perspektive, in der Elemente, die man bislang als Nachteile erachtete, mit einem Male in Chancen umgedeutet werden können. Solche Neubewertungen ereigneten sich in der Ukraine nach dem russischen Einmarsch, in Singapur nach der Entlassung in die Unabhängigkeit und in Ruanda im Anschluss an den Völkermord. Ich habe mich abermals eingehend mit der Abfolge von Handlungen und Narrativen befasst, mit denen diese und andere Transformationen umgesetzt wurden.

Solche Erneuerungen sind machbar – trotzdem sind nach wie vor Millionen Menschen auf der ganzen Welt Gefangene dessen, was ich das Syndrom der Instabilität nenne – einer Abwärtsspirale. Meine eigene Heimatregion ist eine davon geworden: Einige meiner Verwandten leben in strukturschwachen Gebieten, in denen sie in mittlerweile dritter Generation keine Chancen auf ein besseres Leben haben. Wie meine Freundin Fiona Hill, die in der im Niedergang begriffenen Stadt Bishop Auckland aufwuchs und zur Russlandexpertin im Weißen Haus wurde, habe ich diese Region in jungen Jahren verlassen. Wir beide wurden erfolgreiche Exilanten, und dieser Status – Fiona nennt uns »Glückspilze« – löst vielschichtige Emotionen aus, in denen sich Ungläubigkeit, Schuld, Wut und Verzweiflung miteinander vermengen. Auch diese Emotionen lassen sich mit Bildern einfangen; dabei werden Experten zu Dichtern. Das tiefgründigste Bild der Verzweiflung stammt von Paul Celan, einem Holocaustüberlebenden. In seinem Gedicht »Todesfuge«, in dem er der Vernichtung der europäischen Juden gedenkt, verwendet er das Bild der Asche. In meinen dunkelsten Momenten befürchte ich, dass die Träume von Millionen junger Menschen unter den Abgehängten der Erde infolge der Ignoranz und des Egoismus der Mächtigen zu Asche verbrennen. Aber Asche ist eng verwandt mit Glut, dem Bild, mit dem Samuel Taylor Coleridge in seinem Gedicht »Frost um Mitternacht« die freudvolle Zukunft seines kleinen Kindes preist. Während Asche an den Tod denken lässt, kann Glut durch Sauerstoffzufuhr wieder zum Lodern gebracht werden. Das ist das hoffnungsvolle Schlussbild dieses Buches, wobei der Sauerstoff die Taten und Ideen sind, die eine Erneuerung bewirken.

Im Jahr 2021 wurde ich in einen Ausschuss berufen, der die Regierung bezüglich der »Angleichung der Lebensverhältnisse« beraten sollte. Als dann die offiziellen Bemühungen, Untätigkeit als Tätigkeit auszugeben, im Jahr 2023 unerträgliche Ausmaße annahmen, schlug meine wachsende Verzweiflung in Wut um. Ich sagte öffentlich meine Meinung, womit ich vielleicht gegen eine Regel der Vertraulichkeit verstieß. Nichts geschah, aber dann, als schon alles verloren schien, begann uns das

Glück zu lächeln. In South Yorkshire kam das neue Team des Bürgermeisters in die Gänge. Die träge British Business Bank bekam einen neuen, tatkräftigen Chef. Die Regierung wählte South Yorkshire als Pilotregion für die Übertragung erweiterter Befugnisse und Finanzmittel auf Gebietskörperschaften aus. Fünf reumütige ehemalige Premier- und Finanzminister forderten in einem gemeinsamen Aufruf, mehr Kompetenzen auf die Regionen zu übertragen.[*]

Wird es wieder nur eine scheinbare Morgenröte sein? Sie, die Sie dies in einer Zukunft lesen, die ich nicht vorhersehen kann, werden es sagen können. Aber es gemahnt uns daran, dass Verzweiflung unangebracht wäre. Jedem abgehängten Ort kann durch menschliche Tatkraft neues Leben eingehaucht werden. Wir haben das Privileg, in den 2020er-Jahren zu leben, dem Jahrzehnt, in dem der Stillstand, den Selbstzufriedenheit verursachte, durchbrochen wurde. Wir können den Rest das Jahrzehnts dazu nutzen, diesem Ziel näher zu kommen. Es ist Zeit, dass jeder von uns die Ärmel hochkrempelt und loslegt.

---

[*]   »Britain's growing regional divides: reviewing the regional economics, politics and policy making of the UK since 1979«. Drei von ihnen gehörten der Konservativen Partei an und zwei der Labour Party. Veröffentlicht am 23. Oktober 2023.

Dank

Die Ideen, die diesem Buch zugrunde liegen, sind über ein Jahrzehnt in mir gereift. Angetrieben wurde ich von den sich verdichtenden Anzeichen dafür, dass die Wirtschaftspolitik in vielen Teilen der Welt die Hoffnungen von vielen Millionen Menschen enttäuschte. Ich musste der sehr unangenehmen Tatsache ins Auge sehen, dass Ideen, die ich für erwiesene Wahrheiten der Wirtschaftswissenschaften gehalten und auch unterrichtet hatte, einer radikalen Revision unterzogen werden mussten. Bei der Suche nach empirischen Daten haben mir statistische Analysen von Jim Cust und Alexis Rivera-Ballesteros von der Weltbank und Sonya Krutukova und ihrem Team am Institute for Fiscal Studies sehr geholfen. Für weitere Unterstützung zu speziellen Themen, wie etwa durch das Programm »Cities that Work« des Teams am International Growth Centre, bedanke ich mich in den Fußnoten und Anmerkungen.

Wie in den meisten Fällen, in denen jemand seine alten Überzeugungen über Bord wirft, lassen sich all die persönlichen Einflüsse auf mein Denken unmöglich auseinanderdröseln. Ich hatte das Glück und das Privileg, mit Wissenschaftlern zu arbeiten, die viel klüger sind als ich, Studierende zu unterrichten, die das, was sie lasen und hörten, hinterfragten, die schmerzlichen Realitäten der zunehmenden Not in vielen diversen Gemeinschaften zu sehen und die Frustrationen derjenigen zu erleben, deren politisches Handeln zu Ergebnissen führte, die sie nicht erwarteten und nicht verstanden.

Was die Wissenschaftler betrifft, so möchte ich mit dem außerordentlich erkenntnisreichen Austausch mit meinen Co-Autoren und Co-Direktoren von Forschungsprogrammen beginnen. Derartige Kooperationen fördern wechselseitiges Verstehen und Lernen. Während der ersten fünf Jahre, in denen ich an *Aufstieg der Abgehängten* schrieb, habe ich mit Tim Besley, Alex Betts, Robin Burgess, Stefan Dercon, Ed Glaeser, David Good, John Kay, Colin Mayer, Philip McCann, Dennis Snower, David Tuckett und Tony Venables zusammengearbeitet. Außerdem hatte ich das Glück, in mehrere wissenschaftliche Diskussionsgruppen einbezogen zu sein, von deren Mitgliedern ich viel gelernt habe. Den größten Einfluss auf mich hatten dabei Andrew Briggs, Ruth Chang, Nicholas Christakis, Joe Henrich, Celia Heyes, Mervyn King, Denis Noble, Michael Sandel und David Sloan Wilson. Selbstverständlich ist keiner von ihnen in irgendeiner Weise für den Text oder die Vorschläge in *Aufstieg der Abgehängten* verantwortlich, und aus der Tatsache, dass ich mich bei ihnen bedanke, sollte man nicht folgern, dass sie meine Sichtweise teilen. Andere Wissenschaftler werden vielleicht den Eindruck haben, dass ihre Arbeiten einen Einfluss auf das hatten, was ich geschrieben habe, und ich werde solche Behauptungen nicht bestreiten. Meine Lektüre ist breit gefächert, und ich habe versucht, viele Ideen aufzunehmen.

Es wäre eine undankbare Aufgabe, wenn ich unter den vielen Studierenden, die ich unterrichtet habe, während ich *Aufstieg der Abgehängten* schrieb, spezifische Beiträge herausgreifen sollte, auch wenn viele in dieses Buch Eingang gefunden haben und es verbesserten. Eine zwingende Ausnahme mache ich allerdings: Anna Volynets war direkt verantwortlich für die bemerkenswerten russischen Fallstudien in Kapitel 5. Die unübertroffene Ressource jener alternden Professoren, die ehemalige Studierende ermuntert haben, mit ihnen in Verbindung zu bleiben, ist ein Netzwerk, das Erkenntnisse liefert, die manchmal diejenigen staatlicher Nachrichtendienste deklassieren. Die Diskussion über die Besteuerung natürlicher Ressourcen in Kapitel 9 hat enorm von Ali Readhead profitiert, heute eine weltweit anerkannte Autorität auf dem Gebiet. Ein weiteres Beispiel ist die Analyse in Kapitel 11 des Drucks, den US-amerikanische NGOs für die Anerkennung von Schwulenrechten in Ghana ausübten. Einer meiner vielen ehemaligen ghanaischen Doktoranden, der heute ein Social-Media-Forscher ist, lieferte die Informationen, die er mit stichhaltigen Belegen untermauerte. Aus verständlichen Gründen möchte er anonym bleiben.

Ich habe viel länger an *Aufstieg der Abgehängten* geschrieben, als ich es erwartet hatte. Ohne die Geduld, die Ermutigung und die Kompetenz meiner Lektoren wäre es mir nie gelungen, aus einem mehrfach verschobenen und überarbeiteten Manuskript ein lesbares Buch zu machen: Danke, Laura Stickney von Allen Lane und Clive Priddle bei PublicAffairs. Wie der Zufall so spielt, ist Laura, obwohl sie verantwortlich dafür war, das Buch auf eine britische Leserschaft zuzuschneiden, ursprünglich Amerikanerin, während Clive, der für meine US-Leserschaft verantwortlich ist, ursprünglich Brite ist. Dies machte die Zusammenarbeit reibungslos, da jeder von ihnen über beide Zielgruppen bestens Bescheid weiß. Die sorgfältige Schlussredaktion wurde in die Hände von Sarah Day gelegt, die ein scharfes und geduldiges Auge für meine legasthenischen Stilblüten hatte.

Aber von der ersten Seite bis zu den letzten Worten ist *Aufstieg der Abgehängten* für eine globale Leserschaft geschrieben. Dass das Buch so bald nach seiner Fertigstellung in vielen verschiedenen Sprachen erscheint, ist Andrew Wylie und James Pullen von der Wylie Agency zu verdanken – echten Profis.

Paul Collier, Oxford, Dezember 2023

Anmerkungen

1. Am Wendepunkt

1. Der moralische Wert bzw. Unwert hing dieser Auffassung nach allein von den beabsichtigten Folgen einzelner Handlungen ab. Ihre Mängel zeigten sich auf beispielhafte Weise in dem Kryptowährungsdesaster von 2022, in dem eine Million verzweifelte Menschen in abgehängten Regionen vor dem Ruin standen, nachdem sie den Versprechungen schneller, gigantischer Gewinne von Sam Bankman-Fried auf den Leim gegangen waren. Statt Scham und Schuld zu empfinden, war ihm das Massenelend, das er durch sein Schneeballsystem verursachte, lediglich peinlich. Die utilitaristische Philosophie, zu der er sich ausdrücklich bekannte, war für ihn wie ein Schutzschild gegen echte Gewissensregungen. Ungefähr zur gleichen Zeit, als ich das Manuskript zu diesem Buch beendete, wurde er von einem US-Geschworenengericht des schweren Betrugs für schuldig befunden.

2. Neue Revolutionen, zerfallende Gewissheiten

1. Tim Besley und ich haben dieses Konzept gemeinsam im Rahmen eines Forschungsprogramms entwickelt, das wir innerhalb des International Growth Centre zusammen leiteten und das von der British Academy finanziert wurde. Die Arbeit wurde erstmals bei der Jahrestagung des IWF in Washington, D. C., 2018 vorgestellt und ging in ein viel umfassenderes Programm ein, das von der Research-Abteilung des IWF durchgeführt wurde. Dessen Ergebnisse wurden in dem von R. Chami, R. Espinoza und P. Montiel herausgegebenen Band *Macroeconomic Policies in Fragile States* zusammengefasst, zu dem Tim und ich Kapitel beisteuerten.

2. P. G. Rice und A. J. Venables (2021), »The persistent consequences of adverse shocks: how the 1970s shaped UK regional inequality«, *Oxford Review of Economic Policy* 37 (1).

3. Die drei »Giganten«, die die Disziplin der Sozialpsychologie revolutioniert haben, sind Nicholas Christakis (Yale), Cecilia Heyes (Oxford), die das Konzept der kognitiven Gadgets einführte, und Joe Henrich (Harvard), dessen Bücher über kollektive Intelligenz außerordentlich einflussreich waren. Vgl. N. A. Christakis, *Blueprint – Wie unsere Gene das gesellschaftliche Zusammenleben prägen* (2019); J. Henrich, *The Secret of Our Success: How Culture is Driving Human Evolution, Domesticating Our Species, and Making us Smarter* (2016), und *Die seltsamsten Menschen der Welt: Wie der Westen reichlich sonderbar und besonders reich wurde* (2022); C. Heyes, *Cognitive Gadgets: The Cultural Evolution of Thinking* (2018). Ich habe das Glück, diese Pionierarbeit leistenden Wissenschaftler persönlich zu kennen. Die Sozialpsychologie und das eng damit verwandte Fachgebiet der Evolutionsbiologie sind für die Wirtschaftswissenschaften wichtiger als das bekanntere Fachgebiet der Persönlichkeits-

psychologie. N. MacGregor, *Leben mit den Göttern* (2018), ist eine höchst lesenswerte Tour d'Horizon durch viele ähnliche Ideen.

4. Für eine berührende Darstellung dieser Industrie, die zugleich eine faszinierende Familiensaga ist, vgl. C. Bailey, *Black Diamonds: The Rise and Fall of an English Dynasty* (2008). Die entsprechende Geschichte aus der Kohleindustrie zu dem gemeinsamen Engagement der Stahlarbeiter und Fabrikeigner bei der Gründung der Sheffield University war die dramatische Drohung der Bergarbeiter, zu streiken, wenn die Labour-Regierung an ihrem Plan festhalten sollte, Wentworth, den prächtigen Landsitz der lokalen Zecheneigner-Familie, durch Tagebau zu zerstören.

5. P. Collier und D. Tuckett (2021), »Narratives as a coordinating device for reversing regional decline«, *Oxford Review of Economic Policy* 37 (1).

6. A. R. Hochschild, *Fremd in ihrem Land. Eine Reise ins Herz der amerikanischen Rechten* (2017).

7. E. Kaufmann, *Whiteshift: Populism, Immigration and the Future of White Majorities* (2018).

8. R. D. Putnam mit S. R. Garrett, *The Upswing: How America Came Together a Century Ago and How We Can Do It Again* (2020), 279.

9. Vgl. J. A. Kay und M. A. King, *Radical Uncertainty: Decision-Making for an Unknowable Future* (2020). Über die neurowissenschaftlichen und psychologischen Grundlagen des Konzepts vgl. S. G. B. Johnson, A. Bilovich und D. Tuckett, »Conviction narrative theory: a theory of choice under radical uncertainty«, *Behavior and Brain Sciences*, 46 (2023), 1–26.

10. Die Krisenstimmung wird von Martin Wolf in *The Crisis of Democratic Capitalism* (2023) gut beschrieben. Herausragendes Beispiel für Selbstüberschätzung ist der Glaube der ehemaligen britischen Premierministerin Liz Truss und ihres Finanzministers Kwasi Kwarteng an die Pangloss'sche Allwissenheit der Finanzmärkte als ein Instrument zur Ankurbelung des Wirtschaftswachstums. Die Finanzmärkte selbst hatten deutlich weniger Vertrauen als die beiden und versenkten die Regierung mit einem drastischen Pfundverfall. Das Thema wird in Kapitel 3 ausführlicher wieder aufgegriffen.

11. Vgl. D. Yergin und J. Stanislaw (Hg.), *The Commanding Heights: The Battle for the World Economy* (1998).

12. »London's economic growth outpaces all other regions«, *Financial Times*, 17. Mai 2023. Die Daten stammen vom Office for National Statistics.

13. T. Besley und T. Persson (2019), »Democratic values and institutions«, *American Economic Review: Insights* 1 (1).

14. M. Seddon, »Russia bans largest independent news website Meduza«, *Financial Times*, 26. Januar 2023.

15. Vgl. A. Chua, *Political Tribes: Group Instinct and the Fate of Nations* (2018).

16. D. Rushkoff, *The Survival of the Richest: Escape Fantasies of the Tech Billionaires* (2022).

17. A. Davis, *Bankruptcy, Bubbles and Bailouts: The inside history of the Treasury since 1976* (2022); und S. Friedman (2023), »Climbing the velvet drainpipe: class background and career progression within the UK civil service«, *Journal of Public Administration Research and Theory* 33, 563–577.

3. Versteckte Verzweiflung

1. Eine Hypothese, die ich im Jahr 2007 vorstellte und *Konfliktfalle* nannte, lautete, dass viele der Kriegskosten erst lange nach dem Ende eines Konfliktes anfielen. Aufgrund von Endogenitätsproblemen hat es sich als äußerst schwierig erwiesen, diese Hypothese stringent zu testen. Während ich die Fahnenkorrektur abschloss, wurde sie schließlich von zwei Wissenschaftlern anhand des Beispiels der Blindgänger, die sich während des Konflikts in Laos ansammelten, bestätigt. »Collateral Damage« von F. Valencia Caicedo und J. F. Riaño erschien in der ersten Nummer von *The Economic Journal* im Januar 2024. Ich bin den Autoren dankbar dafür, dass sie mich darauf hingewiesen haben. Leider häufen sich genau die gleichen gigantischen zukünftigen Kosten während des andauernden Krieges in der Ukraine auf (vgl. ACAPS, »Ukraine: Humanitarian implications of mine contamination«, ebenfalls im Januar 2024 erschienen).

2. R. Chami, R. Espinoza und P. Montiel (Hg.), *Macroeconomic Policy in Fragile States* (2021).

3. T. Besley und T. Persson, *The Pillars of Prosperity* (2011).

4. »Eskom chief's explosive interview exposes ANC's rotten core«, *Financial Times*, 27. Februar 2023.

5. F. Hill, *There's Nothing for You Here* (2022).

4. Versteckte Privilegien: Divergierende Lebenschancen

1. S. Durlauf, A. Kourtellos und C. M. Tang, »The Great Gatsby Curve«, Working Paper 2022–29, the Becker-Friedman Institute, University of Chicago (2022).

2. J. Knight und L. Song, *Towards a Labour Market in China* (2006).

3. R. Putnam, *Making Democracy Work: Civic Traditions in Modern Italy* (1993).

4. R. Putnam, *Our Kids: The American Dream in Crisis* (2015).

5. R. Layard, S. McNally und G. Ventura, *Applying the Robbins Principle to Further Education and Apprenticeship*, The Resolution Foundation (2023).

6. C. Crawford, L. Macmillan und A. Vignoles (2017), »When and why do initially high-achieving poor children fall behind«, *Oxford Review of Education*, 43 (1).

7. Die Daten über das Bildungswesen beziehen sich auf das Jahr 2021/2022 und die laufenden Nettoausgaben pro Schüler. Vgl. statistica.com/statistics/381745/education-exenditure-per-pupil-england-region-uk/. Die Daten über das Gesundheitswesen stammen von der Health Foundation – vgl. »The Crisis facing NHS GPs«, *Financial Times*, 27. Oktober 2023.

8. »Growing up North«, *Children's Commissioner Report*, 2018.

9. L. Sibieta, »School spending in England: trends over time and future Outlook«, IFS (2021).

10. Unter anderen P. Johnson, »Inequalities: what's been happening and what should we do?«, IFS (2022); und P. McCann, »Levelling Up Economics«, IFS (2023).

11. D. Acemoglu und S. Johnson, *Macht und Fortschritt* (2023).

5. Führungsstärke

1. Vgl. J. Tepperman, *The Fix: How Nations Survive and Thrive* (2016).

2. Vgl. K. Thomas et al. (2014), »The psychology of coordination and common knowledge«, *Journal of Personality and Social Psychology* 107, 657–676.

3. Ich möchte Sheila Khama für diese Einsichten danken. Sie ist nicht mit Sir Seretse Khama verwandt, war aber viele Jahre lang CEO von Debswana, einem Gemeinschaftsunternehmen zwischen dem Staat und De Beers. Ich habe die Präsidenten Masire und Mogae persönlich kennengelernt. Sie waren bescheiden, humorvoll und sehr scharfsinnig.

4. Gemessen in aktuellen internationalen Preisen, kaufkraftbereinigt, laut Daten der Weltbank. Mauritius, das im Indischen Ozean liegt, aber ein Mitglied der Afrikanischen Union ist, hat noch besser abgeschnitten. Die Bezeichnung BRICS für Brasilien, Russland, Indien, China und Südafrika wurde von dem damaligen Chefvolkswirt von Goldman Sachs, Jim O'Neill, geprägt, der die Abkürzung in seinen Ratschlägen an seine Kunden verwendete.

5. D. H. Yanagizawa-Drott (2014), »Propaganda and conflict: evidence from the Rwandan genocide«, *Quarterly Journal of Economics* 129 (4) sowie A. Blouin und S. Mukand (2019), »Erasing identity? Propaganda, nation-building and identity in Rwanda«, *Journal of Political Economy* 127 (3).

6. S. A. Haslam, S. D. Reicher und M. J. Platow, *The New Psychology of Leadership: Identity, Influence and Power* (2011). Das Zitat steht auf den Seiten 163 f.

7. S. Gachter und E. Renner (2018), »Leaders as role models and ›belief managers‹ in social dilemmas«, *Journal of Economic Behavior and Organization* 154 (C).

8. E. Fehr und I. Schurtenberger (2018), »Normative foundations of human cooperation«, *Nature Human Behavior* 2.

9. J. J. Van Bavel et al. (2020), »Using social and behavioural science to support COVID-19 pandemic response«, *Nature Human Behaviour* 4.

10. Vgl. J. Hjort (2014), »Ethnic divisions and production in firms«, *Quarterly Journal of Economics* 129 (4), 1899–1946.

6. Regionale Erneuerung »von unten nach oben«

1. R. D. Putnam, R. Leonardi und R. Y. Yanetti, *Making Democracy Work: Civic Traditions in Modern Italy* (1994).

2. R. D. Putnam und S. R. Garrett, *The Upswing: How America Came Together a Century Ago and How We Can Do It Again* (2020).

3. W. Jack und T. Suri (2014), »Risk-sharing and transaction costs: evidence from Kenya's mobile money revolution«, *American Economic Review* 104 (1).

4. T. Bold mit M. Kimenyi, G. Mwabu, A. N'Gang'a und J. Sandefur (2008), »Experimental evidence on health care reforms in Kenya«, *Journal of Public Economics* 168, 1–20.

5. D. Tuckett, »Explanatory models and conviction narratives«, in S. Michie, S. Christmas und R. West (Hg.), *Thinking about Behaviour Change* (2015).

6. J. Henrich, *Die seltsamsten Menschen der Welt* (2022), insbesondere Kapitel 13.

7. Inklusiver Wohlstand

1. D. Acemoglu und S. Johnson, *Macht und Fortschritt* (2023).

2. Sarah Richmond (2023), »A philosopher's philosopher«, *Times Literary Supplement*, 6266, und die überzeugende Kritik am »Kleine Welt«-Reduktionismus von Nancy Cartwright, *A Philosopher Looks at Science* (2023).

3. »How to fix Britain's water industry«, *Financial Times*, 15. Mai 2023. Ein weiteres verheerendes Beispiel ist die Privatisierung der Busdienste. Infolge unzureichender Koordinierung der konkurrierenden Dienste halbierte sich das Fahrgastaufkommen. Ausnahmsweise blieben die Busdienste weiterhin Teil der (öffentlichen) Londoner Verkehrsbetriebe (Transport for London, TFL), die von einem gewählten Bürgermeister beaufsichtigt werden. Über einen Zeitraum, in dem sich die Zahl der Nutzer privatisierter Busdienste im übrigen Land halbierte, verdoppelte sich die Zahl der Busfahrgäste in London. Wenn auch reichlich spät, rebellierten einige Regionalbehörden gegen das britische Finanzministerium und übernahmen das TFL-Modell.

4. S. Kaplan (2008), »The remarkable story of Somaliland«, *Journal of Democracy* 19 (3), 143–157.

8. Urbanisierung: Oase oder Todesfalle?

1. Dieser Abschnitt und ein Großteil dieses Kapitels stützen sich auf die Arbeiten des »Cities that Work«-Programms des International Growth Centre, das aus aktuellen Ergebnissen der Urbanisierungsforschung praktische Ratschläge für die Bürgermeister von Niedrigeinkommensstädten ableitet, die alle auf seiner Website verfügbar sind. Das Programm wird gemeinsam geleitet von Ed Glaeser von Harvard, der den Vorsitz führt, mir selbst und Tony Venables. Die Informationen über die Straße zum Flughafen von Kampala erhielt ich direkt vom damaligen Präsidenten der Weltbank, der über die Naivität der NGOs verärgert war, sich aber ihrem Druck beugen musste.

2. World Development Report 2015, *Mind, Society, and Behavior,* 53.

3. Vgl. J. Knight und L. Song, *Towards a Labour Market in China* (1995).

4. D. Gollin, R. Jedwab und D. Volrath (2016), »Urbanisation with and without industrialisation«, *Journal of Economic Growth* 21.

5. P. Collier und A. S. Venables (2018), »Who gets the urban surplus?«, *Journal of Economic Geography* 18 (3).

9. Der goldene Käfig

1. P. Collier und A. Venables (2014), »Closing coal: economic and moral imperatives«, *Oxford Review of Economic Policy* 30 (3).

2. B. Klaas, *Corruptible: Who Gets Power and How It Changes Us* (2021).

3. P. Collier und A. Hoeffler (2009), »Testing the neo-Con Agenda«, *European Economic Review* 53 (3).

4. P. Collier und B. Goderis (2012), »Commodity prices and growth: an empirical investigation«, *European Economic Review*, 56 (6).

5. J. F. Cust und D. Mihalyi (2017), »The presource curse«, *Finance and Development* 54 (4), 37–40, sowie J. F. Cust und D. Mihalyi (2017), »Evidence for a presource curse? Oil discoveries, elevated expectations, and growth disappointments«, World Bank Policy Research Working Paper (8140).

6. P. Vicente (2010), »Does oil corrupt? Evidence from a natural experiment in West Africa«, *Journal of Development Economics* 4 (1).

7. N. Berman et al. (2017), »This mine is mine«, *American Economic Review* 107 (6).

8. J. Gutierrez, »Oil and state capture: the subnational links between oil revenues and armed conflict in Colombia«, D. Phil. Oxon (2018).

9. B. Javorcik, A. L. Turco und D. Maggioni (2018), »New and improved: does FDI boost production complexity in host countries?«, *Economic Journal* 128.

10. S. Bhattacharyya und P. Collier (2014), »Public capital in resource-rich countries: is there a curse?«, *Oxford Economic Papers* 66 (1).

11. P. Collier, »Resource revenue management: three policy clocks«, in R. Caputo und R. Chung (Hg.), *Commodity Prices and Macroeconomic Policy* (2015).

10. Die tragenden Säulen des Staates aufbauen

1. Vgl. L. Heldring (2021), »The origins of violence in Rwanda«, *Review of Economic Studies* 88 (2).

2. A. Bergeron et al. (2021), »Optimal assignment of bureaucrats: evidence from randomly assigned tax collectors in the DRC«, CEPR Discussion Paper 16771.

3. P. Balan et al. (2022), »Local elites as state capacity«, *American Economic Review* 112 (3), 1–36.

4. A. Bergeron, G. Tourek und J. L. Weigel, *The State Capacity Ceiling on Tax Rates: Evidence from randomized tax abatements in the DRC*, NBER Working Paper 31685, September 2023.

5. Die vom International Growth Centre unterstützte Studie stammt von L. Dzansi, A. Jensen, D. Lagakos und H. Telli, *Technology and Local State Capacity: Evidence from Ghana*, NBER Working Paper 29923, Januar 2022.

6. A. Q. Khan, A. I. Khwaja und B. A. Olken (2015), »Tax farming redux«, *Quarterly Journal of Economics* 131, 219–271.

7. J. Naritomi (2019), »Consumers as tax auditors«, *American Economic Review* 109, 3031–3072.

8. J. L. Weigel (2020), »The participation dividend of taxation«, *Quarterly Journal of Economics* 135 (4).

9. A. Jensen (2022), »Employment structure and the modern tax system«, *American Economic Review* 112 (1).

10. A. Dixit, *Lawlessness in Economics: Alternative Modes of Governance* (2011).

11. A. Schipani, »Rwanda flexes muscles in fight against terror in Mozambique«, *Financial Times*, 3. Oktober 2021.

12. C. Blattman, *Why We Fight: The Roots of War and the Paths to Peace* (2022).

13. S. Michailof, *Afghanistan: Autopsie d'un Désastre, 2001–2021* (2022).

14. A. Schindler, »Warfare under scrutiny: British public perspectives of soldiers, and tactical behaviours in operation HERRICK«, *Defence and Security Analysis*, September 2023.

15. S. Michailof, *Africanistan: Development or Jihad* (2018).

11. Moralische Normen und Gemeinwohl

1. Vgl. M. J. Sandel, *Was man für Geld nicht kaufen kann* (2024 [engl. Original 2012]) und *Vom Ende des Gemeinwohls* (2020).
2. J. Henrich, *The Secret of Our Success* (2018).
3. R. F. Baumeister und R. E. Leary (1995), »The need to belong: desire for interpersonal attachments as a fundamental human motivation«, *Psychological Bulletin* 117 (3), 497–529. Über die dramatischen Auswirkungen auf die Lebenserwartung vgl. G. E. Valliant, *Triumphs of Experience: The Men of the Harvard Grant Study* (2012).
4. *25 Years of University Access*, The Sutton Trust, Oktober 2023.
5. R. Chetty, D. J. Dening und J. N. Friedman (2023), »Diversifying society's leaders: the determinants and causal effects of admission to highly selective private colleges«, NBER Working Paper 31492; und über die Entscheidung des Obersten Gerichtshofs der USA: »Harvard faces federal probe over legacy admissions«, *Financial Times*, 26. Juli 2023.
6. Vgl. G. E. Valliant, *Triumphs of Experience: The Men of the Harvard Grant Study* (2012).
7. M. Daams et al. (2023), »Capital shocks and UK regional divergence«, Productivity Institute, WP034.
8. Zu Recht wird heute der Neurodiversität viel mehr Beachtung geschenkt. Es handelt sich dabei nicht um eine behandlungsbedürftige psychische Erkrankung, sondern um eine nützliche Dimension von Diversität in einer Gemeinschaft. Sämtliche Merkmale, die das evolutionäre Aussieben überstanden haben, sind für menschliche Gemeinschaften vorteilhaft, wenn sie in den richtigen Kontexten genutzt werden. Vieles verstehen wir bislang noch nicht, aber wir wissen, dass es den Neurodiversen nicht an Empathie mangelt. Neurodiversität kann unsere Fähigkeit beeinträchtigen, vorherzusehen, wie andere auf mein Verhalten reagieren werden, und daher kann *der Eindruck entstehen*, als wäre den Neurodiversen das Leid anderer Menschen egal, aber das hat nichts mit ihrer Fähigkeit, Empathie zu *empfinden*, zu tun, die oft intakt ist.
9. P. Collier (2020), »Diverging identities: a model of class formation«, *Oxford Economic Papers* 72 (3), 567 – 584.
10. M. Wolf, »The G7 must accept that it cannot run the world«, *Financial Times*, 23. Mai 2023.

12. Unterstützer, keine Heilsbringer

1. »More than half young Arabs in Levant and north Africa pin hopes on emigrating«, *Financial Times*, 12. August 2023.

Nachwort

1. Stefan Zweig, *Die Welt von Gestern. Erinnerungen eines Europäers* (1942).

Register